심방예배 대표기도문

구역 · 목장 · 제직을 위한
심방예배 대표기도문

초판 1쇄 발행 | 2013. 03. 10
초판 2쇄 발행 | 2016. 11. 15

지은이　　| 노진향
펴낸이　　| 윤순식
펴낸곳　　| 도서출판 청우
주문처　　| 열린유통
등록번호　| 제 8-63호
주소　　　| 경기도 고양시 일산구 장항동 573-28
　　　　　　Tel. 031-906-0011　Fax. 0505-365-0011
cwpub@hanmail.net

이 책은 저작권법에 의해 보호를 받는 저작물이므로 무단전재 및 복제를 금합니다.
잘못 만들어진 책은 구입하신 서점에서 바꾸어 드립니다.

ISBN 978-89-94846-14-9　03230

값 10,000원

구역 · 목장 · 제직을 위한

심방예배 대표 기도문

노진향 지음

| 책의 첫 글에 부쳐

심방자의 기도

주님,
저에게 모든 것을 쏟아 부으신 주님의 그 사랑을 기억하여
저 아닌 다른 사람에게
저의 전부를 쏟아 부을 수 있는 삶을 살게 하옵소서.

털끝 하나, 세포하나 남기지 않고
제 것이라곤 하나 없이 주님의 영광을 위하여
다 바칠 수 있는 삶을 살게 하옵소서.

주님이 어떻게 하시든,
어떻게 쓰시든 상관 않고 온전히 바치는 것에만
마음을 쏟을 수 있는 삶이 되게 하옵소서.

제 삶의 유일한 목적은 주님을 닮아가는 것이 되게 하시고,
제 삶의 최대 관심은 제 몸의 곳곳에
주님의 흔적을 남기는 것이 되게 하옵소서.

많이 가진 것을 부러워할 것이 아니라
많이 쓰지 못한 것을 부끄럽게 생각할 수 있게 하시고,
많이 얻은 것을 인하여 기뻐할 것이 아니라
많이 깨뜨린 것을 인하여 즐거워할 수 있는 삶이 되게 하옵소서.

쉬운 짐을 진 것을 다행스럽게 생각하는 것이 아니라
어려운 짐을 진 것을
영광스럽게 생각할 수 있는 삶이 되게 하옵소서.

저를 밟아서라도 그 누가 일어설 수만 있다면
기꺼이 디딤돌이 되어 줄 수 있는 삶을 살게 하옵소서.

저를 팔아서라도
그 누가 더 나은 영혼의 부요함을 느낄 수 있다면
기꺼이 희생양이 되어 줄 수 있는 삶을 살게 하옵소서.

오! 주님,
저는 주님 속에 영원히 감추이고
주님만이 저를 통하여 밝히 드러나기를 원합니다.
주님만이 저를 통하여 증거 되기를 원합니다.
주님만이 저를 통하여
영원한 구원자이심을 알게 되기를 원합니다.

주님을 위하여 더 많이 수고하고,
더 많이 희생하는 것이 습관이 되게 하시고,
주님을 위하여 닳아서 없어지는 것이
제 삶의 소원이 되게 하옵소서.

반달 마을에서
노 진 향

| 목차

1부 심방과 심방 대표기도

I. 심방이란 무엇인가? · 16

1. 심방의 의미
2. 심방의 중요성
3. 심방의 종류
4. 심방자의 수칙

II. 심방예배 대표기도 · 20

1. 심방예배 대표기도란 무엇인가?
2. 심방예배 대표기도는 어떤 기도의 형태인가?
3. 심방 대표 기도를 잘할 수 있는 비결

2부 축하와 격려 대표기도문

- 새로 믿는 가정 | 등록한 가정 · 24
- 큰 집으로 이사한 가정 · 26
- 입주한 가정 | 사업을 시작하는 성도 · 27
- 사업을 경영 중인 성도 | 사업을 확장한 가정 · 29
- 사업체를 이전한 가정 | 가게를 개업한 성도 · 31
- 잉태한 성도 | 힘든 잉태를 한 성도 · 33
- 출산한 가정 | 늦게 출산한 성도 · 35
- 신혼가정인 성도 · 37

- 자녀가 학교에 처음 입학한 성도 ·· 38
- 자녀가 졸업한 가정 | 자녀가 군에서 제대한 가정 ············· 39
- 취직한 가정 | 승진한 가정 ··· 41
- 자녀가 약혼하는 가정 | 자녀가 결혼하는 가정 ················· 43
- 운송업에 종사하는 가정 | 어업에 종사하는 가정 ············· 45
- 상업에 종사하는 가정 | 교육에 종사하는 가정 ················· 47
- 노동에 종사하는 가정 | 정치에 몸담고 있는 가정 ············ 49
- 자녀가 스포츠에 몸담고 있는 가정 ······································ 51
- 법조인으로 종사하는 가정 ··· 52
- 언론인으로 종사하는 가정 ··· 53
- 의료인으로 종사하는 가정 ··· 54
- 예술인으로 종사하는 가정 | 연예인으로 종사하는 가정 ··· 55
- 공직에 종사하는 가정 | 방송인으로 활동하는 가정 ········· 57
- 고민하던 문제가 해결 된 가정 ··· 59
- 성공한 성도 | 수상한 성도 ··· 60
- 건축하는 가정 | 건강을 되찾은 성도 ··································· 62

3부 위로와 권면 대표기도문

- 구원의 확신이 없는 성도 | 먼 거리에서 출석하는 가정 ··· 66
- 불화가 있는 가정 | 결별한 가정 | 이혼한 가정 ················· 68
- 나태한 성도 | 재난 당한 가정 | 고난 당하는 성도 ············ 71
- 시험에 든 성도 | 핍박받는 성도 | 수험생을 둔 가정 ········ 74
- 자녀의 시험을 앞두고 있는 가정 | 방황하는 자녀를 둔 가정 ··· 77
- 화목이 필요한 가정 | 부모님을 모시고 사는 가정 ··········· 79
- 고부간의 갈등이 있는 가정 | 병환 중인 부모님을 모시고 사는 가정 ··· 81
- 부모님을 모시지 못하는 가정 | 시험이 찾아온 가정 ······· 83

- 억울한 일을 당한 가정 | 물질의 손해가 발생한 가정 ·········· 85
- 안 좋은 일이 반복되는 가정 | 외로움과 고독을 느끼는 성도 ·········· 87
- 배신의 아픔을 느끼고 있는 성도 | 용서가 필요한 성도 ·········· 89
- 환난을 당한 성도 | 생활에 지쳐 있는 성도 ·········· 91
- 연단의 과정을 겪고 있는 성도 | 극심한 고난 속에 있는 성도 ·········· 93
- 죄책감에 괴로워하는 성도 | 회개가 필요한 성도 ·········· 95
- 유혹을 이기지 못하는 성도 | 교회를 출석하지 않는 성도 ·········· 97
- 열심이 식어진 성도 | 충성하기를 원하는 성도 | 기도생활이 식어진 성도 ··· 99
- 기도를 잊은 성도 | 더 깊은 기도를 하고 싶은 성도 ·········· 102
- 새벽 기도를 못하는 성도 | 직분을 맡은 성도 ·········· 104
- 헌신의 부담을 느끼는 성도 | 축복을 갈망하는 성도 ·········· 106
- 성령 충만을 원하는 성도 | 헌금에 힘들어 하는 성도 ·········· 108
- 헌금에 시험 든 가정 | 가난한 성도 | 낙심한 성도 ·········· 110
- 믿음이 흔들리고 있는 성도 | 초신자 가정 | 말씀을 깨닫지 못하는 성도 ··· 113
- 아이가 가장인 결손 가정 | 목사님께 상처받은 성도 ·········· 116
- 전도의 문이 열리기를 원하는 성도 | 가정 예배를 드리기 원하는 성도 ······ 118
- 식구가 믿지 않는 가정 | 남편이 신앙생활을 반대하는 가정 ·········· 122
- 종교의 갈등이 있는 가정 | 교회문제로 시험에 든 가정 ·········· 122
- 성도간의 문제로 시험에 든 가정 | 온전한 십일조를 원하는 가정 ········ 124
- 불평이 많은 성도 | 은사를 사모하는 성도 | 은혜를 깨닫지 못하는 성도 ··· 126
- 성수주일이 어려운 성도 | 주님을 신뢰하지 못하는 성도 ·········· 129
- 남편이 믿지 않는 성도 | 부모님이 믿지 않는 성도 ·········· 131
- 혈육이 믿지 않는 성도 | 금식기도를 하고 있는 성도 ·········· 133
- 영적 싸움이 필요한 성도 | 담배와 술을 끊지 못하는 성도 ·········· 135
- 잘못된 습관에 길들여진 성도 | 예배를 가볍게 여기는 성도 ·········· 137
- 이단에 미혹된 성도 | 설교를 듣지 못하는 성도 ·········· 139
- 낙심 후 다시 출석하는 가정 | 담대함이 필요한 성도 | 핑계가 많은 성도 ··· 141
- 신앙에 동요가 있는 성도 | 면회 갔을 때(교도소) | 면회 갔을 때(군) ··· 144

- 출산을 앞두고 있는 성도 | 자녀가 결혼을 앞두고 있는 가정 ·········· 147
- 남편의 믿음이 약한 성도 | 사업에 실패한 성도 | 실직을 당한 성도 ······ 149
- 구직을 원하는 가정 | 모임에 자주 빠지는 성도 | 남편을 사별한 성도 ····· 152
- 부인을 사별한 성도 | 갑작스런 죽음을 당한 가정 ··················· 155
- 사고로 죽음을 당한 가정 | 좋은 부모가 되기를 원하는 가정 ·········· 157
- 부모님이 별세한 가정 | 부모님의 건강을 바라는 가정 ················ 159
- 남편이 힘든 일을 하는 성도 | 평범하게 이사한 가정 ················· 161
- 작은집으로 이사한 가정 | 경제적으로 어려운 가정 ··················· 163
- 셋집에 살고 있는 가정 | 자녀가 잘되기를 바라는 가정 ··············· 165
- 자녀와 따로 사는 가정 | 자녀를 먼저 보낸 가정 ···················· 167
- 자녀의 믿음이 흔들리고 있는 가정 | 장애아를 키우고 있는 가정 ······· 169
- 자녀가 해외에 나간 가정 | 자녀가 군에 가게 된 가정 ················ 171
- 자녀가 시험에 실패한 가정 | 자녀의 취직을 앞두고 있는 가정 ········· 173
- 중대한 결정을 앞두고 있는 가정 ·································· 175

4부 치유와 회복 대표기도문

- 불안을 느끼는 성도 | 자살의 충동을 느끼는 성도 ··················· 178
- 불면증에 시달리는 성도 | 질병이 찾아온 성도 ······················ 180
- 중풍을 앓고 있는 성도 | 가슴이 답답한 성도 ······················· 182
- 만성피로에 시달리고 있는 성도 | 중병을 앓고 있는 성도 ············· 184
- 질병이 지속되고 있는 성도 | 병원에 입원 중인 성도 ················· 186
- 수술을 앞두고 있는 성도 | 일반적인 수술을 하는 성도 ··············· 188
- 갑작스런 수술을 하는 성도 | 장기 입원 중인 성도 ··················· 190
- 불치(난치)병을 앓고 있는 성도 | 자녀가 아픈 가정 ·················· 192
- 자녀가 백혈병인 가정 | 자녀의 수술을 앞두고 있는 가정 ············· 194
- 자녀가 수술하는 가정 | 자녀가 수술 후 회복 중인 가정 ·············· 196

- 태아가 위태로운 성도 | 부모님이 치매인 가정 ········· **198**
- 관절염을 앓고 있는 성도 | 간질을 앓고 있는 성도 ········· **200**
- 화상을 입은 성도 | 원인모를 질병을 앓고 있는 성도 ········· **202**
- 심근경색을 앓고 있는 성도 | 간경화를 앓고 있는 성도 ········· **204**
- 만성신부전증을 앓고 있는 성도 | 디스크를 앓고 있는 성도 ········· **206**

5부 대심방 대표기도문

- 심방대원을 위한 기도 | 일반적인 성도의 가정 ········· **210**
- 사업을 경영하는 가정 | 믿음이 신실한 가정 ········· **212**
- 홀로 신앙생활 하는 가정 | 먼 거리에 있는 가정 | 연로한 교우가정 ···· **214**
- 초신자 가정 | 생활이 바쁜 가정 | 환자가 있는 가정 | 중직자 가정 ····· **217**
- 젊은 부부 가정 | 중년 부부 가정 | 문제와 아픔이 있는 가정 ········· **221**

6부 가정 예식 대표기도문

- 결혼(약혼) | 생일(돌) | 생일 (어른) | 수연(회갑) | 고희(칠순) ········· **226**
- 임종의 자리에서(1) | 임종의 자리에서(2) ········· **231**
- 위로예배(어린이) | 위로예배(어른) | 위로예배(기타) ········· **233**
- 입관식(1) | 입관식(2) | 발인식(1) | 발인식(2) ········· **236**
- 하관식(1) | 하관식(2) | 화장 ········· **239**
- 추도식(1) | 추도식(2) | 추도식(3) ········· **242**
- 추도식(4)- 새해, 설 | 추도식(5)- 추석 ········· **245**

7부 심방 설교

- 등록한 성도 | 새 가족(지병이 있는 성도) ········· 248
- 새로 등록한 가정 | 초신자 가정 ················· 252
- 기도가 필요한 항존직 가정 ······················ 254
- 기도 생활을 하지 않는 권사 | 삶의 무게가 버거운 성도 ········· 255
- 신앙생활이 규칙적이지 못한 성도 | 질병을 앓고 있는 성도 ········ 257
- 신앙의 회복이 필요한 성도 | 먼 거리에서 출석하는 성도 ········ 260
- 예배 생활이 미흡한 성도 | 암으로 투병중인 성도 ········ 262
- 이사한 가정 | 불행하다고 느끼는 성도 ················ 264
- 주일을 지키지 못하는 성도 ······················ 266
- 교회를 멀리하고 있는 성도 | 위기를 겪고 있는 가정 ········ 267
- 사명자의 가정 | 불치병으로 생을 포기한 자 ········ 269
- 아픔이 있는 성도 ····························· 272
- 열악한 환경속에 있는 성도 | 역경의 극복이 필요한 가정 ········ 274
- 충성된 가정 | 믿음이 견고한 가정 | 노년의 성도 ········ 277
- 이름 없이 봉사하는 성도 | 하나님을 멀리 하고 있는 성도 ········ 282
- 직분을 감당하다 실족한 성도 | 약함에 사로잡혀 있는 성도 ········ 284
- 열심이 식은 성도 | 교회생활에 열심인 성도 ········ 288
- 은혜를 받지 못한다고 생각하는 성도 ················ 290
- 축복을 사모하는 가정 ························· 291
- 신앙의 침체에 빠진 성도 ······················· 292
- 맡은 직분이 보잘 것 없다고 생각하는 성도 ················ 294
- 온 가족이 충성하는 성도 | 세상과 타협하는 성도 ········ 295
- 난치병을 앓고 있는 성도 ······················· 298
- 물질의 복을 원하는 가정 | 사업을 시작하는 성도 ········ 299
- 기도응답을 원하는 성도 ························ 302

부록 가정 예식

가정예식이란 무엇인가? ··· 306
   1. 혼례
   2. 백일과 돌
   3. 생일
   4. 장수의 축하
   5. 장례식
   6. 추도예배
   7. 성묘
   8. 기타 – 참고 설교문

부록 심방성구와 찬송 가이드

I. 축하. 격려 .위로 ··· 348
- 초신자 | 회개한자 | 개종한자 | 이사한 가정(교인가정)
- 이사한 가정(타교인등록) | 출생 | 어린이 생일
- 청년의 생일 | 어른의 생일 | 회갑(진갑) | 약혼(결혼)
- 신축 | 입학 | 졸업 | 취직 | 개업 | 입원 환자
- 어린이 환자 | 청년 환자 | 노환 | 장기 환자
- 수술 직전 | 불신자 환자 | 운명 환자 | 근심
- 가정 불화 | 사업 실패 | 시련 | 가난 | 핍박
- 이별 | 임종 | 상가 | 추도

II. 권면 · 353

- 성수주일을 못하는 자 | 출석을 잘 않는 자
- 세상을 사랑하는 자 | 믿음이 연약한 자 | 열심이 없는 자
- 기도생활을 안 하는 자 | 시험 당하는 자 | 회개해야 할 자
- 신앙을 쉬고 있는 자 | 타락한 자 | 불효하는 자
- 교회에 불만이 있는 자 | 이단 사설에 미혹된 자
- 재물을 사랑하는 자 | 놀고 있는 자 | 외식적인 신자
- 근심을 잘하는 자 | 헌금에 시험든 자
- 인간관계에서 온 시험 | 교회문제로 온 시험
- 자녀교육 문제 | 다시 교회에 출석하는 자
- 구원의 확신이 필요한 자 | 믿음이 약한 자
- 부모를 모시는 자 | 부모와 불화한 자 | 회사원
- 교육자, 교사 | 자영업자 | 농민 | 어민
- 목축업 | 언론, 출판 | 정치인 | 의료인
- 법조인 | 경제인 | 공무원 | 군인 | 체육인

주님이 어떻게 하시든,
어떻게 쓰시든 상관 않고 온전히 바치는 것에만
마음을 쏟을 수 있는 삶이 되게 하옵소서.

심방과
심방기도
A Visit & Prayer

1부

Ⅰ. 심방이란 무엇인가?

1. 심방의 의미

심방은 하나님이 사람을 찾으시고, 권고하시고, 죄인을 구원하시는 일에서 비롯된 것이다(창 3:9).

심방은 목회자, 장로, 권사, 구역장, 권찰 등 교회로부터 위임받은 자가 교우들을 찾아가 위로와 권면과 친교 등을 통하여 그들 가정과 개인이 지닌 문제들을 성경의 말씀으로 권면하고, 사랑의 마음으로 위로를 더하고, 함께 기도함으로써 새로운 차원의 희망과 신앙의 힘을 공급해 주는 일을 담당한다. 그러므로 심방은 곧 하나님의 백성을 찾아가서 방문하여 잘 돌보는 일이다(행 7:23; 8:14; 15:36)

2. 심방의 중요성

심방은 예수님의 행하신 사역을 계승하는 것이요, 신자들의 믿음을 도와주며 그리스도 안에서 완전한 자로 세움을 받을 수 있도록 이끌어 주는 일이다. 심방은 주님을 위한 사명이요, 주님의 몸 된 교회를 위한 사역이며, 주님의 양들을 돌보는 일이기 때문에 주님의 심정을 가지고 이 사명을 감당해야 하리라 믿는다.

3. 심방의 종류

1) 통상 심방

통상 심방은 평일에 시간을 정해놓고 하는 심방을 말한다. 보통 구역(속)장이나 권찰 위주로 하는 심방을 말한다.

2) 특별 심방

  특별 심방은 특별한 일이 있어 심방을 원하거나 필요성을 느낄 때 하는 심방이다. 예를 들면 주일예배에 결석했거나, 질병 혹은 부상을 당했거나, 또는 시험이나 고통스러운 일에 처해 있는 것을 알게 되었을 때 하는 심방을 말한다. 이때도 구역(속)장과 권찰은 교역자에게 미리 연락하고 협력해야한다.

3) 축하 심방

  축하 심방은 새신자(등록), 결혼, 돌, 입학, 졸업, 회갑, 생일, 이사, 취업, 개업, 사업 등의 심방을 말한다.

4) 직장 심방

  가정에서 만날 수 없는 성도들은 부득불 직장에 가서 잠시 만나보는 것도 신앙에 큰 격려를 줄 수 있다.

  직장으로 심방을 갔을 경우에는 면회시간을 잘 알아야 하며, 간단하게 하는 것이 좋을 것이다.

5) 야간 심방

  직장에서도 만날 수 없다면 퇴근 후에 심방할 수도 있다. 그러나 사전에 연락하고 심방을 받을 수 있는지 확인해야 하며 늦은 시간은 피하는 것이 좋다.

6) 통신심방

  특별한 때 전화로 문안을 전하거나 안부를 묻는 일도 좋다. 통화가 어려울 경우 문자메시지를 이용하여 신앙을 격려하는 것도 좋은 방법이다.

7) 서신심방

  가정 방문이나 전화 심방도 어려울 경우 서신으로 심방할 수 있다. 이

때 피심방자에게 도움이 되는 성경구절을 적어서 보내는 것도 신앙을 격려하는 유익한 방법이다.(이메일e-mail 활용)

8) 전도심방
불신자나 불신 가족을 전도하기 위해서 하는 심방을 말한다.

4. 심방자의 수칙

1) 헌신을 각오해야 한다.
주님을 섬기고 교회나 교우를 위하여 봉사할 때 손가락 하나 움직이지 않고, 입으로만 할 수 있는 봉사는 없다.(롬 12:1; 6:13)

2) 사랑으로 희생할 수 있어야 한다.
우리 봉사의 대상은 하나님과 사람이다. 주님을 섬기려면 그분을 향한 최우선적이고 절대적인 사랑이 필요하다(마 10:37; 눅 14:27,33)

3) 순종을 드릴 수 있어야 한다.
교회에서 봉사할 때 직분을 맡은 자는 자신이 주님의 몸 된 교회의 머리가 아니라 지체이며, 주인이 아니라 종이라는 사실을 기억해야 한다.

4) 겸손으로 섬길 수 있어야 한다.
겸손은 효과적으로 주님을 섬기며 교회와 교우를 섬기는 데 있어 기본 자세이다.

5) 자원함으로 감당할 수 있어야 한다.
직분을 맡은 자는 억지로 끌려와서 마지못해 봉사하는 종이 아니다. 직분을 맡은 자는 기쁨에 못 이겨 감사한 마음을 가지고 자원함으로 종이 되어 주님을 섬기는 사람이다.

6) 부지런함으로 최선을 다할 수 있어야 한다.
　부지런하지 않고는 그 어떤 직분도 잘 감당할 수 없다. 직분을 맡은 자는 언제나 섬기기에 바쁜 사람이며(눅17:7-10), 주님이 무엇을 필요로 하시는지, 해야 할 일이 무엇인지에 대하여 늘 기다리며 깨어 있는 사람이어야 한다.(눅 12:35-40)

7) 신실함으로 감당할 수 있어야 한다.
　직분을 맡은 자는 끝까지 변함없이 한결 같은 마음과 무슨 일이든지 성실하고 충실한 자세로 책임을 다하는 사람이어야 한다.

8) 믿음으로 감당할 수 있어야 한다.
　직분을 맡은 자는 앞에 어떤 고난과 난관이 있을지라도 돌아서지 않고, 패배하지 않는 하나님께 대한 지속적이고 살아있는 믿음을 가지고 봉사해야 한다.

9) 물질을 깨뜨릴 수 있어야 한다.
　직분을 맡은 자는 물질에 우선권을 두거나 욕심을 두어서는 안된다. 물질의 주인은 하나님이시다. 따라서 언제나 물질의 청지기임을 잊지 말아야 할 것이며 하나님과 교회를 위하여 물질이 필요로 할 때 주저 없이 깨뜨릴 수 있어야 한다.

10) 소망 가운데서 감당할 수 있어야 한다.
　직분을 맡은 자는 하나님의 나라를 위해 살고, 그것을 위해 일하며, 그곳을 바라보는 소망 가운데 오늘도 봉사해야 한다.

II 심방예배 대표기도

1. 심방예배 대표기도란 무엇인가?

심방예배 대표기도는 심방한 장소(가정, 사업장, 병원 등)에서 심방자가 피심방자를 위하여 하나님께 드리는 기도를 말한다. 모든 기도가 그렇듯이 심방 시에 심방자가 피심방자를 위하여 하나님께 드리는 기도도 정말 중요하다. 심방은 여러 가지 인생 문제들에 부딪쳐 있는 현장을 찾아가는 것이다. 개중에는 함께 기뻐하고 즐거워할 수 있는 축하의 자리도 있지만 대부분 위로와 격려, 치유가 필요한 현장이다. 개중에는 한 맺힌 인생을 살고 있는 사람도 있고, 고독한 인생길에서 외로움과 싸워가며 하루하루를 버티다시피 살아가는 사람도 있다.

이들을 주님의 따뜻한 사랑으로 위로하고 권면하며 주님을 바라보게 함으로 소망을 갖게 하는 것이 심방이다. 바로 그 현장에서 심방자가 피심방자를 대신하여 그 마음을 헤아리며 하나님께 올리는 기도가 심방예배 대표기도이다.

2. 심방예배 대표기도는 어떤 기도의 형태인가?

심방예배 대표기도는 심방자가 피심방자를 위하여 하나님께 올리는 기도이므로 중재적 기도의 형태를 띠고 있다고 볼 수 있다. 중재적 기도(intercessional prayer)란 하나님과 다른 사람 사이에 자기를 위치해 놓고 그 가운데 자리에서 중재적 역할을 하면서 하나님께 기도하는 것을 말한다. 요즘 중보기도가 그리스도인들에게 많은 관심을 불러일으키고 있다. 중보기도란 우리가 그리스도의 중보기도에 동참함으로써 예수 그리스도의 사역을 이 땅에 이루는 기도를 말하는 것인데 엄밀히 말하면 우리의 중보자는 예수 그리스도 한 분뿐이심으로 '중보기도'라는 용어보다는 '중재적 기도'라는 용어를 쓰는 것이 바람직하리라고 생각된다. 우리는 중재적 기도를 통하여 보다 깊은 기도의 세계를 경험할 수 있으며 보다 넓은 기도의 세계로 나아갈 수 있다.

3. 심방예배 대표기도를 잘할수 있는 비결

기도를 잘 할 수 있는 비결은 하나님께 많이 엎드리는 것밖에는 다른 비결이 없다. 아무리 청산유수처럼 좋은 말을 쏟아내며 기도를 잘하는 사람이라 할지라도 평소에 기도생활이 뒷받침되어 있지 않은 자라면 그 기도에는 생명도 없고 감동도 없다.

이런 기도는 단지 입술의 기도일 뿐이다. 기도를 막힘 없이 잘 하는 것도 중요하겠지만 기도하는 사람의 간절함이 더 중요하다. 하나님의 보좌를 움직일 수 있는 간절한 기도는 기도 무릎에 의해서 만들어진다. 기도 무릎이 없으면 자동적으로 우리의 영혼이 둔해질 수밖에 없다.

그래서 감리교의 창시자 존 웨슬리(Jon Wesley)는 "무력해지며 둔해지는 영혼을 고칠 수 있는 비결은 끊임없이 기도하는 것뿐이다"고 했다.

예수님께서도 지상에 계실 때에 얼마나 많이 기도의 무릎을 꿇으셨는가? 예수님은 무릎으로 사신 생애셨다. 로버트 콜만(R. E. Coleman)은 "예수님의 십자가의 승리는 기도의 승리로 이루어진 것이다"고 했다. 제자들도 시간을 정해놓고 기도하기를 힘썼고, 초대교회 성도들 역시 기도가 충만했다. 그리스도인은 기도가 없으면 신앙의 훈련과 성숙이 이루어질 수 없다. 그래서 종교개혁자 칼빈(John Calvin) 선생은 "기도는 가장 유일한 신앙훈련이다"고 했다. 그리스도인이 전인적으로 성숙해지는 비결은 기도의 영으로 충만해지는 것이다.

주님,
저에게 모든 것을 쏟아 부으신 주님의 그 사랑을 기억하여
저 아닌 다른 사람에게
저의 전부를 쏟아 부을 수 있는 삶을 살게 하옵소서.

축하와 격려
대표기도문
Celebration & Encouragement

2부

새로 믿는 가정

심방가이드 | 찬송: 284, 436장
성경: 요 15:16; 살전 5:9

만백성 가운데서 택한 자를 부르시고 생명을 주신 하나님,
　오늘 이 가정에 구원을 주신 주님의 은혜를 진심으로 감사드립니다. 새로 믿기로 작정한 사랑하는 ○○○ 성도님에게 성령 충만을 허락하여 주셔서 예수님을 믿는 기쁨이 날마다 더하여 지게 하시고, 구원의 진리를 깨달아 가는 가운데 그 영혼이 날마다 새로워지게 하여 주옵소서. 이전에는 세상만을 사랑하고 육신의 정욕과 이생의 안목을 위해서 살았으나 이제는 주님만을 사랑하게 하시고, 주님께 영광 돌리는 삶을 살아갈 수 있게 하여 주옵소서. 영육 간에 주님이 채워 주시는 신령한 복과 은혜를 받아 누릴 수 있게 하시고, 천국 백성의 기쁨을 누릴 수 있는 삶이 되게 하여 주옵소서. 주님, 주님을 모르는 가족들이 있습니까? 이 가정에 구원의 은총을 허락하여 주셔서 모든 가족이 구원을 받을 수 있게 하여 주시고, 천국을 소유한 축복의 가정이 되게 하여 주옵소서. 수고의 열매도 더욱 풍성히 맺을 수 있게 하셔서 주님이 붙드시는 손길은 이 땅에서도 차고도 넘치는 복을 받아 누린다는 사실을 체험하게 하여 주옵소서. 고통의 문제가 있습니까? 주님을 의지함으로 고통의 문제를 다루시는 주님의 손길을 체험할 수 있게 하여 주시고, 원치 않는 질병에 시달리고 있습니까? 만병의 의원이신 주님을 의지함으로 치료하시는 주님의 손길을 체험할 수 있게 하여 주옵소서. 주님의 몸된 교회를 위해서도 귀하게 쓰임 받을 수 있는 그릇이 되게 하시고, 기도의 열매, 전도의 열매도 많이 맺을 수 있는 하늘나라의 일꾼이 되게 하여 주옵소서. 이 시간 이 가정에 축복의 말씀을 전하시는 목사님을 기억하시고, 들려주시는 말씀이 이 가정에 꼭 필요한 축복의 말씀이 되게 하옵소서. 주님의 크신 경륜을 찬양하오며 예수 그리스도의 이름으로 기도합니다. 아멘

・축하와 격려 대표기도문・

약속의 말씀
그런즉 누구든지 그리스도 안에 있으면 새로운 피조물이라 이전 것은 지나갔으니 보라 새것이 되었도다　　(고린도후서 5장 17-19절)

등록한 가정

심방가이드 | 찬송: 210, 220장
성경: 고전 12:27; 엡 2:19

은혜로우신 하나님 아버지,
　사랑하는 ○○○ 성도님을 저희 교회로 보내 주셔서 저희들과 함께 주님의 몸된 교회를 섬기며 믿음의 교제를 나눌 수 있게 하심을 감사드립니다. 이 지역에 많은 교회들이 있지만 ○○○ 성도님이 저희 교회에 등록하게 된 것은 이 교회에 꼭 필요한 일꾼으로 쓰시려고 성령님이 그 마음을 주장하셨다고 믿습니다. 이제 저희들과 함께 ○○○ 성도님이 주님의 교회를 섬기며 믿음 생활을 할 때에 하나님을 경험하는 삶이 되게 하시고, 시냇가에 심은 나무가 시절을 좇아 과실을 맺듯이 영육 간에 풍성한 열매를 맺을 수 있는 복된 삶이 되게 하여 주옵소서. 기도할 때마다 하나님의 능력이 깃드는 것을 경험할 수 있게 하시고, 봉사할 때마다 새 힘을 주시는 주님의 은혜를 체험케 하여 주옵소서. 주님, 이 가정에 주님을 믿지 않는 가족들이 있습니까? 구원을 문을 열어 주셔서 속히 주님을 영접할 수 있게 하여 주시고, 그리스도의 장성한 분량에까지 이를 수 있도록 축복하여 주옵소서. 고통의 문제가 있다면 그 고통에 함께 참여하고 계신 주님의 손길을 느낄 수 있게 하시고, 질병의 아픔이 있습니까? 치료하시는 주님의 능력을 체험할 수 있게 하여 주옵소서. 생업이나 경영하는 사업도 기억하셔서 날마다 주님의 영광을 드러낼 수 있게 하여 주시고, 날마다 채우시는 주님의 은총을 경험할 수 있게 하여 주옵소서. ○○○ 성도님의 손길을 통하여 영혼이 구원되는 역사도 있기를 원합니다. 많은 사람을 주님께로 인도할 수 있는 축복의 손길이 되게 하시고, 천국의 지경을 확장시켜 나가는 믿음의 사람으로 쓰시옵소서. 오늘 이 가정에 축복의 말씀을 전하시는 목사님을 기억하시고 성령의 능력으로 함께 하여 주셔서 이 가정에 꼭 필요한 생명의 말씀이 되게 하여 주옵소서. 주님의 섭리하심을 찬양하오며 예수 그리스도의 이름으로 기도합니다. 아멘

■ 축하와 격려 대표기도문 ■

약속의 말씀

우리가 보고 들은 바를 너희에게도 전함은 너희로 우리와 사귐이 있게 하려 함이니 우리의 사귐은 아버지와 그 아들 예수 그리스도와 함께 함이라　　　　(요한일서 1장 3절)

큰 집으로 이사한 가정

심방가이드 | 찬송: 191, 383장
성경: 시 91:9-11; 행 10:22

· 축하와 격려 대표 기도문 ·

은혜가 풍성하신 하나님 아버지,
 오늘 ○○○ 성도님이 장막을 넓혀 새로운 곳으로 이사하게 하심을 감사합니다. 그동안 주님의 뜻대로 살기를 소망하며 주님의 몸된 교회를 위하여 봉사한 중심을 보시고 주님 베푸신 축복임을 믿습니다. 이제 이 가정에 이전 보다 더 나은 장막을 주셨사오니 주님의 베푸신 은혜와 축복을 기억하여 더욱 진실 되게 마음을 다하여 주님을 섬길 수 있는 손길이 되게 하여 주옵소서. 또한 이 새로운 장막을, 육신을 위한 장막으로만 삼을 것이 아닌 주님의 장막을 넓히는데 도구로 사용 할 수 있게 하시고, 이 장막 안에 주님의 교회를 세울 수 있는 장막이 되게 하여 주옵소서. 항상 주님을 향한 찬송이 끊이지 않는 장막이 되게 하시고, 감사가 멈추지 않는 장막이 되게 하여 주옵소서. 이곳을 통하여 더욱 가정 천국을 만들어 갈 수 있게 하시고, 하나님의 임재하심을 경험할 수 있는 처소가 되게 하여 주옵소서. 모든 가족들의 믿음이 더욱 반석 위에 세워질 수 있게 하시고, 시절을 따라 맺는 열매도 풍성하게 하여 주옵소서.
 주님이 이 가정에 목자가 되시기를 원합니다. 앞으로도 주님이 이끄시는 대로만 따라갈 수 있는 가정이 되게 하여 주옵소서. 오늘 목사님을 통하여 주시는 축복의 말씀 듣고 하나님의 은혜와 사랑을 또 한 번 느낄 수 있게 하시고, 많은 사람을 부요케 할 수 있는 복 있는 손길로 살게 하여 주옵소서.
 이 집을 출입하는 자마다 주님의 다스리심을 경험하게 하시고 주님의 영광을 보게 하실 것을 믿사옵고 예수 그리스도의 이름으로 기도합니다. 아멘

약속의 말씀
사랑하는 자들아 나그네와 행인 같은 너희를 권하노니 영혼을 거스려 싸우는 육체의 정욕을 제어하라 (베드로전서 2장 11절)

입주한 가정

심방가이드 | 찬송: 204, 445장
성경: 행 28:30-31; 시 127:1-2

은혜로우신 하나님 아버지,

이 가정을 지켜 주셔서 부족함 없이 살아가게 하시니 감사합니다. 또한 아름답고 사랑이 넘치는 가정이 되게 하여 주심도 감사합니다. 특별히 감사하옵는 것은 이 가정이 주님이 주신 새로운 장막으로 입주하여 먼저 주님께 감사 예배를 드리게 하시고 영광을 돌릴 수 있게 하시니 감사합니다. 이제껏 붙드시고, 인도하시고, 축복하신 하나님께서 앞으로도 이 가정과 함께 하실 것을 믿습니다. 이제 새로운 집에 입주하였사오니 주님을 더 잘 섬길 수 있는 복된 가정이 되게 하여 주시고, 주님을 더욱 사랑하고 주님의 말씀을 더욱 가까이 할 수 있는 가정으로 이끌어 주옵소서. 그리하여 입주하기 전보다 더욱 성숙된 신앙생활이 되게 하여 주시고, 주님을 기쁘시게 하는 자로 쓰임 받게 하여 주옵소서.

주님, 이 가정에 계획하고 있는 일들이 있습니까? 우리 주님이 그 계획을 만져주셔서 주님의 영광을 나타낼 수 있게 하시고, 선한 열매를 맺게 하여 주옵소서. 또한 이 가정에 예배와 찬송이 늘 가득하고 주 안에서 형제자매들을 즐거이 대접하는 복된 처소가 되게 하여 주옵소서. 이 집이 육신의 장막뿐 아니라 신앙의 집으로도 아름답게 세워지고 쓰임 받게 하여 주옵소서. 새집 증후군이 있습니다. 면역력을 강화시켜 주셔서 잘 적응할 수 있게 하여 주옵소서. 이웃과 좋은 사귐이 있게 하여 주시고, 전도할 수 있는 문도 열어 주옵소서.

목사님이 오늘 이 가정을 위하여 준비하신 말씀이 이 가정에 기쁨이 되게 하시고, 축복이 되게 하여 주옵소서. 이 가정의 호주가 되시는 예수 그리스도의 이름으로 기도합니다. 아멘

약속의 말씀

그러므로 누구든지 나의 이 말을 듣고 행하는 자는 그 집을 반석 위에 지은 지혜로운 사람과 같으리니 (마태복음 7장 24절)

사업을 시작하는 성도

심방가이드 | 찬송: 330, 549장
성경: 대상 29:12; 시 127

복의 근원이신 하나님 아버지,

　이 가정에 새로운 사업을 시작하게 하심을 감사드립니다. 이 사업을 시작하게 하신 이는 주님이심을 굳게 믿기에 먼저 주님께 감사의 예배를 드립니다. 이 예배를 받으시고 이 새로운 사업을 반석 위에 든든히 세워 주시옵소서. 사람의 계획이 제 아무리 완벽한들 어찌 하나님의 지혜에 견줄 수 있겠사오리까. 이제 이 사업을 경영하는 동안 세상의 방법과 자신의 경험과 실력보다 주님의 지혜를 더 의지하게 하시고, 항상 이 사업을 이끌고 계시는 주님의 능력을 체험하는 경영이 되게 하여 주옵소서. "너희 행사를 여호와께 맡기라. 그리하면 너의 경영하는 것이 이루리라"(잠 16:3) 말씀하셨사오니 하나님께 모든 것을 맡길 수 있게 하여 주시고, 하나님의 말씀을 잘 지킬 수 있게 하여 주옵소서. 사업을 할 때에 물질의 범죄함이 없게 하여 주시고, 주님께 드릴 물질을 잘 구분하여 드릴 수 있게 하여 주옵소서. 이 사업도 주님이 주신 성직인 줄 믿습니다. 육신의 이득보다 주님의 영광을 먼저 생각할 수 있게 하셔서 주님께 영광 돌릴 수 있는 사업이 되게 하여 주시옵소서. 이 사업장에 예배가 끊어지지 않기를 원합니다. 하루의 사업을 시작할 때나 마무리할 때 주님을 향한 예배가 있게 하시고, 사업체의 주인이 주님이심을 나타낼 수 있는 복 있는 경영이 되게 하여 주옵소서. 사업을 하다보면 뜻하지 않은 어려움도 발생할 것인데 그때 마다 무릎 꿇어 기도할 수 있게 하시고, 합력하여 선을 이루시는 주님을 바라보며 담대히 나아갈 수 있게 하여 주옵소서. 세상 사람들은 사업을 지식과 경험과 인맥으로 하겠지만 그리스도인들은 주님을 의지하는 무릎으로 하는 것임을 보여줄 수 있게 하옵소서. 목사님이 전하시는 말씀 속에서도 주님의 음성을 듣게 하실 것을 믿사옵고 예수 그리스도의 이름으로 기도합니다. 아멘

> **약속의 말씀**
> 마음의 경영은 사람에게 있어도 말의 응답은 여호와께로서 나느니라　(잠언 16장 1절)

사업을 경영 중인 성도

심방가이드 | 찬송: 28, 383장
성경: 시 121:1-8; 요 15:1-5

광야에서 물이 솟게 하시고 사막에서 시내가 흐르게 하시는 하나님(사 35:6,7). 이 가정의 사업을 이끌어 주셔서 주님께 영광을 돌릴 수 있게 하여 주시니 감사합니다. 이 사업을 경영하면서 오직 하나님께 맡기고자 하는 그 중심을 기억하고 계신 줄 믿습니다.

주님이 이 사업을 붙드셔서 악한 권세가 틈타지 않게 하여 주시고, 언제나 형통의 길로 인도하시는 주님의 은총을 덧입게 하여 주옵소서. 오늘보다 내일이, 내일 보다 모레가 더 나은 결과를 얻게 하시고, 매 순간 사업을 이끌고 계시는 주님의 손길을 체험할 수 있게 하여 주옵소서. 이 사업장에 속한 근로자들도 기억하시고, 주인의식을 가지고 내 일처럼 열심히 하게 하여 주시고, 경영자와 근로자들 간에 불협화음이 없도록 모든 불의를 막아주시기를 원합니다. 근로자 간에도 서로 화목할 수 있게 하여 주시고, 서로의 애로사항을 살피며 가족 이상의 친밀감을 갖게 하여 주옵소서.

"너의 행사를 여호와께 맡기라."(잠16:3)고 하셨사오니 항상 하나님께 맡기는 겸손의 모습이 이 경영하는 사업에서 떠나지 않게 하여 주옵소서.

사업의 이윤을 선한 사업에 투자 할 수 있게 하셔서 주님의 마음을 보여 줄 수 있는 사업이 되게 하시고, 이 세상에 빛과 소금의 역할을 감당할 수 있는 사업이 되게 하여 주옵소서.

목사님을 통하여 축복의 말씀을 듣게 되었사오니 겸손한 마음으로 받게 하시고, 사업에 적용할 수 있는 말씀이 되게 하옵소서. 이 사업을 경영하시고 이루시는 예수 그리스도의 이름으로 기도합니다. 아멘

약속의 말씀

사무엘이 돌을 취하여 미스바와 센 사이에 세워 가로되 여호와께서 여기까지 우리를 도우셨다 하고 그 이름을 에벤에셀이라 하니라　　　　(삼상 7장 12절)

사업을 확장한 가정

심방가이드 | 찬송 : 588, 330장
성경: 욥 42:17; 잠 10:4

사랑이 많으시고 은혜가 풍성하신 하나님 아버지,

오래 전부터 이 가정을 주님의 백성으로 택하여 주시고 이끌어 주시며 모든 것을 주관해 주시니 주님의 사랑과 은총에 감사드립니다. 또한 주님의 섭리와 은총 속에 이 가정이 사업을 시작하게 하시고 주님의 축복으로 사업을 더욱 확장하게 하시니 주님께 더욱 감사와 찬양과 영광을 돌립니다. 사업의 확장이 있기까지 얼마나 많은 수고의 땀을 흘렸겠으며 정성을 쏟았겠습니까? 모든 것이 땀의 결실인 것을 믿어 의심치 않습니다. 더욱이 주님이 이 가정의 사업을 친히 주관하시고 이끌어 주셨기에 더 좋고 넓은 곳으로의 확장이 가능했음을 믿습니다.

이제껏 이 가정을 형통의 길로 인도하신 하나님, 이제 새롭게 확장한 사업장에서 정직과 성실을 심으며 최선을 다할 때에 이 전과 같이 매 순간마다 함께하시는 주님의 손길을 느낄 수 있게 하시고, 수고의 열매를 풍성히 맺을 수 있는 길로 이끌어 주옵소서. 원하옵기는 이 가정이 사업의 확장뿐만 아니라 믿음과 신앙의 영역도 더욱 확장되게 하시고 주님의 몸된 교회를 섬기는 일에도 열심을 내는 가정이 되게 하옵소서. 하나님께서 이 가정의 사업을 확장케 하신 것은 주님의 영광을 위한 도구로 쓰시기 위한 것임을 믿습니다. 이 사업체를 통하여 선한 사업에 부할 수 있게 하시고, 주님의 사랑을 나타내고 주님의 뜻을 높이는 일에 크게 쓰임 받을 수 있게 하옵소서.

이 사업체를 경영하는 ○○○ 성도님에게 지혜와 능력을 더하여 주셔서 이 사업체를 주님이 기뻐하시는 방향으로 이끌고 나갈 수 있게 하옵소서. 앞으로의 모든 계획과 원하는 것들을 복된 성공으로 이끄실 것을 믿사옵고 예수 그리스도의 이름으로 기도합니다. 아멘

약속의 말씀
온유한 자는 땅을 차지하며 풍부한 화평으로 즐기리로다   (시편 37편 11절)

사업체를 이전한 가정

심방가이드 | 찬송: 588, 384장
성경: 잠 22:29; 눅 12:18

사랑과 자비가 풍성하시며 공의로우신 하나님 아버지,

주님의 넘치는 사랑과 은혜를 감사드립니다. 이 가정을 주님의 사랑 안에 품어 주시고 사업을 축복해 주시는 주님, 이제 주님의 뜻에 따라 귀한 사업체를 이전하고 먼저 주님께 감사의 예배를 드릴 수 있게 하시니 얼마나 감사한지요. 오늘 이전 감사 예배를 드리면서 먼저 주님의 섭리를 깨달아 알 수 있는 저희 모두가 되게 하시고, 전능하신 하나님께서 이 가정의 사업을 붙들고 계심을 가슴 깊숙이 느낄 수 있는 저희 모두가 되게 하여 주옵소서.

주님, 이 사업이 사람의 뜻과 유익만을 위한 것이 아니라, 주님의 섭리와 뜻에 따른 것임을 믿사오니 이 사업을 통하여 더욱 주님의 영광을 드러낼 수 있게 하시고 날마다 번창 하는 사업이 될 수 있도록 복에 복을 더하여 주옵소서. 특별히 복음적인 경영관을 잘 간직하여 개인의 욕심을 채우기 위한 사업이 아니라, 주님의 영광을 위하며 주님의 몸된 교회를 든든히 세우는 일에 도구로 쓰임 받는 사업으로 발전시켜 나갈 수 있게 하옵소서. 새로운 곳에서 새로운 결심으로 시작하는 이 가정으로 하여금 새롭게 믿음 생활을 할 수 있게 하시고 인간의 지혜나 힘을 의지하지 않고 주님의 지혜와 뜻을 따라 운영하도록 붙들어 주옵소서. 혹 이 사업을 경영하면서 여러모로 힘들고 어려운 일도 많을 줄 이오니 그때마다 무릎으로 주님을 찾을 수 있게 하시고, 주님의 도우심을 얻어 힘든 과정을 잘 이겨 나갈 수 있게 하옵소서. 사업을 위하여 수고하는 모든 분들에게 육신의 건강과 영혼의 강건함을 더하여 주옵소서. 목사님을 통하여 주시는 말씀 속에서도 사업에 꼭 필요한 지혜를 얻게 하실 것을 믿사옵고 예수 그리스도의 이름으로 기도합니다. 아멘

약속의 말씀

네가 네 손이 수고한 대로 먹을 것이라 네가 복되고 형통하리로다 여호와를 경외하는 자는 이같이 복을 얻으리로다 (시편 128편 2,4절)

가게를 개업한 성도

심방가이드 | 찬송: 330, 549장
성경: 신 6:10-13; 마 6:33

사랑이 많으신 하나님 아버지,

오늘 이 가정이 새로운 사업을 준비하여 개업을 하게 되었습니다. 가게의 문을 열기 전에 먼저 개업 예배를 드릴 수 있도록 함께 하심을 감사드립니다. 그동안 이 사업의 터전을 마련하기 위하여 힘든 과정이 있었지만 믿음으로 잘 이겨낼 수 있게 하시고, 믿음의 결과를 보게 하시니 감사드립니다. 오늘부터 개업하는 이 가게를 우리 주님이 붙드실 것을 믿습니다. 수고에 합당한 열매가 주어질 수 있게 하시고, 아름다운 소문이 잘 나게 하여 주셔서 손님의 발걸음이 끊어지지 않는 생업이 되게 하여 주옵소서. 이 가게의 주인은 주님이심을 잊지 않기를 원합니다. 정직과 진실함으로 이 가게를 운영해 나갈 수 있도록 지혜를 더하여 주시고, 주님을 섬기는 주님의 백성임을 늘 의식하며 사업을 하게 하여 주옵소서. 이 일도 하나님이 주신 귀한 성직임을 깨닫게 하셔서 이 곳을 통하여 영적인 열매도 풍성히 맺을 수 있도록 도와주시옵소서. 수고의 열매 가운데 주님의 것은 정직히 떼어서 주님께 드릴 수 있게 하여 주시고, 범사에 하나님의 주권을 인정하는 믿음이 이 가게의 큰 자산이 되게 하여 주옵소서. 가게를 운영하다보면 어려움도 만나게 될 것입니다. 그 때마다 좌절하지 않고 주님께 더 가까이 나아가 부르짖을 수 있는 믿음이 되게 하여 주옵소서. 가게 때문에 주일을 범하는 일이 없게 하여 주시고, 주님의 날은 주님께 정직하게 돌릴 수 있도록 이끌어 주옵소서. 이제 시작하오니 우리 주님이 형통케 하실 것을 믿습니다. 큰 복으로 채워 주실 것을 믿습니다. 주님의 영광을 드러내게 하실 것을 믿습니다. 오늘 축복의 말씀을 준비하신 목사님을 기억하시고, 그 말씀이 이 사업을 하는 동안 이 가게를 운영하는 중심이 되게 하여 주옵소서. 좋은 것으로 채워주시는 예수 그리스도의 이름으로 기도합니다. 아멘

> **약속의 말씀**
> 또 천국은 마치 좋은 진주를 구하는 장사와 같으니 극히 값진 진주 하나를 만나매 가서 소유를 다 팔아 그 진주를 샀느니라 (마태복음 13장 45-46)

잉태한 성도

심방가이드 | 찬송: 275, 463장
성경: 눅 1:13-16; 요 16:21

생명의 하나님,

이 가정을 축복하여 주셔서 새 생명을 잉태하게 하심을 감사드립니다. 하나님께서 이 가정에 이 좋은 기쁨을 주셨사오니 새 생명을 허락하신 하나님께 감사할 수 있게 하시고, 주님께 나아갈 때도 기쁨으로 나아갈 수 있게 하여 주옵소서.

이제 열 달 동안 품고 있을 때에 태아에게 하나님의 말씀을 많이 들려줄 수 있게 하여 주시고, 찬송과 기도도 많이 들려줄 수 있게 하여 주옵소서. 믿음도 유전 된다는 것을 기억하여서 태아 때부터 신앙의 교육을 놓치지 않게 하여 주시고, 아이를 믿음으로 품을 수 있게 하여 주옵소서.

특별히 태아를 품고 있는 ○○○ 성도님에게 건강을 허락하여 주셔서 품고 있는 새 생명이 건강하게 자랄 수 있게 하여 주옵소서.

태아를 위하여 말하는 것이나 행동하는 것이나 조심할 수 있게 하여 주시고, 태아를 출산하기까지 주님의 은혜와 사랑만 품을 수 있게 하여 주옵소서. 남편과 가족들에게도 함께 하여 주셔서 태아를 품은 산모를 위하여 기도할 수 있게 하여 주시고, 태아에게 안 좋은 영향이 미치는 것을 하지 않도록 도와주시옵소서.

새 생명을 출산하기까지 주의 성령께서 함께 하셔서 산모와 태아를 지키실 것을 믿사옵고 예수 그리스도의 이름으로 기도합니다. 아멘

· 축하와 격려 대표기도문 ·

약속의 말씀

자식은 여호와의 주신 기업이요 태의 열매는 그의 상급이로다   (시편 127편 3절)

힘든 잉태를 한 성도

심방가이드 | 찬송: 337, 341장
성경: 창 25:21; 눅 23:29

하나님 아버지,

　참으로 하나님의 은혜를 감사합니다. 이 가정에 그토록 기다려 왔던 태의 열매를 주셔서 얼마나 감사한지요. 그동안 산모가 마음고생을 했던 것을 생각하면 눈물 밖에 나지 않을 것입니다. 참으로 오랫동안 아이가 잉태되지 않아 죄인 아닌 죄인이 되어 하루하루를 숨죽이며 살아왔는데 연약한 여인의 서글픈 기도를 외면치 아니하시고 웃음과 기쁨을 주시니 감사합니다. 이 넘치는 마음의 기쁨을 무엇으로 표현할 수 있겠습니까? 그저 눈물만 하염없이 흐를 뿐입니다. 이제 아픔이 변하여 기쁨이 되게 하셨사오니 앞으로 이 가정에 모든 시름을 잊을 수 있는 기쁨의 일들만 넘치게 하옵소서. 웃게 하신 하나님, 계속 웃음이 떠나지 않는 가정이 되게 하실 것을 믿습니다. 오랜 기다림 끝에 얻게 된 새 생명이오니, 태중의 아이를 감사함으로 품을 수 있게 하시고, 신앙적으로 태교를 잘 할 수 있도록 지혜를 더하여 주옵소서. 태중의 아이도 부모의 말을 듣고 있다는 것을 기억하여 거친 언어나 불필요한 말을 삼가게 하시고, 주님의 말씀을 태반에 심을 수 있게 하여 주옵소서. 아이를 출산하기까지 산모의 건강을 지켜 주시기를 원합니다. 걱정 근심이 없게 하여 주시기를 원합니다. 평안한 길로 이끄셔서 탄생의 신비를 경험할 수 있게 하여 주시고 주님께 넘치는 감사를 드릴 수 있게 하여 주옵소서. 이제 이 태아뿐만 아니라 이 가정에 태의 복을 더 허락하실 것을 믿습니다. 한나에게 허락하셨던 태의 복을 이 가정에도 허락하여 주셔서 주의 기업을 잇는 가정이 되게 하여 주옵소서. 오늘 축복의 말씀을 전하시는 목사님을 기억하시고, 큰 위로와 용기가 되는 말씀이 되게 하여 주옵소서. 예수그리스도의 이름으로 기도합니다. 아멘

· 축하와 격려 대표기도문 ·

　약속의 말씀
　믿음으로 사라 자신도 나이 늙어 단산하였으나 잉태하는 힘을 얻었으니 이는 약속하신 이를 미쁘신 줄 앎이라
(히브리서 11장 11절)

출산한 가정

심방가이드 | 찬송: 205, 323장
성경: 눅 1:57-58; 딤후 1:5

생명의 창조자이신 하나님 아버지,

주께서 세우신 ○○○ 성도님의 가정에 새 생명을 선물로 주심을 감사드립니다. 새 생명의 탄생을 어찌 천하의 모든 것과 비교할 수 있겠사오리까? 주님이 주신 귀한 생명으로 인하여 저희에게 기쁨이 넘치게 하시니 감사합니다. 새 생명의 축복을 허락하신 하나님께 다시 한번 감사와 영광을 돌립니다.

주님, 해산의 고통을 겪은 산모를 기억하셔서 빠른 회복을 주시기를 원합니다. 아기가 먹고 싶은 때에 언제나 젖을 물릴 수 있도록 젖샘이 풍부하게 하여 주옵소서. 또한 산모를 항상 건강으로 지켜주셔서 어린 생명을 키우는데 조금도 어려움이 없게 하여 주옵소서.

산모의 태중에 있을 때에도 건강으로 지켜주신 하나님, 이 어린 생명 위에 건강의 복을 내려주시옵소서. 잘 먹고 잘 자고, 잘 자라게 하여 주시고, 질병 없이 무럭무럭 성장할 수 있도록 늘 지켜 주옵소서. 그 키가 자라감에 따라 사랑스러움이 더하여지게 하시고, 지혜와 명철도 더하여 주옵소서.

주님, 탄생의 신비와 생명의 신비스러움을 통하여 창조주 하나님을 찬양하는 가정이 되게 하여 주옵소서. 이 어린 심령이 부모의 신앙으로 인하여 날 때부터 주님께 맡긴바 되었사오니, 주님께서 이 아이의 평생 동안 동행하여 주시고 그의 삶을 인도하여 주옵소서. 성실한 부모의 믿음 안에서 신앙교육으로 잘 양육 받을 수 있게 하시고 주님이 쓰시는 귀한 아이로 성장할 수 있게 하옵소서.

기업을 잇게 하신 예수 그리스도의 이름으로 기도합니다. 아멘

· 축하와 격려 대표기도문 ·

약속의 말씀
한나가 잉태하고 때가 이르매 아들을 낳아 사무엘이라 이름하였으니 이는 여호와께 그를 구하였다 함이더라 (사무엘상 1장 20절)

늦게 출산한 성도

심방가이드 | 찬송: 564, 199장
성경: 딤후 1:5; 히 11:11

자식은 여호와의 주신 기업이요, 태의 열매는 그의 상급이라고 하신 하나님,

이 가정에 귀한 생명을 선물로 주시고 주님의 은혜로 순산할 수 있게 하여 주시니 감사합니다. 새 생명의 탄생을 어찌 이 세상의 그 무엇과 감히 비교할 수 있겠사오리까? 산모는 물론 이 가정과 저희 모두에게 생명의 축복을 주신 하나님께 다시 한번 감사의 기도를 올립니다.

주님, 산모와 이 어린 생명 위에 건강의 복을 내려 주시옵소서. 예수님과도 같이 그 지혜와 그 키가 자라가며 하나님과 사람에게 더 사랑스러워 가게 하옵소서(눅2:52). 이 아이로 말미암아 이 가정에 기쁨과 화목이 넘치게 하시되 하나님 앞에서 우상과 같은 존재가 되지 않게 하옵소서. 탄생의 신비와 생명의 신비스러움을 통하여 창조주 하나님을 찬양하는 가정이 되게 하여 주옵소서.

이 어린 심령이 부모의 신앙으로 인하여 날 때부터 주님께 맡긴바 되었사오니, 주님께서 이 아이의 평생 동안 동행하여 주시고 그 삶을 인도하여 주옵소서.

해산의 고통을 겪은 산모에게도 함께 하셔서 그동안 주님이 주신 귀한 생명을 태속에서 정성껏 키우느라 심신이 피곤한 줄 압니다. 빠른 시일 내에 회복할 수 있도록 은총을 더하여 주시고, 강건함이 넘치게 하옵소서. 아이를 양육하되 자녀를 위한 눈물의 기도를 잊지 않게 하여 주시고, 자녀에게 말씀을 먹이는 일을 쉬지 않게 하여 주옵소서.

이 가정에 기업의 축복을 허락하신 예수 그리스도의 이름으로 기도합니다. 아멘

· 축하와 격려 대표기도문 ·

약속의 말씀

자식은 여호와의 주신 기업이요 태의 열매는 그의 상급이로다 젊은 자의 자식은 장사의 수중의 화살 같으니 이것이 그 전통에 가득한 자는 복되도다 저희가 성문에서 그 원수와 말할 때에 수치를 당치 아니하리로다 (시편 127편 3-5절)

신혼가정인 성도

심방가이드 | 찬송: 89, 559장
성경: 잠 18:22; 엡 5:31

창세로부터 가정의 제도를 세워주신 하나님 아버지,

이제 ○○○성도님에게 새로운 가정의 보금자리를 마련해 주시니 감사합니다. 주님의 섭리하심 가운데 이루어진 가정입니다. 젊은 두 부부에게 가정의 소중함을 깨닫게 해주셔서 언제나 하나님이 원하시는 가정을 만들 수 있게 하시고, 주님께 영광 돌리는 가정을 세울 수 있게 하여 주옵소서. 믿음으로 출발한 가정입니다. 이 가정을 더욱 굳건한 믿음 위에 세워주셔서 젊을 때에 주님을 위하여 아름답게 쓰임 받을 수 있게 하시고, 미래에 계획하는 모든 일들 속에서 주님의 뜻을 담아낼 수 있는 삶을 살 수 있게 하여 주옵소서. 주님의 몸된 교회를 위해서도 아름다운 충성자가 되게 하여 주시고, 믿음의 덕을 세워갈 수 있는 복된 가정이 되게 하여 주옵소서. 어떠한 사단의 세력도 이 신혼 가정의 평화와 질서를 깨뜨리지 못하게 하시며 하나님께서 이 가정의 호주가 되셔서 주의 날개 아래 안전하게 거할 수 있게 하여 주옵소서. 20년이 넘는 세월을 서로 다른 환경 속에서 성장해 왔습니다. 의견의 불일치와 사소한 다툼이 있을지라도 서로가 이해하며 양보하는 가운데 행복한 가정생활을 이루어 나갈 수 있도록 하여 주옵소서.

특별히 간구하옵기는 이 가정에 거룩한 자손의 복을 허락하시고 자녀 문제로 인하여 염려하는 일이 없게 하시며, 위로는 하나님을 경외하며 또한 부모님께 효도하는 자손을 허락하여 주옵소서. 두 부부가 브리스길라와 아굴라 부부처럼 주의 일에 충성을 다할 수 있게 하시고, 주의 거룩한 길을 걸어갈 수 있게 하옵소서. 주님만 모시는 아름다운 가정을 가꾸게 하실 것을 믿사옵고 예수 그리스도의 이름으로 기도합니다. 아멘

• 축하와 격려 대표기도문 •

약속의 말씀

사흘 되던 날에 그 어머니가 하인들에게 이르되 너희에게 무슨 말씀을 하시든지 그대로 하라 하니라
(요한복음 2장 1–5절)

자녀가 학교에 처음 입학하는 가정

심방가이드 | 찬송: 569, 570장
성경: 신 4:5-6; 잠 9:10

참 진리이시며 지혜의 샘이 되시는 하나님 아버지,
　사랑하는 ○○○ 성도님의 아이가 주님의 축복하심으로 초등학교에 입학하게 되었습니다. 그동안 아이를 건강하게 키워주시고, 지혜를 더하여 주신 하나님께 감사와 영광을 돌립니다. 아이가 학교에 입학을 하게 되면 부모의 마음은 들뜨고 설레는 감정을 지울 수 없습니다. 한편으론 어린자식인지라 불안한 마음도 떨쳐버리지 못합니다. 그러나 아이와 함께 하시는 주님이 계시기에 학교생활에 첫발을 내딛는 아이의 앞길을 친히 인도하시고 이끄실 것을 굳게 믿습니다.
　주님이 친히 아이의 지혜자가 되어주시고 보호자가 되어주실 것을 믿습니다. 간구하옵기는 새로운 세계를 접하는 아이를 위하여 늘 기도를 쉬지 않는 ○○○ 성도님이 되게 하여 주시고, 믿음으로 양육 하는 일에도 마음을 쏟을 수 있게 하여 주옵소서. 너무나 거칠고 험한 세상입니다. 믿음이 없이는 살아갈 수 없는 세상입니다. 아이가 학교교육을 통하여 다듬는 인성과 지성 위에 주님의 말씀을 덮어 주셔서 믿음의 사람으로 성장하는데 부족함이 없게 하여 주옵소서.
　어릴 때의 습관이 평생을 간다고 합니다. 자녀에게 말씀을 가까이 하는 훈련을 잘 시킬 수 있는 ○○○ 성도님이 되게 하여 주시고, 교회를 가까이 하고 주님을 사랑하는 법을 세워줄 수 있는 ○○○ 성도님이 되게 하여 주옵소서. 또한 아이가 어릴 때부터 부모의 뒷모습을 보고 영적세계관을 바로 세워갈 수 있도록 믿음의 본을 잘 보이는 부모가 되게 하여 주옵소서.
　아이가 학교에 입학하게 된 것을 다시 한번 주님께 감사와 영광을 돌리오며 예수 그리스도의 이름으로 기도합니다. 아멘

> 약속의 말씀
> 이에 저가 그 마음의 성실함으로 기르고 그 손의 공교함으로 지도하였도다
> (시편 78편 72절)

자녀가 졸업한 가정

심방가이드 | 찬송: 204, 430장
성경: 수 1:1-6; 빌 3:12-14

　진리와 지혜의 근원이신 하나님 아버지,
　○○○ 성도님의 자녀 ○○ 군(양)이 학업을 잘 마칠 수 있도록 인도하심을 감사드립니다. 아이가 학업을 잘 마치게 된 것은 전적으로 주님의 은혜임을 믿습니다. 또한 부모가 음으로 양으로 최선을 다하여 뒷바라지를 했기 때문에 가능할 수 있었음을 믿습니다.
　이제 모든 과정을 다 마치고 사회에 첫발을 내딛게 되었사오니 배운 학문과 실력을 신뢰하기에 앞서 언제나 주님의 지혜를 먼저 구할 수 있는 자녀가 되게 하여 주시고, 주님을 의지하며 주님의 말씀과 뜻을 먼저 깨닫는 자녀가 되게 하여 주옵소서.
　주님, ○○ 군(양)이 사회생활을 하면서 출세지향적인 가치관에 빠지지 않기를 원합니다. 먼저 올바른 인간, 올바른 그리스도인이 되어야 한다는 생각을 갖게 하여 주시고, 주님께 쓰임 받는 것을 최우선에 둘 수 있는 자녀가 되게 하여 주옵소서. 뜻을 세운대로 되지 않는다고 하여 낙심하는 일이 없게 하시고, 주님을 멀리하거나 교회를 등지는 일이 없게 하여 주옵소서. 또한 그리스도인으로서 빛과 소금의 역할을 잘 감당할 수 있는 ○○ 군(양)이 되기를 원합니다. 올바른 판단력을 주셔서 그리스도인으로서 해야 할 것과 하지 말아야 할 것을 잘 구분할 수 있게 하여 주시고, 가야할 곳과 가지 말아야 할 곳을 잘 구분할 수 있게 하여 주옵소서.
　세상풍조에 좌로나 우로나 치우치지 않도록 그 생각과 마음을 주시고, 모든 사람들에게 유익함을 주며, 신앙의 능력을 보여줄 수 있는 자녀가 되게 하여 주시옵소서.
　길 되신 예수 그리스도의 이름으로 기도합니다. 아멘

약속의 말씀
너는 마음을 다하여 여호와를 의뢰하고 네 명철을 의지하지 말라 너는 범사에 그를 인정하라 그리하면 네 길을 지도하시리라
(잠언 3장 5,6절)

자녀가 군에서 제대한 가정

심방가이드 | 찬송: 504, 359
성경: 수 1:9; 딤후 2:3-4

사랑과 은혜가 풍성하신 하나님 아버지,
　○○○ 성도님의 사랑하는 자녀 ○○ 군이 군복무를 무사히 마치고 가정으로 돌아오게 되었습니다. 그동안 ○○ 군을 불꽃같은 눈동자로 지키신 하나님의 돌보심과 부모의 눈물의 기도가 있었기에 군복무를 잘 할 수 있었음을 굳게 믿습니다. 다시 가정으로 돌아온 사랑하는 아들을 볼 때 얼마나 대견스럽고 부모의 마음이 얼마나 기쁘겠습니까? 이제 어엿한 어른이 되어 사회생활의 길을 계획하게 되었사오니 이제껏 돌보시고 이끄신 하나님께서 그의 앞길을 준비하실 것을 믿고 감사드립니다.
　새로운 계획을 준비하고 설계한 것에 육신의 유익과 세상 것만을 좇는 어리석은 일이 되지 않도록 성령의 기름을 부어주시옵소서. 주님께서 원하시는 바를 알고 그 뜻을 담아낼 수 있는 지혜로운 하나님의 사람이 되게 하여 주옵소서.
　그 아들로 하여금 그리스도의 이름을 영화롭게 하게 하시고 이 가정의 기둥이 되게 하시며 교회에 충성을 다하는 복 있는 아들이 되게 하여 주옵소서. 또한 부모님께 효도하며 자랑할 수 있는 아들이 되게 하시고, 기한이 차기 전 좋은 배필도 만나게 하셔서 주님이 축복하시는 아름다운 가정도 이룰 수 있게 하옵소서. 그가 계획하는 학업이나 직장이나 원하는 모든 소원들이 주님의 뜻 안에서 좋은 결과를 얻게 하실 것을 믿습니다.
　군에서 경험했던 풍부한 능력과 자신감이 세파를 담대히 헤쳐 나가는 데 유익을 얻을 수 있게 하시고 주님을 철저하게 의뢰했던 그 신앙이 한계에 부딪칠 때 뛰어넘는 능력이 되게 하여 주옵소서. 주님이 귀하게 쓰시는 일꾼으로 세우실 것을 믿사옵고 예수 그리스도의 이름으로 기도합니다. 아멘

약속의 말씀
그를 높이라 그리하면 그가 너를 높이 들리라 만일 그를 품으면 그가 너를 영화롭게 하리라　　　　　　　　　　　　　　　　　　　　(잠언 4장 8절)

취직한 가정

심방가이드 | 찬송: 330, 450장
성경: 마 20:6-7; 롬 12:11

구하는 자에게 항상 좋은 것을 허락하여 주시는 하나님 아버지,
오늘 이 가정에 주님께서 귀히 쓰시는 ○○○ 성도님이 일자리를 구하여 새롭게 직장 생활을 할 수 있도록 인도하심을 감사드립니다. 그동안 취직을 하지 못하여 마음고생을 얼마나 많이 하였는지 모릅니다. 남모르게 운 적도 있었을 것이고, 무능력하게 느껴지는 자신을 바라보며 자괴감을 느낀 적도 있었을 것입니다. 또한 주님께 원망섞인 기도를 드린 적도 있었을 것입니다.
그러나 이렇게 오랜 기다림과 갈급함 끝에 일할 수 있는 좋은 직장을 주셔서 얼마나 감사한지요. 오랜 가뭄 끝에 단비를 맛보는 기쁨입니다. 꽉 막혔던 것이 펑 뚫리는 시원함을 맛봅니다. 모든 것이 주님의 은혜와 은총임을 깨닫습니다. 이제 이 직장이 주님이 사랑하는 ○○○ 성도님에게 예비하시고 맡겨주신 직장임을 확실히 믿고 감사하는 마음으로 직장 생활에 충실할 수 있도록 이끌어 주옵소서. 능력 있는 일꾼으로 인정받을 수 있게 하시고, 직장 동료들과도 화목을 잘 이루어 회사에 꼭 필요한 사람으로 쓰임 받게 하옵소서.
주님을 사모하며 따르는 일에도 더욱 열심을 낼 수 있게 하시고 그가 있는 그 곳에서 많은 사람들에게 그리스도의 복음을 증거하며 그리스도의 향기를 드러낼 수 있는 선교의 현장이 되게 하옵소서. 자칫 빠지기 쉬운 세상의 부귀영화나 세상 것에 물들지 않게 하시며 주님의 편에 서서 생활하는 굳센 믿음이 되게 하옵소서.
이 가정을 평안의 길로 인도하시는 예수 그리스도의 이름으로 기도합니다. 아멘

· 축하와 격려 대표기도문 ·

약속의 말씀
여호와께서 사람의 걸음을 정하시고 그 길을 기뻐하시나니 저는 넘어지나 아주 엎드러지지 아니함은 여호와께서 손으로 붙드심이로다 (잠언 37장 23,24절)

승진한 가정

심방가이드 | 찬송: 545, 333장
성경: 잠언 16:1-9; 벧전 25:21

인간을 높이시기도 하시고 낮추시기도 하시는 하나님 아버지, 금번에 이 가정에 진급(승진)의 복을 허락하시니 감사합니다. ○○○ 성도님이 승진하여 이를 자신의 능력으로 돌리지 않고 겸손히 하나님의 은총으로 돌리며 영광 돌리게 하시니 얼마나 감사한지요. 겸손한 그의 믿음을 귀하게 보셔서 주님이 ○○○ 성도님을 높이신 것임을 믿습니다.

이번 승진을 통하여 하나님의 뜻을 더욱 이루어드릴 수 있는 ○○○ 성도님이 되게 하여 주옵소서. 승진하기까지 영육 간에 최선을 다하였듯이 승진 이후에도 그 태도와 마음가짐이 전혀 흐트러지지 않게 하여 주옵소서. 이제 그가 맡은 업무와 책임도 더욱 큰 줄 압니다. 지혜와 능력을 물 붓듯이 부어주셔서 직책을 감당하는데 전혀 부족함이 없게 하여 주옵소서. 벼는 익을수록 고개를 숙이는 법이오니 위에 있을 때 아래에 있는 자들을 주님을 섬기는 마음으로 잘 섬길 수 있게 하옵소서. 사람에게 실력과 능력을 인정받는 것도 중요하지만 그 전에 먼저 하나님께 믿음의 사람으로 인정받기를 힘쓸 수 있는 ○○○ 성도님이 되게 하여 주옵소서.

혹여나 높아졌다고 하여 교만하지 않게 하여 주시고, 남을 얕보거나 무시하는 태도가 없게 하여 주옵소서. 윗사람을 섬길 때 주님께 하듯 하고 아랫사람을 거느릴 때 사랑으로 대할 수 있게 하옵소서. 앞으로 더 높은 자리에 오르더라도 전적인 주님의 은총임을 잊지 않게 하여 주시고, 주님께 영광 돌릴 수 있도록 축복하신 것임을 잊지 않게 하여 주옵소서.

이 가정의 믿음을 기쁘게 받으시고 넘치는 축복으로 채워주시는 예수 그리스도의 이름으로 기도합니다. 아멘

• 축하와 격려 대표기도문 •

약속의 말씀

여호와는 가난하게도 하시고 부하게도 하시며 낮추기도 하시고 높이기도 하시는도다
(사무엘상 2장 7절)

자녀가 약혼하는 가정

심방가이드 | 찬송: 559, 549장
성경: 마 1:18-25; 살전 4:3-6

사랑과 자비가 충만하신 하나님 아버지,
　주님의 은총과 축복 속에 ○○ 군(양)의 약혼식을 가질 수 있게 하심을 감사합니다. 이 가정에 귀한 자녀를 선물로 주시고 믿음 안에서 신실하게 성장하여 평생을 함께할 귀한 배필을 정해주셔서 주님께 영광 돌릴 수 있게 하시니 얼마나 감사한지요. 이토록 훌륭한 믿음의 청년으로 장성케 하신 것은 전적인 주님의 은혜임을 믿습니다.
　오늘, 두 젊은이가 결혼을 하기로 결심하여 약혼식을 갖습니다. 두 사람의 귀한 만남이 이루어지고 건전한 교제를 통하여 서로의 사랑을 키울 수 있게 된 것은 두 사람을 맺어주시기 위한 전적인 주님의 섭리임을 믿습니다. 이제 주님 앞에서 양가와 두 사람이 결혼을 하기로 약조를 갖사오니 영원토록 불변하는 사랑의 서약에 충실할 수 있도록 인도하시옵소서. 사람들끼리의 약속도 중요하지만 두 사람이 주님을 위하여 더욱 아름다운 믿음의 사람으로 쓰임 받기를 다짐하는 시간이 되게 하시고, 더욱 헌신하고 충성 봉사하는 신실한 일꾼이 되기를 소망하는 시간이 되게 하옵소서. 앞으로의 계획과 준비하는 모든 것들도 주님께서 함께 하셔서 은혜롭게 진행되게 하시고, 주님 앞에 믿음의 가정을 이루는 일에 초점을 맞출 수 있게 하옵소서. 세상 풍속을 좇는 사람들처럼 물질이 우선이 되지 않게 하시고 믿음을 최우선 순위에 놓고 믿음의 혼수를 준비할 수 있는 두 사람이 되게 하여 주옵소서.
　두 사람이 약혼을 하게 된 것은 양가에도 큰 축복임을 깨닫습니다. 이 좋은 양가의 만남이 천국까지 이어지게 하여 주옵소서. 오늘 약혼식을 갖는 양가와 두 사람에게 늘 형통의 복으로 함께하실 것을 믿사옵고 예수 그리스도의 이름으로 기도합니다. 아멘

📖 약속의 말씀
우리가 보고 들은 바를 너희에게도 전함은 너희로 우리와 사귐이 있게 하려 함이니 우리의 사귐은 아버지와 그 아들 예수 그리스도와 함께 함이라　　　(요한일서 1장 3절)

| 자녀가 결혼한 가정

심방가이드 | 찬송: 605, 604장
성경: 시편 110:4; 잠 18:22

참으로 좋으신 하나님 아버지,
　○○○ 성도님의 사랑하는 자녀 ○○ 군(양)이 장성하여 부모 곁을 떠나 한 가정을 이루게 하심을 감사드립니다. 믿음의 반려자를 만나 새로운 인생을 시작하였사오니 평강과 형통의 길로 인도하여 주옵소서.
　한 가정을 이루게 하신 주님의 크신 뜻을 먼저 깨달아 인간의 욕심과 정욕대로 살지 않게 하시고, 하나님을 경외하고 섬기는 믿음의 가정이 되게 하여 주옵소서. 서로 다른 가정 환경 속에서 성장하였으므로 성격도 다르고 기호도 다르겠지만 가정은 일치를 이루는 곳임을 깨닫게 하셔서 모든 차이를 극복하고 하나님이 주신 아름다운 가정을 가꿀 수 있게 하옵소서. 주님의 뜻하심 가운데서 한 가정을 이루었사오니 일평생 주님의 은혜를 떠나지 아니하고 주님께 쓰임 받을 수 있는 신실한 믿음의 가정이 되게 하옵소서.
　더 많은 이해, 더 많은 양보, 더 많은 자기 희생이 있게 하시고, 상대방을 충분히 배려할 줄 아는 아름다움이 있게 하여 주옵소서. 또한 주님이 주신 복으로 충만한 가정이 되게 하시고, 주님의 선하신 뜻을 이루는 가정이 되게 하여 주옵소서.
　이제 태의 열매도 주셔서 주님이 허락하신 산업과 기업을 이을 수 있게 하시고, 생명의 주인이신 주님을 찬양할 수 있는 가정이 되게 하여 주옵소서. 주님의 몸된 교회를 위해서도 귀하게 쓰임 받는 부부가 되게 하시고, 사랑과 봉사와 헌신과 충성을 보일 수 있는 일꾼이 되게 하옵소서.
　더 많은 은혜와 사랑을 쏟아 부어 주시기를 원하시는 예수 그리스도의 이름으로 기도합니다. 아멘

약속의 말씀

두 사람이 한 사람보다 나음은 저희가 수고함으로 좋은 상을 얻을 것임이라

(전도서 4장 9절)

운송업에 종사하는 가정

심방가이드 | 찬송: 569, 391장
성경: 사 41:10; 딤후 4:17-18

참으로 좋으신 하나님 아버지,

주님은 사랑하는 백성들을 위하여 졸지도 아니하시고 주무시지도 아니하면서 지켜주시는 하나님이심을 믿습니다. ○○○ 성도님의 가정을 기억하옵소서. 사랑하는 ○○○ 성도님이 운송업에 종사하고 있습니다.

언제 어느 곳에서 어떤 사고가 일어날지 모르는 위험부담을 늘 안고 운전해야 하는 마음의 부담을 주님이 아시리라 믿습니다. 하루에도 수없이 많은 교통사고가 발생하는 것을 볼 때에 인간의 부족함을 느끼며 기도하는 마음으로 운전하지 않을 수 없습니다. 주님이 친히 운전자가 되어 주셔서 모든 위험으로부터 막아주시고, 모든 운전자들로 안전 운행을 할 수 있도록 그 마음을 주장하여 주시옵소서. 때로는 졸음 운전을 할 때도 있사오니 운전 중에 눈이 감기지 않도록 정신을 맑게 하여 주옵소서.

또한 아무리 어려운 상황이라도 주께서 피하게 하시며 여러 가지 위험으로부터 보호하여 주옵소서. 특별히 차량을 운행하기 전에 기도를 잊지 않게 하시며, 운행을 마친 후에도 감사의 기도를 잊지 않게 하여 주옵소서. 뒤에서 운전대를 잡은 남편(아내)을 위하여 한시도 염려의 기도를 쉬지 않고 있는 ○○○ 성도님을 기억하시고, 주님은 택한 백성을 사랑하시되 끝까지 사랑하고 계심을 잊지 않게 하옵소서.

모든 염려를 주님께 맡기라고 하였사오니 주님께 맡기고 마음의 평안을 얻을 수 있게 하옵소서.

언제나 사랑하는 ○○○ 성도님의 운전대를 친히 잡고 계시는 예수 그리스도의 이름으로 기도합니다. 아멘

· 축하와 격려 대표기도문 ·

약속의 말씀
여호와께서 너를 지켜 모든 환난을 면케 하시며 또 네 영혼을 지키시리로다
(시편 121편 7절)

어업에 종사하는 가정

심방가이드 | 찬송: 345, 432장
성경: 렘 16:16; 눅 5:1-6

사랑의 하나님,
언제나 사랑하는 ○○○ 성도님의 가정과 함께 하심을 믿습니다.
○○○ 성도님의 가정을 특별히 기억하옵소서. 고기 잡는 생업에 종사하고 있는 가정입니다. 철을 따라 다양한 어종을 하나님께서 허락하셔서 풍성한 어획량이 있게 하시고 시절을 좇아 소득을 거두게 하시는 주님의 손길을 체험하는 삶이 되게 하여 주옵소서.
이 생업으로 가정에 물질로 인하여 고통 받는 일이 없게 하시고 때마다 채우시는 주님의 은총을 누리는 삶이 되게 하옵소서. 주님의 몸된 교회를 위해서도 복되게 사용될 수 있는 물질이 이 가정 속에서 흘러나오게 하시고, 베드로와 같이 주님의 맡겨주신 사명을 잘 감당할 수 있는 가정이 되게 하여 주옵소서. 특별히 바라옵는 것은 풍랑과 태풍의 위협을 받을 때도 있사오니 자연을 다스리시고 풍랑도 잔잔케 하시는 주님께서 그때마다 놀라운 지혜를 주셔서 피할 길을 찾게 하시고, 주께서 지키시고 계심을 피부 깊숙이 경험할 수 있게 하옵소서.
먼 바다를 항해할 때에 표류하는 일이 없게 하시고, 출어하는 순간부터 돌아오는 그 순간까지 기도하는 마음과 주님을 의지하는 마음으로 어로 작업에 임할 수 있게 하옵소서. 망망대해를 항해할 때에 인간의 연약함을 깨닫게 하셔서 인생의 항로를 주장하시는 분은 하나님이라는 사실을 가슴 깊숙이 새길 수 있게 하옵소서.
해적들이 많이 출몰하고 있습니다. 하늘의 천군 천사를 동원시켜 주셔서 생명을 빼앗기는 일이 없게 하여 주옵소서. 언제나 지키시는 예수 그리스도의 이름으로 기도합니다. 아멘

약속의 말씀
두려워말라 내가 너와 함께 함이니라 놀라지 말라 나는 네 하나님이 됨이니라 내가 너를 굳세게 하리라 참으로 너를 도와주리라 참으로 나의 오른 손으로 너를 붙들리라
(이사야 41장 10절)

상업에 종사하는 가정

심방가이드 | 찬송: 449, 427장
성경: 레 19:35-36; 약 4:13-17

사랑과 자비가 풍성하신 하나님,
　○○○ 성도님의 가정을 붙드시고 축복하셔서 어렵고 힘든 경제난에도 불구하고 경영하는 것을 이루어갈 수 있도록 인도하심을 감사합니다. 이 땅에 수천 종의 직업이 있지만 특별히 이 가정에 이 직종을 허락하신 것은 이 일을 통하여 주님의 영광을 드러내고 주님을 높이는 삶을 살라고 은사로 주신 것임을 믿습니다.
　어렵고 힘든 시대인지라 다소 경영하는 것이 힘들지라도 불신자들처럼 세상을 원망하는 일이 없게 하시고 합력하여 선을 이루시는 주님의 섭리를 바라보며 잘 헤쳐 나갈 수 있게 하여 주옵소서. 적은 소득도 의를 겸하면 많은 소득에 불의를 겸한 것 보다 나음을 깨닫습니다.
　많이 버는 것이 목적이 아니라 잘 버는 것이 목적이 되게 하시고, 이 직업도 하나님이 주신 성직임을 깨달아 주님의 의를 나타내는 일에 열심을 다할 수 있게 하여 주옵소서. 혹여 눈앞의 작은 이익 때문에 주님의 거룩한 일을 뒷전으로 미루는 일이 없게 하시고, 항상 그 중심에 주님의 일이 우선이 될 수 있게 하여 주옵소서. 가게를 출입하는 자들에게 물건만 파는 것이 아니라 주의 복음도 팔 수 있게 하시고, 주님의 사랑을 보여주는 데 마음을 쏟을 수 있게 하옵소서.
　매사에 부지런하여 주님의 자녀 된 본분을 다하게 하실 것을 믿사옵고, 믿는 자의 모든 행사에 꼼꼼히 개입하시는 예수 그리스도의 이름으로 기도합니다. 아멘

• 축하와 격려 대표기도문 •

> 약속의 말씀
> 너의 행사를 여호와께 맡기라 그리하면 너의 경영하는 것이 이루리라　(잠언 16장 3절)

교육에 종사하는 가정

심방가이드 | 찬송: 320, 324장
성경: 마 7:28-29; 요 13:13-14

지식의 근본이 되시고 지혜의 원천이 되시는 하나님 아버지,
 교육의 일선에서 수고하고 있는 ○○○ 성도님의 집을 방문하여 기도의 제목을 함께 나눌 수 있도록 이끄심을 감사드립니다. 모든 대화에 말없이 듣고 계신 주님의 간섭하심 가운데서 유익한 대화를 나누고 신앙의 유익과 성숙을 위하여 함께 고민했습니다. 오늘 함께 나눈 모든 대화의 내용이 주님의 뜻 안에서 아름다운 열매를 맺을 수 있게 하여 주옵소서. 주님, 요즘 교육자의 길을 간다는 것이 예전에 비하여 상당히 어려운 것이 사실입니다. 어찌 보면 교권이 땅에 떨어진 시대이기에 학생들을 가르치고 지도한다는 것에 많은 부담과 희생이 따른다는 것을 간과하지 않을 수 없나이다. 하오나 주님이 ○○○ 성도님을 교육자로 세우시고 그 길을 가게 하신 것은 주님의 깊으신 뜻과 섭리가 분명히 있음을 깨닫습니다. 교육에 종사하는 동안 어렵고 힘든 일이 발생한다 할지라도 하나님이 주신 성직임을 깨달아 끝까지 잘 달려갈 수 있게 하시고, 혼탁한 이 시대의 잘못된 가치관을 바로 세우는 일에 보배롭게 쓰임 받을 수 있는 ○○○ 성도님이 되게 하여 주옵소서. 오랜 세월이 흘러도 학생들에게 오래도록 기억에 남는 훌륭한 스승이 되게 하여 주시고, 하나님을 아는 지식도 그 입술을 통하여 증거될 수 있도록 성령의 충만함을 허락하여 주옵소서. 하나님 앞에 바로 선 교육자가 있기에 이 시대가 소망이 있음을 깨닫습니다.
 주님의 택함을 받은 종으로서 맡겨주신 사명에 최선을 다할 수 있게 하시고, 주님 앞에 한 점 부끄럼 없는 교육자가 될 수 있도록 은총을 더하여 주옵소서.
 ○○○ 성도님의 가는 길을 주께서 붙드실 것을 믿사옵고 예수 그리스도의 이름으로 기도합니다, 아멘

> 약속의 말씀
> 그를 높이라 그리하면 그가 너를 높이 들리라 만일 그를 품으면 그가 너를 영화롭게 하리라
> (잠언 4장 8절)

노동에 종사하는 가정

심방가이드 | 찬송: 413, 415장
성경: 시 1:1-6 사 40:11

네가 네 손이 수고한 대로 먹을 것이라고 하신 하나님, 하루 벌어 그날을 살아갈 수밖에 없는 ○○○성도님의 가정을 위하여 기도합니다. 특별한 기술이나 전문적인 지식도 없고 건강 하나만을 믿고 공사장에서 일하는 ○○○성도님을 기억하시고 긍휼을 베풀어 주옵소서.

노동은 하나님의 신성한 축복임을 잊지 말게 하여 주셔서 다른 직업에 종사하는 자들과 자신을 비교하여 열등감이나 자괴감을 갖지 않게 하여 주시고, 주어진 일을 통하여 하나님의 의를 심는데 마음을 쏟을 수 있는 ○○○성도님이 되게 하여 주옵소서.

주님도 이 땅에 계실 때에는 목수이셨고, 바울도 천막을 만드는 사람이었습니다. 그러나 주님은 인류의 구원을 이루셨고, 바울은 복음을 땅 끝까지 전파하는데 큰 일꾼으로 쓰임 받지 않았습니까?

우리 주님의 기준은 사람의 실력이나 능력이 아니라 믿음임을 깨닫습니다. ○○○성도님도 주님께 믿음의 사람으로 훌륭하게 쓰임 받을 수 있도록 인도하여 주시고, 언제나 주님이 쓰실 수밖에 없는 믿음의 사람이 되게 하여 주옵소서.

수입이 적을지라도 낙심치 말게 하시고, 적은 소득도 의를 겸하면 많은 소득에 불의를 겸한 것보다 나음을 기억하게 하여 주옵소서. 하지만 요즘은 건실이나 긴축업도 많은 어려움을 겪고 있습니다.

노동자의 최후 생계의 수단이 위협을 당하지 않도록 우리 주님이 지켜 주시옵소서. 곤궁하고 피곤할 때 힘주시고, 지치거나 낙심될 때 위로와 큰 능력으로 함께 하실 것을 믿사옵고 예수 그리스도의 이름으로 기도합니다. 아멘.

약속의 말씀

여호와께서 높이 계셔도 낮은 자를 하감하시며 멀리서도 교만한 자를 아시나이다

(시편 138편 6절)

정치에 몸담고 있는 가정

심방가이드 | 찬송: 450, 191장
성경: 롬 13:1-2; 눅 23:50

모든 권세의 주관자가 되시는 하나님 아버지,
○○○ 성도님을 사랑하셔서 국민의 대표자로 세우심을 받아 나라를 위하여 일하고 국민을 위하여 봉사하고 있도록 축복하심을 감사합니다. 세움을 받은 것은 국민에 의해서지만 하나님께서 세우신 것임을 믿습니다. 천지만물을 주관하시고 모든 권세의 주관자가 되시는 하나님께 세움을 입었사오니 항상 하나님을 두려워하는 마음으로 정치를 할 수 있도록 도와주시옵소서.

이 땅 위에 하나님의 공의와 정직을 강같이 흐르게 하는데 정치의 생명을 걸을 수 있게 하시고, 사람이 보기에 옳은 것일지라도 하나님 보시기에 잘못된 것이라면 절대 손을 담그거나 발을 담그지 않게 하여 주옵소서. 사람에게 인정받기보다 하나님께 먼저 인정받을 수 있는 ○○○ 성도님이 되게 하여 주시고, 자신이 높임을 받기보다 하나님이 높임을 받는 일에 마음을 쏟을 수 있는 ○○○ 성도님이 되게 하여 주옵소서. 그가 하는 일을 통하여 백성이 억울함을 당하는 일이 없게 하시고, 백성들이 원하는 바가 무엇인지를 잘 파악하여 국민의 간절한 소망을 잘 담아낼 수 있는 정치를 할 수 있게 하여 주옵소서.

한시도 하나님이 선택하신 백성임을 잊지 말게 하여 주시고, 하나님의 영광을 위하여 살아야 함을 잊지 말게 하여 주옵소서. 또한 국민은 섬겨야 할 대상이요, 자신은 섬겨야 할 장본인임을 잊지 말게 하여 주옵소서.

높은 자의 정치가 아니라 낮은 자의 마음을 살필 줄 아는 정치를 함으로 많은 사람들로부터 인정받고 훌륭한 평가를 받을 수 있게 하실 것을 믿사옵고 예수 그리스도의 이름으로 기도합니다. 아멘

약속의 말씀

각 사람은 위에 있는 권세들에게 굴복하라 권세는 하나님께로 나지 않음이 없나니 모든 권세는 다 하나님의 정하신 바라
(로마서 13장 1절)

자녀가 스포츠에 몸담고 있는 가정

심방가이드 | 찬송: 354, 359장
성경: 사 40:31; 히 12:1-2

　먹든지 마시든지 무엇을 하든지 하나님의 영광을 위하여 하라고 하신 주님, 스포츠를 통해서 하나님께 영광 돌리는 이 가정을 기억하옵소서.
　○○○ 성도님의 사랑하는 자녀 ○○ 군(양)이 스포츠를 통하여 하나님께 영광을 돌리고 있사오니 날다마 실력이 향상되어서 주님께 귀하게 쓰임 받는 아름다운 주의 자녀가 되게 하여 주옵소서. 좋은 성적을 내는 것도 중요하지만 주님이 주신 신체를 지나치게 혹사하는 일이 없게 하시고, 과학적인 운동과 규칙적인 생활과 과학적이고 체계적인 훈련을 통하여 그 실력이 향상될 수 있도록 이끌어 주옵소서. 청년의 때인지라 때로는 충동적인 마음이 앞설 때도 있사오니 운동을 하면서 마음을 다스릴 수 있는 인격적 수양도 잘할 수 있도록 도와주시옵소서. 거칠고 험한 경기입니다. 그 몸이 상함이 없도록 도와주시고, 어떤 경기에 임하든지 훌륭한 경기를 만들어 낼 수 있는 ○○ 군(양)이 되게 하여 주옵소서. 무엇보다도 늘 주님을 의지하는 ○○ 군(양)이 되기를 원합니다. 연습할 때나, 훈련할 때나, 경기 전이나, 경기 후에 하나님께 감사의 기도를 잊지 않는 ○○ 군(양)이 되게 하여 주옵소서. 다른 동료들과도 친화관계를 잘 가질 수 있게 하여 주시고, 서로 간에 항상 격려와 용기를 줄 수 있는 친밀감이 있게 하여 주옵소서. 지도하는 감독님과 코치 분들에게도 함께하여 주셔서 맡겨진 선수들을 믿음으로 잘 지도할 수 있도록 도와주시옵소서. 개인의 명성을 위하여 스포츠를 하는 것이 아니라 오직 하나님의 영광을 위하여 스포츠를 한다는 신앙적 자세가 흔들리지 않게 하실 것을 믿사옵고 ○○ 군(양)을 귀하게 들어 쓰시는 예수 그리스도의 이름으로 기도합니다. 아멘

・축하와 격려 대표기도문・

약속의 말씀
이같이 너희 빛을 사람 앞에 비취게 하여 저희로 너희 착한 행실을 보고 하늘에 계신 너희 아버지께 영광을 돌리게 하라　　　　　　　(마태복음 5장 16절)

법조인으로 종사하는 가정

심방가이드 | 찬송: 268, 240장
성경: 대하 1:10; 잠 6:23

의로우신 재판장이 되시는 하나님,
이 시간에 법조인의 길을 가고 있는 ○○○ 성도님의 집을 방문하였습니다. 하나님께서 ○○○ 성도님을 법조인의 길을 걷게 하신 데는 분명한 뜻과 섭리가 계신 것을 믿습니다.
법을 통하여 하나님의 공의로우심을 드러낼 수 있는 ○○○ 성도님이 되게 하시고, 하나님의 긍휼을 보여줄 수 있는 ○○○ 성도님이 되게 하여 주옵소서. "오직 공법을 물같이, 정의를 하수같이 흘릴지로다"(암5:24) 예언한 아모스 선지자의 외침이 ○○○ 성도님의 외침이 되게 하시고, 법조인으로 종사하는 동안 ○○○ 성도님의 정신과 생활을 붙잡는 모토(motto)가 되게 하여 주옵소서. 모든 사람은 법 앞에 평등함을 깨닫습니다. 특정한 사람을 위하여 존재하는 법이 아닌 누구나 법의 보호와 혜택을 받을 수 있는 평등의 법을 잘 실천해 나갈 수 있는 ○○○ 성도님이 되게 하여 주옵소서. 법보다 우선하는 것은 인권을 존중하는 것임을 잊지 않게 하시고, 법의 잣대가 인권을 유린하는 일에 악용되지 않도록 법의 정신을 잘 지킬 수 있는 ○○○ 성도님이 되게 하여 주옵소서.
재판을 할 때에 언젠가 우리도 하나님 앞에서 심판받게 된다는 사실을 기억하여 의인을 억울하게 하는 일이 없게 하시고, 주님의 마음을 담아낼 수 있는 진실한 재판을 할 수 있도록 이끌어 주옵소서.
법보다 중요한 것은 은혜임을 기억하게 하시고, 사람을 살리는 법을 실천해나갈 수 있는 ○○○ 성도님이 되게 하여 주옵소서. 솔로몬과 같이 지혜로운 법조인이 되게 하실 것을 믿사옵고 예수 그리스도의 이름으로 기도합니다. 아멘

약속의 말씀
하나님은 의로우신 재판장이심이여 매일 분노하시는 하나님이시로다 (시편 7장 11절)

언론인으로 종사하는 가정

심방가이드 | 찬송: 358, 546장
성경: 잠 18:21; 마 12:34-37

정직하게 말하며, 가장 선한 것을 기뻐하시는 하나님,
언제나 하나님께서 이 가정을 붙드시고 하나님의 영광을 드러낼 수 있는 복된 가정으로 이끌어 주시니 감사드립니다. 하나님께서 언론인의 길을 가고 있는 이 가정을 붙드셔서 이 사회가 안고 있는 아픔을 대변할 수 있는 입술이 되게 하여 주시고, 고통 받는 자의 아픔을 헤아릴 수 있는 언론인의 길을 갈 수 있게 하옵소서. 아는 것과 본 것을 정직하게 보도 할 수 있는 입술이 되게 하여 주시고, 진실만을 기록할 수 있는 깨끗한 손이 되게 하여 주옵소서.

죽고 사는 것이 혀의 권세에 달려 있다고 하셨사오니 불확실한 것을 사실인 것처럼 포장하는 일이 없게 하시고, 어떤 사건에 대하여 세상에 공개하기 전에 항상 신중을 기할 수 있게 하옵소서. 인간의 말에 대하여 들린 대로 행하시고, 그 말에 대하여 심판하시는 하나님이심을 믿습니다.

○○○ 성도님에게 입술의 권세를 더하여 주셔서 그 말에 하나님 보시기에 심판을 더하는 말이 되지 않게 하여 주옵소서. 현실을 정확하게 분석할 수 있는 통찰력을 주시고, 잘못된 사실에 대해서는 옳은 길을 제시할 수 있는 비판력과 담대함도 주옵소서. 주님을 위해서도 크게 쓰임 받을 수 있는 일꾼이 되기를 원합니다.

하나님께서 언론인의 길을 가게하신 분명한 섭리를 깨닫게 하셔서 그 직업을 통하여 주님을 높일 수 있게 하시고, 주님의 사랑을 나타낼 수 있게 하옵소서. 이 땅에서 부름 받은 주님의 자녀로서 빛과 소금의 역할을 잘 감당하고 하나님의 마음을 대변할 수 있는 언론인의 길을 가게 하옵소서. ○○○ 성도님을 주님의 사람으로 세우시고 일꾼으로 쓰시는 예수 그리스도의 이름으로 기도합니다. 아멘

약속의 말씀

내가 가장 선한 것을 말하리라 내 입술을 열어 정직을 나타내리라 내 입은 진리를 말하며 내 입술은 악을 미워하느니라 (잠언 8장 7,8절)

의료인으로 종사하는 가정

심방가이드 | 찬송: 95, 93장
성경: 마 8:17; 골 4:14

· 축하와 격려 대표기도문 ·

병든 자를 고치시고 영혼을 구원하시는 능력의 하나님,
 이 가정에 질병으로 고통 받는 이들을 위하여 봉사할 수 있는 은혜와 은총을 베푸심을 감사합니다. 이 가정에 고통 받는 환자들을 치료하는 귀한 은사를 선물로 주셨사오니 이 일을 통하여 주님의 영광을 드러낼 수 있는 ○○○성도님이 되게 하여 주옵소서.
 환자들을 살필 때에 병든 자를 불쌍히 여기시고 긍휼히 여기셨던 주님의 마음을 잊지 않게 하시고, 그 심정으로 환부보다 더 아픈 환자의 마음을 헤아릴 수 있는 ○○○성도님이 되게 하여 주옵소서. ○○○성도님을 통하여 치료를 받는 환자들마다 주님을 만날 수 있게 하시고, 구원의 문도 열려지는 축복을 얻게 하옵소서. 환자의 질병을 진단하고 의술을 사용하는 것은 의사 자신이지만 낫게 하시는 것은 주님이심을 잊지 않게 하옵소서. 생명을 다루는 직업이니만큼 항상 자신의 의술을 의지하기보다 주님을 의지하는 마음이 간절하게 하시고, 때마다 기도하는 것을 잊지 않게 하옵소서. 주님, 의료사고가 빈번히 일어나고 있는 때입니다. 혹여 부지중에라도 안타까운 일이 발생하지 않도록 모든 위험으로부터 막아주시옵소서. 점차 희귀병을 앓고 있는 환자가 늘어나고 있습니다.
 치료의 방법을 알지 못하여 난감한 상황에 빠질 때 주님의 지혜를 구하는 것을 잊지 않게 하시고, 한계에 부딪쳐서 좌절을 경험하는 일이 없게 하옵소서. 수술을 할 때마다 생명을 살려야 한다는 절박한 마음으로 할 수 있게 하시고 수술의 전 과정을 주님께 맡기는 기도하는 중심을 잃지 않게 하옵소서. ○○○성도님을 통하여 주님이 높임을 받을 일이 많아질 것을 믿사옵고 예수 그리스도의 이름으로 기도합니다. 아멘

약속의 말씀
주께 힘을 얻고 그 마음에 시온의 대로가 있는 자는 복이 있나이다 (시편 84편 5절)

예술인으로 종사하는 가정

심방가이드 | 찬송: 36, 31장
성경: 시 147:1; 골 3:16-17

주께서 주의 영광을 위하여 창조한 자를 오게 하라고 하신 하나님,
　주님이 귀히 쓰시는 사랑하는 ○○○ 성도님의 가정이 예술을 통하여 하나님의 영광을 나타내고 주님을 높일 수 있게 하시니 감사합니다.
　예술을 통하여 자신의 신앙을 고백하고 하나님의 영광을 위하여 살기를 힘쓰는 ○○○ 성도님을 기억하시고, 언제나 크신 은총과 복으로 함께 하여 주옵소서. 그 마음에 항상 주님의 음성이 떠나지 않게 하시고, 어떤 작품을 기획하고 구상하든지 주님의 음성을 담아낼 수 있는 작품이 될 수 있게 하옵소서.
　우리 ○○○ 성도님이 예술을 통하여 주님을 드러내는 일이 많아지면 많아질수록 그만큼 그리스도의 문화가 이 땅에 확장된다는 것을 마음에 둘 수 있게 하시고, 사단의 문화를 파괴하는 것은 그리스도의 문화를 만드는 것 밖에 없음을 기억하여 사명감을 가지고 예술의 길을 걷게 하옵소서. 혹여 경제적인 압박이 다가올 때에 세상의 문화와 정신과 타협하는 일이 없게 하시고, 물질 때문에 어려움 당하지 않도록 물질의 복을 더하여 주옵소서.
　하나님의 영광을 위하여 사는 가정, 물질 때문에 예술 활동을 중단하는 일이 발생하지 않도록 때를 따라 흡족하게 채워주실 것을 믿습니다. 자녀들에게도 귀한 복을 허락하시고 부모의 아름다운 예술 정신이 그대로 유전될 수 있게 하옵소서.
　주님을 위하여 아름답게 쓰임 받는 일이 이 가정 위에 넘치게 하실 것을 믿습니다. 인간의 재능을 주님을 높이는 귀한 도구로 쓰시는 예수 그리스도의 이름으로 기도합니다. 아멘

　약속의 말씀
무릇 내 이름으로 일컫는 자 곧 내가 내 영광을 위하여 창조한 자를 오게 하라 그들을 내가 지었고 만들었느니라 　　　　　　　　　　　　(이사야 43장 7절)

연예인으로 종사하는 가정

심방가이드 | 찬송: 31, 419장
성경: 창 1:28; 히 1:10-14

인간에게 달란트를 주셔서 영광을 받으시는 하나님 아버지,

이 가정에 특별한 달란트를 주셔서 주님께 쓰임 받을 수 있게 하시니 감사합니다. 갖고 있는 특별한 재능을 통하여 하나님께 영광 돌리기를 원하는 이 가정을 기억하시고 축복하시옵소서.

숨겨진 재능과 끼를 통해서 주님을 높일 수 있게 하시고, 주님을 증거할 수 있는 길을 걸을 수 있게 하옵소서. 사람들에게 인기를 얻고 사랑을 받을 때마다 영광을 받으셔야 할 분은 주님이심을 잊지 않게 하시고, 모든 영광을 주님께 돌릴 수 있는 아름다운 신앙적 자세가 그 정신을 지배할 수 있게 하옵소서. 때로 땀 흘린 만큼 사랑을 받지 못한다고 하여 좌절하는 일이 없게 하시고, 노력하고 힘쓴 만큼 결과가 좋지 못하다고 하여 낙심하는 일이 없게 하여주옵소서.

하나님께서 이 길을 걷게 하신 데에는 분명한 뜻이 있음을 기억하여 인기에 관계없이 최선을 다할 수 있는 ○○ 군(양)이 되게 하여 주옵소서. 사람의 평가나 높은 인기를 누리는 것보다 보다 하나님의 인정하심이 더욱 중요하다는 것을 깨달아 늘 하나님께 인정받을 수 있는 믿음의 길을 걸을 수 있게 하옵소서.

이 땅위에 기독교 문화를 정착시키는데 자신에게 있는 재능이 한몫을 한다면 이보다 더 큰 축복이 어디에 있겠습니까? 이 길을 걷게 하신 섭리하심을 깨달아 사명자로서의 본분을 잘 감당할 수 있는 ○○ 군(양)이 되게 하옵소서. 부모들도 자녀의 인기를 위해서 기도하기보다 자녀가 하나님께 쓰임 받는 것을 위해서 기도할 수 있게 하옵소서. 섭리하시는 예수 그리스도의 이름으로 기도합니다. 아멘

약속의 말씀

그런즉 너희가 먹든지 마시든지 무엇을 하든지 다 하나님의 영광을 위하여 하라
(고린도전서 10장 31절)

공직에 종사하는 가정

심방가이드 | 찬송: 91, 144장
성경: 눅 3:14; 벧전 4:10-11

주님, 이 나라에 여러 분야에서 열심히 직분을 수행하는 사람들이 많이 있사온데 특별히 이 가정을 사랑하셔서 공직에 종사할 수 있는 은총을 주심을 감사합니다. 나라와 국민을 위하여 봉사할 수 있는 섬김의 직책이오니, 주님이 저희를 섬기셨듯이 섬김의 도를 잘 실천할 수 있는 ○○○ 성도님이 되게 하여 주옵소서. 맡은 직책에 권위 의식이나 자만심이 없게 하여 주시고 하나님의 뜻을 성실히 담아낼 수 있는 삶을 살 수 있게 하옵소서. 가야 할 자리와 피할 자리를 잘 구분할 수 있게 하시고, 믿음의 도에 어긋나는 일이라면 과감히 도려낼 수 있는 결단이 있게 하여 주옵소서. 과중한 업무로 인하여 몸이 혹사되는 일이 없게 하시고, 피로가 누적되어 건강을 해치는 일이 없게 하여 주옵소서.

때로, 힘들고 지칠 때 우리 주님이 새 힘을 더하여 주시고, 그 수고를 기억하고 계시는 주님을 인하여 위로를 얻게 하옵소서. 주님, ○○○ 성도님의 가정도 기억하셔서 행복한 가정을 이룰 수 있게 하시고, 자녀들 또한 어디에서든지 사랑받고 인정받는 믿음의 사람들이 되게 하여 주옵소서. 요즘 돌연사가 많습니다. 업무로 인한 스트레스가 마음에 쌓이지 않도록 늘 주님의 말씀을 묵상할 수 있게 하시고, 괴로운 일은 기도로 주님께 토해낼 수 있는 ○○○ 성도님이 되게 하여 주옵소서. 어느 누가 인정해주지 않는다고 하여 상심하는 일이 없게 하시고, 전능하신 하나님께서 인정하고 계심을 잊지 않게 하여 주옵소서.

원치 않는 불미스러운 일이 발생할 때도 주님이 막아주실 것을 믿습니다. 사람과 주님께 신뢰받을 수 있는 봉사자의 삶을 사는 ○○○ 성도님에게 늘 함께 하실 것을 믿사옵고 예수 그리스도의 이름으로 기도합니다. 아멘

약속의 말씀

사람이 친구를 위하여 자기 목숨을 버리면 이에서 더 큰 사랑이 없나니 너희가 나의 명하는 대로 행하면 곧 나의 친구라 (요한복음 15장 13,14절)

방송인으로 활동하는 가정

심방가이드 | 찬송: 218, 580장
성경: 마 25:21; 갈 6:7

이 가정을 늘 사랑의 손길로 이끄시는 하나님,
　이 시간 저희를 ○○○ 성도님의 가정으로 인도하여 주셔서 함께 믿음의 교제를 나누고 기도제목을 나눌 수 있도록 하심을 감사드립니다. ○○○ 성도님은 방송인으로 활동하고 있습니다. 그가 하는 일에 주의 성령께서 늘 함께 하실 것을 믿습니다. 모든 직업이 그렇듯이 방송인으로 활동하는 것도 적잖은 어려움이 있습니다. 그때마다 어려움의 상황을 잘 이겨 나갈 수 있도록 능력으로 함께 하옵소서. 생활이 불규칙적입니다. 피로가 누적되어 건강에 적신호가 생기지 않도록 그 몸을 늘 강건케 하여 주옵소서. 괴로운 일도 발생할 것입니다. 그때마다 주님께 기도함으로 새 힘을 주시는 주님의 은총을 체험케 하여 주옵소서. 때로는 주일도 잘 지킬 수 없습니다. 그 마음을 아시는 주님께서 주님과 멀어지지 않도록 방송의 일정을 잘 잡혀지게 하여 주옵소서. 방송을 하다가 말에 실수함이 없게 하여주시고, 내용을 잘못 전달하는 일도 없게 하여 주옵소서.
　주님의 사람으로 방송계에 세우셨사오니 ○○○ 성도님을 통하여 방송사가 복음화 되는 역사가 있게 하여 주시고, 방송이 좋은 선교매체로 활용될 수 있도록 은총을 더하여 주옵소서.
　하나님께 영광을 돌리는 자녀 된 본분을 잊지 않게 하여 주시고, 어디서 무엇을 하든지 그리스도인이라는 사실을 숨기지 않고 드러낼 수 있게 하여 주옵소서. 때로는 방송인의 신앙고백이 시청자들에게 큰 감동을 주는 경우가 있습니다. ○○○ 성도님도 많은 사람들에게 믿음의 유익을 주고 용기와 희망을 줄 수 있는 사람으로 쓰임 받게 하여 주옵소서.
　늘 주의 성령께서 동행하실 것을 믿사옵고 예수 그리스도의 이름으로 기도합니다. 아멘

> **약속의 말씀**
> 삼가 말씀에 주의하는 자는 좋은 것을 얻나니 여호와를 의지하는 자가 복이 있느니라
> (잠언 16장 20절)

고민하던 문제가 해결된 가정

심방가이드 | 찬송: 543, 383장
성경: 시 116:1-19, 118:7-9

은총을 더하여 주시는 하나님 아버지,

그동안 이 가정에 가장 큰 기도제목이었던 문제가 해결될 수 있도록 도와주심을 감사드립니다. 전적인 주님의 은혜임을 믿습니다. 이제 이 가정이 섭리하시는 주님의 손길을 다시 한번 체험하게 되었사오니 주님만을 온전히 신뢰하고 바라보며 사는 복된 가정이 되게 하여 주옵소서.

또한 "여호와께서 내게 주신 은혜를 무엇으로 보답 할꼬"(시116:12) 라고 고백했던 시편기자와 같이 주님이 주신 복과 은혜에 감사하는 일을 게을리 하지 않는 가정이 되게 하여 주옵소서. 지금까지는 고통스런 문제 앞에서 그 문제를 놓고 기도하며 주님을 찾았지만 이제는 성숙된 신앙생활을 위하여 주님을 찾을 수 있는 ○○○ 성도님이 되게 하여 주옵소서.

그동안 ○○○ 성도님이 당면한 문제로 인하여 주님의 일에 마음을 쏟지 못했습니다. 이제는 주님의 일에 마음을 쏟는 삶이 될 수 있도록 이끌어 주옵소서.

앞으로의 인생에 또다시 어려움을 만난다 할지라도 근심하거나 낙심하지 않게 하여 주시고 주님을 의뢰하며 주님께 맡길 수 있는 ○○○ 성도님이 되게 하여 주옵소서. 문제의 해결 뒤에 사단이 틈을 타서 교묘한 방법으로 흔들어 놓을 수 있사오니 신앙의 틈을 보이지 않도록 더욱 주님만을 바라볼 수 있게 하옵소서.

이 가정에 향하신 말할 수 없는 주님의 사랑을 인하여 감사합니다. 화가 변하여 복이 되게 하신 주님을 찬양합니다. 예수 그리스도의 이름으로 기도합니다. 아멘

약속의 말씀

내가 구원의 잔을 들고 여호와의 이름을 부르며 여호와의 모든 백성 앞에서 나의 서원을 여호와께 갚으리로다

(시편 116편 13,14절)

성공한 성도

심방가이드 | 찬송: 288, 384장
성경: 잠 3: 1-10; 눅 6: 38

사랑하는 자에게 은혜와 복을 더하시는 하나님 아버지,
 주님의 뜻을 따라 살아가는 ○○○ 성도님에게 복에 복을 더하여 주셔서 형통의 축복을 허락하시니 감사합니다. 그가 성공할 수 있게 된 모든 것이 전적인 하나님의 은혜와 은총임을 깨닫습니다. 앞으로 계획한 모든 일도 주님께 맡길 수 있게 하여 주시고, 주님 보다 앞서지 않도록 그 생각과 마음을 지켜 주옵소서. 무슨 일을 하든지 주님이 주시는 확신이 있기까지는 행동으로 옮기지 않게 하여 주시고, 늘 주님의 뜻을 먼저 물을 수 있는 ○○○ 성도님이 되게 하여 주옵소서.
 언제나 감사하게 하시고, 언제나 겸손하게 하시고, 언제나 엎드려 기도할 수 있는 ○○○ 성도님이 되게 하여 주옵소서. 혹 하나님의 은혜와 복을 분별없이 간증함으로 형제의 마음을 실족케 하거나 상처를 주는 일이 없게 하시고, 부지중에라도 거만함이 묻어나오지 않도록 주의 성령께서 그 생각과 마음을 다스려 주옵소서. "선줄로 생각하는 자는 넘어질까 조심하라,"(고전 10:12)고 하였사오니 교만에 이르지 않도록 주님의 은총 앞에 순복할 수 있는 삶이 되게 하여 주옵소서.
 주님, 우리 주님이 ○○○ 성도님에게 성공을 선물로 주신 것은 없는 자와 고통 받는 자를 헤아릴 수 있는 삶을 살도록 이끄시기 위함임을 믿습니다. 주님의 마음을 담아낼 수 있는 손길이 되게 하여 주시고, 주님의 교회와 이웃을 부요케 할 수 있는 선한 도구가 되게 하여 주옵소서.
 혹여 바쁘다고 하여 은혜의 생활을 멀리하는 일이 없게 하시고, 이전보다 더욱 주님을 가까이 하며 은혜에 매여 살 수 있는 ○○○ 성도님이 되게 하여 주옵소서. 예수 그리스도의 이름으로 기도합니다. 아멘

약속의 말씀
그런즉 선줄로 생각하는 자는 넘어질까 조심하라 (고린도전서 10장 12절)

수상(受賞)한 성도

심방가이드 | 찬송: 331, 380장
성경: 시 91:14-16; 계 22: 12

은혜가 풍성하신 하나님 아버지,
 사랑하는 ○○○ 성도님이 귀한 상을 받게 하심을 감사합니다. 이 모든 것이 주님의 은혜와 은총임을 믿습니다. ○○○ 성도님이 귀한 상을 받게 된 것은 자신과 가족들뿐만 아니라 한 뜻 안에서 한 교회를 섬기고 있는 저희들에게도 기쁨이 됨을 깨닫습니다. 이제 그의 어깨가 한층 더 무거워짐을 깨닫습니다.
 이제껏 이 귀한 영광의 자리에 있기까지 맡은 일에 성실과 정직을 심으며 최선을 다하였듯이, 앞으로도 그 길을 잘 걸어갈 수 있도록 그 생각을 지도하시고 그 걸음을 이끌어주옵소서. "선줄로 생각하는 자는 넘어질까 조심하라"고 하였사오니 초심을 잃지 않도록 도와주시고, 처음처럼 그 겸손함과 성실함으로 주님을 높일 수 있는 삶이 되게 하여 주옵소서.
 사람에게 뿐만 아니라 하나님께도 귀한 상급을 받는 일꾼이 되기를 원합니다. 사람을 통하여 받는 영광도 한없이 좋고 기쁘기 그지없는데 주님께로부터 받는 칭찬과 상급 또한 얼마나 귀하고 영광되겠습니까? 주님께로부터 받는 상급과 영광은 감히 사람을 통하여 얻는 영광과 족히 비교될 수 없음을 깨닫습니다. 그 부름의 상을 바라보고 푯대를 향하여 힘차게 달려갈 수 있는 ○○○ 성도님이 되게 하여 주시고, 영적인 가치를 최우선에 둘 수 있는 ○○○ 성도님이 되게 하여 주옵소서.
 ○○○ 성도님을 통하여 좋은 일들이 많이 일어나기를 원합니다. 축복된 일들이 많이 일어나기를 원합니다. 소망이 넘치는 일들이 많이 일어나기를 원합니다. 예수 그리스도의 이름으로 기도합니다, 아멘

약속의 말씀

푯대를 향하여 그리스도 예수 안에서 하나님이 위에서 부르신 부름의 상을 위하여 좇아가노라
(빌립보서 3장 14절)

건축하는 가정

심방가이드 | 찬송: 204, 546장
성경: 마 7:24-27; 히 3: 3

사랑하는 자녀에게 은혜를 더하시는 하나님 아버지,

사랑하는 ○○○ 성도님이 집을 건축하게 되었습니다. 우리 주 하나님께서 이 가정을 축복하셔서 믿음의 집을 잘 건축하게 하시더니 육신의 장막도 건축할 수 있는 은총을 더하시니 얼마나 감사한지요.

이제 이 집이 건축되면서 더욱 더 하나님께 감사할 수 있는 ○○○ 성도님이 되게 하여 주시고, ○○○ 성도님에게 향하신 하나님의 사랑이 놀랍고 끝이 없음을 다시 한번 경험하는 계기가 되게 하여 주옵소서. 집을 짓는 동안 공사를 맡은 시공자와 인부들에게도 함께하여 주셔서 내 집을 짓듯이 정성을 다할 수 있게 하여 주시고, 안전 사고가 발생하지 않도록 모든 위험에서 막아주시옵소서.

"여호와께서 집을 세우지 아니하시면 세우는 자의 수고가 헛되다"(시 127:1)고 하였사오니 공사가 시작될 때나 마무리 될 때에 항상 기도로 시작하고 기도로 마무리하여 주님께 영광을 돌릴 수 있는 ○○○ 성도님이 되게 하여 주옵소서. 날씨도 주관하여 주셔서 때를 따라 도우시는 주님의 손길도 느끼며 감사할 수 있게 하옵소서.

주님, 집을 짓는 일에 지나치게 마음을 빼앗김으로 주님이 맡겨주신 사명을 소홀히 하는 일이 없게 하여 주시고, 주님의 교회도 든든히 세워져야 함을 기억할 수 있게 하옵소서. ○○○ 성도님을 사랑하시는 예수 그리스도의 이름으로 기도합니다. 아멘

• 축하와 격려 대표기도문 •

약속의 말씀

여호와께서 집을 세우지 아니하시면 세우는 자의 수고가 헛되며 여호와께서 성을 지키지 아니하시면 파수꾼의 경성함이 허사로다 (시편 127편 1절)

건강을 되찾은 성도

심방가이드 | 찬송: 552, 391장
성경: 사 58:9-11 약 5:13-16

사랑과 은혜가 충만하신 하나님 아버지,
　사랑하는 ○○○ 성도님을 중한 질병에서 일으켜 주셔서 다시 건강한 몸으로 회복할 수 있는 은총을 더하심을 감사합니다. 치료하시는 여호와, 완전케 하시는 여호와 하나님이심을 믿습니다. 그동안 ○○○ 성도님이 질병에 시달릴 때에 너무나 간절히 주님을 찾았고, 합력하여 선을 이루시는 주님의 손길을 의심치 않으며 주님을 끝까지 의지했기에 치료의 축복을 부어주신 줄 믿습니다. 그의 신앙도 더욱 성숙된 신앙으로 거듭난 것을 발견합니다.
　주님, 다시 찾은 건강입니다. 이제 이전보다 더욱 주님께 충성할 수 있도록 도와주시고, 주님을 위하여 더욱 자신을 불사를 수 있는 삶이 될 수 있도록 이끌어 주옵소서. 병들었을 때 질병의 고통을 뼛속 깊숙이 체험했사오니 질병에 시달리는 자들의 마음을 헤아리고 그들을 위하여 기도할 수 있는 ○○○ 성도님이 되게 하여 주시고, 그들을 찾아가 위로와 용기를 심어줄 수 있는 바나바와 같은 주님의 사람이 되게 하여 주옵소서.
　주님께 빚진 자로서 기꺼이 사랑과 희생의 대가를 지불하는 삶이 되게 하여 주시고, 희생의 욕구를 충족시키는 삶을 살아갈 수 있는 ○○○ 성도님이 되게 하여 주옵소서. 주님이 주신 재생의 축복, 주님을 위하여 온전히 드릴 수 있는 삶이 되게 하실 것을 믿습니다. 조금이라도 불의의 병기로 사용되는 일이 없게 하실 것을 믿습니다.
　믿음의 유익을 위하여 날마다 헌신의 자리에 설 수 있는 삶이 되게 하실 것을 믿습니다. 사랑하는 ○○○ 성도님에게 건강의 축복을 허락하신 주님의 은총에 다시 한번 감사와 영광을 돌리오며 예수 그리스도의 이름으로 기도합니다. 아멘

・축하와 격려 대표기도문・

약속의 말씀
네 부모를 공경하라 그리하면 너의 하나님 나 여호와가 네게 준 땅에서 네네 빛이 아침같이 비칠 것이며 … 여호와의 영광이 네 뒤에 호위하리니　(이사야 58장 8절)

제 삶의 유일한 목적은 주님을 닮아가는 것이 되게 하시고,
제 삶의 최대 관심은 제 몸의 곳곳에
주님의 흔적을 남기는 것이 되게 하옵소서.

위로와 권면
대표기도문
Comfort & Encouragement

3부

구원의 확신이 없는 성도

심방가이드 | 찬송: 287, 521장
성경: 요 1:13; 고전 2:1-16

구원의 하나님,

사랑하는 ○○○ 성도님에게 구원의 빛을 비추시옵소서. 아직 구원의 확신을 갖지 못하여 적극적인 신앙생활을 하지 못하고 있나이다. 우리 주님께서 사랑하는 ○○○ 성도님을 만세전부터 택정하시고 하나님의 백성으로 택하여 부르신 것을 믿습니다. 사람이 마음으로 믿어 의에 이르고 입으로 시인하여 구원에 이르게 된다(롬10;10)고 하였사오니 그 마음에 믿음의 빛을 비추셔서 구원의 주님을 입으로 시인할 수 있는 ○○○ 성도님이 되게 하여 주옵소서. 이는 혈통으로나 육정으로나 사람의 뜻으로 나지 아니하고 오직 하나님께로부터 난 자들이라고 하였습니다(요1:13). ○○○성도님도 그 가운데 한 사람임을 기억하게 하시고, 구원의 주님을 찬양할 수 있는 자리로 나아갈 수 있게 하옵소서.

주님, 아직 ○○○ 성도님이 믿음이 연약하여 구원의 확신이 없는 줄 압니다. 믿음은 들음에서 나고 들음은 그리스도의 말씀으로 말미암는다(롬 10:17)고 하였사오니 ○○○성도님에게 말씀을 자꾸 들을 수 있는 자리로 인도하여 주시고, 말씀을 들을 때에 깨달아 알 수 있는 지혜를 부어 주시옵소서. ○○○ 성도님이 지금은 어린아이 같은 믿음이라 할지라도 장차 그 입으로 구원의 주님을 시인하며 주님을 위하여 순종을 드리고 헌신을 드릴 수 있는 자리로 나아가게 될 것을 믿습니다. 주님께 크게 쓰임 받는 그릇이 되게 하실 것을 믿습니다. 하늘나라의 백성으로 주님께 영광 돌리는 삶을 살게 하여 주실 것을 믿습니다. 예수 그리스도의 이름으로 기도합니다. 아멘

약속의 말씀
누구든지 주의 이름을 부르는 자는 구원을 얻으리라 (로마서 10장 13절)

먼 거리에서 출석하는 가정

심방가이드 | 찬송: 208, 314장
성경: 잠 16:15; 골 1:24

사랑이 많으신 하나님 아버지,

사랑하는 ○○○ 성도님이 믿음의 길을 잘 달려갈 수 있도록 인도하심을 감사드립니다. 교회가 먼데도 불구하고 한결같은 마음으로 주님의 몸 된 교회를 섬기는데 열심을 다하고 있사오니 그 믿음을 더욱 굳게 하여 주시고, 주님께 영광 돌릴 수 있는 복된 ○○○ 성도님이 되게 하여 주옵소서.

주님, 믿음의 조상 아브라함은 삼일이나 걸리는 먼 길을 달려가서 하나님이 정하신 한 산에서 제사를 드림으로 온전한 순종과 온전한 믿음을 보인 것을 기억합니다.(창22:1절 이하) 또한 그로 인하여 하나님이 아브라함의 순종을 기쁘게 받으시고 그를 더욱 축복하신 것을 기억합니다.

사랑하는 ○○○ 성도님이 먼 길을 오가며 주님의 몸된 교회를 섬길 때 아브라함과 같은 믿음과 순종을 주님께 드릴 수 있게 하시고, 그의 신앙과 믿음을 기쁘게 받으시는 하나님을 뵈옵는 삶이 되게 하여 주옵소서.

육신적으로 고달플지라도 나태해지는 일이 없게 하여 주시고, 주님이 십자가를 지시고 올라가신 골고다의 언덕을 생각하며 위로와 용기를 얻게 하여 주옵소서. 한계가 찾아올 때마다 성령 충만을 허락하여 주셔서 한계를 넉넉히 뛰어넘는 믿음이 되게 하여 주옵소서.

사랑이 많으신 우리 주님께서 사랑하는 ○○○ 성도님을 늘 권능의 오른 손으로 붙드시고 그 발걸음을 인도하실 것을 믿사옵고 예수 그리스도의 이름으로 기도합니다. 아멘

• 위로와 권면 대표기도문 •

　　약속의 말씀

나의 평생에 선하심과 인자하심이 정녕 나를 따르리니 내가 여호와의 집에 영원히 거하리로다
(시편 23편 6절)

불화가 있는 가정

심방가이드 | 찬송: 424, 388장
성경: 엡 5:22-25, 6:1-4

화평케 하는 자는 복이 있다고 하신 주님,
　이 시간 ○○○ 성도님의 가정의 평화와 화목을 위해서 기도합니다. 평강의 하나님께서 이 가정을 주장하여 주시고, ○○○ 성도님으로 하여금 화목케 하는 자로서의 사명을 잘 감당케 하여 주옵소서. 가정불화의 원인이 무엇 때문인지 알게 하시고 만약 그 이유가 부부 각자에게 있다면 회개할 수 있는 심령들로 삼아주시옵소서. 사랑받기만을 원하기 이전에 사랑하게 하시며, 이해해 주기만을 요구하기 이전에 이해할 줄 알며, 노하기를 더디하면서 인내하는 가운데 서로의 허물을 덮어주고 용서하는 부부가 되게 하옵소서.
　자녀불화로 인하여 자녀 교육에 있어서 어려움을 당하지 않게 하시고, 가정의 평화를 위해 지나치게 자신만이 옳다고 주장하는 일이 없게 하옵소서. 하나님과 인간 사이를 화평케 하기 위하여 화목제물이 되신 주님, 남편과 아내 각자가 날마다 죽는 자로서의 삶을 살게 하시며 가정의 평화를 위해 희생적인 삶을 살게 하옵소서.
　믿는 자로서의 본을 보이고 주님의 몸된 교회를 위해서 더욱 충성해야만 할 터인데 세월을 잃어버리는 것 같아 몹시 안타깝습니다. 어서 속히 서로가 하나가 되어 가정 천국을 이룰 수 있게 하시고, 아름다운 부부의 모습으로 주님께 쓰임 받을 수 있게 하여 주옵소서. 오늘 이 가정에 주시는 말씀을 통하여 분쟁의 현장으로 찾아오시는 십자가의 주님을 만나게 하시고, 이해와 용서가 넘치는 이 시간이 되게 하여 주옵소서. 평강의 왕이신 예수 그리스도의 이름으로 기도합니다. 아멘

약속의 말씀
할 수 있거든 너희로서는 모든 사람으로 더불어 평화하라　　(로마서 12장 18절)

결별한 가정

심방가이드 | 찬송: 329, 341장
성경: 요일 2:9-11; 롬 12:18-21

자비로우신 하나님 아버지,
　주님은 자비하셔서 상하고 통회하는 심령을 멸시치 아니하시며 죄악을 사유하시는 하나님이심을 믿습니다. 회개하는 자에게 긍휼을 베푸시는 분이심을 믿습니다. 하나님의 은총을 입어 많은 사람들의 축복을 받으며 출발한 가정입니다. 그러나 지금은 서로가 결별하여 가정에 금이 가고 말았습니다. 서로가 결별할 만치 이해하지 못할 문제가 무엇이었는지, 서로가 넘지 못할 산 무엇이었는지 이 부족한 종은 자세히는 알지 못하오나 서로에게 상처가 생긴 것은 분명하오니 불쌍히 여겨 주옵소서. 그동안 나름대로 얼마나 많이 고민을 했겠습니까? 얼마나 많이 노력을 했겠습니까? 또한 이 아픔을 놓고 얼마나 많이 기도했겠습니까? 울기도 많이 했을 것입니다. 주님이 기뻐하시는 온전한 가정을 세우지 못한 것을 용서하여 주시고, 상처난 심령을 불쌍히 여겨 주옵소서. 마음의 강퍅함이 있습니까? 성령의 불로 태워주셔서 온유한 마음이 되게 하여 주옵소서. 언제까지 서로가 떨어져 있을지 모르오나 그 떨어짐이 오래가지 않도록 서로에 대한 그리움이 사무치게 하여 주시고, 떨어져 있는 동안 서로에 대한 갈등과 분노가 눈 녹듯이 녹아지게 하여 주옵소서. 상한 감정과 격한 마음이 사랑의 마음으로 바뀌어 질 수 있게 하시고, 실망과 낙심이 위로와 격려의 마음으로 바뀌어 지게 하여 주옵소서. 서로의 마음을 헤아리기에 인색했던 마음이 서로를 용납할 수 있는 마음으로 바뀌어 지게 하여 주옵소서. 젊을 때에 주님을 위하여 아름답게 쓰임 받을 수 있기를 원합니다. 젊을 때에 주님 나라를 세울 수 있는 일꾼으로 쓰임받기를 원합니다. 이 가정에 회복의 은총을 더하여 주옵소서. 온전케 하시는 예수 그리스도의 이름으로 기도합니다. 아멘

・위로와 권면 대표기도문・

약속의 말씀

그러므로 이제부터 너희가 외인도 아니요 손도 아니요 오직 성도들과 동일한 시민이요 하나님의 권속이라
(에베소서 2장 19절)

이혼한 가정

심방가이드 | 찬송: 354, 400장
성경: 고전 10:13; 갈 6:3-4

긍휼이 풍성하신 하나님 아버지,
이 가정에 우리 주님도 원치 않는 헤어짐의 아픔이 주어졌습니다. 그동안 서로의 갈등을 풀어보기 위하여 수없이 노력해 보았지만 모든 것이 허사가 되어 버렸고, 가정이 금이 가는 아픔이 주어지고 말았습니다. 주님이 세우신 가정을 온전히 관리하지 못한 것은 분명히 주님 앞에 큰 죄를 지었음을 부인할 수 없나이다. 용서하여 주옵소서. 말할 수 없는 큰 죄를 지었을지라도 긍휼을 구하는 자를 외면치 아니하시고 품어주시는 주님이심을 믿습니다. 죄는 지었을지라도 상처받은 심령입니다. 긍휼히 여기셔서 너르신 품으로 품어주시고, 이 아픔을 회복할 수 있도록 은총을 더하여 주옵소서. 이 일로 말미암아 주님의 교회와 멀어지지 않게 하시고, 주님을 가까이 하는 생활에 틈이 벌어지지 않도록 도와주시옵소서. 아픔이 있을 때 더욱 기도할 수 있게 하시고, 배반하지 않는 주님을 더욱 의지할 수 있는 삶이 되게 하여 주옵소서. 성경을 읽음으로 마음의 평안을 찾게 하시고, 찬송을 부름으로 어두운 과거를 잊어버리게 하여 주옵소서. 앞으로 살아가야 할 길도 주님께서 이끌어 주셔서 온 세상 날 버려도 주님만은 버리시지 않음을 피부 깊숙이 느끼게 하옵소서. 주님, 아이들을 기억하시기를 원합니다. 부모에게 사랑 받으며 맑고 티 없이 자라야 할 아이들인데 아이들 마음에 생채기가 나고 말았습니다. 어린 심령들을 불쌍히 여기시고 부모의 허물과 아픔이 자녀들에게 영향이 미치지 않게 막아주시옵소서. 따가운 시선과 비난의 말이 있을지라도 눈 멀게 하시고, 귀를 막게 하여 주옵소서. 우리 주님이 가장 연약한 상태에 있는 ○○○ 성도님을 다시 일으켜 세워주시고, 주님을 꼭 붙드는 삶이 되게 하실 것을 믿습니다. 죄인들의 친구가 되시는 예수 그리스도의 이름으로 기도합니다. 아멘

약속의 말씀
고난당하는 것이 내게 유익이라 이로 인하여 내가 주의 율례를 배우게 되었나이다
(시편 119편 71절)

나태한 성도

심방가이드 | 찬송: 508, 580장
성경: 요 20:19-23; 고후 6:1-2

능력의 주님,

오늘 신앙의 적신호가 켜지고 있는 ○○○ 성도님의 집을 찾아왔습니다. 그의 사정은 알 수 없사오나 신앙이 식어지고 있는 것 같아 염려가 되오니 ○○○ 성도님을 일으켜 세워 주시기를 원합니다. 주님을 위해서 열심히 충성했던 과거의 열심을 되찾게 하여 주시고, 새벽마다 주님의 전에서 부르짖던 그 뜨거움의 기도 생활을 회복시켜 주시옵소서. 부지런하여 게으르지 말고 열심을 품고 주를 섬기라고 하신 주님, 주일 성수하며 봉사 충성하는데 변명하지 않게 하시고 어떠한 상황 속에서도 신앙생활을 삶의 최우선 순위로 삼을 수 있게 하여 주옵소서.

섬김의 수고를 잊지 아니하시는 하나님, 주님을 향한 성도들의 수고가 결단코 헛되지 않는다는 사실을 의심치 않고 믿으며 더욱 더 주의 일에 힘쓰는 성도님이 되게 하여 주옵소서. 여호와 하나님을 위하여 열심히 특심했던 엘리야 선지자와 같이 사랑하는 ○○○ 성도님에게도 그와 같은 믿음을 주시옵소서. 오해가 있었습니까? 주님이 풀어주시고, 다툼이 있었습니까? 관용의 마음을 주시옵소서. 상처를 받았습니까? 주님의 말씀으로 치료하여 주시고, 낙심한 상태에 있습니까? 주님이 두 손 잡아 일으켜 주옵소서. 이제 다시 옛 신앙을 회복하여 주님의 아름다운 사람으로 쓰임 받게 하여 주옵소서. 우리 주님이 그 열심과 그 열정을 다시 회복시키시고 주님을 위하여 닳아서 없어지는 삶을 살게 하실 것을 믿습니다. 오늘 목사님의 말씀에 용기를 얻게 하시고 믿음의 새 힘을 얻게 하여 주옵소서. 예수 그리스도의 이름으로 기도합니다. 아멘

• 위로와 권면 대표기도문 •

약속의 말씀

서로 돌아보아 사랑과 선행을 격려하며 모이기를 폐하는 어떤 사람들의 습관과 같이 하지 말고 오직 권하여 그 날이 가까움을 볼수록 더욱 그리하자   (히브리서 10장 24,25)

재난당한 가정

심방가이드 | 찬송: 272, 280장
성경: 욥기 2:7-10; 마 14:25-33

인생의 생사화복을 주장하시는 하나님 아버지,

갑작스런 재난으로 인하여 고통을 받고 있는 이 가정을 긍휼히 여겨 주옵소서. 금번 일로 하나님을 원망하는 자리에 이르지 않게 하시고, 합력하여 선을 이루시는 주님의 섭리하심을 바라보며 믿음으로 극복할 수 있도록 도와주시기를 원합니다. 잃은 것이 많은 이 때에 잃은 것을 인하여 애달파 하지 말게 하시고, 남아 있는 것을 인하여 감사할 수 있도록 은총을 더하여 주옵소서. 어렵고 힘든 상황이지만 소망을 가지고 재기 할 수 있는 은혜를 더하여 주시고, 이 위기의 상황을 지혜롭게 극복하여 하나님께 영광을 돌릴 수 있는 축복의 기회로 삼을 수 있게 하여 주옵소서.

부자 욥이 하루 아침에 거지 같이 가난한 자가 되고 육체의 질병으로 고통을 당하면서도 하나님을 원망하지 않았던 믿음을 이 가정에도 주시고, 이 가정에 향하신 하나님의 사랑을 조금도 의심치 않게 하여 주옵소서. 주신 자도 여호와시오니 여호와의 이름은 찬송을 받을 것이라고 한 것처럼 재난 가운데서도 더욱 감사할 수 있는 믿음을 더하여 주옵소서. 특별히 바라옵기는 이 가정이 사방으로 우겨쌈을 당하여도 싸이지 아니하며 답답한 일을 당하여도 낙심하지 아니하며 거꾸러뜨림을 당하여도 망하지 않도록 지켜 주옵소서.(고후4:8,9)

이제 목사님의 말씀을 듣고 심령의 위로를 얻게 하여 주시고, 화가 변하여 복이 되게 하시는 주님의 사랑을 다시 한번 만날 수 있게 하여 주옵소서. 끝까지 신앙적으로 흔들림 없게 하셔서 믿음의 재난만큼은 당하지 않도록 이끄시고 크신 긍휼을 베푸실 것을 믿사옵고 예수 그리스도의 이름으로 기도합니다. 아멘

· 위로와 권면 대표기도문 ·

약속의 말씀

대저 의인은 일곱 번 넘어질지라도 다시 일어나려니와 악인은 재앙으로 인하여 엎드러지느니라
(잠언 24장 16절)

고난당하는 성도

심방가이드 | 찬송: 262, 509장
성경: 고전 10:12-13; 히 13:5-8

　재앙을 내리시기도 하시고 거두기도 하시는 주님,
　이 가정을 사랑하셔서 고난에 동참할 수 있는 은혜를 내려 주시니 감사합니다. 고난 받을 때에 고난의 이유를 깨닫지 못하여 원망과 불평의 자리로 나아가기 쉽사오니 긍휼을 베푸사 고난을 깨닫는 지혜를 주시고 능히 극복해 낼 수 있는 새 힘을 허락하여 주시기를 원합니다. 고난당할 때 더욱 기도할 것을 권면하신 주님, 고난을 받을수록 더욱 더 주님을 의지하는 가운데 기도할 수 있게 하시고, 고난 가운데서도 낙심치 아니하고 주님의 능력과 사랑을 체험하는 기회가 되게 하옵소서.
　고난 중에 더욱 겸손하여지는 법을 배울 수 있게 하시고, 인내하는 인격이 더욱 성숙되게 하여 주옵소서. 주님의 백성들에게는 모든 것이 합력하여 선을 이루시는 하나님이신 것을 믿습니다. ○○○ 성도님에게 불필요한 고난을 주신 것이 아니라 유익을 더하시는 고난을 허락하신 것을 믿습니다. 이 고난이 오래 지속 된다할지라도 합력하여 선을 이루시는 주님을 굳게 믿고 담대하게 나아가게 하여 주시고, 고난이 크면 클수록 주님과 더불어 받게 될 영광도 크다는 것을 생각하며 감사가 넘치는 믿음이 되게 하여 주옵소서. 다윗이 사망의 음침한 골짜기로 다닐지라도 결코 두려워하지 않았던 것은 주님이 함께 하셨기 때문입니다.
　○○○ 성도님에게도 동행하셔서 당면한 고난 앞에서 능히 이기게 하실 것을 믿습니다. 오늘 목사님을 통하여 듣게 되는 말씀에 상한 심령이 위로받게 하시고, 피할 길도 열어주시는 피난처이신 주님이심을 다시 한번 체험케 하옵소서. 지친 영혼을 일으켜 주시사 언제나 능력을 더하여 주시는 예수 그리스도의 이름으로 기도합니다. 아멘

・위로와 권면 대표기도문・

　　약속의 말씀
너희 믿음의 시련이 불로 연단하여도 없어질 금보다 더 귀하여 예수 그리스도의 나타나실 때에 칭찬과 영광과 존귀를 얻게 하려 함이라　　(베드로전서 1: 7)

시험에 든 성도

심방가이드 | 찬송: 342, 445장
성경: 히 12:5-13; 약 1:2-4

자비하시고 거룩하신 하나님 아버지,
　주님께서는 하늘 위에 높이 계시지만 몸소 고난을 받으심으로 저희의 연약을 아시고 체휼하심을 감사드립니다. 이 가정에 원치 않는 시험이 찾아왔으나 이 가정에 향하신 주님의 사랑을 조금도 의심치 않게 하실 것을 믿습니다. 주님을 의지하는 자에게 유익을 더하시는 하나님이신 것을 믿습니다. 이럴 때일수록 마음을 어지럽히는 모든 부정적이고 파괴적인 생각들이 찾아들기 쉬사오니 믿음의 주요 온전케 하시는 이인 예수님만을 온전히 바라볼 수 있도록 붙들어 주옵소서.
　주님이 작정하신 시험이라면 감사함으로 받게 하시고, 끝까지 인내할 수 있는 강하고 담대한 믿음을 주시기를 원합니다. 믿음 위에 굳게 서서 조금도 흔들리지 않게 하여 주옵소서. 눈에는 아무 증거 안 보이고 귀에는 아무 소리 안 들려도, 손에는 아무것도 잡히는 것이 없어도, "시험을 참는 자가 복이 있도다 이것에 옳다 인정하심을 받은 후에 주께서 자기를 사랑하는 자들에게 약속하신 생명의 면류관을 얻을 것임이니라"(약1:12)고 약속하신 주님의 말씀을 붙들고 이 어렵고 힘든 시기를 잘 인내하며 승리할 수 있도록 도와주시옵소서. 주님이 사랑하시는 자에게 허락하신 시험은 전적으로 시험 당하는 자에게 엄청난 주님의 은혜를 체험케 하시기 위한 거임을 믿습니다. 욥이 엄청난 시험을 통과한 후에 비로소 귀로만 듣던 하나님을 눈으로 볼 수 있는 주님의 은총이 내려졌듯이(욥42:5) ○○○ 성도님에게도 그와 같은 주님의 은총이 있게 하여 주옵소서. 오늘 목사님께서 전하시는 말씀을 통하여 큰 위로를 얻게 하시고 담대함을 얻게 하여 주옵소서. 시험당하는 자들을 능히 도우시고 도고하고 계시는 예수 그리스도의 이름으로 기도합니다. 아멘

　　약속의 말씀
오직 하나님은 미쁘사 너희가 감당치 못할 시험 당함을 허락지 아니하시고 시험 당할 즈음에 또한 피할 길을 내사 너희로 능히 감당하게 하시느니라　　(고린도전서 10장 13절)

핍박받는 성도

심방가이드 | 찬송: 435, 364장
성경: 사 53:4-9; 고전 7:13-14

사랑이 많으신 하나님 아버지,

무릇 그리스도 안에서 경건하게 살고자 하는 자는 핍박을 받으리라(딤후3:12)고 하신 말씀을 기억합니다. 지금 ○○○ 성도님이 주님을 믿는 것 때문에 가족들로부터 많은 핍박을 받고 있습니다. 주님을 위하여 핍박을 받는 것이오니 초대교회 성도들처럼 기쁘게 여길 수 있도록 은총을 더하여 주옵소서. 그 어떤 핍박이 가해진다 할지라도 믿음의 자리를 지킬 수 있도록 인도하여 주시고, 끝까지 변절하지 않는 믿음이 되게 하여 주시옵소서. 신앙의 핍박을 통하여 정금같이 단련되게 하여 주시며, 핍박하는 영혼들을 위해서도 불쌍히 여기는 마음으로 기도할 수 있게 하옵소서.

끝까지 견디는 자는 구원을 얻으리라고 하신 주님, 온전한 인내로 구원을 이룰 수 있게 하시고, 주님을 위하여 받는 능욕을 기뻐할 수 있는 성도님이 되게 하여 주옵소서. 핍박의 순간마다 이유 없이 핍박을 받으셨던 주님의 모습이 가슴으로 스며들게 하시고, 골고다의 주님의 피 묻은 십자가가 ○○○ 성도님의 심령 속에 우뚝 세워지게 하여 주옵소서. 핍박을 인하여 주님 앞에 엎드릴 때마다 그 기도를 들으시고 그 마음의 안타까움과 괴롬을 살피시고 만지실 것을 믿습니다. 더 나은 신앙을 위하여, 더 굳센 믿음을 위하여 오늘의 풀무와 같은 아픔이 있음을 위로로 삼게 하시고, 큰 믿음으로 주님께 쓰임 받는 그릇이 되게 하여 주옵소서. 핍박자였던 바울을 변화시키셔서 놀라운 주님의 일꾼으로 삼으셨던 주님, 하실 수 있거든 ○○○ 성도님을 핍박하는 가족들의 마음이 일순간 녹아져서 주님을 믿고 따르는 사람으로 변화되게 하여 주옵소서. 오늘 위로의 말씀으로 ○○○ 성도님을 찾은 목사님을 기억하시고, 권면하는 그 말씀 속에서 하늘의 위로와 신앙의 용기를 얻을 수 있게 하옵소서. 예수 그리스도의 이름으로 기도합니다. 아멘

> **약속의 말씀**
> 의를 위하여 핍박을 받는 자는 복이 있나니 천국이 저희 것임이라 (마태복음 5장 10절)

수험생을 둔 가정

심방가이드 | 찬송: 191, 383장
성경: 잠 16:1-3; 약 1:12

사랑의 하나님,
 오늘 저희가 수능시험을 앞둔 자녀를 둔 ○○○ 성도님의 집을 방문하였습니다. ○○○ 성도님의 가정으로 발걸음을 인도하여 주신 주님께 감사와 영광을 돌립니다. 시험을 앞두고 있는 자녀를 위하여 안타까운 마음으로 기도하는 ○○○ 성도님의 마음을 기억하시고, 간절한 마음으로 부르짖을 때마다 살피시고 헤아리실 것을 믿습니다. 밤잠을 자지 못하며 수능시험을 준비하고 있는 사랑하는 ○○○ 군(양)도 기억하시고, 건강을 해치는 일이 없도록 그 육체를 붙들어 주옵소서. 시험을 준비하면서 지식과 지혜의 근본이신 주님을 의지하는 것을 잊지 않게 하여 주시고, 하나님께 영광 돌려야 한다는 마음을 가지고 시험을 준비할 수 있게 하옵소서. 혹여 시험 준비 때문에 예배를 소홀히 하는 일이 없게 하시고, 시험을 핑계 삼아 주님을 멀리하는 일이 없도록 그 마음을 믿음 위에 세워 주시옵소서. 정직한 자의 걸음을 인도하시는 주님이심을 믿습니다. 노력의 기쁨을 반드시 얻게 하실 주님이심을 믿습니다.
 시험을 준비 중인 자녀를 위하여 온갖 눈치를 살피면서 숨죽이며 수발하고 있는 ○○○ 성도님의 마음을 기억하시고 주님의 위로와 평안이 그 마음에 넘치게 하여 주옵소서. 교회에서 수능시험을 위한 기도회를 갖고 있습니다. 시험 준비에 힘들어하는 자녀를 기도의 뒷심으로 밀어줄 수 있는 ○○○ 성도님이 되게 하여주옵소서. 주님을 의뢰하는 자녀들 우리 주님께서 반드시 책임지실 것을 믿습니다. 반드시 좋은 결과를 얻게 하여 주실 것을 믿습니다. 예수 그리스도의 이름으로 기도합니다. 아멘

약속의 말씀
내가 산을 향하여 눈을 들리라 나의 도움이 어디서 올꼬 나의 도움은 천지를 지으신 여호와에게서로다 (시편 121편 1-2절)

자녀의 시험을 앞두고 있는 가정

심방가이드 | 찬송: 570, 401장
성경: 신 29:9; 빌 4:6-7

지혜와 명철의 근본이 되시는 하나님 아버지,

오늘 ○○○ 성도님의 집을 방문하여 기도제목을 함께 나눌 수 있도록 은혜 베푸심을 감사합니다. ○○○ 성도님의 자녀가 귀중한 시험을 앞두고 있습니다. 이 시험을 앞두고 많은 노력을 쏟아 붓고 있사오니 반드시 좋은 열매로 나타날 수 있도록 이끄실 것을 믿습니다. 이제껏 믿음 안에서 올곧게 성장한 자녀입니다. 무엇을 하든지 하나님의 영광을 위해서 살아온 자녀입니다. 교회 생활을 게을리 하지 않고 열심을 품고 주님을 섬겼던 자녀입니다. 주님이 높임을 받는 일에 마음을 쏟았던 ○○ 군(양)의 앞길을 반드시 책임지실 것을 믿습니다. 주님께 더 많이 쓰임 받는 도구가 되기 위하여 삶을 깨뜨리고 있는 ○○ 군(양)의 마음을 기억하시고, 주님이 주시는 기쁨의 열매가 꼭 있게 하여 주옵소서. 늘 그랬듯이 남은 기간 동안 항상 기도하는 마음으로 시험을 준비할 수 있도록 도우시고, 주님을 의뢰하는 자, 반드시 형통의 길로 인도하심을 증거 할 수 있게 하옵소서. 건강에 적신호가 오지 않도록 붙들어 주시고 복잡한 생각이 들지 않도록 그 마음을 지켜 주옵소서.

주님, ○○○ 성도님이 자녀의 시험을 앞두고 특별히 주님 앞에 엎드려 기도하고 있습니다. 연약한 여인의 기도라 할지라도 기도의 자리만큼은 강하게 하실 것을 믿습니다. 밤잠을 줄여가면서 시험 준비에 마음을 쏟고 있는 자녀만큼 부모 또한 기도의 헌신을 주님께 드리고 있사오니 주님의 뜻대로 사는 백성을 축복하시기를 즐겨하시는 하나님을 꼭 만나게 하여 주옵소서. 언제나 주님을 의뢰하는 자의 편이 되어주시는 예수 그리스도의 이름으로 기도합니다. 아멘

• 위로와 권면 대표기도문 •

약속의 말씀
지존자의 은밀한 곳에 거하는 자는 전능하신 자의 그늘 아래 거하리로다 (시편 91편 1절)

방황하는 자녀를 둔 가정

심방가이드 | 찬송: 406, 452장
성경: 시 32:5; 벧후 3:9

잃은 양을 찾으시는 주님,
○○○ 성도님의 자녀가 방황하고 있습니다. 방황하는 자녀를 생각할 때마다 ○○○ 성도님의 마음이 얼마나 애타고 가슴 아프겠습니까? 정말 속상하고 괴로운 심정 말로 다 표현을 못할 것입니다. 주님, 그 마음의 아픔을 긍휼히 여겨 주옵소서. 무너진 그 마음에 위로를 더하여 주옵소서. 그 눈물을 기억하시고 그 부르짖음에 귀를 기울이시옵소서. 지금 부모의 안타까운 마음도 아랑곳하지 않은 채 방황하는 자녀를 불쌍히 여겨 주옵소서. 정말 교회 생활을 착실하게 했던 아이입니다. 많은 성도들에게 사랑을 받았던 아이입니다. 언제부터 어떤 이유로 인하여 아이가 방황의 길로 접어들었는지는 모르지만 모든 것을 다 아시는 주님께서 아이가 다시 가정으로 돌아올 수 있도록 그 방황을 종식시켜 주옵소서. 주님 앞으로 돌아와 전과 같이 믿음생활 잘 할 수 있도록 도와주시옵소서.

주님, 그 마음에 깨달음을 주시고, 그 발걸음을 돌이키게 하실 분은 주님밖에 없음을 깨닫습니다. 아이가 학업을 놓치지 않게 도와주시옵소서.

평생 후회로 남을 일을 하지 않도록 그 마음에 진리의 빛을 비춰주셔서 현재의 자신의 모습을 바로 볼 수 있게 하시고, 자신이 하고 있는 행동이 잘못된 것임을 깨닫게 하옵소서.

부모의 마음을 아프게 하고 괴롭게 하는 것임을 깨닫게 하옵소서. 하나님 앞에서 죄 짓는 것임을 깨닫게 하옵소서. 그 아이를 버리지 않으실 것을 믿습니다. 품어주실 것을 믿습니다. 주님의 음성을 들려주실 것을 믿습니다. 멸망의 길로 가지 않게 하실 것을 믿습니다. 어서 속히 그 깊은 수렁에서 건져 주시옵소서. 한 영혼을 잊지 아니하시는 주님의 사랑을 의지하오며 예수 그리스도의 이름으로 기도합니다. 아멘

• 위로와 권면 대표기도문 •

약속의 말씀
주 여호와의 말씀에 나의 삶을 두고 맹세하노니 나는 악인의 죽는 것을 기뻐하지 아니하고 악인이 그 길에서 돌이켜 떠나서 사는 것을 기뻐하노라 (에스겔 33장 11절)

화목이 필요한 가정

심방가이드 | 찬송: 559, 220장
성경: 잠 12:20; 살전 5:12-13

화평이신 주님,

사랑의 주님께서 언제나 이 가정을 지키시고 계심을 믿습니다. ○○○ 성도님의 가정의 화목을 위하여 기도합니다. 주님 안에서 화목을 이룰 수 있는 가정이 되게 하여 주옵소서. 서로를 감싸주는 애정이 잔잔한 감동으로 늘 남아 있는 가정이 되게 하시고, 서로의 아픔까지 내 아픔으로 느낄 수 있는 하나 됨이 있게 하여 주옵소서.

그 어떤 실수에도 이해와 용서를 보여줄 수 있는 가정이 되게 하시고, 보이는 허물을 감싸주고 덮어줄 수 있는 푸근함이 있는 가정이 되게 하여 주옵소서. 작은 말에도 귀를 기울이는 진지함이 있게 하시고, 정감 있는 대화로 응어리진 마음을 풀어줄 수 있는 가정이 되게 하여 주옵소서. 서로의 의견을 무시하지 않게 하시고, 화목을 위해서라면 끝까지 참아줄 수 있는 가정이 될 수 있게 하여 주옵소서.

주님, 자녀들을 주님 앞에 바로 설 수 있는 자녀로 키우는 가정이 되게 하옵소서. 말씀으로 잘 양육하고 훈계할 수 있도록 부모 된 ○○○ 성도님에게 지혜를 주시고, 아이들에게 부모로서의 위치를 상실하지 않도록 믿음의 본을 보일 수 있도록 도와주시옵소서.

하나님 앞에서 바로 서고, 말씀 안에서 거룩하게 되어 모든 믿는 가정의 본이 되는 가정이 되게 하시고, 경건하여 하나님을 섬기는 일을 최고로 삼는 가정이 되게 하여 주옵소서.

이 가정에 화평을 이룰 수 있도록 화목의 은총을 더하실 것을 믿사옵고 예수 그리스도의 이름으로 기도합니다. 아멘

약속의 말씀

그가 경건하여 온 집으로 더불어 하나님을 경외하며 백성을 많이 구제하고 하나님께 항상 기도하더니 (사도행전 10장 2절)

부모님을 모시고 사는 가정

심방가이드 | 찬송: 579, 28장
성경: 욥 12:12; 잠 23:25

자비하시고 사랑이 많으신 하나님,

이 가정에 연로하신 부모님을 모실 수 있는 은혜를 더하여 주셔서 주님의 계명을 잘 지키며 자녀의 본분을 다할 수 있도록 함께 하심을 감사드립니다. 부모를 공경할 수 있는 것은 분명히 주님이 이 가정에 베푸신 아름다운 축복임을 믿습니다. 또한 3대가 한 가정에서 하나님을 받들어 섬기며 주님의 교회를 위하여 충성하고 봉사할 수 있으니, 저희가 이 땅에서 누릴 수 있는 복 가운데 이보다 더 큰 것이 어디에 있겠습니까?

○○○ 성도님에게 부모님을 잘 모실 수 있도록 그 마음에 항상 기쁨을 주시고, 연로하신 부모님께 효를 다하는 것이 곧 하나님께 하는 것임을 잊지 않게 하여 주옵소서.

주님, 부모님의 건강을 위하여 간구합니다. 육체의 강건함을 더하여 주시고, 정신을 맑게 하여 주옵소서. 질병도 막아 주셔서 병상을 의지하는 일이 없게 하여 주옵소서. 일평생 자식을 위하여 모든 것을 다 바치셨는데 자녀의 효를 다 받으실 수 있도록 장수의 복을 더하여 주시고, 여생에 즐거운 나날이 될 수 있도록 복을 더하여 주옵소서. 육신은 쇠하여진다 할지라도 날마다 영적으로 새로움을 경험할 수 있게 하여 주시고, 신앙의 승리자가 될 수 있도록 이끌어 주시옵소서.

믿음으로 걸어오신 그 길이 자손 대대로 이어지게 하시고, 피로 사신 교회를 위하여 헌신과 희생을 아끼지 않으셨던 그 신앙의 모습이 이 가정에 전통이 되게 하여 주옵소서. 이 가정과 함께 하시는 예수 그리스도의 이름으로 기도합니다. 아멘

약속의 말씀

네 아버지와 어머니를 공경하라 이것이 약속 있는 첫 계명이니 이는 네가 잘되고 땅에서 장수하리라
(에베소서 6장 2,3절)

고부간의 갈등이 있는 가정

심방가이드 | 찬송: 327, 216장
성경: 출 20:12; 딤전 5:4

사랑이 많으신 하나님 아버지,

지금까지 ○○○ 성도님의 가정을 지켜주시고 평강의 길로 인도하심을 감사드립니다. 이 가정에 향하신 주님의 인자하심이 크고 놀라움을 깨닫습니다. 하오나 주님, ○○○ 성도님이 시어머니와의 갈등으로 인하여 많은 고통을 겪고 있습니다. 얼굴까지 어두운 ○○○ 성도님의 모습을 볼 때에 결코 가볍지만은 않음을 깨닫습니다. 어느 가정이건 고부간의 갈등은 항상 있을 수 있사오나 ○○○ 성도님이 겪고 있는 갈등이 매우 심각함을 깨닫습니다. 주님, 사랑이 한없으신 우리 주님께서 ○○○ 성도님과 시어머니의 마음을 만져 주시옵소서. 더 이상 감정의 골이 깊어지지 않게 하여 주시고, 주님을 믿는 것이 부담이 되지 않게 하여 주옵소서. 사소한 일로 인하여 감정을 앞세우지 않게 하여 주시고, 보이는 허물을 감싸주고 덮어줄 수 있는 푸근함이 그 마음을 지배할 수 있도록 도와주시옵소서.

살아계신 부모님을 진정으로 잘 모실 수 있는 ○○○ 성도님이 되게 하여 주시고, 자부의 효를 기쁨으로 받을 수 있는 부모님이 되게 하여 주옵소서. 표현은 안 하지만 어린 자녀들이 부모의 뒷모습을 보고 있는 줄 믿습니다. 자녀들에게 가정의 화목을 지키지 못하는 어른의 모습을 보이지 않게 하여 주시고, 자녀들이 부모의 뒷모습을 보고 배운다는 것을 기억하여 화평의 가정을 이루기에 마음을 쏟을 수 있는 시어머니와 며느리가 되게 하여 주옵소서. 성경에 나오는 나오미와 룻같이 아름다운 자부의 사이가 될 수 있도록 이끌어 주옵소서. 감정을 쏟아내는 입술이 변하여 기도의 입술이 되게 하시고, 서로의 아픔을 어루만져주며 불평 없는 식탁에서 감사의 기도를 드릴 수 있도록 은총을 더하여 주옵소서. 회복케 하여 주실 것을 믿사옵고 예수 그리스도의 이름으로 기도합니다. 아멘

약속의 말씀

어머니께서 죽으시는 곳에서 나도 죽어 거기 장사될 것이라 만일 내가 죽는 일 외에 어머니와 떠나면 여호와께서 내게 벌을 내리시고 더 내리시기를 원하나이다 (룻기 1장 17절)

병환중인 부모님을 모시고 있는 가정

심방가이드 | 찬송: 364, 406장
성경: 시 61:1-8; 마 15:22-28

생명의 주인이신 하나님,
이 가정에 향하신 주님의 인자하심과 선하심을 찬양합니다. 이 가정의 생명을 주관하시는 이는 주님이시기에 편찮으신 부모님을 모시며 정성을 다하고 있는 ○○○ 성도님을 위하여 기도합니다. 연약한 이에게는 힘이 되시고, 고통 받는 이에게는 위로가 되시는 주님이심을 믿습니다. 능력의 주님께서 함께하여 주옵소서. 피곤치 않도록 도와주시고, 버겁지 않도록 마음의 평안을 허락하여 주옵소서. 불평으로 이어지지 않도록 찬송을 주시고, 원망으로 이어지지 않도록 기도를 주시옵소서.

지극정성으로 간호하고 있사오니 그 정성을 기억하사 못 고칠 질병이 없으신 주님께서 치료의 은총을 더하여 주옵소서. 주님을 믿는 자로 하여금 수치를 당치 말게 하시고, 부끄러움이 되지 않게 하옵소서. 주님의 몸된 교회를 위하여 모든 것을 다 쏟으신 부모님입니다. 끝까지 믿음의 길을 달려가실 수 있도록 그 몸속에 찾아온 질병을 끄집어내어 주시고, 주님의 피로 깨끗이 씻어 주시옵소서. 말년에 질병으로 인하여 초라한 황혼이 되지 않기를 원합니다. 주님의 전을 찾지 못하는 안타까움이 없기를 원합니다.

주님이 부르실 그 날까지 건강한 몸으로 신앙생활 하다가 주님의 부르심을 받게 하옵소서. 온 몸의 뼈와 힘줄이 새 힘을 얻게 하여 주시고, 여느 때와 같이 매일반으로 기도의 자리에서 주님을 만날 수 있게 하옵소서. 자녀를 생각할 때마다 그 마음에 얼마나 부담이 되겠습니까? 노종의 마음을 헤아려 주셔서 어서 속히 병마에서 놓임을 받게 하옵소서. 부모를 간호하고 있는 ○○○ 성도님에게도 치료자이신 주님을 만나게 하실 것을 믿사옵고 예수 그리스도의 이름으로 기도합니다. 아멘

• 위로와 권면 대표기도문 •

약속의 말씀
너의 하나님 여호와를 섬기라 그리하면 너희의 양식과 물에 복을 내리고 너희 중에 병을 제하리니
(출애굽기 23장 25절)

부모님을 모시지 못하는 가정

심방가이드 | 찬송: 427, 463장
성경: 신 5:16; 딤후 3:2

부모 공경의 계명을 주신 하나님 아버지,
○○○ 성도님이 부모님을 모시고 살아야 하지만 삶의 무게가 너무 무거워 부득불 부모님을 모시지 못하고 있습니다. 자녀로서 부모님을 가까이서 모시지 못하는 그 마음이 얼마나 무겁고 속상하겠습니까? 죄인 아닌 죄인이 된 심정을 떨쳐버리지 못할 것입니다. 심령을 감찰하시는 우리 주님께서 ○○○ 성도님의 안타까운 마음을 긍휼히 여기셔서 지금의 생활로 인하여 낙심하거나 실족하지 않도록 붙들어 주옵소서.

부모님을 모시고 살지는 못하여도 죄스러움을 주님 앞에 고백하며 기도할 때에 그 음성에 귀를 기울이시고, 응답을 주시옵소서. 어쩔 수 없는 형편상 모시지 못하는 것이오니 불효막심한 죄인이라는 생각을 갖지 않게 하여 주시고, 언젠가 모실 날을 소망하며 용기를 갖게 하옵소서. 홀로 계신 부모님께 은혜를 더하여 주시기를 원합니다. 사랑하는 자녀에게 짐이 되지 않기 위하여 스스로 홀로 지내기를 작정하신 그 마음을 살피시고, 외롭지 않도록 우리 주님이 늘 친근한 벗이 되어 주시옵소서.

질병으로 고통당하지 않도록 육체의 강건함을 더하여 주시고, 소일을 하실 때에 힘에 부치지 않도록 새 힘을 더하여 주시옵소서. 하루라도 빨리 부모님을 모시고 싶은 ○○○ 성도님의 마음을 기억하시고, 부모님에 대한 그 마음의 죄스러움을 어서 속히 덜 수 있도록 은총을 더하여 주옵소서. 심령이 가난한 자의 간구를 외면치 아니하시는 주님이심을 믿습니다. 죽기까지 하나님께 효를 다하신 예수 그리스도의 이름으로 기도합니다. 아멘

약속의 말씀

지금은 너희가 근심하나 내가 다시 너희를 보리니 너희 마음이 기쁠 것이요 너희 기쁨을 빼앗을 자가 없느니라 (요한복음 16장 22절)

시험이 찾아온 가정

심방가이드 | 찬송: 400, 336장
성경: 롬 8:37; 약 1:12

거룩하신 하나님 아버지,
　주님께서는 하늘 위에 높이 계시지만 몸소 고난을 받으심으로 저희의 연약을 아시고 저희를 도우시는 분이심을 믿습니다. ○○○ 성도님에게 원치 않는 시험이 찾아왔습니다. 염려가 앞서고 힘든 것은 사실이오나 주님의 사랑의 손길로 생각하며 감사할 수 있게 하옵소서. 주님을 의지하는 자에게 유익을 더하시는 하나님이신 것을 확신합니다.
　시험이 변하여 축복이 되게 하실 것을 믿습니다. 고통이 변하여 능력이 되게 하실 것을 믿습니다. 마음을 어지럽히는 모든 부정적인 생각들을 물리치고 믿음의 주요 온전케 하시는 이인 주님만을 온전히 바라보게 하옵소서. 이 연단의 기간이 언제까지일지는 모르오나 한계에 부딪칠 때마다 믿음으로 잘 뛰어넘고 끝까지 인내할 수 있도록 도와주옵소서.
　눈에는 아무증거 안보이고 귀에는 아무 소리 안 들려도, 손에는 아무것도 잡히는 것이 없어도 약속하신 주님의 말씀을 붙들고 이 어려운의 상황을 잘 인내하며 승리하게 하실 것을 믿습니다. 주님이 사랑하시는 자에게 허락하신 시험은 전적으로 시험당하는 자에게 엄청난 은혜를 체험케 하시기 위한 것임을 믿습니다.
　○○○ 성도님에게 시험을 소화할만한 믿음이 있기에 감당할만한 시험을 주셨사오니 감사함으로 영광 돌릴 수 있게 하옵소서. 계신 곳 하늘에서 시험당하는 자들을 능히 도우시고 그 고통에 함께 참여하고 계시는 예수 그리스도의 이름으로 기도합니다. 아멘

· 위로와 권면 대표기도문 ·

약속의 말씀
사람이 감당할 시험 밖에는 너희에게 당한 것이 없나니　　(고린도전서 10장 13절)

억울한 일을 당한 가정

심방가이드 | 찬송: 390, 419장
성경: 시 119:86; 골 3:13

사랑의 주님,
언제나 이 가정을 지키시고 붙들고 계심을 믿습니다. ○○○ 성도님의 믿음을 굳게 붙드셔서 이 어렵고 고통스런 상황을 잘 인내할 수 있게 하심을 감사합니다. 또한 힘들고 어려울 때에 기도를 잃지 않게 하시니 감사합니다. 주님만이 저의 반석이심을 믿습니다. 주님만이 억울함을 신원하시며 위로와 평안을 주시는 분이심을 믿습니다.

지금 ○○○ 성도님이 말할 수 없는 억울한 일을 당했지만 그 마음을 아시는 주님께서 그 마음의 상한 감정을 치유하시고 평안을 얻게 하실 것을 믿습니다. 지금은 육체적으로나 정신적으로 밀려오는 고통을 소화해내기가 참으로 힘들지만 치유케 하시는 주님이 계시기에 절망하지 않습니다.

주님, 인간적으로 생각하면 너무나 분노할 일이지만 주님의 말씀으로 분노심을 잠재울 수 있도록 도와주시고, 기도로 마음을 잘 다스릴 수 있도록 도와주시옵소서. 생각하면 생각할수록 때마다 피가 역류하는 것 같은 고통을 겪을지라도 공평하시고 자비로우신 주님께 온전히 맡길 수 있게 하옵소서. 또한 ○○○ 성도님이 이번 일로 인하여 억울한 일을 당하셨던 주님의 마음을 살필 수 있게 하시고, 핍박하는 자를 위하여 용서의 기도를 드리셨던 주님의 모습을 닮아갈 수 있게 하옵소서.

이제 무엇을 하든지 사람을 지나치게 믿지 않게 하여 주시고, 언제나 성실하시고 신실하신 주님만을 의지하며 바라볼 수 있게 하여 주옵소서.

○○○ 성도님의 마음을 살피시고 헤아리시는 예수 그리스도의 이름으로 기도합니다. 아멘

 약속의 말씀
여호와여 나의 억울함을 감찰하셨사오니 나를 신원하옵소서 (예레미야 애가 3장 59절)

물질의 손해가 발생한 가정

심방가이드 | 찬송: 321, 488장
성경: 시 49:6; 딤전 6:17-18

부하게도 하시고 가난하게도 하시는 하나님,
 언제나 구하는 자에게 좋은 것으로 주시며, 또한 주시되 넘치도록 풍성히 주시는 하나님이심을 믿습니다.
 하오나 지금 ○○○ 성도님은 경제적으로 너무 큰 타격을 받았습니다. 물질의 큰 손해를 보게 되었습니다. 휘청거릴 수밖에 없는 그 마음을 붙드시옵소서. 상심할 수밖에 없는 그 마음을 지키시옵소서. 얼마나 그 마음이 고통스럽고 괴롭겠습니까? 이런 때일수록 흔들리기 쉬운 마음을 다스리는 것이 중요하오니 그 마음을 성령의 충만으로 채워주시옵소서. 물질은 손해를 봤지만 영적인 손해까지도 발생하지 않도록 그 믿음을 강하게 하여 주시기를 원합니다.
 주님, 혹여 물질의 큰 손해를 보게 된 것이 주님을 멀리하고 육신의 일에만 매달렸던 결과는 아니었는지, 재물에 마음을 빼앗겨 영적인 일을 소홀히 했던 것은 아니었는지 돌이켜 볼 수 있게 하시고, 더 큰 영혼의 유익을 위하여 물질을 거두신 주님의 섭리하심을 깨닫는 은혜가 있게 하옵소서. "많은 재물보다 명예를 택할 것이요 은이나 금보다 은총을 더욱 택할 것이니라"(잠 22:1) 말씀하셨사오니 이제 이번을 계기로 물질에 애착을 갖고 마음을 쏟기보다 오직 영원하신 주님만을 바라보며 신령한 것을 사모할 수 있는 삶이 되게 하옵소서. 이번 일로 인하여 온 가정이 어려움을 겪고 있습니다. 합력하여 선을 이루시는 주님을 의지하는 믿음을 주시고, 큰 위기를 큰 축복으로 바꾸시는 주님의 은총을 조금도 의심치 않게 하여 주옵소서. 오직 주님께만 소망이 있음을 믿사오며 예수 그리스도의 이름으로 기도합니다. 아멘

・위로와 권면 대표기도문・

약속의 말씀
한 사람이 두 주인을 섬기지 못할 것이니 … 너희가 하나님과 재물을 겸하여 섬기지 못하느니라
(마태복음 6장 24절)

안 좋은 일이 반복 되는 가정

심방가이드 | 찬송: 341, 458장
성경: 시 22:1; 요 14:1

저희의 힘이 되시는 여호와 하나님,
주님은 저희의 영원한 힘이 되심을 믿습니다. 주님을 믿는 믿음이 세상을 이기는 힘이요 능력이 됨을 믿습니다.

주님, 믿음의 길을 달려가고 있는 ○○○ 성도님에게 자꾸만 안 좋은 일이 반복해서 일어나고 있습니다. 왜 자꾸만 안 좋은 일이 일어나는지 저희들은 알 수 없사오나 주님께서 이 가정을 사랑하고 계심을 믿습니다. 지금 ○○○ 성도님이 많이 지쳐 있습니다. 자비로우신 우리 주님께서 ○○○ 성도님을 불쌍히 여기시고 긍휼을 더하여 주옵소서.

안 좋은 일이 반복된다고 하여 주님의 사랑을 의심치 않게 하여 주시고, ○○○ 성도님을 귀히 쓰시기 위하여 불로 연단할 금같이 제련하심을 잊지 않게 하여 주옵소서.

반복되는 문제 속에서 문제만을 보지 않게 하여 주시고, 문제 뒤에서 섭리하고 계시는 주님을 바라볼 수 있게 하옵소서. 혹여 주님의 재앙같이 느껴지는 의심이 생기지 않게 하여 주시고, 성실한 신앙 생활에 틈이 벌어지지 않도록 성령의 충만을 허락하여 주옵소서. 이럴 때일수록 더욱 의욕 있는 신앙 생활을 할 수 있게 하시고, 더 크게 부르짖고 더 크게 봉사할 수 있는 ○○○ 성도님이 되게 하여 주옵소서.

○○○ 성도님을 항상 주님의 너르신 품으로 품어 주실 것을 믿습니다. 구원의 빛, 생명의 빛을 비추실 것을 믿습니다. 모든 고통의 문제들이 소멸되고 주님의 축복이라 느껴지는 샘솟는 기쁨을 안고 주님의 보좌 앞을 향할 수 있도록 인도하실 것을 믿습니다. 빈약한 자를 권고하시는 예수 그리스도의 이름으로 기도합니다. 아멘

약속의 말씀

주의 말씀대로 나를 붙들어 살게 하시고 내 소망이 부끄럽지 말게 하소서. 나를 붙드소서 그리하시면 내가 구원을 얻고 주의 율례에 항상 주의 하리이다 (시편 119편 116,117절)

외로움과 고독을 느끼는 성도

심방가이드 | 찬송: 407, 415장
성경: 시 9:10, 25:2, 28:7

저희의 가장 친한 벗이 되어주시는 주님,
주님이 ○○○ 성도님과 함께하시고 친한 벗이 되어주심을 믿습니다. 지금 ○○○ 성도님은 주님이 항상 곁에 계심을 믿지만 외로움과 고독함을 떨쳐버리지 못하여 심적인 고통을 겪고 있습니다. 밀려드는 외로움과 고독을 이기지 못하여 고통당하는 ○○○ 성도님을 기억하시고 너르신 주님의 품으로 안으시옵소서. 주님도 고난당하실 때 홀로 십자가를 지셔야만 하는 고독을 겪으셨지만 하나님이 함께 하심을 믿으며 조금도 흔들리지 않으셨음을 기억합니다. 그리고 하나님의 뜻을 이루기 위하여 고독과 싸워가며 홀로 골고다의 언덕을 오르셨음을 기억합니다.

○○○ 성도님도 주님의 함께하심을 굳게 믿고 외로움과 고독을 잘 이길 수 있도록 믿음을 강화시켜 주시고 주님의 뜻을 이루어 드릴 수 있는 주님의 사람이 되게 하여 주옵소서. 주님이 ○○○ 성도님에게 고독을 주신 것은 고독에 숨겨진 주님의 뜻이 계신 줄 믿습니다. 고독해하는 이웃을 살필 줄 아는 하나님의 사람으로 쓰시기 위해서 고독을 경험하게 하신 것을 믿습니다. 고독할 때에 외롭고 쓸쓸함 속에서 지내는 이들을 돌아볼 수 있는 마음을 주시고 그들을 주님의 이름으로 위로할 수 있는 위로자의 역할을 감당할 수 있게 하옵소서.

우리 주님은 외로움과 고독을 아시는 주님이심을 믿습니다. 체휼하시는 주님이심을 믿습니다. 동정을 베푸시고 공감하시는 주님이심을 믿습니다. 지금 ○○○ 성도님의 마음 속에 은총을 더하여 주옵소서. 예수 그리스도의 이름으로 기도합니다. 아멘

약속의 말씀

여호와는 나의 힘과 방패시니 내 마음이 저를 의지하여 도움을 얻었도다 그러므로 내 마음이 크게 기뻐하며 내 노래로 저를 찬송하리로다 (시편 28:7절)

배신의 아픔을 느끼고 있는 성도

심방가이드 | 찬송: 342, 382장
성경: 눅 6:35; 골 3:13-14

아픔을 너무나 잘 아시는 우리 주님,
　○○○ 성도님이 배신을 당한 아픔을 인하여 마음의 고통을 겪고 있습니다. 더욱이 사랑을 주고 믿음을 주었던 사람이기에 가슴 속으로 파고드는 아픔이 얼마나 크겠습니까? 배신을 당했을 때 그로인한 좌절감과 허탈감은 너무도 감당하기 어려움을 깨닫습니다. 그가 왜 ○○○ 성도님에게 이런 아픔을 주었는지는 알 수 없사오나 그도 마음이 편치는 않을 것을 헤아려 봅니다. 주님, ○○○ 성도님을 긍휼히 여기시고 붙드시옵소서. 지금은 아픔이 심하여 견딜 수 없는 괴로움이 뼛 속까지 시리게 만들지라도 화가 변하여 복이 되게 하실 것을 믿습니다. 마음 속에서 순간순간 치밀어 오르는 분노심을 성령의 불로 태워주시고 원수까지도 사랑하라고 하신 주님의 말씀을 곱씹으며 마음을 다스릴 수 있게 하여 주옵소서.
　우리 주님도 배신의 아픔을 경험하시면서 얼마나 괴로우셨겠습니까? 그러나 침묵하시면서 배신자들의 허물을 감추어 주셨기에 십자가의 승리를 이루셨음을 깨닫습니다. 상대방을 향한 원망이나 저주의 말을 쏟아내기 쉬운 이때에 ○○○ 성도님에게 침묵할 수 있는 은혜를 더하여 주셔서 주님을 모신 그 마음만큼은 사단에게 내어주지 않게 하여 주옵소서.
　지금은 잊기 어려워도 저희에게 잊을 수 있는 은혜를 주셨사오니 흐르는 시간 속에서 아픔의 흔적을 없애주실 것을 믿습니다. 배신의 현장에서 말씀으로 참아내셨던 주님의 모습을 기억하며 말씀 속에서 새 힘을 얻게 하시고, 억울한 마음을 주님께 아룀으로 위로와 평안을 얻게 하옵소서.
　○○○ 성도님을 지극히 사랑하시는 우리 주님이 평강의 길로 인도하실 것을 믿사옵고 예수 그리스도의 이름으로 기도합니다. 아멘

・위로와 권면 대표기도문・

약속의 말씀
… 서로 용납하여 피차 용서하되 주께서 너희를 용서하신 것과 같이 너희도 그리하고 이 모든 것 위에 사랑을 더하라 이는 온전하게 매는 띠니라　　　(골로새서 3장 13,14절)

용서가 필요한 성도

심방가이드 | 찬송: 407, 380장
성경: 마 6:14-15, 엡 4:32

사랑이 많으신 하나님 아버지,
　주님은 십자가에 달리셨을 때에도 자신을 십자가에 못 박은 사람들을 위하여 하나님께 용서의 기도를 드린 것을 기억합니다. ○○○ 성도님이 받은 상처로 인하여 미움의 감정을 삭이지 못하고 있습니다. 상처는 작건 크건 간에 사람에게 큰 고통이 되는 것을 깨닫습니다. 고통이 있기에 마음을 온통 미움으로 가득 채울 때도 있습니다.
　주님, 미워하고 싶어 미워하는 것이 아니라 상처받았기에 미운 감정을 물리칠 수 없음을 기억하시옵소서. 이럴 때 원수까지도 사랑하라고 말씀하신 주님의 계명을 실천에 옮길 수 있어야 하는데 상한 감정을 다스리기가 너무나 어렵고 힘이 듭니다.
　○○○ 성도님을 긍휼히 여기셔서 그 마음의 아픔이 속히 아물 수 있게 하여 주시고, 주님의 가르침대로 일곱 번씩 일흔 번이라도 용서할 수 있는 은혜가 있게 하여 주옵소서. 미움의 감정을 오래 품고 있으면 주님의 말씀을 받기가 어려워지고 영혼의 궁핍함이 찾아올 수 있다는 것을 기억하여 빨리 잊어버리게 하여 주시고, 용서의 본을 보이신 주님만을 바라보게 하옵소서. 아픔과 상처를 준 자를 위하여 스데반 집사와 같이 기도할 수 있게 하여 주시고, 그 영혼을 불쌍히 여길 수 있는 마음을 주시옵소서.
　기도의 영으로 충만케 하여 주시고, 주님을 닮아갈 수 있게 하옵소서. 십자가로 용서의 극치를 보여주신 예수 그리스도의 이름으로 기도합니다. 아멘

> **약속의 말씀**
> 너희가 사람의 과실을 용서하면 너희 천부께서도 너희과실을 용서하시려니와
> (마태복음 6장 14절)

환난을 당한 성도

심방가이드 | 찬송: 336, 342장
성경: 시 37:39, 50:15

위로와 소망을 주시는 하나님 아버지,

주님의 흘리신 보혈로 죄 사함을 얻고, 믿는 자로 하여금 영원한 천국의 소망을 가지고 살게 하여 주신 은혜를 감사드립니다. 세상의 모든 의지할 것이 다 끊어지고 모든 사람이 등을 돌린다 할지라도 주님은 당신의 사랑하는 백성과 함께 하시고 피난처가 되심을 믿습니다.

주님, 지금 ○○○ 성도님의 환경을 돌아보시옵소서. 그가 극심한 환난 가운데서 주님을 향하여 얼굴을 들고 있습니다. 주님은 오늘도 살아계시며 믿는 자에게 구원을 베푸시는 전능하신 하나님이심을 믿습니다. "환난 날에 나를 부르라 내가 너를 건지리니 네가 나를 영화롭게 하리라"(시 50:15)고 말씀하셨사오니 ○○○ 성도님을 건져주시고 굳세게 하여 주옵소서. "저는 넘어지나 아주 엎드러지지 아니함은 여호와께서 손으로 붙드심이로다."(시37:34) 말씀하셨사오니 ○○○ 성도님이 아주 엎드러지지 않도록 권능의 팔로 붙들어 주옵소서. 매일 고통이 그의 폐부를 찌르고 뼛속을 시리게 한다 할지라도 성도님의 고통 속에 참여하고 계시는 주님의 손길을 느낄 수 있게 하시고, 이때를 잘 참고 믿음으로 승리하여 정금보다 귀한 믿음의 사람으로 새롭게 될 수 있게 하여 주옵소서.

지금은 ○○○ 성도님을 향하신 주님의 선하신 뜻이 무엇인지 알 수 없사오나 분명히 그 뜻을 깨닫고 주님께 영광 돌릴 수 있도록 이끄실 것을 믿습니다. 입술로 범죄 하거나 어리석은 행동을 보이지 않도록 성령 충만을 허락하시고 이 환난의 바람이 주님께 더 가까이 나아가는 축복의 바람이 되게 하여 주옵소서. 예수 그리스도의 이름으로 기도합니다. 아멘

약속의 말씀
이것을 너희에게 이름은 너희로 내 안에서 평안을 누리게 하려 함이라 세상에서는 너희가 환난을 당하나 담대하라 내가 세상을 이기었노라 (요한복음 16장 33절)

생활에 지쳐 있는 성도

심방가이드 | 찬송: 393, 570장
성경: 시 18:1-2, 롬 8:26-30

능력이 되시는 하나님 아버지,
　지금 ○○○ 성도님이 생활고로 인하여 매우 지쳐있습니다. 그러나 지친 가운데서도 주님을 바라볼 수 있도록 은총을 허락하시니 감사합니다.
　○○○ 성도님이 세상에서는 위로를 얻을 수 있는 길이 없지만 진정한 위로자이신 주님이 계심을 믿고 주님 안에서 평안을 얻게 하실 것을 믿습니다. 힘든 생활고로 인하여 몸과 마음이 지쳤을지라도 "세상 끝날까지 너희와 항상 함께 있으리라"(마28:20)는 주님의 약속의 말씀을 믿고 새 힘을 얻게 하여 주옵소서.
　지금은 모든 것이 어렵고 힘들어 보여도 우리 주님께서 반드시 ○○○ 성도님의 생활을 평탄케 하실 것을 믿습니다. 고독이 깊어지고 외로움이 살갗을 파고든다 할지라도 그때마다 주님의 약속의 말씀을 떠올릴 수 있게 하시고, 주님의 이름을 간절히 부름으로 주님을 만나는 복된 시간으로 삼을 수 있게 하옵소서. 주님은 멀리 계시는 것이 아니라 가까이 계심을 믿습니다. 주님은 떠나계신 것이 아니라 저희와 함께 하시고 동행하고 계심을 믿습니다.
　언제일지는 몰라도 합력하여 선을 이루시는 우리 주님께서 ○○○ 성도님에게 큰 축복을 허락하실 것을 믿습니다. 그때까지 환경을 초월할 수 있는 믿음의 길을 잘 걸을 수 있도록 새 힘을 주시고, 한계에 부딪칠 때마다 믿음의 장대를 사용할 수 있게 하옵소서. 주님을 진정으로 의지하는 것이 복된 것임을 깨닫습니다. ○○○ 성도님을 두고 보시기에도 아까울 정도로 사랑하시는 예수 그리스도의 이름으로 기도합니다. 아멘

· 위로와 권면 대표기도문 ·

약속의 말씀
나의 힘이 되신 여호와여 … 여호와는 나의 반석이시요 나의 요새시요 나의 피할 바위시요 나의 방패시요 나의 구원의 뿔이시요 나의 산성이시로다　　(시편 18편 1,2절)

연단의 과정을 겪고 있는 성도

심방가이드 | 찬송: 93, 549장
성경: 욥 1:20-22, 42:5

긍휼이 풍성하신 하나님,
주님은 언제나 저희의 생각과 마음을 지키시고 계심을 믿습니다. 사랑하는 ○○○ 성도님을 붙드셔서 어려움 가운데서도 주님을 원망하거나 입술로 범죄치 않도록 붙드심을 감사합니다. 그 마음에 왜 흔들림이 없었겠습니까? 그 입술에 왜 원망을 쏟아내고 싶지 않았겠습니까? 그러나 주님께서 성령의 충만을 허락하여 주셨기에 이 어려움의 상황을 넉넉히 이겨가는 줄 믿습니다.

이제껏 흔들림 없이 환경과 싸워가며 강한 믿음을 보여주고 있는 ○○○ 성도님을 기억하시고, 날마다 새 힘을 더하여 주옵소서. 우리 주님께서 ○○○ 성도님을 더 크게 쓰시려고 어렵고 힘든 과정을 겪게 하시는 줄 믿습니다. 오래도록 인내할 수 있는 연단의 과정을 허락하시는 줄 믿습니다.

쉽게 환경의 변화가 주어지지 않는다 할지라도 믿음의 변화가 있음을 인하여 감사할 수 있게 하시고, 연단이 깊어질수록 강한 믿음으로 주님 앞에 설 수 있음을 인하여 기뻐할 수 있는 ○○○ 성도님이 되게 하여 주옵소서. 연단을 통하여 생생한 주님의 음성을 들을 수 있게 하시고, 인생 채찍을 들어서라도 온전한 주님의 사람으로 만드시는 주님의 사랑을 만날 수 있게 하옵소서.

연단이 있어야 변화가 주어질 수 있음을 깨닫습니다. ○○○ 성도님을 온전한 주님의 사람으로 변화시키시려는 은총과 섭리임을 기억하여 이 연단의 과정에서 꼭 승리할 수 있게 하여 주옵소서. ○○○ 성도님을 너무나 사랑하시는 예수 그리스도의 이름으로 기도합니다. 아멘

약속의 말씀

보라 인내하는 자를 우리가 복되다 하나니 너희가 욥의 인내를 들었고 주께서 주신 결말을 보았거니와 주는 가장 자비하시고 긍휼히 여기는 자시니라 (야고보서 5장 11절)

극심한 고난 속에 있는 성도

심방가이드 | 찬송: 96, 336장
성경: 시 46:1-3, 70:1-5

고난당하는 자를 능히 도우시는 하나님 아버지,

극한 고난 속에서 어쩔 줄 몰라 하는 ○○○ 성도님을 기억하시옵소서. 이 극한 상황을 잘 이겨낼 수 있도록 새 힘과 새 능력을 부어 주시기를 원합니다. 인간인지라 극한 상황이 오래 지속되다보면 주님을 원망할 수도 있고, 실족하여 넘어질 수도 있음을 깨닫습니다. 또한 믿음의 자리에서 이탈하여 좌절의 깊은 늪으로 빠질 수도 있음을 깨닫습니다. 성경의 인물들 가운데 이런 경험을 가진 인물들이 얼마나 많습니까?

주님, ○○○ 성도님의 믿음을 보시고 그 믿음이 꺾이지 않도록 주님의 크신 팔로 꼭 붙드시기를 원합니다. ○○○ 성도님에게 꼭 필요한 것이라서 주님의 섭리하심 하에 겪는 과정이라면 감사함으로 인내할 수 있도록 도우시고, ○○○ 성도님을 넘어뜨리기 위한 사단의 시험이라면 능히 이길 수 있도록 담대함을 주시고 성령 충만을 주시옵소서.

마음이 심히 지쳐 있습니다. 그러나 그 영혼은 날마다 새로워지는 은혜를 경험할 수 있게 하시고 끝까지 기도할 수 있는 힘을 더하여 주옵소서. 고난 속에 숨겨진 주님의 비밀이 있음을 믿습니다. 고난 속에 숨겨진 주님의 보화가 있음을 믿습니다.

고난 속에 숨겨진 주님의 축복이 있음을 믿습니다. 사망의 음침한 골짜기와 같은 곳을 지난다 할지라도 보호하시는 주님만을 바라보며 승리를 향해 달려갈 수 있게 하옵소서. 언제나 이김을 주시는 예수 그리스도의 이름으로 기도합니다. 아멘

• 위로와 권면 대표기도문 •

약속의 말씀

고난당하는 것이 내게 유익이라 이로 인하여 내가 주의 율례를 배우게 되었나이다
(시편 119편 71절)

죄책감에 괴로워하는 성도

심방가이드 | 찬송: 255, 279장
성경: 시 32:5; 사 1:18

자비로우신 하나님,

우리 주님은 상한 갈대를 꺾지 아니하시며 꺼져가는 심지를 끄지 아니하심을 믿습니다. 상하고 통회하는 심령을 멸시치 아니하시는 하나님이심을 믿습니다. 회개하는 자에게 용서의 은총을 베푸시는 하나님이심을 믿습니다. ○○○ 성도님이 죄책감에 시달리고 있습니다. 주님께 죄를 고백하고 용서를 구했으면 모든 죄를 사하시고 다시는 기억치 아니하시는 주님이심을 굳게 믿고 흔들리지 않게 하여 주옵소서.

주님께 회개하고 난 후 다시 죄책감에 사로잡힌다면 주님의 용서하심을 불신하는 것이나 다름없사오니 주님의 죄 사함의 은총을 굳게 믿을 수 있는 ○○○ 성도님이 되게 하여 주옵소서. 그래도 죄책감으로 자유로울 수 없다면 주님의 말씀을 주야로 묵상할 수 있게 하여 주시고, 말씀을 통하여 "진리를 알지니 진리가 너희를 자유케 하리라"(요8:32) 주님의 은총을 경험할 수 있게 하옵소서. 더 이상 죄가 그 심령에 왕 노릇하지 못하도록 성령의 충만을 사모할 수 있게 하시고, 성령의 감화를 따라 주님께 영광 돌리는 삶을 살아갈 수 있도록 이끄시옵소서. 또한 자꾸만 죄책감에 시달리게 하는 부패한 성품에 성령의 불세례를 부어달라고 간구할 수 있게 하시고, 그리스도 안에 있는 생명의 성령의 법이 그 심령을 강하게 지배하는 것을 경험하는 삶이 되게 하여 주옵소서.

주님의 성품을 닮아 가는데 마음을 쏟을 수 있게 하시고, 모든 삶의 초점을 주님의 뜻을 이루는데 맞출 수 있게 하옵소서. 모든 죄를 사하시고, 너르신 품으로 감싸주시는 예수 그리스도의 이름으로 기도합니다. 아멘

• 위로와 권면 대표기도문 •

약속의 말씀
…그리스도 예수 안에 있는 자에게는 결코 정죄함이 없나니 이는 그리스도 예수 안에 있는 생명의 성령의 법이 죄와 사망의 법에서 너를 해방하였음이라 (로마서 8장 1,2절)

회개가 필요한 성도

심방가이드 | 찬송: 252, 436장
성경: 사 59:1-3; 요일 1:9

상하고 통회하는 심령을 멸시치 아니하시는 하나님 아버지,
○○○ 성도님에게 회개의 영을 불어 넣어 주셔서 진정한 회개를 주님께 할 수 있게 하여 주옵소서. 회개도 주님이 은혜를 부어 주셔야만 통회자복 할 수 있음을 깨닫습니다. 긍휼이 풍성하신 우리 주님이 ○○○ 성도님의 마음에 새벽 이슬 같은 은총을 부어주셔서 입술의 회개가 아닌 마음을 쏟고 영혼을 쏟아낼 수 있는 회개를 주님께 할 수 있게 하옵소서.

저희의 신앙에 항상 회개가 동반되어야 주님의 긍휼을 체험할 수 있고 말씀의 은혜와 말씀의 지배를 받으며 살 수 있음을 깨닫습니다. 또한 회개하는 심령을 통해서 우리 주님께서 당신의 뜻을 이루어 가심을 깨닫습니다. 참된 신자의 능력은 회개에 있음을 기억하여 회개하는 것이 습관이 될 수 있도록 도와주시옵소서. 회개함으로 주님의 성품을 닮아갈 수 있게 하시고 주님의 겸손을 배울 수 있게 하여 주옵소서.

회개함으로 주님의 낮아지심을 배울 수 있게 하시고, 주님의 십자가 희생의 사랑을 본받을 수 있게 하옵소서. 신앙의 연조가 깊어질수록 좀 더 성화의 단계로 나아가는 모습이 있게 하시고, 깨끗한 심령을 가지고 주님을 대면하는 일이 많아질 수 있게 하옵소서. 또한 회개하는 마음으로 주님의 뜻을 좇아갈 수 있게 하시고 주님의 영광을 드러낼 수 있는 삶이 되게 하여 주옵소서.

항상 ○○○ 성도님의 마음을 지키셔서 회개에 합당한 열매를 맺을 수 있도록 이끄실 것을 믿사옵고 예수 그리스도의 이름으로 기도합니다. 아멘

약속의 말씀

하나님이 구하시는 제사는 상한 심령이라 하나님이여 상하고 통회하는 마음을 주께서 멸시치 아니하시나이다 (시편 51편 17절)

유혹을 이기지 못하는 성도

심방가이드 | 찬송: 342, 546장
성경: 롬 12:2; 딤후 4:10

너희는 이 세대를 본받지 말고 오직 마음을 새롭게 하라고 말씀하신 주님, 사랑하는 ○○○ 성도님이 유혹을 잘 이기지 못하고 있습니다. 세상은 날로 악해져만 가고 성도님을 유혹하는 사단의 무리는 갈수록 극성을 부리고 있습니다.

성도님을 대적하는 마귀는 우는 사자와 같이 삼킬 자를 찾고 있는 이때에 죄에 끌려 다니지 않도록 강력한 영성과 믿음을 더하여 주옵소서. 예수님은 사단의 유혹 앞에 하나님의 말씀으로 물리쳤듯이 ○○○ 성도님도 말씀으로 무장하여 그 어떤 유혹도 능히 물리칠 수 있게 하여 주시고, 마귀를 능히 대적하기 위하여 복음의 전신갑주를 입는 영적인 좋은 군사가 되게 하여 주옵소서.

"오직 각 사람이 시험을 받는 것은 욕심에 이끌려 미혹됨이라"(약 1:14)고 말씀하였사오니 ○○○ 성도님에게 성령의 충만을 더하여 주셔서 죄악된 욕심으로 인하여 사단의 유혹에 넘어지는 일이 없게 하시고 사도바울과 같이 어떠한 상황 속에서도 자족할 줄 아는 믿음이 되게 하여 주옵소서. 물질을 더 사랑하고 섬기는 유혹도 물리칠 수 있게 하여 주시고, 육신의 정욕과 이생의 안목에 휩싸여 주님보다 더 사랑하는 것이 없게 하여 주옵소서. 유혹이 변하여 핍박이 된다 할지라도 주님을 위하여 받는 능욕을 애굽의 모든 보화보다 더 큰 재물로 여겼던 모세처럼 잘 이기게 하셔서 주님께 영광을 돌려 드릴 수 있는 믿음의 사람이 되게 하여 주옵소서. 사람을 좋게 하거나 기쁘게 하기보다 주님을 기쁘게 해드리는 주님의 사람이 되게 하실 것을 믿습니다. ○○○ 성도님을 사랑하시는 우리 주님께서 늘 유혹을 피할 수 있는 지혜와 능력을 허락하실 것을 믿사옵고 예수 그리스도의 이름으로 기도합니다. 아멘

약속의 말씀

오직 각 사람이 시험을 받는 것은 자기 욕심에 끌려 미혹됨이니 욕심이 잉태한즉 죄를 낳고 죄가 장성한즉 사망을 낳느니라 (야고보서 1장 14,15절)

교회를 출석하지 않는 성도

심방가이드 | 찬송: 94, 292장
성경: 막 113: 9-71 고전 12:27

잃은 양을 찾되 끝까지 찾으시는 주님,
교회를 등지고 있는 사랑하는 ○○○ 성도님을 위하여 기도합니다. ○○○ 성도님이 교회를 출석하지 않은 날수가 참으로 많음을 살펴봅니다. 이러다 그의 믿음이 완전히 식어져서 신앙생활을 접지는 않을까 걱정이 앞섭니다. 그 마음에 어떤 상처가 있는지 어떤 문제가 있는지 심히 부족한 이 죄인은 알 수 없사오나 우리 주님은 알고 계시오니 살피시고 상한마음을 치유하여 주시기를 원합니다. 개인의 문제 때문입니까?
 어렵고 힘든 때일수록 주님을 더욱 굳게 의지해야 함을 깨닫게 하시고, 성도들 간의 문제로 인하여 상처를 받은 것이 있습니까? 사람을 보면 실망할 수밖에 없고 상처 받을 수밖에 없지만 주님만을 바라보면 기쁨이 되고 소망이 됨을 가슴 깊숙이 느낄 수 있도록 평안을 더하여 주옵소서.
 주님, ○○○ 성도님은 만세 전부터 주님이 작정하시고 택하신 주님의 백성임을 믿습니다. 이미 하늘나라의 생명책에 기록된 천국 백성임을 믿습니다. 그 어두운 마음에 강한 빛을 비추어 주셔서 빛이신 주님을 보게 하여 주시고, 그 마음에 성령을 기름 붓듯 부어주셔서 응어리진 것이 눈 녹듯이 녹아지게 하시고 주님에게서 만큼은 등을 돌리지 않도록 이끌어 주시옵소서. 우리 주님은 천하보다 ○○○ 성도님을 사랑하시는 주님이심을 믿습니다. 우리 주님은 ○○○ 성도님을 끝까지 찾아가셔서 강권하시는 주님이심을 믿습니다.
 주님의 사랑을 깨닫고 돌아올 때까지 기다리고 또 기다리시는 주님이심을 믿습니다. ○○○ 성도님을 불쌍히 여기시고, 선한 목자이신 주님의 인도함을 받는 삶이 되게 하여 주옵소서. 예수 그리스도의 이름으로 기도합니다. 아멘

📖 **약속의 말씀**

우리는 뒤로 물러가 침륜에 빠질 자가 아니요 오직 영혼을 구원함에 이르는 믿음을 가진 자니라
(히브리서 10장 39절)

열심이 식어진 성도

심방가이드 | 찬송: 450, 449장
성경: 롬 12: 9 – 13 고후 7:10

은혜로우신 하나님 아버지,
사랑하는 ○○○ 성도님의 주님을 위한 열심이 식어지고 있음을 깨닫습니다. 오늘 ○○○ 성도님의 믿음을 위하여 함께 기도할 수 있게 하시니 감사합니다. 무가치하고 무자격한 저희들에게 귀한 사명을 맡기셨사오니 열심을 다할 수 있도록 이끌어주옵소서.
더 이상 사명의 자리를 고의적으로 피하는 일이 없게 하여 주시고, 자신만을 위해서만 분주히 움직이는 일이 없게 하여 주옵소서. ○○○ 성도님이 물질과 시간을 주님을 위하여 드릴 수 있게 하여 주시고, 진실한 마음으로 주님을 섬길 수 있게 하옵소서. 예배와 기도와 전도의 생활을 온전히 드릴 수 있게 하여 주시고, 주님이 기뻐하시는 열매를 풍성히 맺을 수 있는 삶이 되게 하여 주옵소서.
주님의 몸된 교회와 권속들을 위하여 수고의 땀을 흘리는 자리라면 적극 참여할 수 있는 열심이 있게 하시고, 아름다운 믿음의 본을 보일 수 있는 신앙 생활이 되게 하여 주옵소서. 누구나 본받고 싶은 열심이 ○○○ 성도님에게 있게 하여 주시고, 누구에게나 믿음의 좋은 영향을 끼칠 수 있는 아름다운 주님의 사람이 되게 하여 주옵소서.
오늘 이후로 ○○○ 성도님이 다시는 육신적인 일에 우선권을 두는 일이 없게 하시고, 주님의 영광을 위하여 모든 것을 쏟을 수 있는 삶이 되게 하여 주옵소서. ○○○ 성도님이 녹슬어 없어지는 인생이기 보다는 주님을 위하여 닳아서 없어지는 삶을 살기를 소망합니다. 저희를 일꾼으로 부르신 예수 그리스도의 이름으로 기도합니다. 아멘

• 위로와 권면 대표기도문 •

약속의 말씀
부지런하여 게으르지 말고 열심을 품고 주를 섬기라 (로마서 12장 11절)

충성하기를 원하는 성도

심방가이드 | 찬송: 595, 333장
성경: 고전 4: 1 - 2 딤후 2:10

죽도록 충성하라고 말씀하신 주님,
부족한 저희들이 주님을 위하여 죽도록 충성할 수 있는 은총을 허락하시니 감사합니다. 이 땅에 살아가는 동안 힘과 정성을 다하여 주님께 충성할 수 있는 저희 모두가 되게 하여 주옵소서.

주님, 사랑하는 ○○○ 성도님이 주님께 충성을 드리기를 원하고 있습니다. 그의 아름다운 마음을 받아주시고 충성을 다할 수 있는 길로 인도하여 주옵소서. 주님이 가라 하시는 곳이면 어디든지 갔던 아브라함같이 순종을 드릴 수 있는 ○○○ 성도님이 되게 하시고, 얍복 강가의 야곱과도 같이 전심을 다해서 주님을 의뢰할 수 있는 ○○○ 성도님이 되게 하여 주옵소서. 주님이 주신 꿈을 붙들고 고난 속에서도 겸손히 인내하였던 요셉과 같이 고난이 따른다 할지라도 주님의 약속의 말씀을 붙들고 겸손히 충성을 다할 수 있는 ○○○ 성도님이 되게 하여 주옵소서.

주님을 위하여 충성을 다했던 엘리야 선지자와 같이 주님을 위하여 항상 불붙는 열심이 ○○○ 성도님에게서 떠나지 않게 하여 주옵소서. 이웃을 사랑하며 전도하는 일에 최선을 다할 수 있게 하여 주시고, 모든 예배와 봉사활동에 빠지지 않고 최선을 다해 충성할 수 있는 ○○○ 성도님이 되게 하여 주옵소서.

주님께 충성을 다하다가 혹 비난 받는 일이 발생한다 할지라도 합력하여 선을 이루시는 주님을 끝까지 의지하며 승리하게 하시옵소서. ○○○ 성도님을 충성의 자리로 나아가게 하시는 예수 그리스도의 이름으로 기도합니다. 아멘

• 위로와 권면 대표기도문 •

약속의 말씀
네가 죽도록 충성하라 그리하면 내가 생명의 면류관을 네게 주리라 (계시록 2장 10절)

기도생활이 식어진 성도

심방가이드 | 찬송: 364, 539장
성경: 삼상 12:23; 살전 5:16-22

은혜 베푸시기를 즐겨하시는 하나님 아버지,
오늘 주님이 사랑하시는 ○○○ 성도님과 믿음의 교제를 나눌 수 있게 하시니 감사합니다. 주님, ○○○ 성도님에게 한 가지 안타까운 것은 주님과 교제하는 그 영광 된 자리를 놓치고 있다는 것입니다. ○○○ 성도님도 기도하는 자리로 힘써서 나아가야한다는 것을 잘 알면서도 행동으로 옮기지 못하고 있습니다.

○○○ 성도님이 무엇에 붙들려 기도의 자리를 놓치고 있는지 부족한 이 죄인은 알 수 없사오나 우리 주님은 아실 것이오니 기도 생활에 방해가 되는 것을 제하여 주시고 힘써서 주님을 찾을 수 있도록 은총을 베풀어 주옵소서. 기도하지 않는 것은 엄연히 죄라는 것을 깨닫게 하시고, 교만으로 주님의 얼굴을 찌르지 아니하도록 ○○○ 성도님에게 주님을 향한 기도 무릎이 있게 하여 주옵소서. 기도를 쉬면 사단을 이기지 못하고 영혼이 병들 수 있음을 기억하여 항상 기도하기를 힘쓸 수 있는 ○○○ 성도님이 되게 하여 주옵소서.

주님을 대면할 때마다 마음을 쏟을 수 있는 진실한 기도가 주님의 보좌 앞에 향기로 드려질 수 있게 하시고, 주님과의 깊은 영적인 교제가 부활되어서 주님의 음성을 듣고 주님의 마음을 살필 줄 아는 복된 삶이 되게 하옵소서. 그동안 기도하기에 힘들어 했던 자신을 채찍질하며 기도에 대한 목마름으로 주님을 더욱 갈망하게 하실 것을 믿습니다.

기도의 사람을 쓰시고 기도를 통하여 역사를 이루시는 예수 그리스도의 이름으로 기도합니다. 아멘

· 위로와 권면 대표기도문 ·

약속의 말씀

저가 사모하는 영혼을 만족케 하시며 주린 영혼에게 좋은 것으로 채워주심이로다
(시편 107편 9절)

기도를 잊은 성도

심방가이드 | 찬송: 539, 364장
성경: 잠 3:6; 요 16:23-24

구하는 자에게 좋은 것으로 채워주시기를 기뻐하시는 하나님 아버지, 사랑하는 ○○○ 성도님의 믿음을 기억하시고 주님의 은혜의 보좌 앞으로 이끌어 주시기를 원합니다. 그의 신앙생활에 하나님과 영적인 교제를 나눌 수 있는 기도의 자리가 매우 빈약함을 느낍니다.

우리 주님은 저희들에게 은혜 받을 수 있는 방편으로 주님과 대면할 수 있는 기도의 자리를 주셨는데 사랑하는 ○○○ 성도님은 그 복된 자리로 나오지 못하고 있습니다.

주님, 사랑하는 ○○○ 성도님에게 기도하지 아니하고는 견딜 수 없는 영적인 부담을 주옵소서. 기도를 통하여 사랑하는 ○○○ 성도님에게 향하신 하나님의 크신 뜻을 깨닫게 하시고, 기도를 통하여 ○○○ 성도님의 삶에 개입하고 계시는 주님의 섭리를 느낄 수 있게 하옵소서.

기도를 통하여 주님의 음성 듣기를 즐거워 할 수 있는 ○○○ 성도님이 되게 하시고, 보다 더 깊은 영적인 세계로 나아갈 수 있는 ○○○ 성도님이 되게 하여 주옵소서. 기도를 통하여 온전한 순종을 드릴 수 있는 ○○○ 성도님이 되게 하시고, 기도를 통하여 더 깊은 영적인 성숙이 주어질 수 있는 ○○○ 성도님이 되게 하여 주옵소서. 또한 기도로 자신의 신앙을 잘 제련하여 예고 없이 찾아오는 시험 앞에서도 넉넉히 이겨갈 수 있는 믿음이 되게 하옵소서. 가정을 위하여 기도할 수 있게 하시고, 교회를 위하여 기도할 수 있는 ○○○ 성도님이 되게 하여 주옵소서.

주님, ○○○ 성도님에게 기도의 문을 열어주실 것을 믿습니다. 하늘 보좌를 움직이는 하나님의 사람으로 만드실 것을 믿습니다. 예수 그리스도의 이름으로 기도합니다. 아멘

약속의 말씀

너는 내게 부르짖으라 내가 네게 응답하겠고 네가 알지 못하는 크고 비밀한 일을 네게 보이리라

(예레미야 33장 3절)

더 깊은 기도를 하고 싶은 성도

심방가이드 | 찬송: 368, 369장
성경: 출 33:11; 마 7:7-11

기도로 본을 보이신 주님,
 기도야말로 주님께 가까이 나아가는 거룩한 은혜의 통로임을 깨닫게 하시니 감사합니다. 사랑하는 ○○○ 성도님이 더 깊은 기도를 갈망하고 있습니다. 기도에 취할 수 있는 은혜를 ○○○ 성도님에게 허락하여 주옵소서.
 밤새도록 기도하여도 짧게만 느껴지는 깊은 기도가 ○○○ 성도님에게 있게 하여 주시고, ○○○ 성도님이 부르짖는 기도가 하늘 보좌에 이르는 것을 엎드릴 때마다 느낄 수 있는 기도가 되게 하옵소서.
 말만 하염없이 쏟아내는 기도가 아니라 주님의 음성을 분명하게 들을 수 있는 기도가 되게 하시고, 자신의 요구만 나열하는 기도가 아니라 주님의 뜻을 살피고 담아낼 수 있는 기도의 자리로 나아갈 수 있게 하옵소서. ○○○ 성도님이 기도하다가 더 깊은 성령 충만을 경험하게 하여 주시고, 기도의 줄기를 타고 능력을 부어주시는 주님의 은혜를 체험할 수 있게 하옵소서.
 야곱과 같은 기도의 사람이 되기를 원합니다. 모세와 같은 기도의 사람이 되기를 원합니다. 여호수아와 같은 기도의 사람이 되기를 원합니다. 한나와 같은 기도의 사람이 되기를 원합니다. 더 나아가 주님의 기도를 담는 기도의 사람이 되기를 원합니다. ○○○ 성도님에게 깊은 기도를 할 수 있는 은총을 물 붓듯이 부어주시옵소서.
 ○○○ 성도님을 일평생 기도에 헌신할 수 있는 기도의 종으로 사용하여 주실 것을 믿사옵고 예수 그리스도의 이름으로 기도합니다. 아멘

• 위로와 권면 대표기도문 •

약속의 말씀

너는 내게 부르짖으라 내가 네게 응답하겠고 네가 알지 못하는 크고 비밀한 일을 네게 보이리라
(예레미야 33장 3절)

새벽기도를 못하는 성도

심방가이드 | 찬송: 496, 380장
성경: 시 57:8, 119:147; 호 6:3

새벽에 한적한 곳에서 습관을 좇아 기도하신 주님,
 사랑하는 ○○○ 성도님이 새벽기도가 얼마나 중요한 것인지를 알면서도 육체의 나약함 때문에 새벽을 깨우지 못하고 있습니다. 매일 밤 새벽에 일어나기를 기도하고 다짐하며 잠자리에 들지만, 잠에 취하여 번번이 주님과의 그 귀한 교제의 시간을 놓치고 만다는 그의 고백을 듣습니다.
 주님, 피곤에 지쳐 잠에 취해버린 ○○○ 성도님을 불쌍히 여기시고 새벽을 깨울 수 있도록 도와주시옵소서. 새벽기도로 하루를 시작하고 저녁 기도로 하루를 마칠 수 있도록 ○○○ 성도님에게 은총을 더하여 주시기를 원합니다. 아침 이슬을 먹는 풀과 같이 새벽 길을 걷는 성도님의 발걸음에 새벽 별 같은 주님의 은혜를 더하실 것을 생각하니 새벽 잠을 이기지 못한 자신의 모습이 얼마나 원망스럽겠습니까?
 주님, 가장 신선하고 가장 좋은 시간을 주님께 드릴 수 있도록 ○○○ 성도님의 심령을 두들겨 주시고 깨워주시옵소서. 졸지도 아니하시고 주무시지도 아니하시는 주님의 은총에 조금이라도 보답하는 삶을 살 수 있도록 ○○○ 성도님의 삶을 만져주시기를 원합니다.
 하루의 첫 시간을 성전에 오르며 하루 일과를 시작할 수 있도록 이끌어 주시고 새벽을 거룩히 구별하여 주님께 드릴 수 있도록 도와주시옵소서. ○○○ 성도님에게 더욱 큰 영적인 부담이 밀려와 새벽 잠을 희생할 수 있는 의지를 주시고, 언제나 새벽을 깨우는 새벽의 사람이 될 수 있도록 축복하여 주옵소서. ○○○ 성도님에게 새벽을 통하여 역사하신 주님의 기이한 일을 체험하는 삶이 되게 하실 것을 믿사옵고 예수 그리스도의 이름으로 기도합니다. 아멘

약속의 말씀
아침에 주의 인자로 우리를 만족케 하사 우리 평생에 즐겁고 기쁘게 하소서
(시편 90편 14절)

직분을 맡은 성도

심방가이드 | 찬송: 330, 204장
성경: 눅 16:10; 히 3:5-6

　자비로우신 하나님 아버지,
　주님의 백성으로서 주님의 영광을 위하여 사는 것도 너무나 감사한 일이온데 티끌과도 같은 저희들을 충성된 자로 여겨서 귀한 직분 까지 맡겨 주시니 얼마나 감사한지요. 하오나 저희들은 한없이 부족함을 깨닫습니다. 그러나 "내게 능력 주시는 자 안에서 내가 모든 것을 할 수 있느니라"고 하셨사오니 ○○○ 성도님이 주님의 거룩한 직분을 감당하는데 부족함 없는 믿음을 주시고, 오직 능력의 주님을 의지하고 바라볼 수 있게 하옵소서.
　행여 인간의 지식, 경험, 기술, 잔재주, 테크닉 같은 것을 앞세우는 일이 없게 하시고, 진심으로 주님만을 의뢰하는 마음만 있게 하여 주옵소서. ○○○ 성도님이 맡은 직분을 통하여 주님의 몸된 교회를 섬기고 주님을 영화롭게 하는데 모든 것을 깨뜨릴 수 있게 하여 주시고, 목사님의 말씀에 온전히 복종하며 주님의 선한 사업에 부한 일을 감당하게 하옵소서.
　○○○ 성도님이 열심을 품고 주님을 섬길 수 있게 하여 주시고, 믿음의 형제들에게도 항상 믿음의 유익을 끼칠 수 있는 삶이 되게 하옵소서. 열심이 지나친 나머지 교만함에 이르지 않게 하시고 다른 교우를 실족하게 하거나 마음을 아프게 하는 일이 없도록 그 생각과 마음을 온전히 주장하여 주옵소서.
　○○○ 성도님이 언제나 겸손함으로, 언제나 낮아짐으로, 언제나 성실함으로, 언제나 진실함으로, 언제나 인내함으로 주님의 선하신 뜻을 분별하며 주님의 거룩한 직분을 감당할 수 있게 하옵소서. 교회의 머리가 되시는 예수 그리스도의 이름으로 기도합니다. 아멘

약속의 말씀
그 주인이 이르되 잘하였도다 착하고 충성 된 종아 네가 작은 일에 충성하였으매 내가 많은 것을 네게 맡기리니 네 주인의 즐거움에 참예할지어다　(마태복음 25장 21절)

헌신의 부담을 느끼는 성도

심방가이드 | 찬송: 321, 313장
성경: 출 32:29; 고후 6:1-10

헌신의 대가이신 우리 주님,
　언제나 저희에게 향하신 주님의 사랑하심과 인자하심이 크고 놀라움을 깨닫습니다. 주님의 은혜를 먹고 사는 주의 백성으로서 조금이라도 주님의 은혜에 보답하는 삶을 살 수만 있다면 이보다 더 영광된 일이 어디에 있겠습니까? 주님을 위해서 헌신한다는 것은 천사도 흠모할 일임을 깨닫습니다.
　간구하옵기는 ○○○ 성도님에게 주님을 위하여 모든 것을 깨뜨려 더욱 헌신할 수 있는 길을 열어주옵소서. 특히 ○○○ 성도님은 주님께 받은 달란트가 많은 일꾼입니다. 녹슬어 없어지지 않게 하시고 주님을 위하여 모든 것을 활용할 수 있는 헌신의 사람이 되게 하옵소서.
　주님, 주님은 한알의 밀처럼 땅에 떨어지심으로 죄 가운데 방황하는 인류를 구원하셨습니다. 저희와 ○○○ 성도님도 주님의 밀알의 정신을 본받아 희생의 자리로 나아갈 수 있게 하시고, 희생의 욕구를 충족시켜 나갈 수 있는 주의 사람으로 쓰임 받을 수 있게 하옵소서.
　수많은 신앙의 사람들처럼 삶의 그 어떤 위기가 찾아온다 할지라도 주님을 위한 헌신의 자리는 결코 비우지 않는 주님의 사람이 되게 하여 주시고 주님을 위하여 죽도록 충성할 수 있는 헌신의 길을 걸을 수 있게 하옵소서. 행여나 주님께 헌신하는 일이 어떤 의무감 때문에 하는 것이 되지 않게 하여 주시고, 주님께서 저를 구원해 주신 구속의 은총에 감격하여 드리지 아니하고는 견딜 수 없는 헌신의 생활이 되게 하여 주옵소서.
　저희의 심령을 강하게 붙들어 주실 것을 믿사옵고 예수 그리스도의 이름으로 기도합니다. 아멘

• 위로와 권면 대표기도문 •

약속의 말씀
너희 몸을 하나님이 기뻐하시는 거룩한 산제사로 드리라　　(로마서 12장 1절)

축복을 갈망하는 성도

심방가이드 | 찬송: 429, 446장
성경: 신 15:4-6; 시편 1:1-6

복의 근원이 되시는 하나님 아버지,
 오늘 이 가정을 방문하여 믿음의 교제를 나눌 수 있도록 인도하신 하나님께 감사와 영광을 돌립니다. 주님, ○○○ 성도님이 주님께 복 받기를 갈망하고 있습니다. 저가 얼마나 어렵고 힘들면 주님의 복을 간절히 사모하겠습니까? 그 마음을 나무라지 마시고 긍휼히 여겨 주옵소서.
 복 받기를 사모하오니 ○○○ 성도님의 가정에 넘치는 은혜와 크신 은총을 베풀어 주시기를 원합니다. 영혼이 잘되고 강건한 복을 이 가정에 허락하여 주옵소서. 만군의 하나님이 함께 계시매 점점 강성해 갔던 다윗과도 같이 임마누엘의 하나님이 이 가정 위에 동행하시므로 날마다 복이 있게 하옵소서. 또한 건강의 복도 허락하여 주시기를 원합니다.
 온갖 질병을 이 가정에서 물리쳐 주시고, 영혼의 강건함은 물론이요 육신의 건강도 있게 하여 주시어서 주님을 잘 섬기는 가정이 되게 하여 주옵소서. 또한 건강한 육신을 불의의 병기로 사용하지 말게 하시고, 주님을 위한 의의 병기로 사용하여 주님께 큰 영광을 돌릴 수 있는 복 있는 가정이 되게 하여 주옵소서.
 주님, 주님의 몸된 교회도 힘을 다하여 섬기는 가정이 되기를 원합니다. 녹슬어 없어지는 인생이 되기보다는 주님을 위하여 달아서 없어지는 삶을 살 수 있도록 이 가정에 하늘의 신령한 것과 땅의 기름진 것으로 채워 주옵소서. 예수 그리스도의 이름으로 기도합니다. 아멘

• 위로와 권면 대표기도문 •

약속의 말씀
너희 열조의 하나님 여호와께서 너희를 현재보다 천배나 많게 하시며 너희에게 허락하신 것과 같이 너희에게 복주시기를 원하노라 (신명기 1장 11절)

성령 충만을 원하는 성도

심방가이드 | 찬송: 429, 446장
성경: 갈 5:5-25; 엡 5:18

능력의 주님,
구하는 자에게 언제나 좋은 것으로 채워주시는 주님이심을 믿습니다. 이 시간 사랑하는 ○○○성도님이 은혜 감당하는 삶을 살기 위하여 성령 충만을 소망하고 있습니다. 그 마음의 소원을 기억하시고 성령으로 충만케 하여 주옵소서. 성령 충만하여 모든 정욕과 탐심을 이기게 하여 주시고, 성령의 아홉 가지 열매를 맺는 복된 삶이 되게 하여 주옵소서.

성령 충만하여 주님께 순종을 드릴 수 있는 자리에 항상 있게 하여 주시고, 헌신할 수 있는 자리에 항상 있게 하시며, 충성할 수 있는 자리에 항상 있는 ○○○성도님이 되게 하여 주옵소서. 또한 성령 충만하여 주님을 사랑하듯 이웃을 사랑할 수 있는 ○○○성도님이 되게 하여 주시고, 주님을 섬기듯이 겸손과 온유로 형제를 섬길 수 있는 ○○○성도님이 되게 하여 주옵소서. 또한 갈길 몰라 방황하는 영혼들을 위해서도 주님께 인도할 수 있는 전도자가 될 수 있게 하여 주시고, 물질과 몸을 드려 섬김의 도를 실천할 수 있는 ○○○성도님이 되게 하여 주옵소서.

가정에서도 성령 충만하여 주님이 거하시는 거룩하고 아름다운 가정을 만들 수 있게 하시고, 주님이 통치하시는 가정 천국을 이룰 수 있게 하옵소서. 언제나 ○○○성도님의 속사람을 새롭게 변화시켜 주셔서 하나님의 선하시고 기뻐하시고 온전하신 뜻을 분별할 줄 아는 삶을 살아가게 하실 것을 믿습니다.

○○○성도님을 더욱 성령 충만 하게 하셔서 주님의 은혜와 사랑에 대하여 반응이 있는 삶을 살게 하실 것을 믿사옵고 온갖 좋은 것으로 충만케 하시는 예수 그리스도의 이름으로 기도합니다. 아멘

약속의 말씀
성령을 소멸치 말며 예언을 멸시치 말고 범사에 헤아려 좋은 것을 취하고 악한 모든 모양이라도 버리라 (데살로니가전서 5장 19-22절)

헌금에 힘들어 하는 성도

심방가이드 | 찬송: 50, 575장
성경: 마 6:20-24; 고후 8:2

모든 것의 주인이신 하나님 아버지,
이 가정에 때를 따라 은혜와 복을 내려주시고 물질로 인하여 고통당하는 일이 없게 하심을 감사드립니다. 주님! 간구하옵는 것은 ○○○ 성도님이 물질의 지배를 받지 않고 물질을 잘 다스릴 수 있는 지혜로운 삶이 되기를 원합니다. 사단의 유혹에 넘어가 물질로 인하여 시험에 드는 일이 없게 하시고, 물질에 얽매여 주님을 멀리하거나 신앙 생활이 나태해지는 일이 없게 하여 주옵소서.

하나님과 재물을 겸하여 섬길 수 없다고 하셨사오니 주님 앞에 물질을 잘 깨뜨릴 수 있는 ○○○ 성도님이 되게 하시고, 인색한 마음으로 주님을 대면하는 일이 없게 하여 주옵소서, 하나님은 즐겨내는 자를 사랑하신다고 하셨사오니 정성을 다하여 연보할 수 있는 ○○○ 성도님이 되게 하여 주옵소서. 헌금은 보물을 하늘에 쌓아두는 것임을 깨닫습니다. 주님의 창고를 부요케 하는 것임을 깨닫습니다. 범사에 주님의 주권을 인정하는 것임을 깨닫습니다. 헌금을 통하여 주님의 나라를 더욱 부요케 할 수 있는 ○○○ 성도님이 되게 하여 주옵소서. 구차한 중에서 모든 소유를 드렸던 과부를 기억합니다. 어려울 때에도 더욱 힘써서 드림으로 온전한 감사가 넘치는 삶이 되게 하여 주시옵소서.

언제나 ○○○ 성도님의 손이 주님 앞에 부끄럽지 않게 하시며, 정직한 수고의 대가를 얻게 하셔서 깨끗한 물질로 주님을 기쁘시게 해드리는데 최선을 다하게 하옵소서. 소득이 있을 때마다 먼저 주님을 생각하는 마음이 항상 있기를 원합니다. 예수 그리스도의 이름으로 기도합니다. 아멘

• 위로와 권면 대표기도문 •

약속의 말씀

각각 그 마음에 정한 대로 할 것이요 인색함으로나 억지로 하지 말지니 하나님은 즐겨내는 자를 사랑하시느니라
(고린도후서 9장 7절)

헌금에 시험 든 가정

심방가이드 | 찬송: 449, 382장
성경: 눅 8:1; 빌 4:17-19

자비로우시고 은혜가 풍성하신 하나님 아버지,
　사랑하는 ○○○ 성도님이 헌금으로 인하여 마음의 상처를 받았습니다. 그도 주님께 마음을 다하여 정성껏 헌금하고 싶은 생각이 왜 없겠습니까? 생활이 어렵고 힘들다보니 헌금 생활에 많은 어려움을 겪고 있습니다. 풍족한 자가 들으면 아무렇지도 않을 목사님의 설교가 형편이 어렵다보니 예민해지고 마음의 부담이 되고 상처가 됩니다.
　목사님이 ○○○ 성도님에게 들으라고 설교하신 것은 아닐 것입니다. 모든 성도님을 하나님께 축복받는 자녀로 세우시려고 하신 말씀인 것을 믿습니다. 은혜받기 위하여 주님의 전을 찾았다가 헌금 때문에 마음의 상처를 받은 ○○○ 성도님의 마음을 위로해 주시고 그 영혼에 은총을 더하여 주옵소서. "나의 하나님이 그리스도 예수 안에서 영광 가운데 그 풍성한 대로 너희 모든 쓸 것을 채우시리라"(빌4:19)말씀하였사오니 ○○○ 성도님의 형편을 다 아시는 주님께서 물질에 약해진 이 가정을 붙드시고 일으켜 주시기를 원합니다.
　다시는 물질로 인하여 상처를 받거나 고통을 당하지 않아도 될 신앙 생활을 할 수 있도록 축복하여 주옵소서. 주님께 정성껏 드리고 싶은 대로, 더 많이 드리고 싶은 대로 힘써서 드릴 수 있도록 물권을 허락하여 주시기를 원합니다. 그리고 이 시험의 단계를 잘 이겨서 더욱 성숙된 신앙의 자리로 나아갈 수 있도록 이끌어 주옵소서. 주님이 이 가정을 더욱 사랑하고 계심을 믿습니다.
　실족하여 넘어지지 않도록 붙드실 것을 믿사옵고 예수 그리스도의 이름으로 기도합니다. 아멘

・위로와 권면 대표기도문・

약속의 말씀
하나님이 능히 모든 은혜를 너희에게 넘치게 하시나니 이는 너희로 모든 일에 항상 모든 것이 넉넉하여 모든 착한 일을 넘치게 하려 하심이라　　　(고린도후서 9장 8절)

가난한 성도

심방가이드 | 찬송: 375, 549장
성경: 삼상 2:7; 빌 4:11-13

만복의 근원이 되시는 하나님 아버지,
　사랑하는 ○○○ 성도님을 위하여 기도합니다. ○○○ 성도님을 생각할 때 그 가정을 묶고 있는 가난이 너무도 안타깝기만 합니다. 가난함 가운데서도 주님께 영광 돌릴 수 있는 삶을 살 수만 있다면 그 영광이 부자가 돌리는 영광에 조금도 부족함이 없다는 것을 깨닫습니다. 하오나 가난의 고통이 너무 오래 지속됨으로 실족하여 넘어지지는 않을까 염려가 앞섭니다.
　모든 것을 다 하실 수 있는 주님,
　하실 수 있거든 ○○○ 성도님의 가정을 불쌍히 여기셔서 물질의 은사를 더하여 주시옵소서. ○○○ 성도님이 매일 새벽마다 눈물로 기도하고 있고, 사랑하시는 자에게 좋은 것을 아낌없이 주시는 좋으신 주님의 은총을 바라보고 있습니다.
　혹여 ○○○ 성도님이 가난함으로 인하여 시험 드는 일이 없게 하시고, 차별 없으신 주님의 사랑을 의심하는 자리에까지 나아가지 않도록 필요한 물질을 더하여 주시옵소서. 그 가정에 걱정과 염려가 다 떠나고 평안과 믿음이 꽉 들어차게 하셔서 주님을 위하여 사는 즐거움이 더 없는 행복이 되게 하여 주시옵소서. 주님께 죽도록 충성할 수 있는 가정이 되게 하시고, 교회에서 봉사하는 일에도 적극참여 할 수 있도록 도와주시옵소서. 어려움 가운데서도 성실하게 일하며 주님을 소망하며 소박한 꿈을 가지고 있는 그 가정을 주님이 넘치는 복으로 함께 하여 주실 것을 믿사옵고 예수 그리스도의 이름으로 기도합니다. 아멘

약속의 말씀

우리 주 예수 그리스도의 은혜를 너희가 알거니와 부요하신자로서 너희를 위하여 가난하게 되심은 그의 가난함을 인하여 너희로 부요케 하려 하심이니라　(고린도후서 8장 9절)

낙심한 성도

심방가이드 | 찬송: 300, 383장
성경: 시 42:1-5; 고후 4:7-12

긍휼이 많으신 주님,
　실망하고 낙심 가운데 놓여 있는 사랑하는 ○○○ 성도님을 위하여 간구합니다. ○○○ 성도님을 불쌍히 여기시고, 긍휼히 여기셔서 상처 난 마음을 치료하여 주시옵소서. 이번 일로 인하여 마음이 몹시 상하여 있고, 그토록 주님을 잘 믿었는데 왜 자신에게 이런 시련과 아픔이 찾아왔는지를 이해할 수 없다고 괴로워하고 있습니다.
　우리 주님이 그 마음을 밝혀 주셔서 하늘이 땅보다 높음 같이 하나님의 생각은 인간의 생각보다 높으시다는 것을 깨달을 수 있게 하시고, 하나님의 선하심과 인자하심을 깨달아 합력하여 선을 이루시는 하나님의 손길을 느낄 수 있게 하시옵소서.
　이번 일로 인하여 실족하여 넘어진 상태에 있는 것이 아니라, 더욱 주님을 힘써 찾으므로 이전에 만나지 못했던 주님을 만나게 하시고, 이전에 듣지 못했던 주님의 음성을 들을 수 있는 은혜가 있게 하여 주시옵소서.
　이번의 아픔과 괴로움이 오래도록 머무는 것이 아니라 더욱 성숙된 믿음을 갖도록 하시기 위하여 주님이 보내신 천사의 손길임을 알게 하시옵소서.
　그의 아픔이 변하여 치료가 되게 하여 주실 것을 믿습니다.
　그의 슬픔이 변하여 기쁨이 되게 하여 주실 것을 믿습니다. 그의 절망이 변하여 소망이 되게 하여 주실 것을 믿습니다. 성령님이 그 마음을 밝혀 주셔서 하나님의 영광을 보게 하여 주실 것을 믿습니다.
　믿음의 용기를 주셔서 담대한 믿음으로 이기게 하시고, 승리하게 하여 주시옵소서. 의롭고 선한 길로 인도하시는 예수 그리스도의 이름으로 기도합니다. 아멘

약속의 말씀
아무것도 염려하지 말고 … 하나님께 아뢰라 그리하면 모든 지각에 뛰어난 하나님의 평강이 그리스도 예수 안에서 너희 마음과 생각을 지키시리라　(빌립보서 4장 6,7절)

믿음이 흔들리고 있는 성도

심방가이드 | 찬송: 543, 545장
성경: 빌 3:7-10; 히 12:2

은혜로우신 주님,
 믿음이 흔들리고 있는 사랑하는 ○○○ 성도님을 위하여 기도합니다. 그 마음을 성령의 능력으로 강하게 붙들어 주옵소서. 주님이 피로 값 주고 사신 천하보다 귀한 생명이 아닙니까? 무슨 이유인지, 어떤 사연이 있어서 믿음이 흔들리고 있는지 무지한 종은 잘 알 수 없사오나 교회를 멀리하려고 하는 ○○○ 성도님을 불쌍히 여겨주셔서 그 심령에 흘러넘치는 은혜가 있게 하여 주시옵소서. ○○○ 성도님을 생각하면 제 마음도 이토록 안타깝기만 한데 주님의 마음은 얼마나 아프고 안타까우시겠습니까?
 주여! ○○○ 성도님에게 주님의 은혜와 사랑을 깨달을 수 있는 은총을 허락하여 주옵소서. 만세 전부터 택하신 당신의 자녀는 결코 버리지 아니하신다는 사실을 깨닫게 하시고, 한번 구원함을 받은 백성은 그 구원이 상실되지 않음을 깨닫게 하셔서 어서 속히 흔들리는 믿음을 바로 잡고 주님을 향하여 얼굴을 들 수 있게 하옵소서. 더 이상 악인의 꾀를 좇지 않게 하여 주시고 마귀의 달콤한 유혹을 이길 수 있게 하여 주옵소서.
 믿음의 주요 온전케 하시는 예수님을 바라보게 하시고, 주님께 기쁨을 드릴 수 있는 ○○○ 성도님이 되게 하여 주실 것을 믿습니다. 주일도 잘 지키고 예배시간도 사랑하게 하여 주실 것을 믿습니다. 회복케 하시는 주님이심을 믿사오며 예수 그리스도의 이름으로 기도합니다. 아멘

• 위로와 권면 대표기도문 •

약속의 말씀
그러므로 함께 하늘의 부르심을 입은 거룩한 형제들아 우리의 믿는 도리의 사도시며 대제사장이신 예수를 깊이 생각하라 (히브리서 3장 1절)

초신자 가정

심방가이드 | 찬송: 287, 542장
성경: 요 1:12; 엡 4:17-22

사랑이 많으시고 거룩하신 하나님 아버지,
　이제 신앙의 걸음마를 시작하고 있는 사랑하는 ○○○ 성도님을 위하여 기도하기를 원합니다. 지금은 갓난아이와 같은 신앙이지만 그 안에 심기워진 믿음이 점점 큰 믿음을 갖게 하실 것을 믿습니다. 지금은 예배드리는 것도 어색하고 교회 생활에 낯선 것이 한두 가지가 아니지만 점차 익숙해져서 훌륭한 신앙인으로 성장하게 될 것을 믿습니다.
　믿음의 성장을 위하여 말씀을 듣는 기회를 놓치지 않게 하시고, 모든 예배에 잘 참석할 수 있도록 그 마음을 붙들어 주옵소서. 성경을 읽을 수 있도록 그 생각을 열어 주시고, 성경의 내용이 이해하기 힘들어도 반복하여 읽으면 놀라운 변화가 주어진다는 사실을 경험할 수 있게 하옵소서.
　교회에서 초신자들의 신앙성숙을 위하여 성경을 공부할 수 있는 프로그램도 실시하고 있습니다. 그 마음에 진리의 말씀을 배우고자 하는 의욕을 허락하여 주셔서 체계적인 양육을 받을 수 있도록 이끌어 주옵소서.
　주님을 모를 때는 세상 일에 우선권을 두고 세상이 원하는 대로 살았지만 이제는 세상 일로 인해서 기쁨을 구하기보다는 주님이 채우시는 평강으로 하늘의 기쁨을 맛보며 사는 삶이 되게 하여 주옵소서.
　영혼 구원에 대한 소중함도 알게 하여 주셔서 가족은 물론 이웃의 불신자들도 주님께로 인도할 수 있는 전도의 사명을 감당할 수 있게 하옵소서. 교회 봉사에도 관심을 갖게 하셔서 주님이 귀히 쓰시는 훌륭한 일꾼으로 성장하기에 부족함이 없게 하여 주시옵소서. 예수 그리스도의 이름으로 기도합니다. 아멘

약속의 말씀
그러므로 믿음은 들음에서 나며 들음은 하나님의 말씀으로 말미암느니라
(로마서 10장 17절)

말씀을 깨닫지 못하는 성도

심방가이드 | 찬송: 285, 200장
성경: 시 119:105; 눅 24:32,45

온 우주 만물을 말씀으로 창조하신 하나님,
저희들에게 주님의 사랑을 깨닫고 하늘의 진리를 알아갈 수 있는 은혜를 주심을 감사합니다. 사람은 떡으로만 사는 것이 아니라 하나님의 입에서 나오는 말씀으로 사는 것임을 깨닫습니다. 주님의 말씀에 하늘과 땅의 모든 진리가 숨겨져 있음을 깨닫습니다. 하오나 사랑하는 ○○○ 성도님이 말씀을 깨닫지 못하여 신앙 생활에 어려움을 겪고 있습니다. 주님의 말씀을 깨달아야만 믿음이 성장하고 주님의 뜻을 깨달아 알 수 있는데 말씀을 깨닫지 못하니 그 심령이 얼마나 답답하겠습니까?

주님, ○○○ 성도님에게 주님의 말씀을 깨달을 수 있는 은혜를 부어주시옵소서. 말씀 속에서 ○○○ 성도님에게 말씀하시고자 하시는 주님의 음성을 들을 수 있게 하시고, 말씀 속에서 주님의 사랑을 만나고, 인생에게 향하신 주님의 크고 놀라운 비밀을 깨달아 알게 하옵소서.

말씀으로 무장하여 마귀의 궤계를 능히 이길 수 있게 하시고, 말씀으로 마귀를 제압하는 능력의 삶을 살 수 있게 하옵소서. 말씀으로 하루를 열어갈 수 있게 하시고, 말씀으로 하루를 닫을 수 있는 생활이 될 수 있게 하옵소서.

이 어두운 시대를 밝힐 수 있는 것은 주님의 말씀 밖에 없음을 깨닫습니다. 주님, ○○○ 성도님에게 말씀을 깨닫는 은혜를 부어 주옵소서. 주님의 말씀을 깨닫게 함으로 역동적인 주님의 말씀을 만나게 하실 것을 믿사옵고 예수 그리스도의 이름으로 기도합니다. 아멘

약속의 말씀
모든 성경은 하나님의 감동으로 된 것으로 교훈과 바르게 함과 의로 교육하기에 유익하니
(디모데후서 3장 16절)

아이가 가장인 결손가정

심방가이드 | 찬송: 92, 570장
성경: 시 23:1-6, 121:1-8

고아와 과부를 신원하시는 하나님 아버지,
　부모 없이도 꿋꿋하게 살고 있는 아이들을 위하여 기도합니다. 부모의 사랑 속에서 보살핌을 받으며 성장해야 할 미래의 꿈나무들이 부모 없이 살고 있는 것을 볼 때 참으로 안타깝고 가슴이 저며 옴을 감출 길 없나이다. 너무나 측은하고 너무나 불쌍합니다. 부모에게 응석과 투정을 부리며 천진난만하게 뛰어 놀 어린 나이에 성숙한 어른도 감당하기 힘든 어렵고 힘든 삶을 살아야만 합니다.
　아무 생각 없이 모든 것을 부모에게 의존하며 살아야 하는 시기인데 저 아이들은 험한 삶과 싸워나가야만 하고 초조함으로 불안한 미래를 걱정해야만 합니다. 또한 어떻게 먹고 살아야만 하는지 하루의 양식을 걱정해야만 하는 무거운 짐을 안고 있습니다.
　주여! 부모 없이 홀로 살아야만 하는 아이들을 불쌍히 여겨 주시옵소서. 불꽃같은 눈동자로 지키시고 보호하여 주시옵소서. 따뜻한 부모의 품이 얼마나 그립겠으며, 부모 없이 잠자리에 드는 것이 얼마나 두렵겠습니까? 부모 없는 식탁이 얼마나 쓸쓸하겠으며, 학교 갔다 와도 반겨주는 부모가 없으니 얼마나 서럽겠습니까?
　주님! 모든 것이 서럽게 느껴지고 불안한 이 아이들을 꼭 붙들어 주시옵소서. 더욱 큰 사랑을 베풀어 주시옵소서. 행여 곁길로 나가지 않도록 그 생각을 붙들어 주시고, 험한 길을 잘 헤쳐 나갈 수 있도록 지혜를 칠배나 더하여 주시옵소서.
　어렵고 힘든 삶이라고 하여 생명을 경히 여기는 일이 없게 하시고, 꿈을 포기한 채 되는대로 막 살지 않도록 그 마음을 지켜 주시옵소서. 사랑이 많으신 예수 그리스도의 이름으로 기도합니다. 아멘

약속의 말씀
그 거룩한 처소에 계신 하나님은 고아의 아버지시며 과부의 재판장이시라
(시편 68편 5절)

목사님께 상처받은 성도

심방가이드 | 찬송: 92, 570장
성경: 눅 6:37-38, 15:8-10

사랑이 풍성하신 하나님 아버지,
 사랑하는 목사님을 통하여 하늘 나라의 진리를 배우고 양육 받게 하여 주심을 감사드립니다. 하오나 사랑하는 ○○○ 성도님이 목사님께 상처를 받았다고 합니다. 상처의 깊이가 어느 정도인지는 알 수 없사오나 그 마음을 주님의 넓은 품으로 감싸시고 위로하여 주시기를 원합니다.
 목사님도 때로는 인간인지라 실수할 수도 있음을 헤아려봅니다. 목사님의 단점이 눈에 들어올 때, 목사님을 위하여 기도하라는 주님의 응답으로 받아들일 수 있게 하시고, 말씀에 실수가 있다면 주님의 음성을 담아낼 수 있는 입술의 권세를 더하여 달라고 기도할 수 있는 ○○○ 성도님이 되게 하여 주시옵소서. ○○○ 성도님의 마음의 상처가 주님을 사랑하고 주님께 영광 돌리는데 걸림돌이 되지 않기를 원합니다.
 주님의 몸된 교회를 섬기는데 틈이 벌어지는 일이 되지 않기를 원합니다. 상대방의 허물과 약점을 덮어주고 용서할 수 있는 넓은 마음을 허락하여 주셔서 주님의 성품을 보여주시기에 부족함이 없는 ○○○ 성도님이 되게 하여 주옵소서. 한걸음 더 나아가 목사님이 외롭고 힘드실 때 따뜻한 벗이 되어 주고, 목사님이 힘들고 지치셨을 때 따뜻함을 담은 말로 위로와 용기를 줄 수 있는 ○○○ 성도님이 되게 하여 주옵소서.
 목사님도 ○○○ 성도님이 시험에 든 것을 인하여 마음 아파하고 더 많이 기도하고 계실 것입니다. 조금 더 이해하고 조금 더 헤아림으로 주님의 나라를 이루어 갈 수 있는 ○○○ 성도님이 되게 하여 주옵소서. 평안의 복을 더하시는 예수 그리스도의 이름으로 기도합니다. 아멘

・ 위로와 권면 대표기도문 ・

약속의 말씀
생명의 말씀을 밝혀 나의 달음질도 헛되지 아니하고 수고도 헛되지 아니함으로 그리스도의 날에 나로 자랑할 것이 있게 하려함이라   (빌립보서 2장 16절)

전도의 문이 열리기를 원하는 성도

심방가이드 | 찬송: 500, 510장
성경: 시 126:5-6; 딤후 4:1-5

천하보다 한 영혼을 귀하게 보시는 하나님,

영혼 구원의 결실을 맺기를 소원하시는 주님의 마음을 헤아려 봅니다. 잃은 양 하나를 찾기 위하여 온갖 수고와 고통을 감내하신 주님의 심정을 헤아려봅니다. 자신의 몸을 찢으시고, 보혈의 피를 다 쏟으시기까지 영혼들을 위하여 다 내어주신 주님의 사랑과 희생을 헤아려 봅니다.

주님, ○○○ 성도님이 전도의 문이 열리기를 간절히 소망하고 있습니다. 그 마음을 기억하셔서 영혼을 구원할 수 있는 전도의 문을 열어주옵소서. 영혼 구원을 위한 열정이 타오를 수 있도록 심령의 불을 붙여 주시고, 구원의 복음을 힘써서 전할 수 있는 전도자의 사명을 감당할 수 있도록 이끌어 주옵소서. 복음 전도의 도구로 합당하게 쓰임받기 위하여 인격과 생활의 변화에도 마음을 쏟을 수 있게 하시고, 변화된 모습으로 불신자들에게 가까이 다가갈 수 있는 ○○○ 성도님이 되게 하여 주옵소서.

또한 "울며 씨를 뿌리러 나가는 자는 정녕 기쁨으로 그 단을 가지고 돌아오리로다"(시 126:6)고 하였사오니 전도의 열매를 얻기까지 최선을 다하여 영혼구원의 씨를 뿌릴 수 있는 ○○○ 성도님이 되게 하여 주옵소서.

그 어떤 핍박이 따른다 할지라도 하늘의 상급을 바라보며 끝까지 전도의 사명을 감당케 하여 주시고, 핍박자를 위하여 기도할 수 있는 ○○○ 성도님이 되게 하여 주옵소서. 또한 전도의 대상자를 놓고도 영혼을 쏟고 마음을 쏟을 수 있는 기도의 사람이 되게 하여 주옵소서. 예수 그리스도의 이름으로 기도합니다. 아멘

· 위로와 권면 대표기도문 ·

약속의 말씀

지혜 있는 자는 궁창의 빛과 같이 빛날 것이요 많은 사람을 옳은 데로 돌아오게 한 자는 별과 같이 영원토록 비취리라 (다니엘 13장 3절)

가정예배를 드리기 원하는 가정

심방가이드 | 찬송: 559, 218장
성경: 수 24:15; 시 128:1-6

언제나 이 가정의 주인이 되시고, 영원한 사랑으로 이 가정을 지켜주시는 하나님 아버지, 그 주님의 사랑과 은혜에 감사를 드립니다. 사랑하는 ○○○ 성도님이 가정을 주님 앞에 바로 세우기 위하여 많은 기도와 희생을 쏟고 있습니다.

이 가정을 주님께 온전히 봉헌하기를 원하는 ○○○성도님의 마음을 기억하시고 가정 예배를 드릴 수 있도록 크신 복을 더하여 주옵소서. 아직 가족들이 일치를 이루지 못하고 있사오나 의를 위한 것이오니 가족들의 마음을 만져주실 것을 믿습니다. 가정 예배를 통하여 이 가정의 신앙이 더욱 성숙될 수 있게 하여 주시고, 믿음이 바로 세워지는 역사가 있게 하여 주옵소서. 아침의 번제와 저녁의 번제를 통하여 광야의 이스라엘 백성과 함께하신 하나님의 은총이 이 가정에도 넘치게 하실 것을 믿습니다. 가정 예배를 통하여 이 가정을 덮고 있는 모든 근심의 먹구름이 물러가는 역사가 있게 하여 주시고, 믿음 안에서 일치를 이루는 복된 가정이 될 수 있게 하옵소서.

하루를 시작하기 전의 예배가 하루를 지배할 수 있는 예배의 정신으로 이어질 수 있게 하시고, 생활의 전 영역에서 주님의 뜻을 담아낼 수 있는 삶으로 이어질 수 있게 하옵소서. 매일 찬송이 이 가정의 영혼의 가락이 되게 하시고, 매일의 기도와 말씀 묵상이 이 가정에 영혼의 양식이 되게 하여 주옵소서. 또한 주님의 교회에 속한 모든 믿음의 식구들에게도 많은 영적인 도전을 주고 믿음의 좋은 영향력을 끼칠 수 있는 ○○○성도님의 가정이 되게 하여 주옵소서. 가정 예배를 통하여 더욱 믿음으로 바로 서는 가정을 세우고자하는 ○○○ 성도님의 소망을 꼭 이루실 것을 믿사옵고 예수 그리스도의 이름으로 기도합니다. 아멘

약속의 말씀

할렐루야 여호와를 경외하며 그 계명을 크게 즐거워하는 자는 복이 있도다. 그 후손이 땅에서 강성함이여 … 그 의가 영원히 있으리로다
(시편 112편 1-3절)

식구가 믿지 않는 성도

심방가이드 | 찬송: 527, 384장
성경: 요 3:16; 빌 1:6

사랑이 풍성하신 하나님 아버지,
　저희를 사랑하시되 천하보다 더 사랑하심을 믿습니다. 그 사랑으로 인하여 구원을 얻게 하시고, 영생의 귀한 복을 누리게 하시니 얼마나 감사한지요. 오늘 ○○○ 성도님의 집을 방문하여 마음에 안고 있는 기도의 제목을 함께 나눴습니다. 식구들이 주님을 믿지 않아 마음고생을 많이 하고 있습니다. ○○○ 성도님을 긍휼히 여겨 주옵소서. 주님을 믿지 않는 가족들로 인하여 그가 겪고 있는 아픔과 어려움이 그의 마음을 더욱 힘들게 하고 있습니다. 어떤 때는 주일도 제대로 지키지 못할 때도 있고, 헌금은 물론 교회에 봉사하는데 많은 어려움을 겪고 있습니다.
　주님, 온 식구가 예수님을 영접하고 주님을 모신 가정을 가꾸는 것이 그의 간절한 소원이요 소망일진대 그 마음의 안타까움을 기억하시고 이 가정에 구원의 은총을 베풀어 주옵소서. ○○○ 성도님의 눈물로 부르짖는 기도를 기억하셔서 속히 이 가정의 믿지 않는 가족들에게 구원의 길을 열어주옵소서.
　더 이상 가족의 눈치를 보면서 교회로 발걸음을 옮기지 않아도 될 그런 신앙생활을 할 수 있도록 도와주시고, 집에서도 성경을 읽고 마음껏 찬송을 불러도 될 그런 신앙생활을 할 수 있도록 도와주시옵소서. 주일이면 온 가족이 예배당에 모여 주님의 구원의 은총을 노래하며 예배의 기쁨을 누릴 수 있도록 도와주시옵소서.
　좋으신 우리 주님은 가족 구원을 놓고 눈물로 부르짖는 ○○○ 성도님의 기도에 반드시 힘을 실어주실 것을 믿습니다. 그 마음의 아픔을 감찰하시고 체휼하실 것을 믿습니다. 참 좋으신 예수 그리스도의 이름으로 기도합니다. 아멘

약속의 말씀

예수께서 이르시되 오늘 구원이 이 집에 이르렀으니 이 사람도 아브라함의 자손임이로다 인자의 온 것은 잃어버린 자를 찾아 구원하려 함이니라　(누가복음 19장 9,10절)

남편이 신앙생활을 반대하는 성도

심방가이드 | 찬송: 336, 350장
성경: 마 5:10-12; 고후 12:10

전능하신 하나님,
저희에게 영생을 선물로 주시고 하나님 나라의 영원한 상속자가 되게 하여 주심을 감사드립니다. 사랑하는 ○○○ 성도님이 남편의 반대로 인하여 신앙 생활을 하는데 많은 어려움을 겪고 있습니다. 노골적인 핍박 앞에서 그의 마음이 지쳐가고 있사오니 불쌍히 여기시고 긍휼을 베풀어 주시기를 원합니다. 남편의 마음을 강퍅하게 조종하고 있는 사단 마귀를 물리쳐 주시고, 악한 영에 조종당하지 않도록 은혜를 베풀어 주옵소서.
그 영혼을 복되게 하여 주셔서 부인의 신앙을 훼방하고 핍박하는 자신의 행위가 얼마나 악한 일인지를 깨닫게 하시고 하나님을 아는 신령한 눈이 떠지게 하여 주옵소서. 교회를 욕하고 주님을 멸시하는 마음이 변하여 주님을 사모할 수 있는 마음이 되게 하여 주시고, 부인을 핍박하는 손길이 변하여 주님의 손을 붙드는 손길이 되게 하여 주옵소서. 비난과 조롱의 언어가 변하여 주님을 경배하고 찬송할 수 있는 입술이 되게 하여 주시고, 무시하고 멸시하는 태도가 변하여 주님을 경외하고 두려워할 줄 아는 마음이 되게 하여 주옵소서.
이 가정에 구원의 복을 더하실 것을 믿습니다. 이 가정에 천국이 임하게 하실 것을 믿습니다. 찬송이 울려 퍼지고, 주님을 향한 감사의 고백이 넘치는 가정이 되게 하실 것을 믿습니다. ○○○ 성도님에게 합력하여 선을 이루시는 하나님을 끝까지 바라볼 수 있게 하여 주시고, 화가 변하여 복이 되게 하시는 주님의 손을 굳게 붙들게 하여 주옵소서. ○○○ 성도님을 하늘 나라의 영원한 기업의 상속자가 되게 하실 것을 믿습니다. 예수 그리스도의 이름으로 기도합니다. 아멘

약속의 말씀
나는 너희에게 이르노니 너희 원수를 사랑하며 너희를 핍박하는 자를 위하여 기도하라
(마태복음 5장 44절)

종교의 갈등이 있는 가정

심방가이드 | 찬송: 257, 383장
성경: 마 10:34-42, 16:24-27

사랑이 많으신 하나님 아버지,
　○○○ 성도님을 사랑하셔서 구원의 은총을 누리게 하여 주시고 천국백성으로 삼아주심을 감사드립니다. 하오나 사랑하는 ○○○ 성도님에게는 말 못할 안타까운 고민이 있습니다.
　늘 종교적인 갈등으로 인하여 심적으로 많은 고통을 겪고 있사오니 그의 마음을 우리 주님께서 헤아려 주옵소서.
　모시고 있는 부모님이 다른 종교를 갖고 있습니다. 믿음의 대상이 다르니 이로 인하여 발생되는 문제들이 한두 가지가 아닙니다. 사소한 문제 앞에도 가정의 평화가 깨지고 있고, 안 좋은 일이 발생되면 그것은 전부 예수 믿는 ○○○ 성도님의 탓으로 돌립니다.
　주님, ○○○ 성도님을 긍휼히 여기셔서 이방신을 섬기는 가정에서 믿음을 지킬 수 있도록 도와주시옵소서. 부모님이 일평생 섬기던 종교를 쉽게 바꿀 수야 없겠지만 그 마음을 너그럽게 하여 주셔서 ○○○ 성도님이 교회를 다니는데 어려움이 없도록 도와주시옵소서. 트집을 잡으려는 부모의 눈치를 살피며 교회당을 찾는 그의 발걸음이 얼마나 힘들겠습니까? 그의 마음인들 왜 교회에 봉사하고 주님께 충성하고 싶은 마음이 없겠습니까? 사랑하는 ○○○ 성도님의 마음의 고통을 살피셔서 주님을 섬기고 교회를 찾는 발걸음이 즐거울 수 있도록 도와주시옵소서.
　하실 수 있거든 ○○○ 성도님의 부모님에게도 구원의 은총을 내려 주셔서 더 이상 마귀의 노예로 종노릇하며 살지 않게 하여 주옵소서. 죽기 전에 주님을 만날 수 있게 하시고, 천국 가는 백성이 되게 하여 주옵소서. 주님의 은총을 바라봅니다. 예수 그리스도의 이름으로 기도합니다. 아멘

약속의 말씀

우리가 선을 행하되 낙심하지 말지니 피곤하지 아니하면 때가 이르매 거두리라
(갈라디아서 6장 9절)

교회 문제로 시험에 든 가정

심방가이드 | 찬송: 372, 387장
성경: 엡 5:22; 골 1:24

사랑과 긍휼이 풍성하신 하나님 아버지,

우리 주님은 합력하여 선을 이루시는 하나님이심을 믿습니다. 사랑하는 ○○○ 성도님이 교회문제로 인하여 시험에 들었습니다. 치유하시는 우리 주님의 손길이 ○○○ 성도님의 마음을 찾아가 주셔서 그 심령을 어루만져 주시고 싸매어주시기를 원합니다. 교회에는 여러 사람들이 모이는 곳이기에 항상 많은 문제가 야기될 수밖에 없음을 깨닫습니다. 그러나 문제는 문제이고 신앙은 신앙이 아닙니까? 문제 앞에 신앙마저 문제 있는 신앙으로 만들지 않게 하여 주시고, 문제를 초월하여 하나님 앞에 영광 돌리는 법을 찾을 수 있는 ○○○ 성도님이 되게 하여 주옵소서.

사람은 누구나 그 입장과 의견이 다르기에 내 생각과 충분히 다를 수 있음을 깨닫습니다. 평소에 아무리 친하고 신뢰하였던 사람이라 할지라도 나와 다른 의견을 내 놓을 수 있다는 것을 기억해야만 할 줄로 압니다.

이번 기회를 통하여 사람은 믿음의 대상이 아니라 사랑의 대상임을 깨닫게 하시고, 믿고 의지할 분은 오직 주님밖에 안 계심을 더욱 확고히 할 수 있게 하옵소서.

이제 주님을 믿고 교회를 사랑하는 마음으로 전과 같이 신앙 생활 할 수 있도록 도우시고, 나에게는 유익이 없어도 주님께 영광이 된다면 모든 것을 참고 덮을 수 있는 ○○○ 성도님이 되게 하여 주옵소서. 오직 주의 이름의 영광을 위하여 모든 것을 참으며 모든 것을 견디며 모든 것을 바라며 살아갈 수 있는 ○○○ 성도님이 되게 하여 주옵소서. 상한 심령을 치유하시고 회복케 하시는 예수 그리스도의 이름으로 기도합니다. 아멘

약속의 말씀

그런즉 너희가 먹든지 마시든지 무엇을 하든지 다 하나님의 영광을 위하여 하라

(고린도전서 10장 31절)

성도간의 문제로 시험에 든 가정

심방가이드 | 찬송: 329, 341장
성경: 롬 12:18-21; 요일 2:9-11

화평케 하시는 주님,

○○○ 성도님이 다른 성도와의 관계 속에서 마음의 상처를 받았습니다. 그 마음을 지켜 주시기를 원합니다. 이럴 때 주님의 마음을 품을 수 있다면 얼마나 축복받은 성품이 될 수 있겠습니까? 마음을 잘 다스릴 수 있게 하여 주셔서 주님의 성품을 닮아 가는데 힘쓸 수 있는 ○○○ 성도님이 되게 하여 주옵소서. 불쑥 불쑥 솟아오르는 상한 감정이 마음을 괴롭힐지라도 미움의 감정을 더욱 키우는 것이 되지 않게 하여 주시고, 감정에 성령의 기름을 부어달라고 기도할 수 있는 ○○○ 성도님이 되게 하여 주옵소서.

사랑이 제일 큰 은사라고 하였사오니 사랑으로 상대방의 잘못과 허물을 덮을 수 있게 하여 주시고, 용서함으로 주님의 십자가를 앞세울 수 있는 ○○○ 성도님이 되게 하여 주옵소서. 이럴 때일수록 함께 찾아오는 것이 영적인 침체인 것을 깨닫습니다. ○○○ 성도님이 불편해진 인간관계로 인하여 주님과의 관계가 식어지지 않도록 이끌어 주시고, 이럴 때일수록 더 깊은 주님과의 교제를 갈망할 수 있는 ○○○ 성도님이 되게 하여 주옵소서. 마음에 아픔이 있을 때 주님의 아픔을 헤아릴 줄 아는 은혜가 있게 하시고, 마음의 고통이 있을 때 주님의 십자가의 고통을 살필 줄 아는 ○○○ 성도님이 되게 하여 주옵소서. 잘 이기면 능력이 될 줄 믿습니다.

더욱 성숙된 신앙의 단계로 나아가게 될 줄로 믿습니다. 따라서 아픔도 축복이 됨을 깨닫습니다. 승리하게 도와주시고, 믿음의 좋은 관계를 위하여 더욱 기도할 수 있게 하여 주옵소서. ○○○ 성도님을 사랑하시는 예수 그리스도의 이름으로 기도합니다. 아멘

약속의 말씀
우리는 그의 만드신 바라 그리스도 예수 안에서 선한 일을 위하여 지으심을 받은 자니
(에베소서 2장 10절)

온전한 십일조를 원하는 가정

심방가이드 | 찬송: 49, 575장
성경: 신 12:6,7; 말 3:7-12

만복의 근원이 되시는 하나님 아버지,
○○○ 성도님의 가정을 사랑하시고 필요한 온갖 것들을 채워주시며 때를 따라 은혜를 내려 주시는 주님께 감사와 영광을 돌립니다.

사랑하는 ○○○ 성도님에게 더욱 성숙된 믿음으로 나아가기를 원하는 기도 제목이 있습니다. 온전한 십일조를 주님께 드리는 것입니다. 그가 이제껏 온전한 십일조를 주님께 드리지 못하여 신앙 생활에 얼마나 많은 부담을 느끼고 있었겠습니까? 그러나 ○○○ 성도님이 실족하거나 넘어지지 아니하고 온전한 십일조를 드려야 한다는 영적인 부담을 갖게 하시니 얼마나 감사한지요? 그 마음에 성령이 내주하시는 증거임을 믿습니다.

이제 소득의 십분의 일을 주님께 온전히 드릴 수 있는 ○○○ 성도님이 될 수 있도록 붙들어 주시고, 온전한 십일조 생활을 통하여 주님이 약속하신 십일조의 축복을 받아 누릴 수 있는 ○○○ 성도님이 되게 하여 주옵소서.

주님, 우리는 주님의 것을 잠시 맡아서 관리하는 청지기들임을 깨닫습니다. 청지기의 본분을 다함으로 저희의 주인이신 주인을 기쁘게 해드리는 삶이 되게 하여 주옵소서. 한시도 주님의 은혜를 먹고 사는 종들임을 잊지 말게 하여 주시고, 물질의 십일조뿐만 아니라 시간의 십일조도 주님 앞에 드릴 수 있는 ○○○ 성도님이 되게 하여 주옵소서.

○○○ 성도님의 십일조 생활을 꼭 붙드실 것을 믿사옵고 예수 그리스도의 이름으로 기도합니다. 아멘

약속의 말씀
만군의 여호와가 이르노라 너희의 온전한 십일조를 창고에 들여 나의 집에 양식이 있게 하고
(말라기 3장 10절)

불평이 많은 성도

심방가이드 | 찬송: 28, 301장
성경: 민 14:28; 살전 5:19-22

언제나 좋은 것으로 채우시는 하나님 아버지,
저희들에게 놀라운 구원의 은혜를 베풀어 주시고, 주님의 은총 가운데서 살게 하심을 감사합니다. 사랑하는 ○○○ 성도님에게 더욱 큰 은혜를 내려주시기를 원합니다. 어렵고 힘든 생활 속에서 자신도 모르게 감사를 잃어버렸사오니 감사가 넘치는 신앙 생활이 될 수 있도록 이끌어 주옵소서. 형편과 처지를 바라보면 절망할 것 밖에 없지만 넉넉히 이길 수 있도록 새 힘을 주시는 주님이 함께 하시니 얼마나 감사한 일이옵니까? 짜증나고 힘든 삶일지라도 주님이 함께하심을 인하여 감사하고 기쁨을 잃지 않는 삶이 되게 하여 주옵소서.

우리 하나님은 "너희 말이 내 귀에 들린 대로 행하리니"(민14:28) 라고 하셨사오니 아무리 어렵고 힘들어도 불평으로 양식을 삼지 않게 하여 주시고, 합력하여 선을 이루시는 주님을 바라보며 감사의 고백을 잃지 않는 ○○○성도님이 되게 하여 주옵소서.

그 입술에서 고백되는 긍정의 언어를 통하여 성실과 정직으로 갚아주시는 하나님의 은총을 체험케 하실 것을 믿습니다. 하박국 선지자와 같이 전천후 감사가 날마다 주님 앞에 드려질 수 있는 삶이 되게 하시고, 주님의 보좌 앞을 감사의 향기로 진동시킬 수 있는 복된 삶이 되게 하여 주옵소서.

범사에 감사하는 삶을 살다가 훗날 주님 앞에 서게 되었을 때 감사의 종으로 인정받을 수 있는 ○○○ 성도님이 되게 하여 주옵소서. 주님을 향한 온전한 감사가 ○○○ 성도님에게 넘치게 하실 것을 믿사옵고 예수 그리스도의 이름으로 기도합니다. 아멘

약속의 말씀

범사에 감사하라 이는 그리스도 예수 안에서 너희를 향하신 하나님의 뜻이니라

(데살로니가전서 5장 18절)

은사를 사모하는 성도

심방가이드 | 찬송: 196, 190장
성경: 눅 11:13; 갈 5:22-26

전능하신 하나님 아버지,

　죄의 종으로 살던 저희를 구속하셔서 주님의 거룩한 백성으로 다시 살게 하여 주시니 얼마나 감사한지요. 이 땅에서 저희의 생명이 다하는 날까지 주님의 베푸신 은혜와 은총에 감사하며 영광 돌리는 삶이 되게 하여 주옵소서. 주님, 사랑하는 ○○○ 성도님이 주님의 영광을 나타내는 온전한 도구로 쓰임받기 위하여 더욱 큰 은사를 사모하고 있습니다. 주님을 향한 ○○○ 성도님의 마음을 기쁘게 보시고 사모하는 그 심령에 성령의 은사를 충만케 하여 주옵소서. 주님, 사랑의 은사가 부족함을 느끼고 있습니까? 주님의 사랑을 나타내고 보여줄 수 있도록 사랑의 은사를 더하여 주옵소서. 지혜가 필요합니까? 넘치는 지혜를 부어주셔서 주님의 몸된 교회를 위하여 봉사의 아름다움을 보여줄 수 있는 도구가 되게 하여 주옵소서. 기도의 은사가 필요합니까? 주님과 더 깊은 교제를 나눌 수 있도록 기도의 영으로 충만케 하시고, 기도가 필요한 자들을 위하여 기도의 헌신을 드릴 수 있는 ○○○ 성도님이 되게 하여 주옵소서. 말씀의 은사가 필요합니까? 주님이 말씀을 읽을 때마다 송이꿀 보다도 더 단 주님의 말씀을 맛볼 수 있도록 말씀의 능력을 더하여 주옵소서. 또한 영혼을 구원하는 일에 쓰임받기를 원하고 있습니까? 전도의 은사를 더하여 주셔서 많은 영혼들을 주님께로 인도할 수 있는 사람 낚는 어부가 되게 하여 주옵소서. 물질도 필요할 줄 압니다. 물질의 은사를 더하여 주셔서 주님의 마음을 담아내는 곳에 주님의 손길을 대신할 수 있는 ○○○ 성도님이 되게 하여 주옵소서. 사랑하는 자에게 각양 좋은 은사로 채워주시는 예수 그리스도의 이름으로 기도합니다. 아멘

약속의 말씀

더욱 큰 은사를 사모하라 내가 또한 좋은 길을 너희에게 보이리라

(고린도전서 12장 31절)

은혜를 깨닫지 못하는 성도

심방가이드 | 찬송: 304, 300장
성경: 시 119:18; 고후 6:1-10

사랑의 주님,

○○○ 성도님에게 주님의 은혜를 깨달아 알 수 있도록 크신 은총을 더하여 주시기를 원합니다. 저가 이제껏 신앙생활하면서 하나님의 은혜를 깨닫지 못하여 눌리는 신앙생활을 하고 있나이다. 신앙생활에 기쁨과 즐거움을 찾지 못하고 있습니다. ○○○ 성도님에게 다시 한번 넘치는 은혜를 부어 주셔서 자신이 주님의 은혜의 한 복판에 있음을 깨닫게 하시고, 그 은혜를 누리는 삶이 되게 하여 주옵소서.

가난도 주님이 주신 은혜임을 깨닫게 하셔서 가난에 굴하지 않고 깨끗하게 주님을 섬길 수 있다면 부자가 섬기는 것에 절대로 뒤지지 않는 다는 것을 깨닫게 하옵소서. 질병도 주님이 주신 은혜임을 깨달아 질병가운데서 주님께 영광 돌릴 수만 있다면 건강한 사람이 돌리는 영광에 조금도 부족하지 않음을 깨닫게 하옵소서.

고난도 주님이 주신 은혜임을 깨닫게 하셔서 고난 가운데서도 흔들리지 아니하고 주님을 바라볼 수 있다면 평안한 사람이 주님께 영광 돌리는 것에 조금도 뒤지지 않는다는 것을 깨닫게 하옵소서. 불행도 주님이 주신 은혜임을 깨달아 불행 중에 흔들리지 않고 주님을 의지할 수 있다면 행복한 사람이 주님께 영광 돌리는 것에 조금도 부족하지 않다는 것을 깨닫게 하옵소서. 세상적인 가치관을 가지고 주님의 은혜를 생각하지 말게 하여 주시고, 주님이 나를 어떤 환경에서 어떤 모양으로 쓰시는지에 초점을 맞추어 주님의 도구로 쓰임 받는 것에 감사할 수 있는 ○○○ 성도님이 되게 하여 주옵소서.

우리 주님께서는 당신의 사랑하는 자녀들에게 당신의 영광을 위하여 놀라운 특권을 허락하셨다는 것을 잊지 않게 하여 주옵소서. 예수님의 이름으로 기도합니다. 아멘

약속의 말씀

내게 이르시기를 내 은혜가 네게 족하도다 이는 내 능력이 약한데서 온전하여 짐이라
(고린도후서 12장 9절上)

성수주일이 어려운 성도

심방가이드 | 찬송: 43, 167장
성경: 출 16:23-30; 골 3:1-2

인생의 본분이 무엇인지를 깨닫게 하시는 하나님,

저희에게 복된 날을 허락하셔서 주님께 예배하고 영광 돌릴 수 있는 복된 인생길을 걸어가게 하시니 감사합니다. 주일은 하나님께서 예배를 통하여 저희들에게 복주시기로 작정한 날임을 믿습니다. 안타까운 것은 사랑하는 ○○○ 성도님이 늘 육신의 일에 쫓기고 얽매여서 이 귀한 날에 주님을 만나지 못하고 있고, 주님의 은혜를 경험하지 못하고 있습니다.

○○○ 성도님을 주님의 능력의 손으로 굳게 붙드셔서 이 날에 구별된 삶을 살 수 있도록 도와주시고, 영육간에 안식을 얻는 날이 되게 하여 주옵소서. 이 날을 주님께 온전히 드림으로 주님을 주님 되게 해 드릴 수 있는 ○○○ 성도님이 되게 하여 주시고, 예배를 통하여 부어주시는 주님의 놀라운 은혜를 경험하는 삶이 되게 하여 주옵소서. 사람이 떡으로만 사는 것이 아니라 하나님의 입에서 나오는 말씀으로 살아야 함을 기억하게 하여 주시고, 육신의 일에 얽매여서 마귀가 좋아하는 일만 좇다가 은혜를 잃고 마는 ○○○ 성도님이 되지 않게 하여 주옵소서. "주의 궁정에서의 한 날이 다른 곳에서의 천 날보다 낫다"(시84:10)고 고백했던 시편기자와 같이 주일마다 주의 궁정을 사모함으로 세상에서는 맛볼 수 없는 더 큰 기쁨과 평강을 얻을 수 있는 ○○○ 성도님이 되게 하여 주옵소서. 특별히 주님의 몸된 교회를 위하여 하루를 봉사하고 헌신할 수 있는 날이 되게 하여 주시고, 헤어졌던 성도들과도 만나서 신앙생활에 유익을 더하는 믿음의 좋은 교제를 나눌 수 있게 하여 주옵소서. 주일이 ○○○ 성도님에게 세상 일을 접고 오직 여호와 하나님만을 찬양하는 귀하고 복된 날이 되게 하실 것을 믿습니다. ○○○ 성도님을 사랑하시는 예수 그리스도의 이름으로 기도합니다. 아멘

• 위로와 권면 대표기도문 •

약속의 말씀

주의 궁정에서 한 날이 다른 곳에서 천 날 보다 나은즉 악인의 장막에 거함보다 내 하나님의 문지기로 있는 것이 좋사오니 (시편 84편 10절)

주님을 신뢰하지 못하는 성도

심방가이드 | 찬송: 545, 211장
성경: 시 55:22, 146:1-5

반석이신 하나님 아버지,
　모든 짐을 주님께 맡길 때에 의인의 요동함을 허락지 않으심을 믿습니다. 사랑하는 ○○○ 성도님이 주님을 온전히 신뢰하고 의지할 수 있는 믿음이 되게 하여 주옵소서. 세상의 썩어질 것을 의지하지 말게 하여 주시고, 있다가도 없어질 재물을 의지하지도 말게 하여 주옵소서. 도울 힘이 없는 인생도 의지하지 말게 하여 주시고 자기의 지식과 경험이나 권력을 의지하는 일도 없게 하여 주옵소서.
　주님, 저희의 의지의 대상은 주님 밖에 없음을 깨닫습니다. 비록 눈에 보이는 것이 없고 귀에는 들리는 것이 없고 손에는 잡히는 것이 없다 할지라도 지금도 살아계셔서 우주를 지배하시고 섭리하시는 주님만을 의지하게 하옵소서.
　여호와께 피함이 사람을 신뢰함보다 나으며, 여호와께 피함이 방백들을 신뢰함보다 낫다고 하였사오니 주님만을 온전히 의지할 수 있는 저희가 되게 하여 주옵소서. 주님만을 의지하게 될 때에 두려움 없는 삶을 살 수 있음을 믿습니다. 넉넉히 이기는 삶을 살 수 있음을 믿습니다. 행복한 삶, 성공하는 삶을 살 수 있음을 믿습니다. 온전히 주님만을 신뢰할 수 있게 하여 주옵소서.
　어느 순간에라도 주님을 잊는 일이 없게 하여 주시고 언제나 주님을 기억하는 삶이 될 수 있도록 함께하여 주옵소서. 하나님을 자기 도움으로 삼고 힘으로 삼을 수 있는 삶이 될 수 있도록 ○○○ 성도님을 주장하여 주옵소서. 사랑이 많으신 예수 그리스도의 이름으로 기도합니다. 아멘

약속의 말씀
너희는 인생을 의지하지 말라 그의 호흡은 코에 있나니 수에 칠 가치가 어디 있느뇨
(이사야 2장 22절)

남편이 믿지 않는 성도

심방가이드 | 찬송: 287, 528장
성경: 시133:1-3; 사 43:1

　구원의 주요 믿음의 주가 되시는 하나님 아버지,
　저희의 모든 죄악과 저주를 십자가로 구속하시고 구원과 참 자유를 주신 주님의 은혜를 찬양합니다. 사랑하는 ○○○ 성도님이 주님을 믿지 않는 남편을 놓고 안타까워하며 매일 눈물로 기도하고 있습니다. 마치 성경의 한나와 같이 마음을 쏟아 기도하기를 쉬지 않고 있사오니 불쌍히 여기시고 긍휼을 베풀어 주옵소서. 구원받지 못한 남편 생각할 때마다 그 마음에 밀려오는 영적인 부담이 얼마나 크겠습니까? 사랑하는 ○○○ 성도님의 남편도 구원받은 하나님의 자녀로 그 은혜를 누리며 살 수 있도록 믿음의 눈을 뜨게 하여 주옵소서.
　주님을 영접할 수 있게 하여 주시시고, 구원을 아는 진리에 이를 수 있게 하여 주옵소서. 아마도 ○○○ 성도님에게는 남편의 구원이 가장 큰 기도제목이요 가장 큰 소원일 것입니다. 이생의 안목과 육신의 정욕을 위한 것이 아니오니 두 사람이 한자리에서 주님의 성호를 찬양하고 영광 돌릴 수 있도록 이 가정에 주님의 온전하신 구원을 허락하여 주옵소서.
　주님을 부인하던 남편의 입술이 변하여 구주이신 주님을 고백할 수 있게 하여 주시고, 세상길로만 향하던 남편의 발걸음이 변하여 주님의 보좌 앞으로 향할 수 있게 하옵소서. ○○○ 성도님의 가정을 구원의 반열에서 버리지 않으심을 믿습니다. ○○○ 성도님의 남편도 만세 전부터 택정하신 주님의 자녀임을 믿습니다.
　한 믿음 안에서 천국을 향하여 달려갈 수 있는 축복의 가정으로 세워주시옵소서. 부르짖는 자에게 응답을 주시는 예수 그리스도의 이름으로 기도합니다. 아멘

위로와 권면 대표기도문

　　약속의 말씀
　이방인들이 듣고 기뻐하여 하나님의 말씀을 찬송하며 영생을 주시기로 가정된 자는 다 믿더라　　(사도행전 13장 48절)

부모님이 믿지 않는 성도

심방가이드 | 찬송: 518, 521장
성경: 요 1:12; 행 16:27-34

　모든 사람이 구원을 받으며 진리를 아는데 이르기를 원하시는 하나님 아버지, 오늘도 주님의 구원하심은 이 가정을 향하고 있음을 믿습니다. 사랑하는 ○○○ 성도님이 부모님의 구원을 위하여 마음을 쏟고, 영혼을 쏟으며 기도하고 있습니다. 인생의 황혼기를 맞은 부모님이 이 땅위에 계실 날이 얼마 남지 않았기에 지옥 백성이 될 생각을 하니 ○○○ 성도님의 마음이 얼마나 안타깝겠습니까?
　의인의 간구를 외면치 아니하시는 우리 주님, ○○○ 성도님의 부모님의 영혼을 불쌍히 여겨 주셔서 구원의 은총을 허락하여 주옵소서. 주님이 가정에 ○○○ 성도님을 천국 백성으로 심어놓으신 것은 이 가정을 구원코자 하시는 주님의 섭리가 계심을 믿습니다. 이 가정에 속한 권속들이 한사람도 지옥 가서는 안 될 천국 백성이기에 ○○○ 성도님을 이 가정에 구원의 자녀로 심어놓으심을 믿습니다.
　이제 ○○○ 성도님의 부모님에게 구원의 문을 열어주셔서 살아 생전에 주님을 영접하여 천국을 경험하는 삶을 살아갈 수 있게 하여 주옵소서.
　○○○ 성도님의 부모님은 지옥 가서는 안 될 주님의 백성임을 믿습니다. 반드시 구원받아야 할 천국 백성임을 믿습니다. 그 영혼을 주관하고 있는 흑암의 권세를 물리쳐 주시고, 주님의 밝은 빛을 그 영혼에 비쳐주시옵소서.
　이제껏 주님을 믿지 않고 허송세월 했던 것을 후회하며 남은 생애라도 주님을 위하여 쓰임 받는 복된 삶을 살 수 있도록 은총을 더하여 주옵소서. 주님이 작정하신 구원의 은혜가 이 가정 가운데 넘치게 하실 것을 믿사옵고 예수 그리스도의 이름으로 기도합니다. 아멘

위로와 권면 대표기도문

　약속의 말씀
사람이 내 말을 듣고 지키지 아니할지라도 내가 저를 심판하지 아니하노라 내가 온 것은 세상을 심판하려 함이 아니요 세상을 구원하려 함이로라　(요한복음 12장 47절)

혈육이 믿지 않는 성도

심방가이드 | 찬송: 96, 500장
성경: 마 5:16; 갈 6:9

구원의 하나님을 찬양합니다. 오늘도 주님의 구원하심이 이 가정을 향하고 있음을 믿습니다. 사랑하는 ○○○ 성도님이 혈육이 예수님을 믿지 않아 늘 안타까워하고 있습니다. 주님 앞에 엎드릴 때마다 혈육의 구원을 놓고 얼마나 많이 주님을 찾았겠습니까? 그 마음의 안타까움을 아시는 우리 주님이시오니 혈육이 주님께 회개하고 돌아올 수 있도록 구원의 문을 열어주시옵소서. 한 형제자매들이 서로 다른 영적 세계관을 가지고 혈육의 관계를 유지한다는 것이 얼마나 어렵고 힘들겠습니까? 부딪치는 것이 한두 가지가 아니요, 마음을 같이하는 것도 쉽지 않을 것입니다. 집안의 대소사가 있을 때마다 감정의 대립이 발생할 때도 있을 것입니다. 끈끈한 정을 나누고 가족애를 돈독히 해야만 할 혈육의 관계가 영적 세계관이 일치가 되지 않아 많은 아픔을 겪고 있을 것입니다.

주님, ○○○ 성도님의 가정을 기억하시고 혈육들에게 주님 앞으로 돌아올 수 있는 구원의 은총을 베풀어 주옵소서. 선택된 백성으로 주님의 구원하심을 노래할 수 있게 하시고, 힘찬 구원의 행진을 할 수 있도록 역사하여 주옵소서. 가정 가정마다 주님을 모실 수 있게 하여 주시고, 천국을 이룰 수 있는 생활이 되게 하여 주옵소서. 자녀들에게도 믿음을 유산으로 물려줄 수 있는 혈육들이 되게 하시고, 모일 때 마다 믿음의 고백을 나누며 하나님께 영광 돌릴 수 있는 은혜로운 삶을 살 수 있게 하여 주옵소서. ○○○ 성도님이 주님의 구원하심을 갈망하고 있사오니 속히 이루실 것을 믿습니다. "주 예수를 믿으라 그리하면 너와 네 집이 구원을 얻으리라"(행 16:31)는 약속의 말씀이 꼭 ○○○ 성도님의 혈육들에게 성취케 하실 것을 믿습니다. 예수 그리스도의 이름으로 기도합니다. 아멘

• 위로와 권면 대표기도문 •

약속의 말씀
인자의 온 것은 잃어버린 자를 찾아 구원하려 함이니라 (누가복음 19장 10절)

금식기도하고 있는 성도

심방가이드 | 찬송: 96, 315장
성경: 사 58:6; 마 4:1-11

몸을 깨뜨려 부르짖는 자에게 은총을 더하시는 하나님 아버지,

사랑하는 ○○○ 성도님이 금식기도를 하고 있습니다. 식욕을 절제하며 기도한다는 것이 얼마나 어려운 일입니까? 자신의 몸을 깎는 행위요 주님께 희생의 기도를 드리는 행위임에는 분명합니다. 어찌 보면 생사를 건 기도일수도 있을 것입니다. ○○○ 성도님이 금식하며 기도할 수밖에 없는 영혼의 고통이 있는 줄 아오니, 우리 주님이 그 심령을 만져주시고 주님의 은혜로 채워 주시옵소서.

금식을 하는 동안 사단 마귀가 일절 틈타지 못하도록 하늘의 천군천사를 동원하셔서 보호하여 주시고, 몸은 축나고 기력이 쇠하여 질지라도 영혼을 새롭게 하시는 주님의 은총을 경험하게 하실 것을 믿습니다. 금식을 하는 동안 영혼의 찌든 때가 말끔히 씻겨나가게 하시고, 그 마음에 모든 근심 걱정들이 물러가며 매일매일 응답을 경험하는 주님의 은총을 누릴 수 있게 하옵소서. 또한 금식하는 동안 기력이 쇠하여져서 맡은바 직분을 감당치 못하는 일이 없게 하시고, 더욱 온전한 순종을 드릴 수 있도록 이끄실 것을 믿습니다.

건강에 적신호가 울리지 않도록 새 힘을 공급하여 주시고, 정한 기간까지 금식을 잘 마칠 수 있도록 성령의 능력으로 함께 하여 주옵소서. 피부도 탄력을 잃지 않게 하여 주셔서 연약한 육체를 강건케 하시는 주님의 사랑을 뼛속 깊숙이 느낄 수 있게 하옵소서.

○○○ 성도님에게 금식하기 전에는 맛볼 수 없었던 주님의 신령한 은혜를 꼭 체험케 하실 것을 믿습니다. 그의 절박한 부르짖음에 귀 기울이고 계신 예수 그리스도의 이름으로 기도합니다. 아멘

• 위로와 권면 대표기도문 •

약속의 말씀

나는 저희가 병들었을 때에 굵은 베옷을 입으며 금식하여 내 영혼을 괴롭게 하였더니 내 기도가 내 품으로 돌아왔도다 (시편 35편 13절)

영적싸움이 필요한 성도

심방가이드 | 찬송: 353, 350장
성경: 엡 6:10-20; 벧전 5:8

마귀를 대적하는 그리스도의 좋은 군사가 되기를 원하시는 하나님 아버지, 세상은 날로 악해져만 가고 성도님을 유혹하는 사단의 무리는 갈수록 극성을 부리고 있는 이때에 사랑하는 ○○○ 성도님이 그리스도의 좋은 군사가 되기를 원합니다. 마귀는 우는 사자와 같이 두루 다니며 삼킬 자를 찾고 있사오니 이러한 마귀의 미혹에 걸려 넘어지지 않고 능히 대적하기 위하여 하나님의 전신갑주를 입을 수 있는 ○○○ 성도님이 되게 하여 주옵소서. 마귀는 틈을 비집고 들어온다고 하였사오니 영적인 틈을 보이지 않기 위하여 말씀으로 철저하게 무장하게 하여 주시고, 깨어 기도하기를 쉬지 않는 ○○○ 성도님이 되게 하여 주옵소서.

사도바울은 영과의 싸움에서 이기기 위하여 날마다 자신을 죽이는 삶을 살았습니다. ○○○ 성도님도 자신을 철저히 죽이는 삶을 살게 하여 주셔서 정욕을 통하여 접근해 오는 사단의 계략을 봉쇄해버릴 수 있는 능력의 삶이 되게 하여 주옵소서. 또한 마귀가 좋아하는 것이라면 눈을 가리고 귀를 막게 하여 주시고, 마귀가 싫어하는 것이라면 힘을 다하여 최선을 다할 수 있는 ○○○ 성도님이 되게 하여 주옵소서.

주위에서 ○○○ 성도님을 신앙을 넘어뜨리기 위하여 수많은 대적자가 일어난다 할지라도 절대로 마귀의 꾐에 걸려 넘어지지 않게 하시고, 믿음의 사람 욥과 같이 승리함으로 귀로만 듣던 하나님을 직접 눈으로 보는 축복을 받게 하옵소서. ○○○ 성도님을 마귀에게 철퇴를 가하고 마귀의 진을 파하는 강력한 주님의 사람으로 살게 하실 것을 믿사옵고 예수 그리스도의 이름으로 기도합니다. 아멘

약속의 말씀

우리의 씨름은 혈과 육에 대한 것이 아니요 정사와 권세와 이 어두움의 세상 주관자들과 하늘에 있는 악의 영들에 대함이라 (에베소서 6장 12절)

담배와 술을 끊지 못하는 성도

심방가이드 | 찬송: 420, 286장
성경: 고전 6:19-20; 엡 5:8-10

긍휼이 풍성하신 하나님 아버지,
미물만도 못한 저희들에게 천하보다 귀한 사랑을 쏟아 부으셔서 주님의 귀한 자녀로 삼아주시고, 천국을 소유한 주님의 백성으로 살게 하시니 주님의 그 크신 은혜를 어찌 다 말로 표현할 수 있겠사오리까?
주님, 주께서 피로 값 주고 사신 사랑하는 ○○○ 성도님이 아직 끊어야 할 것을 끊지 못하여 성숙한 신앙 생활을 하지 못하고 있습니다. 그도 끊어보려고 결심하고 노력은 하고 있지만 의지가 약하여 다시 그 마음을 사단에게 내어주고 있습니다.
인간의 의지와 힘으로는 죄를 이기지 못하고 끌려갈 수밖에 없사오니 ○○○ 성도님에게 성령 충만을 허락하여 주옵소서. 성령 충만함을 받아 몸속에 인박혀 있는 잘못된 악습관을 끊어버릴 수 있게 하여 주시고, 더 이상 양심을 속이는 신앙생활을 하지 않도록 이끌어 주옵소서.
저희의 몸은 성령이 거하시는 전이 아닙니까? 잘못된 악습관으로 인하여 주님의 전을 더럽히는 신앙 생활이 되지 않게 하여 주시고, 죄 짓는 불의의 병기로 사용하지 도와주시옵소서. 어서 속히 옛 생활을 정리하여 주님께 의의 병기로 충성을 다할 수 있는 귀한 그릇이 되게 하여 주시고, 하나님 앞에서나 사람 앞에서 신실한 신앙인으로 인정받을 수 있는 아름다운 주님의 사람이 되게 하여 주옵소서.
성령께서 도우실 것을 믿사옵고 예수 그리스도의 이름으로 기도합니다. 아멘

약속의 말씀

너희 몸은 너희가 하나님께로부터 받은바 너희 가운데 계신 성령의 전인 줄을 알지 못하느냐 너희는 너희의 것이 아니라 (고린도전서 6장 19절)

잘못된 습관에 길들여진 성도

심방가이드 | 찬송: 196, 288장
성경: 롬 8:32-38; 갈 5:16

사랑이 풍성하신 하나님 아버지,
 안 좋은 습관에 얽매여 있는 ○○○ 성도님을 위하여 기도합니다. 좋지 못한 습관을 단호히 끊어버리지 못하는 ○○○ 성도님을 불쌍히 여기시고 은혜를 더하여 주옵소서. 그도 안 좋은 습관으로부터 벗어나기 위하여 많은 노력을 했을 것입니다. 하오나 여전히 옛 습관을 버리지 못하여 습관에 끌려가고 있사오니 그 마음을 성령 충만을 허락하여 주옵소서. ○○○ 성도님의 신앙을 보아서는 안 좋은 습관으로 인하여 신앙 생활에 적잖은 부담을 느끼고 있을 것입니다. 발전이 없고 형식적인 신앙 생활을 하는 것 같아 마음의 고통이 얼마나 크겠습니까?
 주님, 이제는 ○○○ 성도님에게 크신 은총을 더하여 주셔서 안 좋은 습관으로부터 자유함을 누릴 수 있게 하여 주옵소서. 그동안 안 좋은 습관을 고치기 위하여 육신의 정욕과 수없이 싸워온 그 마음을 기억하시고 새사람으로 거듭날 수 있도록 이끌어 주시기 원합니다. 안 좋은 습관이 교회 생활에 걸림돌이 되거나, 남을 불편하게 하거나 주님의 영광을 나타내는데 걸림돌이 되지 않도록 도와주시옵소서. 눌리는 신앙 생활이 아니라 누리는 신앙 생활을 할 수 있도록 도와주시옵소서. 육에 속한 사람이 아니라 성령의 사람으로 주님의 뜻을 높일 수 있도록 그 마음을 고쳐 주시옵소서. 악은 모양이라도 버리라고 하셨사오니 어서 속히 버릴 수 있도록 성령의 기름을 물 붓듯이 부어 주시옵소서. 저희가 믿는 주님은 변화시키시는 주님이심을 믿습니다. 새롭게 하시는 주님이심을 믿습니다.
 ○○○ 성도님의 속사람을 변화시키시고 새롭게 하실 것을 믿습니다. 온전한 믿음의 사람으로 세우시기를 기뻐하시는 예수 그리스도의 이름으로 기도합니다. 아멘

약속의 말씀
하나님을 따라 의와 진리의 거룩함으로 지으심을 받은 새사람을 입으라
(에베소서 4장 24절)

예배를 가볍게 여기는 성도

심방가이드 | 찬송: 288, 354장
성경: 요 4:24; 벧전 2:5

거룩하신 하나님 아버지,

죄 많은 저희들을 사랑하셔서 하나님의 자녀로 택하여 주시고 하나님께 영광 돌리는 거룩한 예배자로 삼아주시니 얼마나 감사한지요. 주님의 한없는 은혜만 생각하면 저희의 모든 것을 깨뜨려도 늘 부족함을 깨닫습니다. 주님, 저마다 이유와 사정이 없지는 않겠지만 사랑하는 ○○○ 성도님에게 예배의 회복이 필요함을 느낍니다. 그에게 예배 생활이 겨우겨우 힘겹게 이어지는 것을 볼 때에 많은 안타까움을 갖습니다. ○○○ 성도님을 사랑하시는 우리 주님이심을 믿습니다. ○○○ 성도님에게 은혜주시기를 기뻐하시는 우리 주님이심을 믿습니다.

지키는 예배가 아니라 드리는 예배가 될 수 있도록 ○○○ 성도님의 마음과 생활을 주장하여 주옵소서. 기다려지는 예배가 되게 하시고, 예배에 대한 사모함이 있게 하여 주옵소서.

예배를 드리지 않으면 그 마음에 견딜 수 없는 영적인 부담이 밀려오게 하여 주시고, 하나님의 성호를 찬양하는 것이 인생에 기쁨이 되게 하여 주옵소서. 저희에게 온전한 예배가 있어야 삶에 온전한 변화가 주어지는 줄 믿습니다. 마음을 다한 예배가 있어야 하나님의 임재하심을 경험할 수 있음을 깨닫습니다. ○○○ 성도님의 마음에 부흥을 허락하여 주셔서 예배를 앞세울 수 있는 삶이 되게 하여 주옵소서. 예배를 통하여 성령의 교통하심을 강하게 느낄 수 있게 하여 주시고, 감동과 기쁨과 감격을 맛볼 수 있게 하여 주옵소서. "하나님께 가까이 함이 내게 복이라"(시73:28)고 하였사오니 성전을 가까이 함으로 주님의 축복을 받아 누리는 ○○○ 성도님이 되게 하여 주옵소서. ○○○ 성도님에게 예배의 정신으로 살 수 있도록 이끄실 것을 믿사옵고 예수 그리스도의 이름으로 기도합니다. 아멘

약속의 말씀

그러므로 형제들아 내가 하나님의 모든 자비하심으로 권하노니 너희 몸을 하나님이 기뻐하시는 거룩한 산제사로 드리라 이는 너희의 드릴 영적 예배니라 (로마서 12장 1절)

이단에 미혹된 성도

심방가이드 | 찬송: 342, 350장
성경: 엡 6:10-20; 요일 4:6

길과 진리요 생명이신 주님,
저희들에게는 주님만이 길과 진리와 생명이심을 믿습니다. 하오나 사랑하는 ○○○ 성도님이 거짓된 영을 받은 이단의 꾐에 미혹되어 잘못된 가르침을 받아 이단 사상에 빠지고 말았습니다. 사랑하는 ○○○ 성도님을 위하여 간절히 기도하오니 그 어두운 영혼에 진리의 빛을 강하게 비추셔서 다시금 온전한 진리 가운데로 인도함을 받을 수 있게 하여 주옵소서. 이단 사상을 가진 자는 가까이 하지도 말고 그들과 변론하지도 말아야 하는 것이 성경의 가르침인데 ○○○ 성도님은 그들을 용납함으로 진리에서 벗어나는 올무가 되어버리고 말았습니다.

사랑의 주님, 우리 주님은 ○○○ 성도님을 지극히 사랑하시는 줄 믿습니다. 만세 전부터 택하신 주님의 백성인줄 믿습니다. ○○○ 성도님이 이단 사상에 더 깊숙이 빠지기 전에 사악한 이단의 무리에서 건져주시기를 원합니다. 구원은 말에 있는 것이 아니라 능력에 있음을 깨닫게 하시고, 지식에 있는 것이 아니라 믿음에 있음을 깨닫게 하여 주옵소서.

성경을 많이 알아야 믿음 생활을 잘하는 것이 아니라 한 말씀이라도 그 말씀에 순종하는 삶을 살아야 믿음 생활을 잘하는 것임을 깨닫게 하옵소서. ○○○ 성도님에게뿐 아니라 수많은 성도들이 진리를 가장한 거짓된 영에 노출되어 있사오니 악한 영에 사로잡히지 않도록 그들의 영을 지키시옵소서. ○○○ 성도님이 다시 주님 앞으로 돌아와 오직 하나님 중심, 말씀 중심, 교회 중심으로 건강한 신앙 생활 할 수 있도록 이끄실 것을 믿습니다. 주님의 백성을 미혹하는 악한 영의 세력을 주님의 권능으로 멸하여 주옵소서. ○○○ 성도님을 생명책에 기록하신 예수 그리스도의 이름으로 기도합니다. 아멘

• 위로와 권면 대표기도문 •

약속의 말씀

만일 너희가 믿음에 거하고 터 위에 굳게 서서 너희 들은바 복음의 소망에서 흔들리지 아니하면 그리하리라
(골로새서 1장 23절)

설교를 듣지 못하는 성도

심방가이드 | 찬송: 200, 285장
성경: 삼상 3:1-9; 마 13:18-23

말씀으로 천지 만물을 창조하시고 주관하시는 하나님 아버지,
　사랑하는 ○○○ 성도님을 주님의 사랑으로 이끄시고 항상 함께하심을 감사드립니다. ○○○ 성도님이 예배에 잘 참석하니 얼마나 감사한지요. 이 모든 것이 주님의 은혜임을 믿습니다. 하오나 목사님이 전하시는 말씀이 귀에 들어오지 않는다고 합니다. 무슨 말씀인지 알아듣지를 못하겠고 이해를 할 수 없다고 합니다. 그러다보니 설교 듣는 시간이 지루하게 느껴지고 자신의 의지와는 상관없이 눈이 감긴다고 합니다.
　주님, ○○○ 성도님이 말씀을 잘 들을 수 있도록 은총을 베풀어 주옵소서. "믿음은 들음에서 나며 들음은 하나님의 말씀으로 말미암는다"(롬 10:17)고 했는데 말씀을 잘 들어야 믿음이 자랄 것이 아니겠습니까?
　○○○ 성도님에게 말씀을 들을 수 있는 귀를 열어주셔서 목사님을 통하여 듣는 하나님의 말씀이 재미가 있게 하시고, 듣고 또 듣고 싶은 말씀이 되게 하여 주옵소서. 말씀을 통하여 ○○○ 성도님의 심령을 새롭게 하시고 변화시키시는 주님의 손길을 체험할 수 있게 하여 주옵소서. 그리하여 그리스도의 장성한 분량에 이를 수 있게 하시고, 주님께 영광 돌릴 수 있는 삶이 되게 하여 주옵소서.
　주님의 말씀은 머리로 이해하는 것이 아니라 가슴으로 느껴야 하는 것임을 깨닫습니다. 가슴으로 다가오는 주님의 말씀을 듣기 위하여 심령의 부흥을 위하여 기도할 수 있게 하시고, 성경을 보고 묵상하는 습관을 가질 수 있게 하옵소서. 우리 주님께서 ○○○ 성도님에게 진리의 말씀을 깨달아 알게 하심으로 감격이 넘치는 신앙생활을 할 수 있도록 도우실 것을 믿습니다. 그의 영혼을 진리의 빛으로 밝혀 주실 것을 믿습니다. 예수 그리스도의 이름으로 기도합니다. 아멘

・위로와 권면 대표기도문・

약속의 말씀
대저 저는 우리의 하나님이시요 우리는 그의 기르시는 백성이며 그 손의 양이라 너희가 오늘날 그 음성 듣기를 원하노라　　(시편 95편 7절)

낙심 후 다시 출석하는 가정

심방가이드 | 찬송: 324, 380장
성경: 시 133:1-3; 골 2:2-3

전능하신 하나님 아버지,
곤고함 속에서도 새 힘을 주시니 감사와 찬양을 드립니다.
　사랑하는 ○○○ 성도님이 마음에 상처를 받아 실족하였지만 아주 넘어지지 않게 하시고, 다시금 그 마음이 주님의 전을 향할 수 있게 하시니 얼마나 감사한지요. 이 가정에 향하신 하나님의 사랑이 끝이 없고 영원함을 깨닫습니다.
　하나님이 ○○○ 성도님의 영혼을 붙들고 계신데, 어떻게 ○○○ 성도님이 주님의 교회를 떠날 수가 있겠습니까? 그동안 마음에 응어리졌던 모든 감정들을 풀어주시고 식어진 가슴에 불을 지펴주셔서 주님을 사랑하는 마음으로 다시 교회를 위하여 죽도록 충성할 수 있는 일꾼이 되게 하여 주옵소서.
　신앙 생활을 하면서 겪은 아픔들, 다른 사람의 아픔을 헤아릴 수 있는 삶을 살라고 주님이 섭리하신 것임을 믿습니다. 이제 이전에는 보이지 않던 다른 교우의 아픔이 더욱 선명하게 눈에 들어오게 하셔서 그 아픔을 함께 나눌 수 있는 복된 신앙 생활이 되게 하여 주옵소서. 이 가정의 모든 사정을 주님께서 아시오니 속히 회복의 은총을 더하여 주시고, 더 깊은 감사의 자리로 향할 수 있도록 인도하실 것을 믿습니다.
　그동안 사랑하는 ○○○ 성도님을 위하여 눈물로 기도한 성도들이 있습니다. 그 기도의 빚을 더 많은 기도로 꼭 갚을 수 있는 ○○○ 성도님이 되게 하여 주옵소서. 주님의 인도하심으로 다시금 ○○○ 성도님의 가정에 와서 주님 앞에 영광 돌리며 교제를 나누게 하신 것을 감사하오며 예수 그리스도의 이름으로 기도합니다. 아멘

약속의 말씀

너의 하나님 여호와가 너의 가운데 계시니 그는 구원을 베푸실 전능자시라 그가 너로 인하여 기쁨을 이기지 못하여 하시며 너를 잠잠히 사랑하시며 … (스바냐 3장 17절)

담대함이 필요한 성도

심방가이드 | 찬송: 585, 358장
성경: 신 31:6; 대하 32:7-8

전능하신 하나님 아버지,
 사랑하는 ○○○ 성도님에게 담대함을 허락하여 주시기를 원합니다. 그 마음이 너무도 연약하여 많은 두려움으로 가득 찬 나머지 사명의 자리로 담대히 나아갈 수 없사오니 주의 종 요나에게 허락하신 그 능력을 ○○○ 성도님에게도 허락하셔서 주님께 순종할 수 있도록 도와주시옵소서.
 이 세상의 어떤 죄악과 사탄이 ○○○ 성도님을 대적한다 할지라도 하나님의 보호 속에서, 또한 주님을 믿는 믿음 가운데서 물리칠 수 있게 하여 주시고 담대함을 가지고 싸워나갈 수 있는 ○○○ 성도님이 되게 하여 주옵소서. 사단과의 승리는 이미 주님께서 약속해 주신 것이므로 이 약속을 굳게 믿게 하여 주시고, 이 약속에서 떨어져서 살지 않게 하여 주옵소서. 또한 ○○○ 성도님이 언제나 하나님이 동행하심을 굳게 믿게 하여 주시고 어느 한순간도 전능하신 하나님께서 눈을 떼지 않고 지키신다는 사실을 의심치 않게 하여 주옵소서.
 주님, ○○○ 성도님에게 성령 충만을 허락하여 주시기를 원합니다. 성령의 충만함을 받아 주님의 이름이 영광을 받으시는 삶을 살아갈 수 있게 하여 주시고, 성령의 열매를 맺는 삶이 되게 하여 주옵소서. 담대함으로 십자가의 승리를 보여 주신 주님을 닮아갈 수 있는 삶이 되게 하시고, 주님의 뜻을 높이는 삶이 되게 하여 주시옵소서.
 ○○○ 성도님이 두려움 없는 신앙으로 주님을 기쁘시게 하는 삶을 살게 하실 것을 믿사옵고 예수 그리스도의 이름으로 기도합니다. 아멘

약속의 말씀
이것을 너희에게 이름은 너희로 내 안에서 평안을 누리게 하려 함이라 세상에서는 너희가 환난을 당하나 담대하라 내가 세상을 이기었노라 하시니라   (요한복음 16장 33절)

핑계가 많은 성도

심방가이드 | 찬송: 218, 449장
성경: 고전 10:31; 벧전 3:13

모든 것의 주님이 되시고 섭리하시는 하나님 아버지,

항상 저희들을 주님의 은총 가운데서 살게 하시니 감사합니다. 저희들의 삶 자체가 주님의 사랑이요 은혜임을 고백합니다. 사랑하는 ○○○ 성도님을 기억하시옵소서. 신앙 생활이 적극적이지 못한 관계로 늘 아쉬움이 남습니다. 그를 향한 하나님의 뜻하심과 계획하심이 분명히 계실 것인데 사랑하는 ○○○ 성도님이 그것을 깨달아 적극적인 신앙의 단계로 나아갔으면 하는 간절함을 갖습니다. 아무리 바쁜 일상 생활이라고 하지만 하나님의 자녀됨을 잊지 않게 하여 주시고, 주님의 나라와 그 의를 구하는 삶이 성도님의 삶인 것을 잊지 않게 하여 주옵소서. 육신의 일만 생각지 않게 하여 주시고 영적인 일에 마음을 쏟을 수 있는 ○○○ 성도님이 되기를 원합니다. 세상적인 것으로만 부요케 되는 ○○○ 성도님이 아니라 영적이고 신령한 것으로 부요케 되는 ○○○ 성도님이 되기를 원합니다. 사랑하는 ○○○ 성도님이 하나님께 받은 은혜를 헤아려 볼 수 있게 하시고, 이제는 주님을 위하여 자신을 깨뜨릴 수 있는 삶을 살아갈 수 있도록 그 심령에 성령 충만을 허락하여 주옵소서. 부족한 종이 볼 때에도 ○○○ 성도님은 정말 주님께 꼭 쓰임 받아야 할 그릇임을 깨닫습니다. 주님을 위해서 큰 일을 해낼 수 있는 그릇임을 깨닫습니다. 이제는 주님의 일을 뒷전으로 미루는 삶이 되지 않게 하여 주시고, 주님의 일을 앞상서서 할 수 있는 ○○○ 성도님이 되게 하여 주옵소서. 그 마음에 더 이상 핑계할 이유가 자리 잡지 않게 하시고 하나님의 영광을 위한 영적인 고민만 가득 차게 하여 주옵소서.

주님의 뜻대로 살기만 하면 더 큰 축복으로 함께 하실 것을 믿습니다. ○○○ 성도님에게 영적인 욕구가 불일듯 일어나게 하실 것을 믿사옵고 예수 그리스도의 이름으로 기도합니다. 아멘

약속의 말씀
부지런하여 게으르지 말고 열심을 품고 주를 섬기라 (로마서 12장 11절)

신앙에 동요가 있는 성도

심방가이드 | 찬송: 327, 342장
성경: 빌 2:5; 히 3:1

저희의 믿음을 주장하사 온전케 하시는 하나님 아버지,

사랑하는 ○○○ 성도님을 택하시고 구원과 영생을 얻게 하셔서 하나님의 거룩한 백성으로 삼아주시니 감사합니다. 또한 주께서 예비하신 저 천성을 향하여 믿음의 길을 잘 달려갈 수 있도록 인도하심을 감사합니다.

오늘도 우리 주님께서 사랑하는 ○○○ 성도님이 믿음의 길을 잘 달려갈 수 있도록 응원하고 계신 줄 믿습니다. 주님의 은총을 받은 자로 주님의 뜻하신 일을 잘 이루어 드릴 수 있는 ○○○ 성도님이 되게 하여 주옵소서.

지금 그의 마음이 흔들리고 있사오나 하나님께서 기뻐하실 일이 무엇인지를 잘 분변케 하셔서 오는 시험과 유혹을 잘 이길 수 있게 하여 주옵소서. 베드로처럼 예수님만을 바라보고 바다 위로 발을 내딛던 그 믿음을 가지고 모든 것을 주님께 맡기고 주님만을 의지하게 도와주시옵소서.

결코 주변을 바라봄으로 두려움의 바다 속으로 빠져들지 않도록 사랑하시는 ○○○ 성도님의 믿음을 굳게 붙들어 주옵소서. 인간의 뜻과 생각이 아니라 하나님의 뜻이 무엇인지를 먼저 살필 수 있게 하시고, 감정의 지배를 받지 않기 위하여 하나님의 뜻을 구할 수 있는 ○○○ 성도님이 되게 하여 주옵소서. ○○○ 성도님을 지극히 사랑하시는 우리 주님께서 악한 세력으로부터 지키실 것을 믿습니다.

진리를 옳게 분변할 수 있도록 지혜를 더하실 것을 믿습니다. 환경에 끌리는 신앙이 아니라 주님께 끌림을 받는 믿음이 되게 하실 것을 믿습니다. 처음처럼 주님을 영접하고 감사하며 결심했던 그 신앙대로 날마다 전진하며 이기고 나갈 수 있게 하여 주옵소서. 예수 그리스도의 이름으로 기도합니다. 아멘

약속의 말씀

… 서로 용납하여 피차 용서하되 주께서 너희를 용서하신 것과 같이 너희도 그리하고 이 모든 것 위에 사랑을 더하라 이는 온전하게 매는 띠니라   (골로새서 3장 13,14절)

면회 갔을 때(교도소)

심방가이드 | 찬송: 96, 305장
성경: 사 1:18; 요일 1:8-10

온유하신 주님,

저희가 지금 사랑하는 ○○○ 형제님을 면회하기 위하여 기도합니다. 주님이 택하신 귀한 아들이며 저희와 주 안에서 한 몸을 이룬 ○○○군을 기억하시옵소서. 나라 법에 따라 죄 값을 치르기 위하여 선고된 기간 동안 이곳에 있게 되었사오니 먼저 건강을 주시고 마음의 평안을 허락하여 주옵소서.

그가 부지중에 저지른 일로 인하여 잠시 영어(囹圄)의 몸이 되었으나 그의 중심에는 주님 뜻대로 살려고 했던 믿음이 있었음을 기억합니다. 일생을 걸어가는 동안 인생의 항로에 이번과 같은 경험은 불행이 아니라 훌륭한 교훈을 얻을 수 있는 기회가 되게 하시고, 주어진 역경을 선용할 수 있는 지혜를 갖추는 계기가 되게 하여 주옵소서.

마음대로 할 수 없는 이때에 다시금 주님의 사람으로 거듭나기 위하여 말씀을 묵상할 수 있게 하시고, 고독과 외로움이 밀려올 때마다 주님과의 교통을 위하여 겸손히 무릎 꿇을 수 있는 신앙적 자세가 있게 하여 주옵소서. 결코 좁은 마음이나 원망스러운 생각이나 자포자기의 마음이 들지 않게 하시고, 마음을 잘 정돈하여 여유 있는 품성을 이루는 기회로 삼게 하옵소서.

우리 주님은 의인을 위해 오신 것이 아니라 죄인을 위해 오셨다고 말씀 하셨나이다. 저와 형제는 다 같이 하나님 앞에서 죄인임을 깨닫습니다. 저희들을 불쌍히 여기시고 예수 그리스도로 인하여 새사람이 되게 하여 주옵소서. 아무쪼록 이 형제와 함께 하시고, 속히 여기서 나와 훌륭한 사회인과 신앙인으로 일할 수 있도록 도와주시옵소서. 죄인을 사랑하시고 용서하시기를 기뻐하시는 예수 그리스도의 이름으로 기도합니다. 아멘

약속의 말씀

내가 이르기를 내 허물을 여호와께 자복하리라 하고 내 죄를 아뢰고 내 죄악을 숨기지 아니하였더니 곧 주께서 내 죄의 악을 사하셨나이다   (시편 32편 5절)

면회 갔을 때(군)

심방가이드 | 찬송: 585, 382장
성경: 시 17:8; 엡 5:8-9

사랑의 하나님,

사랑하는 ○○○군이 군에 입대하여 군 생활을 잘 할 있도록 이끄심을 감사드립니다. 젊을 때에 나라를 위하여 봉사할 수 있다는 것이 얼마나 큰 복이요 소중한 특권입니까? 기쁘고 즐거운 마음으로 군복무에 최선을 다할 수 있게 하시고, 동료 사병들에게도 귀감이 되게 하여 주옵소서. 교육과 훈련에도 적극적으로 임하게 하시고, 맡겨진 의무와 책임에 대해서는 성실히 감당할 수 있도록 도와주시옵소서. 권세자에게 복종하라 하셨사오니 상관의 명령에는 복종할 수 있는 마음을 주시고, 속상한 일이 발생할 때에는 주님의 말씀으로 마음을 잘 다스릴 수 있도록 도와주시옵소서. 군 생활에서 가장 필요한 것은 건강인줄 압니다. 우리 주님이 ○○○군의 건강을 지켜주시옵소서. 또한 그동안 잊고 있었던 조국에 대한 사랑도 넘쳐나게 하시고, 서로를 아끼고 용납하고 품어주는 이해력도 넓히는 계기가 되게 하여 주옵소서. 주님을 섬기는 ○○○군입니다. 한시도 주님을 잊는 일이 없게 하시고, 주님을 모르는 동료들에게도 복음을 전할 수 있는 전도자가 되게 하여 주옵소서. 혈기 왕성함을 인하여 충동에 빠지는 일이 없게 하시고, 강한 인내력과 절제력을 주셔서 그 어떤 불미스러운 일에도 걸려 넘어지지 않게 하옵소서. 사랑하는 ○○○군을 위하여 뒤에서 기도하고 있는 부모를 기억하시고, 지나친 염려와 걱정에 사로잡히지 않도록 평안의 복을 더하여 주옵소서. ○○○군이 성공적인 군복무를 하게 될 때에, 그 뒤에 부모의 기도가 있다는 것을 잊지 말게 하여 주시고, 부모의 기도가 자신의 군복무를 이끌고 있음을 잊지 않게 하여 주옵소서. 하나님을 경외하는 마음으로, 주님을 사랑하는 마음으로 군 생활을 잘 마칠 수 있게 하여 주옵소서. ○○○군의 영원한 보호자가 되시는 예수 그리스도의 이름으로 기도합니다. 아멘

약속의 말씀
내가 네게 명한 것이 아니냐 마음을 강하게 하고 담대히 하라 두려워 말며 놀라지 말라 네가 어디로 가든지 네 하나님 여호와가 너와 함께 하시느니라 (여호수아 1장 9절)

출산을 앞두고 있는 성도

심방가이드 | 찬송: 95, 191장
성경: 삼상 2:1-11; 눅 1:45

사랑의 하나님,

아이를 갖기 원했던 ○○○ 성도님에게 새 생명을 잉태할 수 있는 큰 은총을 베푸시고 달수가 차기까지 태중의 아이와 산모를 지켜주심을 감사드립니다. 주님, 이제 ○○○ 성도님의 출산일이 얼마 남지 않았습니다. 이제껏 ○○○ 성도님을 지켜주신 우리 주님이 건강하고 튼튼한 아이를 순산할 수 있도록 섭리하실 것을 굳게 믿습니다.

주님, 하오나 ○○○ 성도님에게 첫 임신인지라 마음 한구석에 두려움도 자리 잡고 있을 것입니다. 그 마음에 평안을 허락하여 주시고, 주님의 도우심을 굳게 믿고 기도하며 출산을 준비하게 할 수 있게 하여 주옵소서. 우리 주님은 이제 곧 태어날 아이를 통하여 이 가정에 기업을 잇게 하실 것을 믿습니다. 믿음의 가문을 세우게 하실 것을 믿습니다. 주님이 주신 생명, 아들 딸 구별하지 않고 정성껏 양육할 수 있게 하시고, 뱃속에 품고 있을 때의 그 정성으로 부모된 책임을 다할 수 있는 ○○○ 성도님이 되게 하여 주옵소서.

주님께 사랑받는 아이로 키우는 것을 잊지 않게 하시고, 주님의 말씀과 훈계를 늘 들려줄 수 있는 부모가 되게 하여 주옵소서. 다시 한번 비오니 이제껏 함께하신 우리 주님께서 끝까지 함께 하여 주옵소서.

불꽃같은 눈동자로 지키시고 평안의 복을 더하여 주옵소서. 이 가정에 큰 기쁨을 더하시고 찬송케 하시는 예수 그리스도의 이름으로 기도합니다. 아멘

위로와 권면 대표기도문

약속의 말씀
큰 소리로 불러 가로되 여자 중에 네가 복이 있으며 네 태중의 아이도 복이 있도다
(누가복음1장 42절)

자녀가 결혼을 앞두고 있는 가정

심방가이드 | 찬송: 304, 301장
성경: 고전 13:1-13; 빌 5:8-10

영광을 받으시기에 합당하신 하나님 아버지,

주님의 사랑을 입은 자들에게 좋은 것을 아끼지 아니하시고 후히 주시며 자손 천대에 이르기까지 은혜를 베푸시는 좋으신 하나님께 감사와 찬송과 영광을 돌립니다.

사랑하는 ○○○ 성도님의 자녀가 이처럼 믿음으로 잘 장성하여 주님이 축복하신 가정을 이룰 수 있게 하시니 감사합니다.

사랑하는 자녀가 주님의 섭리하심과 축복 속에 한 가정을 이룬다고 하니 자녀를 둔 부모의 마음이 얼마나 기쁘고 흐뭇하겠습니까? 한편으론 부모 곁을 떠나는 자녀의 모습을 볼 때 섭섭한 감정도 지울 길 없을 것입니다. 하오나 자녀가 성장하면 배필을 만나 가정을 이루는 것이 주님의 섭리임을 깨닫습니다. 이제 믿음의 반려자를 만나 새로운 인생을 시작하는 ○○○ 성도님의 자녀에게 평강과 형통의 길을 주시옵소서. 한 몸을 이루어 한마음으로 살게 하신 주님의 크신 뜻을 먼저 깨달아 알게 하셔서 인간의 욕심과 정욕대로 살지 않게 하여 주시고 하나님을 경외하고 섬기는 믿음의 가정을 가꿀 수 있도록 붙들어 주시옵소서. 혼수를 준비하는 가운데 있습니다. 중요한 것은 혼수가 아니라 서로를 아끼고 위하는 사랑의 마음이 앞서야 함을 깨닫게 하시고, 과욕이 없이 온정과 이해로 꼭 필요한 것만 준비할 수 있도록 지혜를 더하여 주시옵소서.

이제껏 그랬듯이 배필을 만나 가정을 이루는 자녀를 위하여 기도의 헌신을 쉬지 않는 ○○○ 성도님이 되게 하여 주시고, 자녀가 평생 주님의 은혜를 떠나지 않고 신실한 믿음의 가정을 세워 가는데 신앙의 조력자 역할 또한 잘 감당할 수 있는 ○○○ 성도님이 되게 하여 주옵소서.

이 가정을 축복과 형통의 길로 인도하시는 예수 그리스도의 이름으로 기도합니다. 아멘

> **약속의 말씀**
> 이러므로 남자가 부모를 떠나 그 아내와 연합하여 둘이 한 몸을 이룰지로다
> (창세기 2장 24절)

남편의 믿음이 약한 가정

심방가이드 | 찬송: 287, 218장
성경: 시편 51:17; 요일 4:9-10

구원의 주님,
　○○○ 성도님의 가정에 구원의 은총을 베풀어 주셔서 온 식구가 주님을 찬양하며 주님의 인도하심을 받아 살아갈 수 있게 하시니 감사합니다. 이 가정에 향하신 주님의 은총이 놀랍고 영원함을 깨닫습니다. 하오나 사랑하는 ○○○ 성도님에게는 안타까운 기도의 제목이 있습니다. 남편이 믿음으로 바로 서지 못하고 있는 것이 ○○○ 성도님에게 늘 영적인 큰 부담으로 자리 잡고 있습니다. 남편이 주일만이라도 잘 지킬 수 있는 것이 그의 소원입니다.
　주님, 이 가정에 크신 은총을 더하여 주셔서 사랑하는 ○○○ 성도님의 남편이 주님과의 사귐이 깊어질 수 있는 삶이 될 수 있게 하여 주옵소서. 주일을 잘 지킬 수 있게 하여 주시고, 그 중심에 하나님을 두려워할 줄 아는 믿음이 있게 하여 주옵소서. 시냇물을 찾기에 갈급한 사슴과 같이 그 영혼이 주님을 찾기에 갈급한 영혼이 되게 하여 주시고, 주님의 은혜를 목말라하는 심령이 되게 하여 주옵소서.
　언제나 예배시간이 기다려지는 영혼이 되게 하시고, 주님을 위해서라면 무엇이든지 깨뜨릴 수 있는 신앙의 사람이 되게 하여 주옵소서. 좋으신 하나님께서 그 심령을 은혜로 기경하여 주셔서 변화된 신앙 생활을 할 수 있도록 이끄실 것을 믿습니다.
　하나님을 두려워하고 하나님을 향한 경외심이 불타오르게 하여 주실 것을 믿습니다. 사모하는 자에게 좋은 것으로 채워주시는 예수 그리스도의 이름으로 기도합니다. 아멘

・위로와 권면 대표기도문・

약속의 말씀
오직 내가 이것으로 그들에게 명하여 이르기를 내 목소리를 들으라 그리하면 나는 너희 하나님이 되겠고 너희는 내 백성이 되리라　　　　　　　　　　(예레미야 7장 23절)

사업에 실패한 성도

심방가이드 | 찬송: 325, 263장
성경: 잠 10:6,22; 벧전 3:9

소망의 하나님,
우리의 힘이 되시는 분은 주님 밖에 안 계시기에 주님을 의지합니다. 어려운 가운데서도 주님의 섭리하심을 바라보며 예배를 드릴 수 있게 하시니 감사합니다. 상한 마음을 위로하시고 상처 난 심령을 싸매 주시옵소서. 이 순간 세상 사람들은 실족하여 넘어졌을 것이오나 하나님의 자녀이기에 마음을 추스렸습니다. 위기의 때에 주님을 바라보고 의지하는 심령을 놓치지 마시고 크신 긍휼을 베풀어 주옵소서. 잘 될 때 보다 안 될 때 더욱 가까이 계신 주님을 느낄 수 있게 하시고, 평안 할 때 보다 어려울 때 주님의 세미한 음성을 들을 수 있게 하여 주옵소서.

마음이 한없이 힘들겠지만 소망의 끈을 놓지 않게 하여 주시고, 실패를 통하여 하나님께서 깨달음을 주시는 것이 무엇인지 살필 줄 아는 분별력이 있게 하여 주옵소서. 욥과 같은 신앙이 필요한줄 압니다. "주신 자도 여호와시요 취하신 자도 여호와시오니 여호와의 이름이 찬송을 받으실지니이다"(욥1:22) 찬송 할 수 있게 하시고, 실패의 뒤에 서 계신 주님을 바라보게 하여 주옵소서. 이런 때일수록 가족들이 사랑과 믿음으로 하나가 되는 것이 중요함을 깨닫습니다. 주님을 믿고 섬기는 자, 시련은 있을지라도 실패는 없음을 깨달아서 이 어려움의 때를 잘 이기고 나갈 수 있도록 새 힘을 더하여 주옵소서.

오늘 목사님이 들려주시는 말씀이 이 가정에 주시는 소망의 말씀이 되게 하시고, 회복과 치유의 말씀이 되게 하여 주시옵소서. 우리를 체휼하시는 예수 그리스도의 이름으로 기도합니다. 아멘

약속의 말씀
여호와여 주는 의인에게 복을 주시고 방패로 함같이 은혜로 저를 호위하시리이다
(시편 5편 12절)

실직을 당한 성도

심방가이드 | 찬송: 569, 413장
성경: 시편 23: 1-6, 139: 1-24

선한 목자이신 우리 주님,
어떻게 해야 합니까? 사랑하는 ○○○ 성도님이 평생을 몸 바쳐 일하던 일터를 잃어버렸습니다. 가정에 대한 책임감과 미래에 대한 염려가 그의 마음을 더욱 무겁게 하고 있습니다. 실족하여 넘어질 수밖에 없는 이 상황을 어떻게 해야 좋을지 우리 주님이 ○○○ 성도님에게 놀라운 지혜로 함께 하여 주옵소서. 그 마음이 얼마나 괴롭겠습니까? 얼마나 고통스럽겠습니까? 상처 난 그 심령을 주님의 따뜻하신 손으로 어루만져 주시고, 이 힘든 상황을 잘 헤쳐 나갈 수 있도록 새 힘을 더하여 주옵소서.
　선한 목자이신 우리 주님께서 갈 길 몰라 두려움에 떠는 길 잃은 양을 불꽃같은 눈동자로 살피실 것을 믿습니다. 능력의 막대기와 지팡이로 인도하실 것을 믿습니다. 영혼이 잘되고 범사가 잘 되도록 축복하실 것을 믿습니다. 주님의 섭리하심을 조금도 의심치 않는 믿음을 주시고 주님의 이끄심을 확신하는 믿음 위에 온전히 설 수 있도록 붙들어 주옵소서.
　주님, ○○○ 성도님의 인생에 닥친 이 위기의 상황을 주님을 보다 더 깊이 체험할 수 있는 수련의 계기로 삼게 하여 주시고, 듣지 못했던 주님의 음성을 들을 수 있는 기회로 삼을 수 있게 하여 주옵소서. 우리 주님은 의인이 걸식함을 용납지 않으시기에 반드시 더 좋은 일터를 주실 것을 믿습니다. 일할 수 있는 대로 힘써 일하여 수고의 열매를 먹을 수 있는 좋은 일터를 예비해 놓고 계신 줄 믿습니다. 생명을 얻되 넘치도록 얻으며 승리의 삶을 살게 하실 것을 믿습니다. 모든 것을 주님께 맡기오며 예수 그리스도의 이름으로 기도합니다. 아멘

· 위로와 권면 대표기도문 ·

약속의 말씀
너의 길을 여호와께 맡기라 저를 의지하면 저가 이루시고 네 의를 빛같이 나타내시며 네 공의를 정오의 빛같이 하시리로다　　　　　　　　　　(시편 37편 5,6절)

구직을 원하는 가정

심방가이드 | 찬송: 433, 465장
성경: 대하 22:13; 약 1:2-5

은혜가 풍성하신 하나님 아버지,
구하고 찾는 자에게 좋은 것으로 채우시는 주님이심을 믿습니다.
○○○ 성도님의 가정을 살피시고 긍휼을 더하여 주옵소서. 일할 수 있을 때 일하지 못하는 안타까움을 주님이 아시리라 믿습니다. 일하고 싶어도 일터가 없어서 상심한 이 가정을 기억하시고 원치 않는 게으름에 빠지지 않도록 도와주시기를 원합니다.
주일을 지키지 않아도 될 불신자라면 벌써 일자리를 구했을 터인데 주일을 잘 지킬 수 있는 곳을 찾아보려고 하니 일할 곳이 나서지 않습니다. 어찌하든지 믿음대로 살려고 마음을 쏟고 있는 ○○○ 성도님의 가정을 기억하시고 주일을 잘 지키며 가정을 돌볼 수 있는 일자리를 허락하여 주옵소서. 연약한 인간이기에 구하여도 얻지 못하면 실족할까 두렵습니다. 이 가정의 딱한 처지와 형편을 아시는 주님께서 노동의 신성함을 누릴 수 있는 일자리를 붙여 주시기를 원합니다.
물질이 약해지면 주님의 전에 나올 때에 힘들 때가 많습니다. 그 마음을 아시는 주님께서 상한 심령을 감찰하시고 속한 시일 내에 일자리를 구할 수 있도록 이끌어 주옵소서. 구하는 것을 얻지 못할 때 믿음이 흔들리기 쉽사오니 우리 주님께서 강하신 능력으로 꼭 붙들어 주옵소서.
좌로나 우로나 치우치지 않게 하여 주시고, 마음이 무겁고 힘들수록 합력하여 선을 이루시는 하나님을 굳게 의지하고 믿음으로 달려갈 수 있게 하옵소서. 도우시는 하님이심을 믿습니다.
사모하는 심령에 은혜를 더하시는 하나님이심을 믿습니다. 예수 그리스도의 이름으로 기도합니다. 아멘

• 위로와 권면 대표기도문 •

약속의 말씀
눈물을 흘리며 씨를 뿌리는 자는 기쁨으로 거두리로다 울며 씨를 뿌리러 나가는 자는 정녕 기쁨으로 그 단을 가지고 돌아오리로다 (시편 126편 5,6절)

모임에 자주 빠지는 성도

심방가이드 | 찬송: 220, 532장
성경: 마 13:33; 행 2: 43-47

사랑의 주님,

○○○ 성도님을 사랑하여 주셔서 주님의 몸된 교회를 통하여 신앙 생활을 잘할 수 있도록 인도하심을 감사합니다. 더 좋은 믿음의 자리로 나아갈 수 있도록 인도하실 것을 믿습니다.

그러나 한 가지 안타까운 것은 ○○○ 성도님이 모임에 잘 참석하지를 못하고 있습니다. 모임에 잘 참석할 수 없는 개인적인 사정과 형편이 있는 줄 아오나 너무 사정과 형편에만 얽매이지 않도록 그 마음에 주님의 은혜를 가득 부어 주시옵소서. 어떻게 하는 것이 주님이 기뻐하실지를 먼저 생각할 수 있게 하여 주시고, 육신적인 일보다 영적인 일을 우선권에 둘 수 있는 ○○○ 성도님이 되게 하여 주옵소서.

"한 사람이면 패하겠거니와 두 사람이면 능히 당하나니 삼겹줄은 쉽게 끊어지지 아니하느니라"(전4:12) 하였사오니 ○○○ 성도님이 모임에 잘 참석하여 삼겹줄 같은 역할을 감당할 수 있는 주님의 사람이 되게 하여 주옵소서. 또한 신앙 생활은 홀로 하는 것이 아니라 더불어 해야만 믿음이 더욱 든든히 서갈 수 있음을 깨닫습니다.

모임을 통하여 얻게 되는 교제의 유익을 통하여 더 깊은 신앙의 세계를 경험할 수 있는 ○○○ 성도님이 되게 하여 주옵소서. 마음을 같이하여 함께 고민하고, 함께 기도함으로 주님의 몸된 교회를 든든히 세워갈 수 있는 ○○○ 성도님이 되게 하여 주시고, 주님 나라를 부요케 하는 자로 쓰임 받을 수 있는 ○○○ 성도님이 되게 하여 주옵소서.

이제 ○○○ 성도님에게 모임에 잘 참석할 수 있도록 복된 길을 열어주실 것을 믿습니다. ○○○ 성도님을 사랑하시는 예수 그리스도의 이름으로 기도합니다. 아멘

약속의 말씀

모이기를 폐하는 어떤 사람들의 습관과 같이 하지 말고 오직 권하여 그 날이 가까움을 볼수록 그리하자 (히브리서 10장 25절)

남편을 사별한 성도

심방가이드 | 찬송: 370, 491장
성경: 시 103:13-18; 계 20: 5-6

위로의 주님,

남편을 먼저 주님 곁으로 보낸 ○○○ 성도님을 위하여 기도합니다. 그 마음의 슬픔과 아픔을 기억하시고 너르신 품으로 품어주시기를 원합니다. 아무리 신앙이 깊고 믿음이 견고하다 할지라도 남편과 함께해 온 세월이 있기에 쉽게 극복하기가 어려울 것입니다.

새롭게 하시는 우리 주님이 ○○○ 성도님과 함께하시기에 이 아픔의 현장이 변하여 회복의 현장이 되게 하실 것을 믿습니다. 당장은 견디기 어렵지만 주님을 의뢰하고 의지함으로 잘 이길 수 있게 하여 주시고, 믿음의 길을 잘 달려갈 수 있도록 이끌어 주옵소서.

때로는 남편의 빈 자리가 크게 느껴질 때가 있을 것입니다. 먼저 간 남편이 죽도록 보고 싶을 때도 있을 것입니다. 그때마다 ○○○ 성도님의 마음에 서러움이 가득 차지 않도록 신랑 되신 우리 주님께서 함께하여 주시고 너르신 품으로 꼭 껴안아 주시옵소서.

자녀들을 기억하시고 아버지의 빈 자리를 잘 감당할 수 있도록 도와주시고 그 믿음을 잘 계승할 수 있도록 이끌어 주옵소서. 홀로 신앙 생활하는 것이 조금은 힘들고 고통스러울지라도 믿음의 길을 잘 달려가노라면 훗날에 예비하신 본향에서 다시 기쁨으로 재회하게 될 것을 믿습니다. 그날을 바라보며 남편의 흔적이 남아있는 주님의 몸된 교회를 잘 받들어 섬길 수 있게 하시고, 남편이 지폈던 기도의 불을 꺼뜨리지 않는 ○○○ 성도님이 되게 하여 주옵소서.

이 땅에서 인간이 느낄 수 있는 슬픔 중에 가장 큰 슬픔을 느끼고 있는 이 가정에 진정한 위로자로 다가오시는 예수 그리스도의 이름으로 기도합니다. 아멘

약속의 말씀
여호와의 말씀에 내 생각은 너희 생각과 다르며 내 길은 너희 길과 달라서
(이사야 55장 8절)

부인을 사별한 성도

심방가이드 | 찬송: 263, 407장
성경: 시 144:3-4; 요 11:25-26

깊은 수렁에서 건지시고 크신 팔을 펴사 지키시는 하나님 아버지, 사랑하는 부인을 먼저 하늘 나라로 보낸 ○○○ 성도님의 아픔을 기억하시옵소서. 그의 눈물이 묻어있는 고백 속에서 부인을 향한 사랑이 얼마나 애틋하고 컸었는지를 만나게 됩니다. 이제껏 함께 고생만하다 겨우 한 숨 돌리는 형편이 됐는가 싶더니 뜻하지 않은 이별이 찾아왔기에 ○○○ 성도님이 느끼는 슬픔은 더욱 가슴을 파고드는 줄 압니다.

남편으로서 잘해주지 못한 감정과, 좋은 곳에 제대로 데려가 보지도 못했던 안타까움이 얼마나 가슴 속으로 파고들겠습니까? 그러나 먼저 간 고 ○○○ 성도님은 결코 후회 없고 부끄럼 없는 삶을 살다가 주님 곁에 안기신 줄 믿습니다. 부족한 종이 보고 느끼기에도 오직 가정밖에 몰랐고 오직 교회밖에 몰랐던 고 ○○○ 성도님이었습니다.

그러하기에 우리 주님이 넘치는 위로와 상급으로 함께하시고 천사도 부러워 할 영광의 옷으로 입혀주신 것을 확신합니다. 부인을 보낼 때 베옷 한 벌 입혀서 보냈다고 자책하지 말게 하여 주시고, 믿음 위에 굳게 설 수 있도록 도와주시옵소서.

아내의 빈 자리가 매우 클 것입니다. 그때마다 우리 주님이 친한 벗이 되어주시고, 그의 신음까지도 헤아려 주옵소서. 어머니를 잃은 자녀들을 기억하시고, 어머니의 빈자리를 잘 감당할 수 있는 믿음의 자녀들이 되게 하여 주옵소서. 어머니가 남기고 간 신앙을 잘 계승할 수 있게 하여 주시고, 홀로된 아버지를 잘 봉양할 수 있는 자녀들이 되게 하여 주옵소서.

이 가정에 소망의 빛을 더욱 강하게 비춰주실 것을 믿습니다. 산자와 죽은 자의 구원이 되시는 예수 그리스도의 이름으로 기도합니다. 아멘

약속의 말씀

날 때가 있고 죽을 때가 있으며 심을 때가 있고 심은 것을 뽑을 때가 있으며

(전도서 3장 2절)

갑작스런 죽음을 당한 가정

심방가이드 | 찬송: 550, 606장
성경: 사 55:8-9; 히 9:27-28

자비와 긍휼이 풍성하신 하나님,

사랑하는 사람의 갑작스런 죽음 앞에 놀란 가슴을 추스르지 못하는 이 가정을 불쌍히 여겨 주옵소서. 사랑하는 사람을 졸지에 잃어버린 이 가정의 아픔을 무엇으로 위로할 수 있겠습니까? 저희들도 도무지 믿어지지 않는 현실 앞에 어안이 벙벙할 따름입니다. 아직 믿음이 온전치 못하여 주님의 섭리를 깨달을 수 없기에 밀려오는 충격과 절망을 감출 길 없나이다. 주님, 이별을 준비할 시간도 없이 왜 이렇게 모진 고통을 이 가정에 허락하셨는지요. 이렇게 빨리 데려가시지 않아도 될 것을 남은 자가 이 고통을 어떻게 추스르라고 이 힘든 일을 당하게 하셨습니까? 주여 참으로 참기 어려운 슬픔이 가슴 속으로 밀려옵니다. 주여, 저희는 물론 가족들이 주님을 향하여 원망의 소리만 높이지 않도록 주님의 깊은 뜻이 무엇인지 깨닫게 하여 주옵소서. 주님의 무한한 섭리를 헤아릴 수 없어 한없이 슬픔에 잠긴 저희들에게 주님의 말씀을 주시기를 원합니다. 상한 심령을 위로하여 주시고, 이 괴로움의 현장을 헤아려 주시옵소서. 충격을 받은 가족들이 흔들리지 않도록 붙들어 주옵소서. 주님의 밝은 빛으로 함께 하시고, 주님의 뜻을 분별할 수 있는 지혜를 주옵소서.

오늘 ○○○ 성도님의 갑작스런 죽음에 황급히 달려오신 목사님을 기억하시고, 한 성도님을 잃은 슬픔이 가족 못지않게 가슴으로 밀려올 것인데 평안의 복을 허락하셔서 가족들을 주의 말씀으로 추스를 수 있도록 도와 주시고, 이 절망의 상황을 소망의 나라로 연결 짓는 말씀이 되게 하여 주옵소서. 예수 그리스도의 이름으로 기도합니다. 아멘

약속의 말씀

여호와여 주의 이름을 아는 자는 주를 의지하오리니 이는 주를 찾는 자들을 버리지 아니하심이니이다
(시편 9편 10절)

사고로 죽음을 당한 가정

심방가이드 | 찬송: 400, 493장
성경: 욥 1:13-22; 시 42: 1-11

오! 주님,

어찌된 일입니까? 이 무슨 청천벽력 같은 소식이란 말입니까? 어찌하여 이 같은 슬픔을 저희로 겪게 하시는 것입니까? 그날에 무슨 일이 일어날지 모르는 것이 저희의 인생이라고 하지만 모든 위험에서 지키시고 보호하시는 하나님이 아니십니까? 왜 이런 준비 없는 죽음을 맞게 하셨나이까? 놀란 저희들의 가슴은 너무나 당혹스럽고 기가 막혀 슬픔도 잊어버렸나이다.

주님, 이 엄청난 아픔의 현장을 어떻게 수습해야만 하는 것입니까? 절망에 몸부림치는 유족들에게 어떤 말씀을 들려주어야 위로를 얻을 수 있겠습니까? 이 종도 어안이 벙벙하오니 깨닫는 지혜를 주시고 가르쳐 주시옵소서. 일순간에 사랑하는 사람을 잃어버린 가족들을 기억하시옵소서. 주님을 원망할까 두렵사오니 그 마음에 주님의 뜻을 분별할 수 있는 지혜를 주시옵소서. 어렵고 힘든 가운데서도 그토록 믿음으로 살려고 힘썼던 ○○○ 성도님이기에 가슴으로 파고드는 슬픔은 이루 말할 수 없나이다. 슬픔을 당한 가족들과 저희들에게, 상한 감정을 다스릴 수 있는 지혜를 주셔서 이 고통의 현장을 주님의 위로하심이 넘쳐나는 현장으로 바꿀 수 있게 하여 주옵소서. 지금은 슬픔 앞에 주님의 선하신 뜻이 무엇인지 헤아리기가 어렵지만 마음의 안정을 찾게 하여 주셔서 깨닫게 하실 것을 믿습니다. 앞으로의 장례 절차에도 우리 주님이 개입하셔서 고통 가운데서도 하나님께 영광 돌리는 것을 잊지 않도록 도와주시옵소서. 이 고통의 현장에 우리 주님도 참예하고 계심을 믿습니다. 주님의 위로하심을 갈망하오며 예수 그리스도의 이름으로 기도합니다. 아멘

• 위로와 권면 대표기도문 •

약속의 말씀

하나님이여 사슴이 시냇물을 찾기에 갈급함같이 내 영혼이 주를 찾기에 갈급하니이다
(시편 42편 1절)

좋은 부모가 되기를 원하는 성도

심방가이드 | 찬송: 521, 405장
성경: 시 144:12-14; 잠 23:13-14

사랑의 하나님,
 사랑하는 ○○○ 성도님에게 귀한 자녀를 선물로 주시고 믿음으로 잘 양육할 수 있도록 도와주심을 감사합니다. 자녀를 키우고 있는 ○○○성도님이 주님께 늘 간절히 바라는 것은 자녀에게 좋은 부모의 역할을 감당하는 것입니다. 그 마음의 소원을 담은대로 우리 주님이 이끌어 주셔서 자녀를 주님 앞에 바로 세울 수 있도록 이끌어 주옵소서.
 세상적인 지식을 앞세우기보다 주님의 말씀을 가르치는 일에 마음을 쏟을 수 있게 하시고, 믿음의 좋은 본을 자녀에게 보일 수 있는 ○○○성도님이 되게 하여 주옵소서. 자녀를 과잉 보호하는 일도 없게 하여 주시고, 지나치게 방임하는 일도 없게 하여 주옵소서. 자녀를 사랑하되 우상이 되지 않게 하여 주시고, 자녀를 칭찬하되 잘못한 것은 따끔하게 지적해줄 수 있는 부모의 역할이 되게 하여 주옵소서.
 주님, 부모 때문에 자녀가 형통의 길로 나아갈 수 있기를 원합니다. 축복받는 길로 나아갈 수 있기를 원합니다. 주님을 높일 수 있는 자리로 나아갈 수 있기를 원합니다. 자녀에게 영육 간에 좋은 부모가 될 수 있도록 이끌어 주옵소서. 자녀에게 축복할 수 있는 축복권을 부모에게 주셨사오니 날마다 주님의 이름으로 축복할 수 있게 하시고, 그 축복 속에 주님의 뜻이 담겨져 있게 하여 주옵소서.
 언제나 자녀를 위해서 무릎 기도를 쉬지 않는 부모가 되기를 원합니다. 자녀가 주님의 은혜를 먹고 사는 인생이 될 수 있도록 주님의 보좌 앞을 사랑하는 부모가 되게 하여 주옵소서. ○○○ 성도님을 사랑하시고 그 품은 뜻을 기뻐하시는 예수 그리스도의 이름으로 기도합니다. 아멘

· 위로와 권면 대표기도문 ·

약속의 말씀
마땅히 행할 길을 아이에게 가르치라 그리하면 늙어도 그것을 떠나지 아니하리라
(잠언 22장 6절)

부모님이 별세한 가정

심방가이드 | 찬송: 550, 222장
성경: 고후 5:1; 엡 2:5-8

선택하신 백성을 위하여 좋은 것을 예비하신 하나님 아버지,
저희는 살아도 주님의 것이요 죽어도 주님의 것임을 믿습니다. 사랑하는 부모를 잃은 ○○○ 성도님의 가정을 기억하시옵소서. 부모님의 장례를 치루면서 그 마음이 얼마나 슬펐겠습니까? 무엇보다도 부모님의 살아생전에 자식으로서 그 효를 다하지 못한 것이 마음에 큰 아픔으로 자리 잡고 있을 것입니다.

긍휼이 풍성하신 우리 주님께서 ○○○성도님과 그 가족들의 마음을 기억하셔서 죄스런 마음을 풀어주시고 상한 마음을 싸매시옵소서. 부모님의 별세는 믿음으로 살다가 주님 품에 안기셨기에 결코 헛된 죽음이 아님을 깨닫습니다. 주님의 영원한 안식이 주어지는 죽음이요, 보상과 상급이 기다리고 있는 죽음임을 믿습니다. 지금 고인이 된 부모님은 이 땅에 계실 때에 끝까지 주님의 몸된 교회를 위하여 충성을 다하셨기에 그에 따른 상급과 면류관을 받으신 줄 믿습니다.

이제 이 땅에 남아있는 있는 ○○○ 성도님과 유족들에게, 고인이 된 부모님의 아름다운 신앙을 본받아 부모님이 이루어 놓으신 믿음의 사업을 잘 계승할 수 있게 하여 주시고, 훗날에 천국에서 다시 뵙게 될 때에 진정한 효자의 모습으로 마주할 수 있게 하여 주옵소서. 현재의 이별의 아픔은 하늘 나라에서 새로운 관계를 지속하기 위한 아픔임을 깨닫습니다.

이 가정에 소망 가운데서 장래를 기약하는 믿음을 더욱 굳게 세워주옵소서. 저희의 영원한 생명이 되시며 영원한 안식처가 되시는 예수 그리스도의 이름으로 기도합니다. 아멘

약속의 말씀

내가 진실로 진실로 너희에게 이르노니 내 말을 듣고 또 나 보내신 이를 믿는 자는 영생을 얻었고 사망에서 생명으로 옮겼느니라   (요한복음 5장 24절)

부모님의 건강을 바라는 가정

심방가이드 | 찬송: 579, 435장
성경: 잠 23:22-25; 엡 6:1-3

부모 공경의 축복을 허락하신 하나님 아버지,
사랑하는 ○○○ 성도님의 연로하심 부모님을 모시며 자녀된 본분을 다할 수 있게 하시니 얼마나 감사한지요. 그 어떤 축복보다도 연로하신 부모님을 모시고 사는 것이야 말로 주님이 이 가정에 허락하신 진정한 축복임을 깨닫습니다. 주님, 사랑하는 ○○○ 성도님이 늘 부모님의 건강을 위하여 염려하고 있습니다. 이젠 연로하셔서 기력이 쇠하여지신 부모님을 볼 때마다 자신을 위하여 모든 것을 쏟으신 삶을 사셨기에 그 기력이 빨리 쇠하여지신 것이라 생각하니 부모님에게 불효를 저지른 것 같아 얼마나 송구스럽고 죄송스럽겠습니까? 일평생 자식을 위하여 모든 것을 다 쏟으신 삶을 사신 ○○○ 성도님의 부모님을 기억하시고 육신의 기력이 쇠하여지지 않도록 강건함을 더하여 주시옵소서. 정신 또한 맑게 하여 주셔서 기억력이 희미해지는 일이 없게 하여 주시고, 질병도 막아주셔서 노년에 병상에 의지하는 일이 없게 하여 주옵소서. 부모님의 여생에 기쁨과 평강을 더하여 주셔서 자녀와 자손들에게 평강의 복을 빌어줄 수 있는 야곱 같은 부모님이 되게 하여 주옵소서. 연로하신 연세임에도 불구하고 그 마음이 한결같이 주님의 전을 향하고 있사오니 평생에 주님의 전에 거하기를 간절히 소망했던 다윗 같은 믿음이 ○○○ 성도님의 부모님에게도 넘치게 하실 것을 믿습니다. 사랑하는 ○○○ 성도님도 다른 무엇보다 부모님의 아름다운 신앙 정신을 이어받을 수 있게 하시고 대를 이어 주님의 몸된 교회에 충성을 다할 수 있도록 이끌어 주옵소서. 부모님의 앞날을 섭리하고 계시는 예수 그리스도의 이름으로 기도합니다. 아멘

위로와 권면 대표기도문

약속의 말씀
네 부모를 공경하라 그리하면 너의 하나님 나 여호와가 네게 준 땅에서 네 생명이 길리라
(출애굽기 20장 12절)

남편이 힘든 일을 하는 가정

심방가이드 | 찬송: 438, 458장
성경: 고전 7:2-6; 딛 2:4-5

사랑과 긍휼이 풍성하신 하나님 아버지,
이 가정에 주님을 의뢰하고 가장의 책임을 다하고 있는 성실한 ○○○ 성도님을 세우심을 감사합니다. 또한 한 남자의 아내로서 서로 사랑하고 존경하며 믿음의 가정을 세워 갈 수 있도록 이끄심을 감사합니다. 하오나 아내된 사랑하는 ○○○ 성도님에게 늘 가슴 저미는 기도의 제목이 있습니다. 하루 종일 힘든 일과 씨름하는 남편을 생각할 때 너무나 안쓰럽고 측은하여 눈물이 솟구칠 때가 많다고 합니다.

그래도 힘든 내색 한 번 비추지 않고 가정을 든든히 세우려고 힘쓰는 남편이 너무나 자랑스럽지만 고생하는 남편을 볼 때에 미안한 마음을 감출 길 없는 ○○○ 성도님의 마음을 기억하여 주옵소서. 한 가정의 가장으로서 가족을 부양해야 한다는 책임감을 가지고 쉴 틈 없이 열심히 일하는 사랑하는 ○○○ 성도님을 기억하시고 새 힘을 더하여 주시기를 원합니다.

건강을 잃지 않도록 도와주시고 심한 스트레스를 받지 않도록 그 생각을 항상 맑게 하여 주옵소서. 주님을 의지하는 삶의 중심이 흔들리지 않게 하여 주시고, 주님을 의뢰하는 마음이 언제나 그 중심에 넘치게 하옵소서. 아내된 ○○○ 성도님도 남편을 위하여 늘 기도할 수 있게 하여 주시고, 내조를 잘할 수 있도록 은총을 더하여 주옵소서.

이 가정이 물질의 풍족함은 누리지 못한다 할지라도 사랑의 풍족함은 누릴 수 있는 가정이 되게 하여 주시고, 세상의 영화는 얻지 못한다 하여도 하나님 앞에서 견고한 믿음으로 세워져 갈 수 있는 복된 가정이 되게 하여 주옵소서. 이 가정을 주님의 섭리 안에서 믿음의 가정으로 바로 세워 가시는 예수 그리스도의 이름으로 기도합니다. 아멘

약속의 말씀

아내들이여 자기 남편에게 복종하기를 주께 하듯 하라 이는 남편이 아내의 머리됨이 교회의 머리됨과 같음이니 그가 친히 몸의 구주시니라 (에베소서 5장 22,23절)

평범하게 이사한 가정

심방가이드 | 찬송: 191, 383장
성경: 시 91:9-11, 행 10:22

먹이시고 입히시는 하나님,
○○○ 성도님의 가정에 새로운 장막을 허락하신 하나님께 감사와 영광을 돌립니다. 주님의 섭리 가운데 새로운 장막으로 이사하게 된 것을 믿습니다. 늘 ○○○ 성도님의 가정과 함께 하신 하나님, 이곳에서도 ○○○ 성도님이 주님의 늘 함께하심을 경험하는 삶이 되게 하실 것을 믿습니다.
　새로운 환경에 적응하기가 다소 힘들고 어려울지라도 주님의 자녀답게 잘 인내할 수 있게 하여 주시고, 이곳에서도 하나님이 임재하시는 가정 천국을 가꾸기에 힘쓸 수 있도록 도와주시옵소서. 주님, 주님의 뜻하심 가운데 옮겨 주신 장막이기에 이곳에서도 좋은 이웃이 되기를 원합니다.
　선한 사마리아인처럼 이웃을 돌아볼 수 있는 선한 이웃이 되게 하시고 선한 사업에 부하는 삶을 살 수 있게 하옵소서. 혹여 기대에 어긋난 환경으로 이끌림을 받는다고 하여 불평하는 일이 없게 하시고, 주님의 선하신 뜻을 굳게 믿고 흔들림 없이 믿음의 길을 걸어갈 수 있게 하옵소서.
　주님, ○○○ 성도님의 자녀들도 붙드시기를 원합니다. 새로운 환경에도 적응해야하고 새로운 학교에서 새로운 선생님의 가르침을 받으며 친구들도 사귀어야만 합니다. 어린 심령에 큰 부담이 없도록 그 마음을 다스려주시고 잘 적응할 수 있도록 도와주시옵소서. 또한 전과 같이 이곳에서도 건강한 교회 생활이 이어질 수 있게 하시고, 성숙된 신앙의 길로 나아갈 수 있도록 이끌어주옵소서. ○○○ 성도님의 생업 위에도 날마다 은총을 더하여 주실 것을 믿사옵고 새로운 장막을 마련하여 주신 예수 그리스도의 이름으로 기도합니다. 아멘

약속의 말씀
네가 말하기를 여호와는 나의 피난처시라 하고 지존자로 거처를 삼았으므로 화가 네게 미치지 못하며 재앙이 네 장막에 가까이 오지 못하리니　　(시편 91편 9,10절)

작은 집으로 이사한 가정

심방가이드 | 찬송: 435, 438장
성경: 시 23:1-6; 합 3:17-18

자비로우신 하나님 아버지,
　언제나 이 가정과 함께 하여 주셔서 어렵고 힘든 가운데서도 믿음으로 달려갈 수 있도록 인도하여주시니 감사합니다. 열악한 환경이지만 환경을 바라보지 아니하고 주님을 바라볼 수 있도록 하시니 얼마나 감사한 일이옵니까? 잃어버린 것이 많을지라도 주님만큼은 잃어버리지 않은 것을 인하여 기뻐할 수 있게 하여 주시고, 생채기 난 마음을 어루만지시는 주님의 따뜻한 손길을 인하여 위로를 얻게 하여 주옵소서.
　주님, 환경은 결코 넘어짐의 대상이 아님을 믿습니다. 환경은 극복하라고 저희에게 허락하신 것을 믿습니다. 지금의 상황이 육신의 눈으로 보기에 최악이라 할지라도 머리 둘 곳 없이 사셨던 주님을 생각하며 용기를 얻게 하여 주시고, 더 낮은 곳으로 찾아오시는 주님의 손길을 체험할 수 있게 하여 주옵소서.
　사도바울의 고백과 같이 예수님만 모시고 있으면 근심하는 자 같으나 항상 기뻐하고 가난한 자 같으나 많은 사람을 부요하게 하고 아무 것도 없는 자 같으나 모든 것을 가진 자임을 믿습니다.(고후6:10) 어렵고 힘든 상황을 한계를 뛰어넘는 신앙으로 승리하게 하실 것을 믿습니다. 또한 회복의 은혜를 더하여 주셔서 때를 따라 회복케 하시는 주님의 은총을 경험하게 하옵소서.
　오늘 목사님이 들려주시는 말씀을 통하여 심령의 큰 위로를 얻게 하시고, 말씀에 힘을 얻어 변함없이 주님을 섬길 수 있게 하여 주옵소서.
　심령이 가난한자를 복 있게 하시는 예수 그리스도의 이름으로 기도합니다. 아멘

약속의 말씀

주께서 생명의 길로 내게 보이시리니 주의 앞에는 기쁨이 충만하고 주의 우편에는 영원한 즐거움이 있나이다
(시편 16편 11절)

경제적으로 어려운 가정

심방가이드 | 찬송: 456, 427장
성경: 대상 4:9-10, 잠:30:7-8-26

부하게도 하시고 가난하게도 하시는 하나님 아버지,
 인간의 생사화복이 주님께 있음을 깨닫습니다. 합력하여 선을 이루시는 하나님이시기에 ○○○ 성도님이 경제적으로 힘든 가운데서도 믿음으로 잘 이겨가고 있습니다. 하지만 그도 물질의 넉넉함을 누리며 아쉬움 없이 생활하는 사람들을 보면 어찌 그 마음에 실족함이 없겠습니까? 때로는 자신의 초라한 삶을 보며 주님께 영광이 되지 않는 것 같아 부끄러운 생각까지 그 마음을 괴롭힐 때가 있을 것입니다.
 가난이라는 이름 때문에 예수 믿는다는 사실을 숨기고 싶고, 전도하기도 겁이 나고, 봉사하는 것도 부담으로 느낄 때가 얼마나 많겠습니까? 무엇 하나 자신 있게 나서지 못하는 움츠린 삶을 살아야 하는 그 마음의 고통을 우리 주님이 헤아려 주옵소서. 가난으로 인하여 가정에 기본적으로 필요한 것들도 채우지 못하는 형편이오니 이 아픔의 현장을 외면하지 마시고 품어주시기를 원합니다. 때로는 최소한 생활에 필요한 것들은 구입해도 될, 아이들이 용돈이 필요할 때 궁색한 변명을 늘어놓지 않아도 될 그런 생활을 할 수 있도록 도와주시옵소서.
 주님을 위하여 물질을 깨뜨리고 싶을 때 걱정부터 앞서지 않아도 될 그런 생활이 될 수 있도록 ○○○ 성도님의 생활을 만져 주시옵소서. 믿는 사람들은 소유의 가치로 사는 것이 아니라 존재의 가치로 사는 것임을 너무 잘 알고 있지만 오랫동안 지속되는 경제적인 압박이 신앙 생활마저 위협하고 있사오니 ○○○ 성도님의 생활을 꼭 일으켜 주시기를 원합니다. 믿음을 따라 잘 살 수 있도록 도와주시옵소서. 예수 그리스도의 이름으로 기도합니다. 아멘

• 위로와 권면 대표기도문 •

약속의 말씀
… 주의 손으로 나를 도우사 나로 환난을 벗어나 근심이 없게 하옵소서 하였더니 하나님이 그 구하는 것을 허락하셨더라 (역대상 4장 10절)

셋집에 살고 있는 가정

심방가이드 | 찬송: 85, 438장
성경: 고후 13:5;빌 4:11-13,19

사랑이 많으신 하나님 아버지,

저희가 믿는 하나님은 영혼이 잘되고 범사가 잘 되며 생명을 얻되 넘치도록 얻게 하시는 하나님이심을 믿습니다. 현재 사랑하는 ○○○ 성도님이 형편이 여의치 않아 셋집에서 살고 있지만 믿음만큼은 부자인 것을 믿습니다. 우리 주님은 이 땅에 계실 때 머리 둘 곳조차 없는 삶을 사셨는데 육신의 장막이 초막이면 어떻고 궁궐이면 어떻겠습니까?

이 땅의 장막은 이슬을 피하기 위하여 잠시 거하는 처소일뿐 영원한 것이 아님을 깨닫습니다. 또한 쉽게 허물어질 수도 있음을 깨닫습니다. 그러나 저희들에겐 영원히 허물어지지 않는 하늘 나라가 있사오니 그 집을 믿음으로 든든히 세우는 참으로 복된 삶인 것을 믿습니다. 지금의 형편에서 더 낮아지는 경우가 있다 할지라도 환경에 좌우되는 믿음이 되지 않게 하여 주시고, 영원히 허물어지지도 않고 허물 수도 없는 믿음의 집을 잘 지을 수 있는 ○○○ 성도님의 가정이 되게 하여 주옵소서.

때로는 환경의 압박으로 인하여 주춤할 때도 있사오나 그때마다 새 힘을 주셔서 믿음으로 승리할 수 있게 하옵소서. 환경을 초월하여 오직 믿음으로 주님의 몸된 교회를 잘 받들어 섬길 수 있는 ○○○ 성도님이 되게 하여 주시고, 말씀과 기도로 영혼의 양식을 부요케 할 수 있는 ○○○ 성도님이 되게 하여 주옵소서.

이 가정에서 생업으로 삼고 있는 일터에도 축복하시고 적은 소득이 주어진다할지라도 남한테 꾸임을 받지 아니하고 걸식치 않음을 감사의 조건으로 삼을 수 있는 ○○○ 성도님이 되게 하여 주옵소서. 이 가정을 지극히 사랑하시는 예수 그리스도도의 이름으로 기도합니다. 아멘

약속의 말씀

예수께서 이르시되 여우도 굴이 있고 공중의 새도 거처가 있으되 오직 인자는 머리 둘 곳이 없다 하시더라
(마태복음 8장 20절)

| 자녀가 잘되기를 바라는 가정

심방가이드 | 찬송: 40, 463장
성경: 신 6:7; 잠 22:6

○○○**성도님**의 가정에 귀한 자녀를 선물로 주신 하나님, 부모라는 이름을 가진 모든 부모의 마음이 동일하겠지만 ○○○ 성도님도 어린 자식의 미래를 위하여 늘 기도하고 있습니다. 세상이 너무도 험악하기에 가면 갈수록 죄악이 끝 간줄 모르고 밀어닥치고 있기에 어린 자식을 둔 부모로서 어찌 두려운 마음이 앞서지 않겠습니까? 하나님이 주신 자녀이라서 하나님이 책임지실 것임을 확실히 믿지만 저희의 기도를 통하여 그 뜻을 이루시기를 원하시는 하나님이시기에 부모로서 아이의 형통을 위하여 간구합니다. 어린 자식을 위하여 부르짖는 ○○○ 성도님의 마음을 기억하시고 새벽 이슬 같은 주님의 은혜를 내려 주시옵소서. 부모의 간절한 기도가 뒷받침 되고 있기에 이 험한 세상에서 발생되는 모든 위험으로부터 막아주실 것을 믿습니다. 불꽃같은 눈동자로 지키실 것을 믿습니다. 아이의 앞길을 주님의 밝은 빛으로 지도하시고 인도하실 것을 믿습니다. 또한 어린 자식을 위하여 부르짖는 ○○○ 성도님의 마음을 기억하시고 하나님을 떠나지 않는 아이로 키우실 것을 믿습니다. 하나님을 진실로 경외하고 그 입에서 주님의 말씀이 떠나지 않게 하실 것을 믿습니다. 부모의 훈계도 귀담아 들을 줄 아는 아이가 되게 하시고, 기쁨을 더하는 아이가 되게 하실 것을 믿습니다. 옳은 것과 잘못된 것을 판단할 수 있는 지혜가 있는 아이가 되게 하실 것을 믿습니다. 악한 것과 선한 것을 구분할 줄 아는 아이가 되게 하실 것을 믿습니다. 형제간에 우애가 있고 서로 이해하고 용납하며 양보할 줄 아는 아이가 되게 하실 것을 믿습니다. 무엇보다도 믿음에 덕을 덕에 지식을 더하는 아이가 되게 하실 것을 믿습니다. 아이의 앞길을 지도하시는 예수 그리스도의 이름으로 기도합니다. 아멘

약속의 말씀
너는 범사에 그를 인정하라 그리하면 네 길을 지도하시리라 (잠언 3장 6절)

자녀와 따로 사는 가정

심방가이드 | 찬송: 401, 406장
성경: 시 121:4; 사 41:10

지키시고 보호하시는 하나님 아버지,

언제나 ○○○ 성도님의 가정을 지키시고 인도하시는 하나님이심을 믿습니다. 가정 사정으로 말미암아 자녀와 떨어져 살 수밖에 없는 ○○○ 성도님의 안타까운 사정을 우리 주님이 헤아리고 계실 것을 믿습니다. 부모와 자녀가 가정 공동체를 이루어 함께 살아야만 하는데 따로 살 수밖에 없으니 얼마나 속상하고 고통스럽겠습니까? 사랑하는 자녀에게 부모로서의 역할을 제대로 감당하지 못하는 괴로움에 자괴감마저 들것입니다.

주님, ○○○ 성도님의 형편을 기억하시옵소서. 그 마음의 고통을 기억하시고 서글픈 눈물을 닦아주시옵소서. 어서 속히 가정이 한 공동체를 이룰 수 있도록 회복의 은혜를 더하여 주옵소서. 이 가정에 깊숙이 개입하셔서 그 형편을 헤아려 주실 분은 주님밖에는 안계십니다. 도와주옵소서. 물질의 족쇄와 올무로 인하여 더 이상 주눅든 인생이 되지 않도록 이끌어 주옵소서.

주님, 부모와 떨어져 홀로 생활하고 있는 아이를 기억하옵소서. 너무 외롭거나 두렵지 않도록 주님이 친구가 되어 주시고, 어린 심령에 고독이 흐르지 않도록 주님의 손으로 붙들어 주옵소서. 끼니를 거르는 일 없게 하시고, 허탄한 길에 빠지지 않도록 아이의 생각을 지켜 주옵소서. 위험한 일을 만나지 않도록 능력의 주님께서 불꽃같은 눈동자로 살펴 주시고, 상함을 입거나 해함을 받는 일이 없게 하여 주옵소서.

부모의 눈물을 기억하여 주일을 잊지 않게 하여 주시고, 하나님을 경험하는 자녀가 되게 하여 주옵소서. 이 가정을 긍휼히 여기시는 예수 그리스도의 이름으로 기도합니다. 아멘

> **약속의 말씀**
> 여호와께서 너로 실족지 않게 하시며 너를 지키시는 자가 졸지도 아니하고 주무시지도 아니하시리로다
> (시편 121편 3절)

자녀를 먼저 보낸 가정

심방가이드 | 찬송: 214, 543장
성경: 시 95:1; 고전 7:13-14

위로의 하나님 아버지,
　슬픈 마음을 주님께 내어놓습니다. ○○○ 성도님의 사랑하는 아이가 주님 품으로 간 것은 확신하지만 너무나 빨리 데려가신 것 같아 인간적인 야속한 마음을 지울 길 없습니다. 저희들도 말할 수 없이 안타까운데 한 아이를 잃은 ○○○ 성도님의 마음은 어떠하겠습니까? 사람의 생명은 주님께 속한 것이기에 주님이 하시는 일을 항거할 수 없음을 깨닫습니다. 그러하기에 준비 없이 아이의 죽음을 맞은 ○○○ 성도님은 너무나 고통스러울 것입니다. 괴로운 마음을 어찌할 방법이 없어 가슴을 쥐어뜯는 그 고통을 우리 주님은 아시지요. 어찌할 수 없이 자식을 가슴에 묻어버린 부모의 심정을 그 누가 헤아릴 수 있겠습니까? ○○○ 성도님의 가슴속으로 흐르고 있는 한 많은 눈물을 누가 알 수 있겠습니까?
　주님, 빛이신 주님이 ○○○ 성도님의 마음을 살피시고 괴로움에 떨고 있는 그 마음에 평안을 주시옵소서. 주님이 그 어느 때보다 확실한 음성을 들려주셔야만 할 줄로 믿습니다.
　용기를 주시고 새 힘을 주셔야만 할 줄로 믿습니다. 이 절망과 어두움의 자리에서 일어설 수 있도록 도와주시옵소서. 주님의 뜻을 알아갈 수 있도록 도와주시옵소서. 욥도 많은 시련을 당했으나 믿음으로 잘 극복함으로 보다 큰 축복을 받은 것을 기억합니다.
　말로 다 형언할 수 없는 이 슬픈 사건이 주님의 새로운 은총을 받을 수 있는 계기가 되게 하여 주옵소서. 언젠가는 이 가정에게 향하신 주님의 깊으신 뜻을 깨닫게 하실 것을 믿습니다. 주님 품에 안긴 아이를 잘 품어 주시고, 보석으로 수놓인 천국 길을 걷게 하실 것을 믿습니다. 예수 그리스도의 이름으로 기도합니다. 아멘

약속의 말씀
주신자도 여호와시요 취하신 자도 여호와시오니 여호와의 이름이 찬송을 받으실지니이다
(욥기 1장 21절)

자녀의 믿음이 흔들리고 있는 가정

심방가이드 | 찬송: 276, 324장
성경: 사 53:4-9; 사 43:1-3

주님,
　오늘 ○○○ 성도님의 가정을 방문하여 기도제목을 함께 나누었습니다. 저희를 체휼하시는 주님이시기에 주님의 인도하심을 받기 원합니다. 이제까지 이 가정을 큰 어려움 없이 인도하심을 감사드립니다. 자녀도 큰 어려움 없이 믿음 안에서 성장 할 수 있도록 이끄심을 감사드립니다.
　하오나 ○○○ 성도님에게 큰 기도제목이 생겼습니다. 사랑하는 자녀 ○○ 군(양)이 교회를 멀리하려고 한답니다. 교회를 안 가려고 엉뚱한 핑계를 대기도 하고, 의도적으로 가기 싫다는 표현을 하기도 한답니다. 청소년의 시기이기 때문에 흔히 있을 수도 있는 일이겠지만 믿음 안에서 잘 성장할 것이라 기대했던 소망이 금이 가는 것 같아 부모로서 불안한 마음을 떨쳐버리지 못하고 있습니다. 그동안 아이의 신앙만을 믿고 아이를 위하여 간절히 기도하지 않았던 태만함을 일깨워 주시기 위해서 이런 아픔을 겪게 하시는 줄 믿습니다. 아이를 위한 지나친 염려와 불안이 없게 하여 주시고, 감사함으로 기도의 무릎을 꿇을 수 있도록 은총을 더하여 주옵소서.
　주님이 택하신 자녀, 결코 사단의 미혹에 넘어가지 않도록 이끄실 것을 믿습니다. 죄성을 가진 인간이기에 한순간의 반항은 있을지 몰라도 잘못되도록 방치하시는 우리 주님이 아님을 굳게 믿습니다. 아이의 심령에 주님의 밝은 빛을 비추셔서 하나님이 미워하시는 것이 그 마음에 심겨지지 않도록 이끌어 주옵소서. ○○ 군(양)이 다시 교회에 다니는 즐거움을 회복하게 하실 것을 믿습니다. 주님의 은혜를 사모하고 주님을 위하여 귀하게 쓰임 받을 수 있는 그릇이 되게 이끄실 것을 믿습니다. 전능하신 하나님께 맡기오며 예수 그리스도의 이름으로 기도합니다. 아멘

　　약속의 말씀
　나를 기가 막힐 웅덩이와 수렁에서 끌어올리시고 내 발을 반석 위에 두사 내 걸음을 견고케 하셨도다
(시편 40편 2절)

장애아를 키우고 있는 가정

심방가이드 | 찬송: 546, 381장
성경: 삿 3:15; 삼하 9:7

사랑이 많으신 주님,
○○○ 성도님의 가정에 아픔이 있습니다. 이 아픔은 누구도 대신할 수 없는 아픔이요, 부모로서 평생 안고 가야만 할 아픔입니다. ○○○ 성도님의 사랑하는 자녀 ○○ 군(양)이 장애를 갖고 있는 것 잘 아시지요? 주님이 이 가정에 축복으로 주신 선물입니다.
 욕심일수도 있지만 아이가 건강했더라면 얼마나 좋았겠습니까? 그러나 아이가 장애를 갖고 태어나게 하신 주님의 섭리가 있으리라 확신합니다. 원하옵기는 ○○○ 성도님이 장애를 갖고 있는 ○○ 군(양)을 정상아 못지않게 잘 키울 수 있도록 도와주시옵소서. 아이를 키우면서 주님의 섭리를 깨달아 알 수 있게 하시고, 아이에게 향하신 주님의 크신 사랑이 무엇인지 발견할 수 있게 하옵소서.
 아이의 미래를 붙들어 주시고, 그 길을 지도하여 주옵소서. 배나 더 노력이 필요하고, 배나 더 힘든 과정을 겪으면서 살아야 할 터인데 아이의 인생 가운데 큰 힘이 되어 주시고 능력이 되어 주시옵소서. 정상적인 아이 못지않게 주님께 쓰임 받을 수 있도록 이끌어 주옵소서.
 훗날 장애의 불편함을 딛고 일어서서 정상인도 해낼 수 없는 큰일을 해낼 수 있도록 함께하실 것을 믿습니다. 아이가 불편하니 특별한 우리 주님의 사랑이 함께하고 계심을 믿습니다.
 이 가정에 아이를 통하여 많은 기적을 선물로 주시고, 축복하시는 주님의 손길을 체험하게 하여 주옵소서. 아이의 미래를 붙들고 계신 예수 그리스도의 이름으로 기도합니다. 아멘

• 위로와 권면 대표기도문 •

약속의 말씀
이 백성은 내가 나를 위하여 지었나니 나의 찬송을 부르게 하려 함이니라
(이사야 43장 21절)

자녀가 해외에 나간 가정

심방가이드 | 찬송: 382, 370장
성경: 시 26:3; 사 41:10

은혜가 충만하신 하나님,

언제나 이 가정에 섭리의 하나님으로 함께 하심을 감사드립니다. 또한 범사에 주님의 선하신 뜻대로 지도하시고 이끄심을 감사합니다. 또한 믿음 안에서 하나된 모습으로 살아갈 수 있도록 이 가정에 큰 은총을 베푸심을 감사드립니다.

주님, ○○○ 성도님의 사랑하는 자녀 ○○ 군(양)이 외국에 나가 있습니다. 자녀가 눈에 보이지 않으면 걱정이 앞서는 것이 부모가 아닌지요.

○○○ 성도님이 자녀를 외국으로 떠나보낸 후 그 마음 한구석에 걱정이 늘 자리 잡고 있을 것입니다. 불꽃같은 눈동자로 지키시는 하나님께서 그 마음에 평안을 주시고, 걱정이 밀려올 때마다 주님의 보좌 앞으로 향할 수 있도록 이끌어 주옵소서.

주님, ○○ 군(양)이 홀로 외국 땅에서 낯선 환경과 문화에 적응하며 외롭게 생활하고 있지만 주님이 늘 곁에서 도와주실 것을 믿습니다. 행여 부모의 품이 그리워 눈물 흘리는 일이 없게 하시고, 고국이 그리워 세운 목표를 접는 일이 없게 하여 주옵소서. 언어의 장벽도 빨리 극복할 수 있도록 도와주시고, 믿음의 좋은 교제를 나눌 수 있는 친구도 만날 수 있도록 사람을 붙여 주옵소서. 챙겨주는 이가 없다고 하여 규칙적인 생활을 잃지 않게 하여 주시고, 신앙 생활도 예전보다 더 잘 할 수 있도록 도와주시옵소서. 목표한 학업을 완성하는 그 날까지 언제나 아침저녁으로 기도하기를 쉬지 않게 하여 주시고, 고국에서 부모가 엎드려 기도하고 있다는 것을 한시도 잊지 않게 하여 주옵소서. 주님을 영화롭게 하고 만백성에게 유익함을 줄 수 있는 아이로 빚으실 것을 믿사옵고 예수 그리스도의 이름으로 기도합니다. 아멘.

약속의 말씀

야곱아 이스라엘아 이 일을 기억하라 너는 내 종이니라 내가 너를 지었으니 너는 내 종이니라 이스라엘아 너는 내 잊음이 되지 아니하리라 (이사야 44장 21절)

자녀가 군에 가게 된 가정

심방가이드 | 찬송: 435, 382장
성경: 시 16:1-2; 121:1-8

• 위로와 권면 대표기도문 •

　인간의 생사화복을 주관하시는 하나님 아버지,
　○○○ 성도님의 사랑하는 자녀 ○○ 군을 건강하게 키워주셔서 나라와 국민을 위하여 봉사할 수 있도록 은총을 베푸심을 감사드립니다. 건강한 정신과 건강한 몸으로 국가를 위하여 헌신하고 봉사할 수 있는 것이 얼마나 큰 영광이요 축복입니까? 군복무를 하는 동안 그 맡겨진 본분과 직책에 따라 의무와 사명을 잘 감당할 수 있는 ○○ 군이 되게 하여 주옵소서. 사랑하는 ○○○ 성도는 자식과의 잠시 이별이 못내 아쉽고 서운하여 눈물을 감추지 못하고 있지만 주님께서 그 마음을 위로하시고 평강의 복을 더하실 것을 믿습니다. ○○ 군이 국방의 의무를 다하기 위하여 나라의 부름을 받았지만 또 한편으론 그리스도의 좋은 군사로 부름을 받은 것을 믿습니다.
　훈련을 마치고 자대 배치를 받는 곳에서 그리스도의 좋은 군사로 쓰임 받게 하여 주시고, 주님께 큰 영광을 돌릴 수 있는 ○○ 군이 되게 하여 주옵소서. 또한 군대는 주님의 파송을 받고 떠나는 선교지임을 믿습니다. 오랫동안 함께 병영생활을 하는 부대원들 중 주님을 모르는 병사들에게 담대하게 복음을 전하고, 하늘 나라의 지경을 확장 할 수 있는 일등 선교사가 되게 하여 주옵소서. 위험한 무기를 다루고 있습니다. 실수함이 없게 하여 주시고, 늘 긴장할 수 있도록 그 마음과 생각을 지키시옵소서. 정신적으로 힘들고 고통스러울 때 더욱 주님을 사모하는 마음이 있게 하여 주시고, 졸지도 아니하시고 주무시지도 아니하시는 하나님이 항상 지키고 계심을 잊지 않게 하옵소서.
　하나님께 영광 돌리는 군 생활이 되게 하실 것을 믿사옵고 예수 그리스도의 이름으로 기도합니다. 아멘

> **약속의 말씀**
> 여호와께서 너를 지켜 모든 환난을 면케 하시며 또 네 영혼을 지키시리로다 여호와께서 너의 출입을 지금부터 영원까지 지키시리로다 　　(시편 121편 7,8절)

자녀가 시험에 실패한 가정

심방가이드 | 찬송: 84, 449장
성경: 요 9:4-5; 엡 5:6-14

지혜의 근본이신 하나님 아버지,

오늘 이 가정을 방문하여 ○○○ 성도님과 자녀를 위하여 아버지께 기도할 수 있는 시간을 허락하시니 감사합니다. ○○ 군(양)의 합격을 마음껏 축하하며 기쁨을 함께 나눌 수 있는 자리가 되었다면 더 없이 좋았을 터인데 안타깝게도 위로와 격려가 필요한 자리가 되어서 많은 아쉬움이 남습니다.

주님, 아시지요? 그동안 ○○ 군(양)이 이번 시험을 위해서 얼마나 많은 노력을 했는지요. ○○○ 성도님은 또 어떻습니까? 자녀의 합격과 좋은 결과를 위하여 그토록 가슴 조이며 무릎기도를 쉬지 않았는데 참으로 안타까운 결과를 접하고 보니 마음을 추스르기가 여간 힘든 것이 아닙니다.

사랑하는 ○○○ 성도님과 ○○ 군(양)을 기억하셔서 더 이상 실의와 좌절에 빠지지 않도록 긍휼을 베풀어 주옵소서. 겸손히 주님의 뜻을 발견할 수 있는 은혜를 더하여 주시고, 합력하여 선을 이루시는 섭리의 하나님을 만날 수 있게 하옵소서. 지금 이 가정에는 자녀의 합격보다 더 중요한 것이 없겠지만 그러나 이 가정을 사랑하시는 하나님의 계획하심의 손길은 조금도 빈틈이 없으심을 굳게 믿습니다.

지금의 이 아픔이 훗날에 좋은 양약이 되게 하시고, 인생에 좋은 밑거름이 되게 하실 것을 믿습니다. 어서 속히 실의와 좌절을 딛고 일어서서 힘찬 행진을 계속 할 수 있도록 도와주시옵소서. 지금보다 더 나은 내일을 주님이 핏 값으로 사신 이 가정과 ○○ 군(양)에게 준비하실 것을 믿습니다. 지금의 뜻밖의 불운이 꼭 더 큰 축복이 될 수 있도록 이끄실 것을 믿습니다. 저희의 소망이 되시는 예수 그리스도의 이름으로 기도합니다. 아멘

• 위로와 권면 대표기도문 •

약속의 말씀
저는 자기를 경외하는 자의 소원을 이루시며 또 저희 부르짖음을 들으사 구원하시리로다
(시편145편19절)

자녀의 취직을 앞두고 있는 가정

심방가이드 | 찬송: 435, 364장
성경: 사 53:4-9; 고전 7:13-14

· 위로와 권면 대표기도문 ·

　땅을 정복하고 모든 생물을 다스리라고 하신 하나님,
　○○○ 성도님의 가정을 항상 지키심을 감사합니다. ○○○ 성도님의 사랑하는 자녀 ○○ 군(양)이 하나님의 은혜 가운데 학업을 마치고 취직할 직장을 구하고 있지만 아직도 새로운 직장을 구하지 못한 상태에 있습니다. 더디기는 하지만 합력하여 선을 이루시는 하나님을 의지합니다.
　반드시 ○○ 군(양)에게 좋은 직장을 허락하실 것을 믿습니다. 그곳에서 이제껏 배우고 익힌 실력과 능력을 마음껏 발휘하고 주님을 높일 수 있도록 이끄실 것을 믿습니다. 당장 취직이 되지 않는다고 하여 낙담하거나 실족치 않게 하여 주시고, 더 좋은 것을 예비하시는 주님의 선하신 손길을 끝까지 바라보며 감사함으로 기다릴 수 있게 하여 주옵소서.
　취직이 늦게 되는 것은 영적인 훈련을 더 시키고자 하시는 주님의 은총과 사랑인 줄 깨달아 영성을 키우는 일에 마음을 쏟을 수 있게 하옵소서. 주님을 의지하는 백성에게는 모든 것이 유익이 되게 하시는 하나님이신 것을 믿습니다. 끝내 웃게 하시고, 기쁨을 더하시는 하나님이신 것을 믿습니다. 감사의 기도를 드리게 하시는 하나님이신 것을 믿습니다.
　주님이 정하신 합당한 때에 좋은 직장을 허락하실 것을 믿습니다. 자녀의 취직이 늦어진다고 하여 근심하거나 걱정하지 않도록 ○○○ 성도님의 마음을 강하게 붙들어 주시고, 늦어질수록 자녀를 위하여 기도하며 주님을 더욱 가까이 할 수 있는 복된 계기로 삼을 수 있게 하옵소서.
　주님의 선하신 손길이 언제나 이 가정과 함께 하고 계심을 믿사오며 예수 그리스도의 이름으로 기도합니다. 아멘

약속의 말씀
여호와 앞에 잠잠하고 참아 기다리라 자기 길이 형통하며 악한 꾀를 이루는 자를 인하여 불평하지 말지어다　　　　(시편 37편 7절)

중대한 결정을 앞두고 있는 가정

심방가이드 | 찬송: 293, 364장
성경: 고후 7:10-11; 벧전 5:7-9

전능하시고 자비로우신 하나님 아버지,

이 가정을 주님이 사랑하셔서 중대한 결정을 스스로 내리기 전에 인간의 지식과 경험대로 판단하기보다 거룩하신 하나님의 뜻을 물을 수 있게 하시니 감사합니다.

얼마나 귀한 신앙이요 보배로운 믿음입니까? 오늘뿐만이 아니라 앞으로 모든 인생의 문제를 놓고 결정할 때에 먼저 하나님의 뜻을 묻는 이 신앙적 태도를 잃지 않게 하여 주옵소서.

주님, 감히 부족한 종이 주님의 능력을 의지하여 간구하오니 이제 ○○○ 성도님이 결정하는 것이 결단코 주님의 뜻에서 어긋나는 것이 되지 않도록 지혜를 더하여 주옵소서. 책임 있는 결정을 내릴 수 있도록 도와주시고, 주님의 뜻에 합당한 것이 되게 하여 주옵소서.

○○○ 성도님으로 하여금 하나님의 영광만을 드러낼 수 있게 하시고, 이 가정에 최선의 열매가 되게 하여 주옵소서. 결정을 내린 이후에 조금도 후회함이 없는 결정이 되게 하시고, 또 다른 불씨를 낳게 되는 원인이 되지 않게 하여 주옵소서.

믿음의 결정에 사단마귀가 일절 틈타지 않게 하실 것을 믿습니다. 성령을 기름 붓듯 부어주실 것을 믿습니다. 오직 은총만을 더하시는 주님만을 찬양하게 하옵소서. 저희의 무지한 생각에 지혜를 더하시고, 저희의 연약함을 제휼하시는 예수 그리스도의 이름으로 기도합니다. 아멘

• 위로와 권면 대표기도문 •

약속의 말씀

육신을 좇는 자는 육신의 일을, 영을 좇는 자는 영의 일을 생각하나니 육신의 생각은 사망이요 영의 생각은 생명과 평안이니라 (로마서 8장 5,6절)

많이 가진 것을 부러워할 것이 아니라
많이 쓰지 못한 것을 부끄럽게 생각할 수 있게 하시고,
많이 얻은 것을 인하여 기뻐할 것이 아니라
많이 깨뜨린 것을 인하여 즐거워할 수 있는 삶이 되게 하옵소서.

치유와 회복
대표기도문
Healing & Recovery

4부

불안을 느끼는 성도

심방가이드 | 찬송: 382, 390장
성경: 시편 42:1-5, 43:1-5

　전능하신 하나님 아버지,
　하나님을 경외하는 자에게 힘과 피난처시요, 환난 중에 만날 큰 도움이심을 믿습니다. 사랑하는 ○○○ 성도님이 늘 불안감에 휩싸여 마음의 괴로움을 당하고 있습니다. 꼭 무슨 일이 일어날 것만 같은 불안감에 잠자는 것도 겁이 나고, 외출하는 것도 겁이 나고 일하는 것도 겁이 난답니다. 주님, 극심한 불안감에 고통당하는 ○○○ 성도님을 긍휼히 여겨 주옵소서. "여호와의 이름은 견고한 망대라 의인은 그리로 달려가서 안전함을 얻느니라"(잠18:10)고 말씀 하셨사오니 사랑하는 ○○○ 성도님의 마음을 평안으로 다스려 주옵소서.
　혹 ○○○ 성도님이 불안감에 휩싸여 있는 것이 주님께 참회치 못한 죄 때문이라면 회개할 수 있는 은총을 부어주시고, 다른 사람의 마음을 아프게 하고 상처를 준 까닭이라면 용서를 구할 수 있게 하옵소서.
　○○○ 성도님이 겪고 있는 이 극심한 불안에서 참된 평안을 주시고 평강의 길로 인도하여 주옵소서. 그 심령을 불안에서 건져주실 분은 주님밖에는 안 계심을 믿습니다. 주님의 백성을 놓치지 마시고 사냥꾼의 낯을 피하여 불안에 떠는 사슴같이 연약한 ○○○ 성도님을 꼭 붙들어 주옵소서. 주님을 의뢰하는 백성을 불안의 늪에서 건져주시고 참된 안식을 누리게 하여 주옵소서. ○○○ 성도님의 불안이 변하여 담대함이 되게 하여 주실 것을 믿습니다.
　평강의 왕이신 예수 그리스도의 이름으로 기도합니다. 아멘

　약속의 말씀
내 영혼아 네가 어찌하여 낙망하며 어찌하여 불안하여 하는고 너는 하나님을 바라라 그 얼굴의 도우심을 인하여 내가 오히려 찬송하리로다　　(시편 42편 5절)

자살의 충동을 느끼는 성도

심방가이드 | 찬송: 400, 336장
성경: 시편 16:7-11, 73:24-26

생명을 주관하시는 하나님 아버지,
○○○ 성도님의 무거운 마음을 기억하시옵소서. 그가 삶의 무게를 이기지 못하여 자살의 충동을 느낄 때가 많다고 합니다. 죽고 싶은 마음이 간절할 정도로 그의 마음이 힘든 상태에 놓여 있사오니 불쌍히 여겨 주시기를 원합니다. 믿음의 담대함보다 감정에 흔들리고 있는 그의 연약한 마음을 기억하시옵소서. 죽으면 지옥 가는 것인 줄 알면서도 차라리 죽는 것이 낫겠다는 생각까지 할 정도라면 그의 마음이 얼마나 힘들고 고달팠겠습니까? 단순한 감정에 이끌려서 죽기를 사모한 것이 아닐진대 연약해질 대로 연약해진 그의 형편을 돌아보시옵소서. 만세 전부터 택정하신 하나님의 백성을 마귀에게 빼앗기면 안 되지 않습니까?
그 마음을 붙드시고 지키시옵소서. 운전을 할 때 핸들을 꺾어버리고 싶다는 그의 고백을 들을 때 가슴이 철렁 내려앉습니다. 그 영혼이 점점 더 사단에게 도적질 당하지 않도록 우리 주님이 성령의 화염검으로 막아주시고, 그의 이 고통스런 올무를 풀어주시기를 원합니다. 죽기를 소망한 마음이 변하여 천국을 소망할 수 있는 마음이 되게 하여 주시고, 하나님이 주신 생명을 함부로 해하는 죄를 범치 않게 하여 주옵소서.
우리 주님은 지금 삶의 의욕을 잃어버린 채 파괴적인 생각에 사로잡혀 있는 ○○○ 성도님을 반드시 건지실 것을 믿습니다. 상하고 그늘진 심령 속에 소망의 가락이 울려나게 하실 것을 믿습니다. 믿음으로 승리하는 길을 걸을 수 있도록 이끄실 것을 믿습니다. 문제를 보지 말게 하시고 문제를 다루시는 주님의 능력을 바라보게 하옵소서. 예수 그리스도의 이름으로 기도합니다. 아멘

• 치유와 회복 대표기도문 •

약속의 말씀
나를 기가 막힐 웅덩이와 수렁에서 끌어올리시고 내 발을 반석 위에 두사 내 걸음을 견고케 하셨도다
(시편 40편 2절)

불면증에 시달리는 성도

심방가이드 | 찬송: 96장, 386장
성경: 시 127:2 잠 3:24

사랑하는 자에게 잠을 주시는 하나님 아버지,
○○○ 성도님이 심한 불면증에 시달리고 있습니다. 잠자기를 원하되 잠을 이루지 못하는 고통을 주님은 아시지요? 밤이 얼마나 두렵겠습니까? 잠을 자지 못한 ○○○ 성도님의 모습이 너무나 까칠해 보이고 초췌해 보입니다. 어떨 때는 정신을 놓고 있는 사람처럼 보일 때도 있습니다. 제가 보기에도 이미 신체의 리듬이 깨져 있음을 발견합니다. 생활의 고통 또한 얼마나 심하겠습니까? 웃음을 잃어버린 얼굴, 누렇게 떠버린 얼굴이 지금의 ○○○ 성도님의 모습입니다.

주여! 헤아리시고 불쌍히 여겨 주시옵소서. 밤을 축복하셔서 잠을 이룰 수 있도록 은총을 베풀어주옵소서. 지금 ○○○ 성도님에게는 잠자는 것 이상의 더 큰 주님의 축복이 없을 것입니다. 더 큰 소망이 없을 것입니다.

주님, 이제는 ○○○ 성도님에게 밤이 지옥같이 느껴지지 않도록 평안의 잠을 허락하여 주시고, 잘 자고 잘 깨어남으로 주님의 은총을 노래할 수 있게 하여 주옵소서. 예배할 때에 예배하는 즐거움이 있게 하시고, 말씀을 볼 때에 말씀을 묵상하는 즐거움이 있게 하여 주옵소서. 기도할 때에도 기도의 감격을 느낄 수 있게 하여 주옵소서.

일하는 의욕이 넘칠 수 있게 하시고 사회 생활에도 활력이 넘칠 수 있도록 도와주옵소서. 더 이상 약을 의지하지 않게 하여 주시고, 주님만을 의지할 수 있게 하여 주옵소서. 한번이라도 깊은 잠과 단잠 자보기를 소원하는 ○○○ 성도님의 마음을 헤아리실 것을 믿사옵고 예수 그리스도의 이름으로 기도합니다. 아멘

약속의 말씀
네가 누울 때에 두려워하지 아니하겠고 네가 누운즉 네 잠이 달리로다 (잠언 3장 24절)

질병이 찾아온 성도

심방가이드 | 찬송: 254, 471장
성경: 롬 8:31-39; 고후 12:7-10

치료하시는 하나님 아버지,
　사랑하는 ○○○ 성도님에게 뜻하지 않는 질병이 찾아왔습니다. 하오나 저희가 믿는 하나님은 합력하여 선을 이루시는 하나님이시기에 우리 주님의 선하신 뜻대로 반드시 인도하실 것을 확신합니다. 사랑하는 ○○○ 성도님의 믿음이 질병 앞에서 흔들리는 일이 없게 하시고 주님의 섭리하심을 조금도 의심치 않도록 그의 믿음을 강화시켜 주시옵소서.
　질병 가운데 있을 때 건강할 때 만나지 못했던 하나님을 만날 수 있게 하여 주시고, 욥이 질병을 통하여 귀로만 듣던 하나님을 눈으로 보는 은혜를 체험했듯이 사랑하는 ○○○ 성도님도 그와 같은 주님의 은혜를 체험할 수 있도록 역사하여 주옵소서.
　때때로 몸이 아파서 견디기 힘들 때 십자가에 달리셨던 주님을 생각할 수 있게 하여 주시고, 모든 고통을 감내하신 주님의 인내하심을 본받아 넉넉히 이길 수 있도록 도와주시옵소서.
　오랜 시간동안 질병에 시달리지 않게 하실 것을 믿습니다. 반드시 낫게 하셔서 치료하시는 하나님을 찬양할 수 있도록 이끄실 것을 믿습니다. 그가 교회에서 맡은 사명도 크오니 주님이 맡겨주신 사명을 잘 감당할 수 있도록 속히 치료의 능력을 더하여 주옵소서. 환부에 주님의 피 묻은 손으로 안수하여 주시사 예수의 피로 깨끗함을 얻게 하여 주옵소서.
　가족들에게도 평안의 복을 더하여 주셔서 염려가 변하여 기도가 되게 하시고, 낙심이 변하여 찬송이 되게 하여 주옵소서. 저희가 믿는 하나님은 당신을 경외하고 의지하는 자에게 복을 주시되 넘치도록 주시는 분이심을 믿습니다. 구원하시는 주님의 능력을 의지하오며 만병의 의원이신 예수 그리스도의 이름으로 기도합니다. 아멘

• 치유와 회복 대표기도문 •

> **약속의 말씀**
> **예수께서 들으시고 가라사대 이 병은 죽을병이 아니라 하나님의 영광을 위함이요 하나님의 아들로 이를 인하여 영광을 얻게 하려 함이라 하시더라** (요한복음 11장 4절)

중풍을 앓고 있는 성도

심방가이드 | 찬송: 310, 400장
성경: 사 40:31; 마 9:6

은혜가 충만하신 하나님 아버지,
　주님의 능력의 손길을 간구합니다. 사랑하는 ○○○ 성도님이 중풍으로 고생하고 계십니다. 누군가 부축해 주지 않으면 거동조차 하기 힘든 이 질병의 고통을 우리주님은 아시지요? 먹는 것도 고문이요, 생리현상도 고문을 받는 것 같을 것입니다.
　"모든 육체는 풀이요 그 모든 아름다움은 들의 꽃과 같다"(사40:6)는 것을 다시 한번 깨닫습니다. 하오나 사랑하는 ○○○ 성도님은 아직은 젊습니다. 아직도 주님을 위하여 충성하실 수 있는 연세요, 주님의 몸된 교회를 위하여 열심히 뛰실 수 있는 나이입니다.
　○○○ 성도님을 지금 이대로 두지 마시옵소서. 반신불수가 된 몸의 혈관에 뜨거운 피가 흐를 수 있게 하여 주시고, 근육과 힘줄을 강하게 하여 주시기를 원합니다. 파괴된 뇌기능이 다시 되살아나게 하시고, 에스겔 골짜기의 생명의 기적을 ○○○ 성도님에게 베풀어 주시옵소서.
　사랑하는 ○○○ 성도님이 자리에 누워 계시면 ○○○ 성도님 혼자만 고통을 겪는 것이 아님을 우리 주님은 너무나 잘 아시지 않습니까?
　이 가정의 형편을 헤아리셔서 38년된 중풍병자를 고치셨던 치료의 손길을 지금 ○○○ 성도님에게 베푸시옵소서. 어서 속히 자리에서 일어날 수 있게 하여 주시고, 어눌한 언어도 회복되어 주님께 마음껏 찬송하고 기도할 수 있게 하여 주옵소서.
　긍휼이 풍성하신 예수 그리스도의 이름으로 기도합니다. 아멘

　　약속의 말씀
침상에 누운 중풍병자를 보시고 사람들이 데리고 오거늘 예수께서 저희의 믿음을 보시고 중풍병자에게 이르시되 소자야 안심하라 죄 사함을 받았느니라 (마태복음 9장 2절)

가슴이 답답한 성도

심방가이드 | 찬송: 300, 291장
성경: 요 14:1; 고후 7:10

구원의 빛이신 하나님 아버지,

사랑하는 ○○○ 성도님이 늘 가슴이 답답하여 견딜 수 없다고 합니다. 그가 안고 있는 인생의 무거운 짐이 무엇인지 이 부족한 종은 알 수 없사오나 우리 주님은 아실 것이오니 그 마음을 살피시고 헤아려 주시기를 원합니다. 무엇이 그토록 ○○○ 성도님으로 하여금 가슴을 두들길 정도로 답답하여 견딜 수 없게 하는지요? 긴 한숨을 내쉬고 또 내쉬어도 풀어질 수 없는 가슴 속에 얹혀있는 것이 무엇인지요? 억울함입니까? 속상함입니까? 아니면 얽히고 또 얽혀있는 어떤 문제 때문입니까? 아니면 금전문제 때문인지요?

가슴의 답답함이 오래도록 지속되다 보면 육체의 질병을 부를 수 있다는 것을 깨닫습니다. 그런 줄 알면서도 쉽게 풀어지지 않는 그 마음의 응어리를 어찌해야만 하는 것입니까? 우리 주님은 아실 것이오니 ○○○ 성도님의 상한 심령을 어루만져 주시고, 속 시원한 주님의 은총을 경험하게 하여 주옵소서. 답답하여 견디기 어려울 때 무엇보다도 주님을 찾아야 함을 깨닫습니다.

마음 속에 만들어 놓은 숱한 무덤들을 주님 앞에 파헤쳐 놓을 수 있게 하여 주시고, 풀어주시고 싸매어주시는 주님의 긍휼을 체험할 수 있게 하여 주옵소서. 시름과 한숨이 변하여 기도가 되게 하시고 찬송이 되게 하실 것을 믿습니다.

주님의 도우심이 간절히 필요한 사랑하는 ○○○ 성도님의 영혼을 놓치지 않고 구원의 밝은 빛으로 인도하실 것을 믿습니다. 주님의 도우심을 원하오며 예수 그리스도의 이름으로 기도합니다. 아멘

약속의 말씀

마음의 즐거움은 양약이라도 심령의 근심은 뼈로 마르게 하느니라 (잠언 17:22)

만성피로에 시달리고 있는 성도

심방가이드 | 찬송: 506, 391장
성경: 사 40:27-31; 고후 5:17

연약한 저희를 체휼하시는 주님,
　사랑하는 ○○○ 성도님이 만성피로에 시달리고 있습니다. 자고 또 자도 피로하기만 하고 쉬고 또 쉬어도 피로가 풀리지 않는다고 합니다. 기쁨도 없고 의욕도 없다고 합니다. 몸이 천근만근 내려앉는 것 같고 만사가 다 귀찮다고 합니다. 주님, 사랑하는 ○○○ 성도님을 기억하시옵소서. 만성적인 피로에서 벗어날 수 있도록 은총을 더하여 주옵소서. 지금은 혈기 왕성하게 뛰어야 할 때가 아닙니까? 주님을 높이고 주님께 영광 돌리는 삶을 살아야 할 때가 아닙니까?
　○○○ 성도님을 통하여 계획하신 하나님의 일이 열매로 맺혀질 수 있도록 축복하시기를 원합니다. 그 생각을 건강하게 하여 주시고, 그 육체에 하나님의 생기를 불어넣어 주셔서 독수리 날개 치듯 올라가는 삶을 살아갈 수 있도록 인도하여 주시옵소서. 더 이상 만성피로에 시달려서 육적으로 영적으로 손해 보는 일이 없게 하여 주옵소서. 건강한 생각과 건강한 육체로 주님의 몸된 교회를 든든히 세워갈 수 있는 ○○○ 성도님이 되게 하여 주시고, 일할 수 있을 때에 힘써서 일하여 녹슬어 없어지는 인생이 되지 않도록 이끌어 주옵소서.
　지금 모든 것이 귀찮고 힘들더라도 주님을 간절히 찾는 일만큼은 최선을 다할 수 있도록 이끌어 주시고, 주님의 전을 통하여 그 영혼을 만져주시고 새롭게 하시는 주님의 은총을 경험할 수 있게 하여 주옵소서. 그 육체와 영혼이 건강을 되찾을 수 있는 길은 주님을 의지하는 것 밖에는 없음을 깨닫습니다. 영혼이 잘돼야 범사가 잘되고 강건하게 됨을 깨닫습니다. 주님을 의지하고 바라볼 수 있게 하여 주옵소서. 예수 그리스도의 이름으로 기도합니다. 아멘

약속의 말씀
오직 여호와를 앙망하는 자는 새 힘을 얻으리니 독수리의 날개치며 올라갈 것이요 달음박질하여도 곤비치 아니하겠고 걸어가도 피곤치 아니하리로다 (이사야 40장 31절)

중병을 앓고 있는 성도

심방가이드 | 찬송: 252, 472장
성경: 왕하 20:1-7; 말 4:2

사랑과 긍휼이 풍성하신 하나님 아버지,
사랑하는 ○○○ 성도님이 질병의 고통을 받고 있습니다. 모든 것이 약해질 수밖에 없는 ○○○ 성도님을 기억하시고 주님의 긍휼을 거두지 마시옵소서. 그가 얼마나 하나님을 찾았겠습니까? 얼마나 주님의 이름을 간절히 불렀겠습니까? 매순간 매순간이 진지할 수밖에 없고 매순간 매순간이 정직할 수밖에 없을 것입니다. 상한 갈대를 꺾지 아니하시고 꺼져가는 심지를 끄지 아니하시는 우리 주님이심을 믿습니다.
심령이 가난한 마음을 주님께 의뢰하는 자를 외면치 아니하시는 우리 주님이심을 믿습니다. 이제는 병상을 의지해야 하는 초라한 삶으로 변해버린 그의 형편을 기억하시고 돌아보시옵소서. "믿음의 기도는 병든 자를 구원하리니 주께서 저를 일으키시리라"(약5:15) 말씀하였사오니 그 말씀이 지금 ○○○ 성도님에게 그대로 이루어지는 역사가 있게 하여 주시옵소서. 아직도 그가 할 일이 많습니다. 주님의 섭리하심은 분간하기 어려우나 지금은 때가 아니라는 생각을 갖습니다. 조금 더 주님을 위하여 충성할 수 있는 기회를 주시고, 헌신할 수 있는 기회를 주시옵소서.
많은 병자를 일으키셨던 우리 주님, 죽은 자도 살리셨던 우리 주님, 주님이 죽음의 권세를 깨뜨리시고 부활하실 때 무덤 속에 잠자던 자들도 일으키셨던 우리 주님, 그 주님이 지금 여기에 오셔서 ○○○ 성도님을 치료하여 주옵소서. 그 아픔을 어루만져 주시고, 다시 한번 사망권세에서 일으키시는 주님의 기적을 체험하게 하여 주옵소서.
살아계신 주님, 주님의 치료의 강물에서 ○○○ 성도님이 꼭 나음을 얻게 하실 것을 믿습니다. 예수님의 이름으로 기도합니다. 아멘

• 치유와 회복 대표기도문 •

약속의 말씀
나는 빛으로 세상에 왔나니 무릇 나를 믿는 자로 어두움에 거하지 않게 하려 함이로라
(요한복음 12장 46절)

질병이 지속되고 있는 성도

심방가이드 | 찬송: 369, 471장
성경: 시 119:67,71 마 8:16-17

사랑의 하나님,
　질병으로 고통당하고 있는 사랑하는 ○○○ 성도님을 위하여 기도합니다. 저희들은 ○○○ 성도님에게 향하신 주님의 뜻이 무엇인지 전혀 알지를 못하오나 ○○○ 성도님이 뜻하지 않은 질병으로 고통 당할 때 세상의 기준으로 자기를 판단하여 낙심하지 말게 하시고, 오히려 고통 속에 숨겨진 하나님의 뜻을 찾는데 힘쓸 수 있는 ○○○성도님이 되게 하옵소서.
　질병 중에 있을 때 인생의 모든 것과 바꿀 수 있는 영원한 보물을 찾고 기뻐하며 믿음 위에 더욱 굳게 설 수 있는 ○○○ 성도님이 되게 하여 주옵소서. 언제까지일지는 모르오나 질병으로 인하여 비록 몸은 고통스럽고 불편한 가운데 있을지라도 주님의 강한 빛을 늘 받게 하시고, 성도님의 기쁨을 누리게 하시옵소서. 또한 육신이 건강한 사람과 비교함으로 낙심가운데 처하지 않게 하시고, 고통 가운데서 하나님이 바라시는 것이 무엇인지 그 뜻을 영혼 깊숙이 깨닫게 되는 은혜가 있게 하옵소서.
　몸의 불편함을 불평하는 대신 ○○○ 성도님이 가지고 있는 능력으로 주님을 뜻을 나타낼 수 있는 은사를 찾게 되기를 원합니다. 질병도 그 가운데서 주님의 영광을 나타낼 수 있다면 불행이 아니라 복이요, 재앙이 아니라 주님이 주신 은사임을 깨닫습니다.
　이제 이 질병을 통하여 ○○○ 성도님을 더 깊은 은혜의 자리로 나아가게 하실 것을 믿사옵고, 또한 치료의 은총을 더하실 것을 믿사옵고 예수 그리스도의 이름으로 기도합니다. 아멘

약속의 말씀
믿음의 기도는 병든 자를 구원하리니 주께서 저를 일으키시리라 혹시 죄를 범하였을지라도 사하심을 얻으리라
(야고보서 5장 15절)

병원에 입원중인 성도

심방가이드 | 찬송: 93, 96장
성경: 행:3:16 요삼 1:2

자비하시고 전능하신 하나님 아버지,
 우리 하나님은 저희의 형편과 처지를 아시고 저희의 기도를 들으시며, 축복하여 주시기를 기뻐하시는 아버지이신 줄 믿나이다. 지금 사랑하는 ○○○ 성도님의 병상에 둘러서서 ○○○ 성도님의 건강을 위해 기도합니다. 전능하신 손을 펴사 ○○○ 성도님을 만져주시고 그 마음에 위로를 더하여 주옵소서. 고통에도 하나님의 뜻이 있음을 깨닫게 하셔서 모든 낙심되는 것과 고독함과 슬픈 생각을 멀리하여 주옵소서. 하나님의 크신 사랑과 전능하신 능력을 믿게 하시며, 합력하여 선을 이루시는 주님을 의지함으로 소망과 용기를 갖게 하옵소서. 우리 주님은 주를 의뢰하는 자의 마음을 아시며, 또 육체를 아시나이다. 주님께서 손수 사람을 지으셨기에 사람의 병든 부분과 그 정황을 잘 아시오며, 또 낫게 하실 권능도 소유하고 계시오니 치료의 광선을 발하여 주셔서 아픈 곳이 깨끗이 치료되는 은총을 더하여 주옵소서. ○○○ 성도님이 할 일이 많습니다. 병상을 오래 의지하는 일이 없게 하시고, 속히 병상에서 일어나 주님께 충성하고 주님의 몸된 교회를 위하여 봉사할 수 있도록 인도하여 주옵소서.
 믿음의 교우들도 ○○○ 성도님을 위하여 기도하고 있사오니 그 기도가 헛되지 않도록 이끄실 것을 믿습니다. 이 병원에서 수고하고 있는 의사와 간호사들에게도 복을 더하여 주셔서 기술로 병인을 대하는 것이 아니라 사랑으로 병인을 대할 수 있게 하시고, 사랑의 손길로 병인의 마음을 살피고 헤아릴 수 있는 손길들이 되게 하여 주옵소서. 오늘 목사님이 들려주시는 말씀에 큰 위로와 용기를 얻게 하시고, 말씀을 통하여 치료하시는 주님의 능력을 체험하게 하여 주옵소서. 예수 그리스도의 이름으로 기도합니다. 아멘

> **약속의 말씀**
> 이러므로 너희 죄를 서로 고하며 병 낫기를 위하여 서로 기도하라 의인의 간구는 역사하는 힘이 많으니라 (야고보서 5장 16절)

수술을 앞두고 있는 성도

심방가이드 | 찬송: 93, 488장
성경: 시 50:15; 약 5:16

사랑과 자비가 풍성하시며 환난 날에 피난처가 되시는 하나님 아버지, 주님께서 택하신 백성인 ○○○ 성도님을 사랑하셔서 질병 가운데서 하나님을 다시 만나게 하시니 감사합니다.

건강할 때 만나던 하나님과 병상에서 만나는 하나님이 분명히 다름을 깨닫습니다. 질병 중에도 합력하여 선을 이루시는 주님의 손길을 의심치 아니하고, 고통에도 주님의 뜻이 있음을 기억하며 흔들림 없는 믿음으로 주님을 바라보고 있는 ○○○ 성도님을 기억하시고 놀라운 은혜와 은총을 더하실 것을 믿습니다.

이제 수술을 앞두고 있사오니 주의 권능의 손으로 어루만져 주시옵소서. 특히 ○○○ 성도님을 성령의 능력으로 붙들어 주셔서 주님을 의지하는 마음으로 투병할 때에 결코 나약해지는 일이 없게 하시고 믿음으로 병마를 물리쳐 이길 힘을 더하여 주옵소서.

수술을 담당한 의사들과 간호사들에게 함께 하셔서 침착한 마음과 지혜를 주시고 그들의 손길을 인도하셔서 무사히 성공적으로 수술을 마칠 수 있게 하여 주옵소서.

염려하며 기도하는 가족과 교우들에게도 주님의 위로와 평안을 허락하시며 피곤치 않도록 보호하여 주옵소서.

질병을 제거해 주시고 상처를 싸매어 주시며 영과 육을 붙잡아 주시는 예수 그리스도의 이름으로 기도합니다. 아멘

· 치유와 회복 대표기도문 ·

약속의 말씀
그가 찔림은 우리의 허물을 인함이요 그가 상함은 우리의 죄악을 인함이라
(이사야 53장 5절)

일반적인 수술을 하는 성도

심방가이드 | 찬송: 391, 393장
성경: 시 28:6-9; 사 41:10

언제나 함께하시는 하나님,

병마에게 빼앗겼던 육체를 다시 회복하기 위하여 수술을 받으려고 합니다. 수술을 앞두고 두려운 마음을 감출 길 없사옵니다. 그러나 성령께서 우리와 함께 계시오니 평안의 매는 줄로 굳게 잡아주실 것을 믿습니다. 수술의 모든 과정을 주님께 맡깁니다. 수술이 성공적으로 이루어질 수 있도록 성령께서 친히 주장하여 주옵소서. 주님, 생명을 다루는 일입니다. 수술을 집도하는 의사와 그 곁에서 돕는 간호사들에게도 함께 하여 주셔서 환자의 생명이 자신들의 손끝에 달려있다는 것을 인식하고 진지한 마음으로 수술을 집도하게 하여 주옵소서. 수술하는 매 순간마다 생명을 살려야 한다는 절박한 심정을 가지고 최선을 다할 수 있게 하시고, 조금의 실수도 결코 용납해서는 안 된다는 정신으로 사람의 육체를 다룰 수 있게 하여 주옵소서. 가족들 위에도 불안한 마음을 없애주시고, 평안의 복을 더하여 주시기를 원합니다.

이제껏 사랑하는 ○○○ 성도님을 위하여 눈물로 기도하고, 정성껏 간호한 것이 하나님 앞에서 결코 헛되지 않음을 깨닫게 하시고, 기적을 베푸시는 하나님의 손길이 어떤 것인지를 확실히 체험하는 계기가 되게 하여 주옵소서. 혹 받아들이기 어려운 결과가 있을지라도 실족하지 않게 하시고, 하나님을 경외하는 자에게 복을 주시되 넘치도록 얹게 하신다는 것을 믿고 끝까지 주님을 바라보게 하옵소서. 생명을 주신 분이 하나님이신 것을 믿기에 생명을 살리시는 분도 주님이심을 믿습니다. 원하옵기는 수술이 빠르게 진행될 수 있게 하시고, 성공적인 수술이 될 수 있도록 도와주시옵소서. 생명의 주인이신 주님께 맡깁니다. 수술대 위에 오르는 ○○○ 성도님을 주님의 강한 손으로 꼭 붙드실 것을 믿사옵고 생명의 주인이 되시는 예수 그리스도의 이름으로 기도합니다. 아멘

약속의 말씀
나 곧 나는 여호와라 나 외에 구원자가 없느니라 (이사야 43장 11절)

・치유와 회복 대표기도문・

갑작스런 수술을 하는 성도

심방가이드 | 찬송: 405, 401장
성경: 사 41:10; 마 8:1-4

천지만물과 인간의 영혼과 육신을 창조하신 하나님 아버지,

놀란 가슴이 아직도 진정되지 않습니다. 그러나 합력하여 선을 이루시는 주님의 섭리하심을 바라보며 받은 충격을 애써 지워봅니다. 주님의 선하신 손길을 멈추지 마옵소서. 주님의 큰 뜻을 알아갈 수 있도록 깨닫는 마음을 주옵소서. 감사할 수 있도록 도와주시옵소서.

이제 주께서 사랑하시는 ○○○ 성도님이 갑작스런 사고로 말미암아 수술을 하게 되었습니다. 생명의 위협을 받지 않도록 지켜 주신 하나님께 감사와 영광을 돌립니다. 이제 수술에 들어 갈 터인데 생명을 지키신 하나님께서 수술의 과정도 지키실 것을 믿습니다. 수술을 집도하는 것은 의사이지만 저들의 손을 친히 주장하고 움직이는 것은 주님이심을 믿습니다. 수술이 성공리에 마칠 수 있도록 우리 주님께서 매 순간마다 간섭하여 주옵소서. 갑작스럽게 닥친 고통으로 인하여 가족들이 적잖은 충격을 받았사오니 놀란 가슴을 어루만져 주시고 평안의 복을 더하여 주옵소서. 슬픔이 변하여 기쁨이 되게 하시고, 충격이 변하여 소망이 되게 하여 주옵소서. 이 일로 인하여 언제나 간섭하시는 주님의 사랑을 느낄 수 있게 하여 주시고, 생명을 붙들고 계시는 주님의 은총을 경험할 수 있게 하옵소서. 수술을 한 후에 건강이 빠른 속도로 회복 될 수 있게 하시고, 수술의 후유증으로 어려움당하지 않도록 도와주시옵소서. 재수술 해야만 하는 일이 없도록 막아주시고, 건강한 몸으로 다시 주님께 충성할 수 있도록 도와주시옵소서. 수술은 의사가 하지만 환부를 아물게 하시며 낫게 해주시는 분은 주님이신 줄 믿사오니 믿음대로 응답하여 주옵소서. ○○○ 성도님을 주님의 능력의 손에 의탁하오며 예수 그리스도의 이름으로 기도합니다. 아멘

약속의 말씀

내가 여호와를 항상 내 앞에 모심이여 그가 내 우편에 계시므로 내가 요동치 아니하리로다

(시편 16편 8절)

장기입원중인 성도

심방가이드 | 찬송: 390, 563장
성경: 막 5:25-34; 빌 4:4-7

사랑이 많으시고 거룩하신 하나님 아버지,

예수 그리스도 안에 있는 사람은 누구든지 영혼이 잘 됨 같이 범사가 잘 되고 강건하며 생명을 얻되 넘치도록 풍성히 얻는 삶을 살게 하여 주신다는 사실을 조금도 의심치 않나이다. 간구하옵기는 오래도록 병상에서 병마와 씨름하고 있는 ○○○ 성도님을 긍휼히 여기셔서 치료와 회복의 은총을 더하여 주시기를 원합니다. 너무나 많은 세월을 병마에 시달리고 있습니다. 쉽게 치료되지 않는 질병을 놓고 주님을 얼마나 많이 찾았겠습니까? 그 연약한 육신으로 흘린 눈물이 얼마나 많았겠습니까? 병마에 시달려 초라해진 영혼을 불쌍히 여기시고 어서 속히 이 병상에서 일으켜 주옵소서. 주님의 뜻이 어디에 있는지 무지한 저희는 알 수 없사오나 믿음의 기도는 병든 자를 구원한다는 주님의 말씀을 붙들고 오늘도 기도합니다. 전과 같이 건강함을 되찾아 주님을 위하여 건강하게 쓰임 받다가 주님 품에 안길 수 있게 하여 주옵소서. 주님을 위해서나 사회를 위해서 아직도 할 일이 많은 사람이고 얼마든지 주님을 높이는 삶을 살 수 있는 사람입니다. 때가 아닌 줄 아오니 이 병상에서 일으켜 주옵소서. ○○○ 성도님의 빈자리가 너무 커서 온 교우가 합심하여 기도하고 있습니다. 온 교우가 살아계신 하나님을 만날 수 있도록 은총을 더하여 주시고, 못하실 일이 전혀 없으신 주님의 권세를 인하여 생명되신 주님을 찬양할 수 있도록 역사하여 주옵소서. 특별히 간호에 마음을 쏟고 있는 가족들을 기억하시고, 오랜 간호로 인하여 마음이 지쳐 있는 줄 아오나 끝까지 치료의 주님을 바라보게 하시고, 소망의 하나님을 붙들 수 있게 하여 주옵소서. 경제적으로도 매우 어렵습니다. 돕는 손길을 붙여 주셔서 이 고통의 때에 그 고통 속에 함께 참여하고 계신 주님의 사랑을 느낄 수 있게 하여 주옵소서. 만병의 의원이신 예수 그리스도의 이름으로 기도합니다. 아멘

약속의 말씀
이스라엘아 여호와를 의지하라 그는 너희 도움이시요 너희 방패시로다 (시편 115편 9절)

• 치유와 회복 대표기도문 •

불치병(난치병)을 앓고 있는 성도

심방가이드 | 찬송: 314, 471장
성경: 시 91:1-6; 롬 8:35-39

전능하신 하나님 아버지,

하나님의 하시는 일은 가장 놀랍고 지으신 모든 것을 사랑하시는 줄을 아옵고 감사드립니다. 주님, 질병으로 인하여 고통당하고 있는 ○○○ 성도님을 위하여 기도합니다. 아픔과 괴로움 속에서 신음하고 있사오니 불쌍히 여겨주셔서 치료의 은혜를 베풀어 주옵소서. 이제껏 흔들리지 아니하고 믿음의 길을 잘 달려왔는데 질병 앞에 맥없이 쓰러져 신음하고 있나이다. 그러나 신음 중에도 주님의 이름만 부르고 있고, 고통 중에도 주님만 찾고 있사오니, 주님께로만 마음이 향하고 있는 ○○○ 성도님을 병상에서 일으켜 주옵소서. 그 동안 주님의 몸된 교회를 위하여 얼마나 열심히 봉사했는지 모릅니다. 그 바쁜 일 가운데서도 그 피곤함 가운데서도 주님을 위한 일이라면 기꺼이 몸을 깨뜨려 헌신하고자 했던 ○○○ 성도님 입니다.

"나는 너희를 치료하는 여호와임이니라"(출15:26) 말씀 하셨사오니 이제껏 주님을 위하여 살기를 힘써 온 ○○○ 성도님을 고쳐 주옵소서. 전과 같이 건강함을 되찾아 주님의 일에 더욱 정진할 수 있도록 은총을 베풀어 주옵소서. 모든 주권이 주님께 속해 있사오니 치료와 복으로 함께 하여 주옵소서. 하나님의 살아계심을 다시 한번 체험하게 하시고, 주님만을 위하여 살아온 자의 말로가 초라하게 끝나지 않게 하여 주옵소서. 사랑이 많으신 우리 주님께서 ○○○ 성도님을 반드시 일으켜 주실 것을 믿습니다. 다시 한번 구원의 주님을 찬양하고 주님을 자랑할 수 있도록 인도하실 것을 믿습니다. 오늘 목사님이 들려주시는 말씀을 통하여 구원의 하나님을 만날 수 있게 하시고, 치료의 하나님을 만날 수 있게 하여 주옵소서. 만병의 의원이신 예수 그리스도의 이름으로 기도합니다. 아멘

약속의 말씀

여호와께서 내 음성과 내 간구를 들으시므로 내가 저를 사랑하는도다 그 귀를 내게 기울이셨으므로 내가 평생에 기도하리로다 (시편 116편 1,2절)

자녀가 아픈 가정

심방가이드 | 찬송: 585, 471장
성경: 시 28:6-9; 마 8:1-2

여호와를 섬기는 자의 질병을 제하여 주신다고 말씀하신 하나님, ○○○ 성도님의 사랑하는 자녀가 원치 않는 질병으로 고통을 당하고 있습니다. 아이의 아픔을 지켜볼 때마다 부모로서 그 아픔을 대신하고 싶은 마음이 얼마나 간절하겠습니까? 아이가 아픈 것은 부모도 함께 아픈 것이나 다름없음을 피부로 느낍니다. 고통에 힘들어하는 아이를 볼 때마다 부모의 가슴 속으로 스며드는 고통은 이루 말할 수 없을 것입니다. 아이가 아픈 것이 혹 자신의 죄 때문이 아닌가 싶어 정신적으로 느끼는 죄책감 또한 얼마나 그 마음을 괴롭히겠습니까? 아마도 주님 앞에 엎드릴 때마다 알 수 없는 죄들을 눈물로 고백하며 용서하여 달라고 수없이 부르짖었을 것입니다. 주님, 이것이 자식을 둔 부모의 마음이 아닙니까? 이 마음은 주님이 주셨습니다. 성부 하나님도 독생자인 성자 예수 그리스도를 십자가에 내어주실 때 그 마음이 얼마나 아프셨습니까? 성자 예수님이 숨을 거두시자 흑암으로 하늘을 덮으시고 십자가를 가리지 않으셨습니까? 번개와 천둥으로 아들을 잃은 슬픔을 표현하지 않으셨습니까?

주님, ○○○ 성도님의 마음을 기억하시고 치료의 은혜를 더하여 주옵소서. 아이의 신음이 변하여 노래가 되게 하여 주옵소서. 건강한 몸, 맑은 정신에 주님의 말씀을 담을 수 있도록 축복하여 주옵소서. 주님의 전을 가까이 하고 예배의 자리를 지킬 수 있도록 도와주시옵소서. 이 안타까움의 현장이 변하여 주님의 긍휼을 체험하는 축복의 현장이 되게 하실 것을 믿습니다. 근심이 아닌 감격과 기쁨으로 주님께 나아갈 수 있도록 이끄실 것을 믿습니다. 약한 자의 간구를 외면치 아니하시는 예수 그리스도의 이름으로 기도합니다. 아멘

・치유와 회복 대표기도문・

약속의 말씀

내 이름을 경외하는 너희에게는 의로운 해가 떠올라서 치료하는 광선을 발하리니 너희가 나가서 외양간에서 나온 송아지 같이 뛰리라 (말라기 4장 2절)

자녀가 백혈병인 가정

심방가이드 | 찬송: 252, 471장
성경: 잠언 3:6-8; 눅 8:43-48

생명의 근원이신 하나님 아버지,
　사랑하는 ○○○ 성도님의 자녀 ○○ 군(양)이 백혈병이라는 질병을 앓고 있습니다. 어린 것이 질병의 고통을 안고 괴로워하는 모습을 대신할 수 없는 부모의 마음이 어떠한지를 우리 주님은 아시지요? 사랑하는 자녀에게 좋은 것으로 채워주시는 우리 주님이심을 믿습니다. 육신의 아픔과 고통으로 신음하는 저 어린영혼을 긍휼히 여겨 주옵소서. 저 어린 육신이 독한 항암제를 받아들이기에 너무나 벅찬 것이 아닙니까? 저 어린 육신에서 골수를 빼내는 것이 너무나 큰 고통이 아닙니까? 아직 어린 아이가 감당하기엔 벅찬 치료의 과정임을 깨닫습니다. 골수를 빼낼 때마다 고통에 못 이겨 악을 쓰며 벌벌 떠는 아이를 지켜보고만 있어야 하는 부모의 심정을 헤아려 주시옵소서. 우리 주님은 "나는 너희를 치료하는 여호와임이니라"(출15:26)말씀하셨습니다. 그 말씀대로 고통에 못 이겨 괴로워하는 어린 심령에 치료의 능력을 더하여 주옵소서. 우리 주님은 수많은 자들에게 치료의 은총을 베푸신 것을 믿습니다. 사랑하는 ○○ 군(양)도 그 은총을 입은 자 중에 한 사람이 될 수 있게 하여 주옵소서. 주님의 보혈의 피로 ○○ 군(양)의 피를 깨끗케 하셔서 더 이상 어린 심령이 질병의 멍에를 메고 있지 않아도 되게 하옵소서. 이 질병을 저 어린 심령이 감당하기엔 너무나 가혹한 형벌과 같습니다. 도와주시고 ○○ 군(양)과 이 가정에 구원의 은총을 내려주시옵소서. 주님이 치료하시지 않으면 길이 없습니다. 저 어린 심령이 밝은 모습으로 치료의 하나님, 구원의 하나님을 찬양할 수 있도록 도와주시옵소서. 이 병이 치료되므로 주님의 영광을 드러내게 하실 것을 믿습니다. 예수님의 이름으로 기도합니다. 아멘

> **약속의 말씀**
> 육체의 생명은 피에 있음이라 내가 이 피를 너희에게 주어 단에 뿌려 너희의 생명을 위하여 속하게 하였나니 생명이 피에 있으므로 피가 죄를 속하느니라　(레위기 17장 11절)

자녀의 수술을 앞두고 있는 가정

심방가이드 | 찬송: 365, 471장
성경: 사 41:10, 43:1-3

연약한 자의 힘이 되시고 고통 받는 자에게는 위로가 되시는 하나님 아버지, ○○○ 성도님의 사랑하는 ○○ 군(양)이 수술을 앞두고 있습니다. 수술해야만 치료될 수 있기에 ○○○ 성도님이 수술을 하기로 결정을 하였습니다. 결정은 사람이 하였을지라도 그 생각을 밝히시고 이끄신 분은 주님이신 것을 믿습니다.

수술하면 치료될 수 있다고 하지만 아이를 수술대에 오르게 할 수밖에 없는 부모의 심정이 얼마나 괴롭고 고통스럽겠습니까? 이제껏 많은 눈물을 흘렸을 것입니다. 고통스러워하는 아이의 몸을 어루만지며 아이와 똑같은 고통을 느꼈을 ○○○ 성도님 입니다. 어린 몸에 칼을 대게 하는 것이 죄인 것만 같아 주님께 간구하며 울부짖기를 밤낮으로 했을 것입니다.

가슴 속으로 저며 오는 부모의 안타까운 마음을 주님이 아니고는 누가 헤아릴 수 있겠습니까? 그러나 이렇게 수술을 피할 수 있는 간절한 소망을 접을 수밖에 없게 되었습니다. 하지만 이 길로 인도하시는 주님의 뜻이 계신 줄 믿습니다. 수술하는 것이 아이에게는 더 유익하기에, 더 빨리 치료될 수 있기에 그 길로 인도하시는 주님의 섭리이심을 믿습니다. 수술의 모든 과정을 주님이 지키실 것을 확신하지만 왠지 모를 불안감이 심령을 파고드는 것을 피할 수 없나이다.

○○○ 성도님의 마음에 평안을 허락하시고 연약한 마음을 붙드시옵소서. 담대함을 주시고, 하나님께서 아이의 생명을 지키시고 계심을 굳게 믿고 찬송할 수 있게 하여 주옵소서. 이제 아이가 건강을 되찾아 교회생활은 물론 학교 생활을 잘할 수 있도록 이끄실 것을 믿사옵고 예수 그리스도의 이름으로 기도합니다. 아멘

― 약속의 말씀 ―
여호와는 너를 지키시는 자라 여호와께서 네 우편에서 네 그늘이 되시나니 낮의 해가 너를 상치 아니하며 밤의 달도 너를 해치 아니하리로다 (시편 121편 5,6절)

자녀가 수술하는 가정

심방가이드 | 찬송: 401, 419장
성경: 시 28:6-9, 121:1-8

졸지도 아니하시고 주무시지도 아니하시는 하나님,
오늘 ○○○ 성도님의 사랑하는 ○○ 군(양)이 잡혀진 수술 일정에 따라 수술을 하게 되었습니다. 수술에 들어가기 전 먼저 수술의 전 과정을 주님께 맡기기 위하여 주님을 의뢰하며 기도합니다. 왠지 모를 불안이 밀려오는 이 현장을 놓치지 마시고 저희들의 마음을 평안의 길로 인도하여 주옵소서. 사랑하는 ○○ 군(양)의 수술의 전 과정을 주님께 맡깁니다. 한 생명을 천하보다도 귀하게 보시는 주님이시기에 주님이 불꽃같은 눈동자로 지키실 것을 믿습니다. 어려운 수술이 되지 않도록 모든 위험으로부터 막아주시고 긴 시간이 소요되지 않도록 주님께서 온전히 주장하여 주옵소서. 연약한 아이인지라 체력이 이 수술을 감당해낼 수 있을까 걱정도 되오나 우리 주님이 수술대에 오른 아이의 힘이 되어주시고 능력이 되어주실 것을 믿습니다. 아이에게 공포심도 잠재워 주시고, 그 어린 손을 꼭 붙들고 계신 주님의 사랑을 부모나 아이나 꼭 체험케 하여 주옵소서.
  주님, 수술의 전 과정은 하나님이 지키시오나 사람의 손을 도구로 사용하시는 것이 아닙니까? 생명을 다루는 의사의 손길을 붙드셔서 가벼운 마음으로 수술에 임하지 않게 하시고, 생명을 살려야 한다는 절박한 사명감을 가지고 수술에 임할 수 있게 하여 주옵소서. 또한 병의 뿌리를 잘 찾아내어 제거할 수 있게 하시고, 수술을 집도하는 또 다른 손이 함께하고 있음을 느낄 수 있게 하옵소서. 이번 수술이 잘 이루어져서 모든 가족들이 생명을 지키시는 주님을 더 크게 찬양할 수 있게 하시고, 더 큰 감사와 더 큰 감격의 마음으로 주님의 전을 향할 수 있게 하옵소서. 생명의 주인이신 예수 그리스도의 이름으로 기도합니다. 아멘

약속의 말씀

내가 산을 향하여 눈을 들리라 나의 도움이 어디서 올고 나의 도움이 천지를 지으신 여호와에게서로다
(시편 121편 1,2절)

자녀가 수술 후 회복 중인 가정

심방가이드 | 찬송: 569, 563장
성경: 시 23:1-6; 사 40:11

치료의 하나님 아버지,

　사랑하는 ○○ 군(양)의 수술을 잘 마칠 수 있도록 함께하심을 감사드립니다. 이제 수술 후 회복단계에 있사오니 주의 권능의 손으로 어루만져 주셔서 속히 회복할 수 있도록 도와주시옵소서. 자녀의 빠른 회복을 소망하며 곁에서 간호하고 계신 ○○○ 성도님을 기억하시고 성령님이 피곤치 않도록 붙들어 주옵소서. 기도하면서 온갖 정성을 쏟아 부으며 간호하고 있습니다. 그 마음을 헤아려 주셔서 매일 달라지는 자녀의 건강을 보게 하옵소서. 피곤할지라도 사랑하는 자녀에게 주님의 말씀을 많이 들려줄 수 있게 하시고, 말씀을 통하여 약한 자의 곁에 계시는 주님의 손길을 느낄 수 있게 하옵소서. 이번 계기를 통하여 ○○○ 성도님이나 ○○ 군(양) 모두 더욱 확실한 주님의 음성을 들을 수 있는 계기가 되게 하시고 살아계신 하나님을 확실히 체험하는 계기가 되게 하여 주옵소서. ○○ 군(양)이 앞으로 더 이상 질병으로 고통 받는 일이 없게 하시고, 또 다른 후유증이 발생하지 않도록 성령의 화염검으로 막아주시옵소서. 주님, ○○○ 성도님에게 경제적인 고통이 발생하지 않기를 소원합니다. 치료받고 생활하는데 또 다른 고통이 주어지지 않도록 때를 따라 도우시는 하나님께서 이끌어 주실 것을 믿습니다. 수술을 담당한 의사들과 간호사들에게도 함께 하셔서 생명을 건지고 살리는 일에 귀하게 사용되는 그릇들이 되게 하여 주옵소서. 뜻을 같이하여 함께 신앙 생활하는 교우들이 ○○ 군(양)의 완치를 위하여 마음을 쏟아 기도하고 있습니다. 반드시 웃게 하시고, 기쁨을 주실 것을 믿습니다. 주님께 더욱 감사할 수 있도록 은총의 자리로 이끄실 것을 믿습니다. 예수 그리스도의 이름으로 기도합니다. 아멘

· 치유와 회복 대표기도문 ·

　　약속의 말씀
여호와께서 쇠약한 병상에서 저를 붙드시고 저의 병중 그 자리를 다 고쳐 펴시나이다
(시편 41편 3절)

태아가 위태로운 성도

심방가이드 | 찬송: 543, 545장
성경: 사 41:10; 요 14:1

번성의 축복을 주신 하나님!

○○○ 성도님의 가정을 사랑하셔서 또한 귀한 생명을 허락하셔서 기업을 잇게 하심을 감사 드립니다. 이 가정이 주님의 넘치는 은혜 속에 있음을 깨닫습니다.

하오나 지금 주님이 이 가정에 기업으로 주신 태중의 아이가 매우 위태로운 가운데 있습니다. 의사로부터 태중의 아이가 유산될 수도 있다는 말을 들으니 산모가 얼마나 놀랐겠으며 충격을 받았겠습니까? 식구들 또한 마음이 얼마나 불안하겠습니까?

주여! 주님의 강하신 팔로 태중의 아이를 붙들어 주시고 지켜 주시옵소서. 죄악이 많은 이 세상에 태어나지 않은 것이 복되다고 하지만 주님이 생명을 베푸시고 부여해 주신 것은 특별하신 섭리가 있음을 깨닫습니다.

생(生)이 곧 명(命)이기에 이 아이가 감당할 사명이 있기 때문에 생명을 허락하신 것을 믿습니다.

주여! 이 연약한 딸의 태를 강하게 강화시켜 주시고, 아이의 생명줄을 지켜주시옵소서.

주님께 기도하면서 얻은 아이입니다. 출산하는 날까지 아무 일 없게 인도하시옵소서. 신체의 모든 부위가 온전하게 형성되어 가도록 도와주시고 건전한 영혼을 이룰 수 있도록 도와주시옵소서.

합력하여 선을 이루시는 예수 그리스도의 이름으로 기도합니다. 아멘

약속의 말씀
참새 두 마리가 한 앗사리온에 팔리는 것이 아니냐 그러나 너희 아버지께서 허락지 아니하시면 그 하나라도 땅에 떨어지지 아니하리라 (마태복음 10장 29절)

부모님이 치매인 가정

심방가이드 | 찬송: 365, 563장
성경: 사 40:31; 말 4:2

우리를 지극히 사랑하시는 하나님 아버지!

사랑하는 ○○○성도(직분)님의 가정을 기억하옵소서. 부모님이 치매를 앓고 있습니다. 아무리 굳센 믿음을 소유한 사람이라 할지라도 감당하기 어려운 질병임을 절감합니다. 긴 병에 효자 없다는 말이 이에서 생겨난 것이 아닌가 싶습니다. 경제적으로, 정신적으로, 육체적으로 짊어져야만 하는 이 가정의 고통을 돌아보시옵소서. 이 무시무시한 병마 앞에서 주께서 사랑하시는 이 가정이 처한 상황은 근심과 걱정입니다. 이 가정에 속한 어느 한사람도 이 병으로부터 자유로울 수 없음을 주님이 아시오니 부모님의 질병을 돌아보시옵소서. 주님을 잘 섬기는 가정에 화평이 깨지지 않도록 도와주시옵소서. 믿음이 식어지지 않도록 붙드시옵소서. 불효의 죄책감에 시달리지 않도록 도와주시옵소서. 절망으로 몸서리치지 않게 하여 주시고, 아름다운 신앙생활이 엉망이 되지 않게 하여 주옵소서. 할 수만 있거든 ○○○성도(직분)님의 부모님께 치료의 능력을 더하여 주셔서 온전한 정신으로 회복될 수 있게 하여 주시고, 주님 주신 소중한 인생, 끝까지 맑은 정신으로 주님을 가까이 하다가 천국으로 향할 수 있게 하여 주옵소서. 믿음이 좋은 ○○○성도(직분)님의 마음이 부모님의 치매로 인하여 강퍅해지지 않도록 도우실 것을 믿습니다. 성령의 능력을 더하셔서 불쌍히 여기는 마음을 주시고 인성이 파괴되지 않도록 지켜 주옵소서. 우리 주님이 이 가정에 밝은 빛을 비추실 것을 믿습니다. ○○○성도님을 비롯한 이 가정의 식구가 이 질병의 노예가 되지 않도록 이끄실 것을 믿습니다. 도와주시옵소서. 주님의 선하신 손길을 바라보며 예수 그리스도의 이름으로 기도합니다. 아멘

약속의 말씀

여호와여 율법은 완전하여 영혼을 소성케 하고 여호와의 증거는 확실하여 우둔한 자로 지혜롭게 하며
(시편 19편 7절)

• 치유와 회복 대표기도문 •

관절염을 앓고 있는 성도

심방가이드 | 찬송: 191, 383장
성경: 겔 37:5; 행 3:6

사랑이 많으신 하나님 아버지!
주님의 은혜와 치유를 간구합니다. 사랑하는 ○○○ 성도(직분)님이 관절염으로 고통을 당하고 있습니다. 치유의 손길을 베푸시기를 원합니다. 에스겔 골짜기의 마른 뼈들에게도 새살이 돋게 하시고 큰 생기를 불어 넣으사 큰 군대로 만드시는 하나님 아니십니까?
일평생 주님의 영광을 위하여 성전을 가까이하며 봉사와 헌신을 아끼지 않은 노종이오니 닳아서 약해진 관절에 새살이 돋게 하셔서 끝까지 주님의 영광을 바라보며 소망 가운데 주님을 경외하며 살 수 있도록 은총을 베풀어 주옵소서.
앉고 일어섬에 통증이 없게 하여 주시고, 노종의 무릎의 기도를 드리는 삶이 주님 나라 가는 그 날까지 멈추지 않고 계속 될 수 있도록 도와주시옵소서.
특별한 치료법이 없는 이 질병은 주님만이 손을 대실 수 있사오니 피 묻은 손으로 안수하여 주셔서 사슴같이 뛸 수 있게 하여 주옵소서.
  생명의 주님, 주님의 살아계심을 믿습니다. 이제껏 인도해 오신 주님의 섭리하심을 믿습니다. 초라한 말년이 되지 않도록 붙드실 것을 믿습니다. 강건케 하시는 주님을 바라봅니다. 긍휼히 여기시는 예수 그리스도의 이름으로 기도합니다. 아멘

• 치유와 회복 대표기도문 •

약속의 말씀
주 여호와는 나의 힘이시라 나의 발을 사슴과 같게 하사 나로 나의 높은 곳에 다니게 하시리로다
(하박국 3장 19절)

간질을 앓고 있는 성도

심방가이드 | 찬송: 395, 436장
성경: 잠 24:16; 마 17:14 ~ 20

저희를 창조하시고 보시기에 심히 좋아하신 하나님 아버지!
너무나 오랜 세월 원치 않는 질병으로 고통 중에 있는 ○○○ 성도(직분)님을 위하여 기도합니다. 얼마나 괴롭겠습니까? 절망스럽겠습니까? 평생 육체의 가시를 안고 신음하며 살아야 하는 ○○○ 성도(직분)님의 마음을 헤아려 주옵소서. 현대 의학으로는 완전한 치료가 불가능하다 할지라도 이 질병으로 인하여 삶에 희망을 잃지 않게 도와주시옵소서. 정상적인 사회 생활을 할 수 있도록 전능하신 주님의 손으로 붙들어 주옵소서. 머릿속의 질서를 잡아주시고, 자주 일어나는 발작을 막아주시옵소서.

사랑하는 ○○○ 성도(직분)님도 육체의 제약을 받지 않고 주님을 위해서 살고 싶은 마음이 얼마나 간절하겠습니까? 그 마음의 안타까움을 아시는 주님께서 아름다운 헌신과 봉사의 사람으로 설 수 있도록 도와주시옵소서. 넘어지거나 쓰러짐 없이 주님을 위하여 고백이 넘쳐나는 신앙 생활을 할 수 있도록 축복하여 주옵소서.

모든 주권이 주님께 달려 있음을 믿습니다. "믿는 자에게는 능치 못할 일이 없다"는 말씀을 주신 이도 주님이심을 믿습니다. 주님의 말씀을 붙들기를 원하오니 할 수만 있거든 이후로 다시는 넘어지거나 쓰러지는 일이 없기를 소망하는 마음을 만져주옵소서.

치료하시는 주님이심을 믿습니다. 온전케 하시는 주님이심을 믿습니다. 상한 마음을, 상한 마음을 거절치 아니하시는 주님이심을 믿습니다. 흑암을 깨치고 참 빛을 주실 것을 믿사옵고 예수 그리스도의 이름으로 기도합니다. 아멘

· 치유와 회복 대표기도문 ·

약속의 말씀
나의 구원과 영광이 하나님께 있음이여 내 힘의 반석과 피난처도 하나님께 있도다
(시편 62편 7절)

화상을 입은 성도

심방가이드 | 찬송: 325, 342장
성경: 겔 37:1 ~ 10

저희의 간구에 귀를 기울이시는 하나님 아버지!
사랑하는 ○○○ 성도(직분)님이 순간의 사고로 심한 화상을 입고 말았습니다. 생명을 지켜주신 하나님께 감사와 영광을 돌립니다. 하오나 화상 때문에 공포와 두려움 속에 있을 ○○○ 성도(직분)님의 마음을 붙들어 주시고 평안의 복을 더하여 주옵소서. 이제 화상이 생긴 곳에 물집이 부풀어 올라 그 통증이 점점 더 심하여 질 터인데 ○○○ 성도(강한)님에게 강한 인내력을 주셔서 잘 견딜 수 있게 하여 주시고, 치료의 과정을 잘 마칠 수 있도록 도와주시옵소서. 고통이 밀려와 참기가 힘들어 질 때마다 십자가에서 모진 고통을 당하신 주님을 생각하며 이길 수 있게 하시고, 찬송하고 기도함으로 모든 두려움을 물리칠 수 있게 하여 주옵소서. 사랑이 많으신 우리 주님께서 반드시 ○○○ 성도(직분)님의 피부를 회복시키실 것을 믿습니다. 골짜기의 마른 뼈들에 힘줄이 생기게 하시고 가죽을 입히신 우리 주님께서 ○○○ 성도(직분)님에게도 그와 같은 창조의 능력으로 함께 하실 것을 믿습니다. 상처가 아물고 딱지가 떨어져도 후유증이 발생하지 않도록 완전케 하실 것을 믿습니다. 전과 같이 주님을 위하여 맡겨진 사명을 잘 감당할 수 있도록 이끄실 것을 믿습니다. 병상을 의지하고 있을 때에 합력하여 선을 이루시는 하나님을 더욱 가까이 만나는 계기가 되게 하여 주옵소서. 새롭게 빚어 주시는 주님의 사랑을 더욱 가슴 깊숙이 느끼는 계기가 되게 하여 주옵소서. 사랑하는 ○○○성도(직분)님이 고통 중에 있지만 그 입술에서 주님을 향한 힘찬 찬송과 기도가 쉬지 않게 하실 것을 믿사옵고 예수 그리스도의 이름으로 기도 합니다. 아멘

• 치유와 회복 대표기도문 •

약속의 말씀
주께서 심지가 견고한 자를 평강에 평강으로 지키시리니 이는 그가 주를 의뢰함이니이다
(이사야 26장 3절)

원인모를 질병을 앓고 있는 성도

심방가이드 | 찬송: 325, 536장
성경: 시 71:1 ~ 24

주님!

사랑하는 ○○○ 성도(직분)님을 불쌍히 여겨 주옵소서. 무슨 병인지 원인도 알지 못한 채 너무나 괴로워하고 있습니다. 끝을 모르는 이 질병을 치료하실 분은 주님 밖에 없음을 깨닫습니다. 주님의 피 묻은 손으로 친히 안수하여 주셔서 ○○○ 성도(직분)님이 어서 속히 이 고통스런 질병에서 놓임을 받게 하옵소서. 저를 괴롭히고 있는 질병으로 인하여 육신뿐만이 아니라 영혼까지도 빼앗길까 염려되오니 주님의 긍휼을 거두지 마옵소서.

혹 ○○○ 성도(직분)님이 회개할 것이 있습니까? 회개의 영으로 충만케 하셔서 진정으로 회개할 수 있게 하여 주시고, 사단의 역사라면 성령으로 충만케 하여 주셔서 사단을 능히 물리칠 수 있게 하여 주옵소서.

고통 속에도 분명히 주님의 뜻이 있는 줄 믿습니다. 사랑하는 ○○○ 성도(직분)님이 알 수 없는 질병으로 인하여 너무 좌절하거나 낙심치 않게 하여 주시고, 건강할 때에 깨닫지 못하고 느끼지 못했던 주님의 은혜와 사랑을 체험하는 계기가 되게 하여 주옵소서.

사랑이 많으신 우리 주님은 뜻하신 때에 사랑하는 ○○○성도(직분)님의 질병을 분명히 고쳐 주실 것을 믿습니다. ○○○ 성도(직분)님의 영혼을 새롭게 하여 주셔서 주님을 더욱 찬양할 수 있는 자리로 이끄실 것을 믿습니다. 주님만이 참 생명이시요 참 소망이심을 피부 깊숙이 경험하게 하실 것을 믿습니다. 치료하시고 승리케 하실 것을 믿사옵고 예수 그리스도의 이름으로 기도합니다. 아멘

약속의 말씀

그러나 보라 내가 이 성을 치료하며 고쳐 낫게 하고 평강과 성실함에 풍성함을 그들에게 나타낼 것이며 (예레미야 33장 6절)

심근경색을 앓고 있는 성도

심방가이드 | 찬송: 312, 545장
성경: 시 121:5 ~ 7

사랑이 많으신 주님!
　오늘 이 시간까지 사랑하는 ○○○ 성도(직분)님의 생명을 지키시고 붙들어 주심을 감사드립니다. 그 몸 속에 질병이 있을지라도 그 육체를 주관하시는 분은 주님이심을 믿습니다. 심근경색으로 고통 중에 있는 ○○○ 성도(직분)님을 돌아보시옵소서. 갑작스런 심장발작과 가슴통증으로 늘 죽음을 생각하며 살아야 합니다. 그 삶이 얼마나 힘들고 고통스럽겠습니까? 물질적으로도 넉넉지 못하여 제대로 치료할 수 있는 형편도 못됩니다. 늘 살얼음판을 걷는 심정으로 불안과 초조 속에 살고 있는 ○○○ 성도님의 마음을 살피시고 그 질병으로부터 자유할 수 있도록 도와주시옵소서. 막힌 혈관의 혈전들이 잘 녹아지고 좁아진 관상동맥이 넓어져서 원활한 혈액순환이 이루어 질 수 있게 하옵소서.
　그리고 사랑하는 ○○○ 성도(직분)님이 어느 순간 다가올지 모르는 죽음에 대한 두려움 때문에 소극적인 삶이 되지 않기를 원합니다. 모든 것을 주님께 맡기고 주님께서 반드시 건강한 육체로 다시 세우실 것을 믿고 더욱 적극적인 삶을 살아갈 수 있게 하옵소서. 생명을 주관하시는 분은 주님이심을 굳게 믿고 더욱 힘찬 신앙 생활을 할 수 있게 하시며, 주님을 위하여 최선을 다하여 충성하다가 자신도 모르는 사이에 치료하신 주님의 손길을 경험하게 하옵소서. 우리 주님은 당신을 위하여 살고자 하는 자에게 분명히 그 생명을 보존하시고 그 육체를 지키실 것을 믿습니다. 아침마다 새롭게 하시는 예수 그리스도의 이름으로 기도합니다. 아멘

약속의 말씀
이스라엘을 지키시는 자는 졸지도 아니하고 주무시지도 아니하시리로다
(시편 121편 4절)

간경화를 앓고 있는 성도

심방가이드 | 찬송: 432, 471장
성경: 시 39:7; 62:5

십자가에 죽으시기까지 저희를 사랑하시고 긍휼히 여기심으로 병든 자를 치유하시는 주님! 오늘도 그 사랑을, 치유하심을 동일하게 믿고 주님을 바라봅니다. 비록 병상 중에 일어나는 많은 일들과 환경들은 우리를 낙심하게 하고 부정적인 결과만을 생각하게 하지만 "네 믿음이 크도다 네 소원대로 되리라" 말씀하셨던 그 치유의 사건들을 기억하며 믿음으로 주님께 간구합니다. 사랑하는 ○○○ 성도(직분)님을 불쌍히 여겨 주옵소서. "여호와의 인자하심과 인생에게 행하신 기이한 일을 인하여 그를 찬송할찌로다"(시107:21)라는 시편기자의 고백이 간경화의 치유를 바라고 있는 ○○○ 성도(직분)님의 고백이 되기를 원합니다. 간세포가 굳어져서 그 역할을 감당하지 못함으로 식도 정맥류 파열이라는 위험한 합병증도 올 수 있사오니 단단해져가는 간세포를 녹여주시기를 원합니다. 의술로 간경화를 완전히 치료할 수 있는 방법은 간이식을 하는 방법밖에는 없사온대 지금 ○○○ 성도(직분)님의 형편으로는 엄청난 수술비를 감당할 방법도 없사오며, 건강한 간을 제공해줄 사람도 없나이다. 아무리 환경을 둘러보고 생각해 보아도 오직 주님의 자비하심과 치유하심밖에는 없음을 고백합니다. 온갖 병자를 불쌍히 여기시고 치료의 은총을 베푸셨던 주님께서 오직 주님의 치료의 손길만을 간절히 원하는 ○○○ 성도(직분)님의 마음을 헤아려 주시옵소서. 주님의 만지심으로 말로 표현할 수 없는 주님의 놀라운 치유하심을 경험케 하실 것을 믿습니다. 치료의 과정을 통해서도 앞서 역사하시는 주님의 은총을 경험케 하실 것을 믿습니다. 주님께만 집중할 수밖에 없는 ○○○ 성도(직분)님을 샘솟는 기쁨의 현장으로 이끄실 것을 믿사옵고 예수 그리스도의 이름으로 기도합니다. 아멘

약속의 말씀

여호와의 인자하심과 인생에게 행하신 기이한 일을 인하여 그를 찬송할찌로다
(시편 107편 21절)

만성신부전증을 앓고 있는 성도

심방가이드 | 찬송: 268, 354장
성경: 시 18:1~6; 롬 5:8

사랑의 하나님!
　오늘도 변함없이 불꽃같은 눈동자로 저희를 지키심에 감사와 찬양을 올립니다. 사랑하는 백성의 간구함에 귀 기울이시고 응답하시는 주님! 만성신부전증으로 고통을 당하고 있는 사랑하는 ○○○ 성도님을 기억하시옵소서. 신장 기능의 정지로 인하여 그의 몸은 이미 상할 대로 상하여 있사오니, 주님의 피 묻은 손으로 그 몸을 어루만져 주셔서 혹독한 병마에서 놓임을 받게 하여 주시기를 원합니다. 사랑하는 ○○○ 성도님도 건강한 육체로 주님의 몸된 교회를 섬기며 봉사하는 것이 얼마나 큰 소원이겠습니까? 주님의 전을 찾아 마음껏 찬송하고 기도하며, 교우들과 믿음의 교제를 나누는 것이 얼마나 큰 바램이겠습니까?
　주여! 기회를 주시옵소서. 주님의 자녀로서 후회 없는 삶을 살 수 있도록 크신 은총을 베풀어 주옵소서. 잘 사는 것도 소원이 아니고, 잘 입고 잘 먹는 것도 소원이 아닙니다. 오직 주님의 자녀로서 제 할 일을 감당하며 사는 것이 소원이오니 그의 소원을 외면치 마옵소서. 지속적으로 투석하는 것도 어렵습니다. 신장을 제공할 사람도 없습니다. 수술비도 없습니다. 주님이 만져주셔야만 합니다. 도와주시옵소서. 그의 몸 안에 있는 독성분들을 제거시켜 주시고, 주님의 보혈의 피로 정결케 하여 주옵소서. 독수리 날개쳐 올라 창공을 날듯이 새 힘을 얻어 힘 있게 살 수 있는 삶이 되게 하여 주옵소서. 주님을 위하여 멋있게 살 수 있도록 도와주시옵소서. 못 고칠 질병이 전혀 없으신 주님이 반드시 손대실 것을 믿습니다. 치료하실 것을 믿습니다. 건강을 되찾게 하실 것을 믿습니다. 생명이신 예수 그리스도의 이름으로 기도합니다. 아멘

약속의 말씀
나의 힘이 되신 여호와여 내가 주를 사랑하나이다　　　　　(시편 18편 1절)

디스크를 앓고 있는 성도

심방가이드 | 찬송: 546, 380장
성경: 시 50:15; 사 40:31

인간의 생사화복을 주장하시는 하나님 아버지,

사랑하는 ○○○ 성도님이 허리 디스크로 인하여 말할 수 없는 고통을 겪고 있습니다. 그 아픔을 누가 대신 할 수 있겠습니까? 오직 주님밖에는 없음을 고백합니다. ○○○ 성도님의 모든 사정을 아시는 주님, 그 고통을 헤아려 주옵소서. 그 아픔을 살펴 주옵소서. 주님이 주신 육체, 혹여 불의의 병기로 사용했다면 회개하오니 용서하여 주시고, 건강을 자부하며 자만했다면 겸손히 엎드리오니 사죄의 은총을 더하여 주옵소서. 주님이 아시듯이 ○○○ 성도님은 주님의 몸된 교회를 위하여 참으로 할 일이 많은 일꾼입니다. 이 질병으로 인하여 그가 맡은 일을 중단한다면 그 봉사의 자리를 누가 대신 할 수 있겠습니까? 마른 뼈도 힘줄이 돋게 하시고, 죽은 자도 살리시는 능력의 주님께서 친히 그 허리에 안수하여 주셔서 예전처럼 건강을 되찾게 하여 주옵소서.

가정에서도 그가 움직이지 않으면 많은 어려움을 겪을 수밖에 없습니다. 우리 주님이 치료하여 주셔서 이 가정 전체에 먹구름이 덮이지 않게 하여 주옵소서. 사랑이 많으신 우리 주님은 ○○○ 성도님의 고통을 외면치 않으실 것을 믿습니다. 그 신음이 변하여 찬송이 되게 하실 것을 믿습니다. 그 불안과 걱정이 변하여 더 큰 믿음이 되게 하실 것을 믿습니다.

사람을 통해서도 역사하시는 주님이시기에 재활치료도 받고 있사오니, 좋은 결과를 얻게 하시고, 실제 치료하시는 분은 주님이심을 잊지 않게 하옵소서. 수술하는 단계까지 가지 않도록 우리 주님께서 막아주시고, 회복케 하실 것을 믿사옵고 예수 그리스도의 이름으로 기도합니다. 아멘

치유와 회복 대표기도문

약속의 말씀
은과 금은 내게 없거니와 내게 있는 것으로 네게 주노니 곧 나사렛 예수 그리스도의 이름으로 일어나 걸으라
(사도행전 3장 6절)

주님,
저희를 도우시고 보호하소서.

무시당하는 자들을 건지시고,
핍박 받는 자들을 불쌍히 여기소서.

궁핍한 자들에게 자신을 보이시고
약하여 넘어진 자들을 꼭 일으키소서.

상처받고 약한 자들을 높이시고,
질병으로 고통 받는 자들을 고치소서.

길 잃고 헤매는 자들을 붙잡으시고
곁길로 나갔던 자들을 돌아올 수 있게 하소서.

양식이 없는 자들의 그릇을 빌어 주시고,
헐벗고 굶주린 자들을 먹이소서.

상처받고 억울한 자들을 높이시고,
억압에 눌린 자들의 결박을 풀어주소서.

외롭고 고독한 자들을 안아 주시고,
버림받고 소외당한 자들의 벗이 되어주소서.

모든 사람이
주님만이 홀로 하나님이시며
예수 그리스도가 하나님의 아들이시며
저희는 하나님의 백성이고
주님께서 기르시는 양임을 알게 하소서.

노진향

대심방
대표기도문
Great Visit

5부

심방대원을 위한 기도

사랑과 자비가 풍성하신 하나님 아버지,

대심방을 좋은 계절과 맑은 날씨로 이끄심을 감사합니다. 목사님을 모시고 심방대원들과 함께 대심방의 일정을 시작하였사오니 하나님께 영광 돌리고 감사할 수 있는 대심방이 되게 하여 주옵소서.

가정가정마다 방문하여 하나님께 예배드리며 찬송할 때에 앞서서 인도하시는 주님의 손길을 느낄 수 있게 하시고, 저희 가운데 강림하셔서 대심방에 참여하고 계시는 주님의 은혜를 경험할 수 있게 하여 주옵소서.

목사님과 심방대원들이 육신적으로는 피곤할지라도 새 힘을 더하시는 주님의 은총을 경험하게 하시고, 예배의 진지함과 말씀의 풍성함 속에서 영혼을 새롭게 하시는 주님의 은혜를 경험하게 하옵소서.

목사님이 가정가정에 선포하시는 말씀이 그 가정에 꼭 필요한 말씀이 되게 하여 주시고, 소망과 새 힘을 얻는 말씀이 되게 하여 주옵소서.

특별히 심방을 인도하시는 목사님을 주님의 능력으로 강력하게 붙드셔서 누적된 육체의 피로로 건강에 적신호가 켜지지 않도록 이끄시옵소서.

대심방의 모든 일정에 성령께서 친히 동행하여 주실 것을 믿사옵고 예수 그리스도의 이름으로 기도합니다. 아멘

 약속의 말씀
이러므로 너희 죄를 서로 고하며 병 낫기를 위하여 서로 기도하라
(야고보서 5장 16절)

일반적인 성도의 가정

은혜로우신 하나님 아버지,
　사랑하는 목사님을 모시고 대심방을 할 수 있도록 은혜를 베풀어 주심을 감사합니다. 좋은 계절과 맑은 날씨를 주셔서 대심방하기에 불편함이 없도록 인도하심을 감사드립니다. 오늘은 이 가정에서 사랑하는 목사님을 모시고 여러 심방 대원들과 함께 예배를 드립니다. 이 가정의 형편은 자세히 알 수 없사오나 주님께서 다 알고 계시오니 이 가정에 필요한 모든 것들과 그 마음의 소원을 주님이 감찰하셔서 믿음을 따라 승리하는 삶을 살아갈 수 있도록 이끌어 주옵소서. 이 가정에 경영하는 사업과 생업도 우리 주님이 강력하게 붙들어 주셔서 주님의 영광을 드러내고 주님을 알릴 수 있는 사업이 되게 하시고, 거기에서 얻어지는 수고의 열매를 통하여 이 가정에 물질의 넉넉함이 있게 하시며, 주님을 위해서도 귀하게 사용되어질 수 있는 복 있는 물질이 되게 하여 주옵소서. 자녀들도 믿음 안에서 건강하게 자라나게 하여 주셔서 주님을 위하여 귀하게 사용되어지는 그릇이 되게 하여 주옵소서. 말씀을 전하시는 목사님을 기억하시고 대심방이 끝나기까지 피곤치 않도록 지켜주시며 가정마다 꼭 필요한 축복의 말씀을 전하실 수 있도록 큰 능력을 더하여 주옵소서. 대심방의 모든 일정을 주님께서 친히 주관하여 주시고 성령께서 친히 동행하여 주셔서 은혜롭고 복 있는 심방이 되게 하실 것을 믿사옵고 예수 그리스도의 이름으로 기도합니다. 아멘

약속의 말씀
너희 가운데 분쟁이 없이 같은 마음과 같은 뜻으로 온전히 합하라
(고린도전서 1장 10절)

사업을 경영하는 가정

사랑의 하나님,
　목사님을 모시고 사랑하는 ○○○ 성도(직분)님의 집을 방문하여 심방예배를 드릴 수 있게 하시니 감사합니다. 대심방 일정을 우리 주님이 함께 하고 계심을 피부로 느낍니다. 가정마다 드려지는 예배 속에서 임재하시는 주님의 은혜를 경험할 수 있게 하여 주옵소서. 준비된 예배를 하나님께서 기쁘게 받으시는 줄 믿습니다.
　주님, 이 가정을 기억하시옵소서. 이 가정의 모든 형편을 우리 주님께서 아시오매 믿음의 길을 잘 달려갈 수 있도록 붙들어주시고 물질 때문에 어려움 당하지 않도록 때를 따라 돕는 주님의 은혜를 경험하는 삶이 되게 하옵소서. 경영하는 생업 위에도 함께 하셔서 주님의 뜻을 담아내는 경영이 될 수 있게 하여 주시고, 주님이 부어주시는 그 귀한 복이 아침 이슬 같이 내리는 사업이 되게 하여 주옵소서. 육신의 일에 지나치게 마음을 쏟다가 주님의 은혜를 놓치는 일이 없게 하시고, 영적인 현주소를 바로 찾지 못하는 일이 없게 하여 주옵소서. 주님의 몸된 교회를 위하여 귀한 일꾼으로 쓰임을 받고 있사오니 언제나 감사와 기쁨으로 충성을 다할 수 있게 하여 주옵소서. 사랑하는 자녀들에게도 함께 하시고, 믿음으로 잘 성장하게 하여 주셔서 많은 사람들에게 사랑을 받고 주님을 위하여 보배롭게 쓰임 받는 자녀들이 되게 하여 주옵소서. 이 시간 말씀을 전하시는 목사님을 기억하시고 입술의 권세를 더하여 주셔서 이 가정에 꼭 필요한 말씀을 축복의 말씀으로 전하실 수 있게 하여 주옵소서. 저희의 모든 것을 주의 성령께서 친히 주관하실 것을 믿사옵고 예수 그리스도의 이름으로 기도합니다. 아멘

　　약속의 말씀
　너는 주머니에 같지 않은 저울추 곧 큰 것과 작은 것을 넣지 말 것이며
　　　　　　　　　　　　　　　　　　　　　　　(신명기 25장 13절)

믿음이 신실한 가정

은혜로우신 하나님 아버지,
저희의 발걸음을 ○○○ 성도(직분)님의 가정으로 인도하심을 감사드립니다. 대심방의 일정에 따라 오늘 ○○○ 성도(직분)님의 가정에서 예배를 드리며 주님께 영광을 돌리오니 기쁘게 받아주시옵소서. 만세 전부터 주님이 택하신 가정입니다. 주님을 위하여 아름답게 쓰임을 받고 있는 가정입니다. 언제나 그 복된 길로 인도하셔서 아름다운 믿음의 꽃이 이 가정을 통하여 날마다 활짝 필 수 있게 하여 주옵소서.
주님의 몸된 교회를 위하여 힘을 다하여 봉사하고 충성하고 있사오니 주님의 일을 하면 할수록 지치는 것이 아니라 샘솟는 기쁨이 그 심령에 넘쳐나게 하여 주옵소서.
지금까지도 주님의 은혜에 이끌려 살았지만 앞으로의 삶도 주님의 은혜의 지배를 받게 하여 주실 것을 믿습니다. 하나님 앞에 정직하고 성실하기를 힘쓰는 이 가정을 기억하시고 그 생업에 복을 더하여 주셔서 물질을 깨뜨려 주님의 몸된 교회를 섬기는데 부족함이 없게 하여 주옵소서. 사랑하는 자녀들도 기억하시고 부모의 좋은 믿음의 영향을 받아 주님 앞에 바로 세워지고 크게 쓰임 받을 수 있는 자녀들이 되게 하여 주옵소서.
오늘 목사님이 이 가정을 위하여 축복의 말씀을 전하시오니 이 가정에 꼭 필요한 말씀이 되게 하시고, 위로가 되고 새 힘을 얻는 말씀이 되게 하여 주옵소서. 사랑하는 심방대원들, 피곤할지라도 인내함으로 잘 참여할 수 있게 하여 주시고, 선한 일에 힘쓰는 저들의 마음을 우리주님이 기억하실 것을 믿습니다. 시종을 주님께 의탁하오며 예수 그리스도의 이름으로 기도합니다. 아멘

 약속의 말씀

여호와께서 집을 세우지 아니하시면 세우는 자의 수고가 헛되며

(시편 127편 1절)

홀로 신앙생활 하는 가정

사랑과 은혜가 충만하신 하나님 아버지,

오늘 사랑하는 ○○○ 성도(직분)님의 가정에서 대심방으로 하나님께 영광 돌리게 하여 주심을 감사드립니다. 대심방을 맞기 위하여 정성껏 준비한 ○○○ 성도(직분)님의 손길을 볼 때에 그의 신앙이 더욱 성숙되어져 가고 있는 것을 보는 것 같아 기쁘기 한량없습니다. 우리 주님께서도 ○○○ 성도(직분)님의 그 중심을 보시고 친히 이곳에 강림하시고 계심을 믿습니다.

이제 사랑하는 ○○○ 성도(직분)님이 주님의 몸된 교회를 통하여 그 심령에 심겨진 믿음이 더욱 아름다운 꽃을 피울 수 있게 하시고, 주님의 영광을 위해서도 귀하게 쓰임 받는 믿음의 그릇이 되게 하여 주옵소서. 온 가족이 예수 믿는 것은 아니지만 이 가정에 ○○○ 성도(직분)님을 통하여 복음의 씨앗을 심어놓으셨사오니 주님의 뜻하심과 섭리하심 가운데 이 가정이 온전한 구원에 이르게 하실 것을 믿습니다.

그 때까지 하나님의 구원의 은총을 사모하며 기도할 수 있는 ○○○ 성도(직분)님이 되게 하시고, 주님을 의지할 수 있는 ○○○ 성도(직분)님이 되게 하여 주옵소서. 하나님께서 선물로 주신 사랑하는 자녀들도 기억하시고 믿음의 자녀로 성장할 수 있도록 이끌어 주옵소서.

참으로 어둡고 혼탁한 세상입니다. 주님의 밝은 빛으로 이 가정을 비추셔서 항상 주님의 빛 가운데 거하는 가정이 되게 하여 주옵소서. 오늘 목사님이 들려주시는 말씀 속에서 다시 한번 주님을 만날 수 있게 하시고, 주님의 음성을 가까이서 듣는 말씀이 되게 하여 주옵소서. 시종을 주님께 의탁하옵고 주의 성령께서 함께 하고 계심을 믿사오며 예수 그리스도의 이름으로 기도합니다. 아멘

> **약속의 말씀**
> 기뻐하고 즐거워하라 하늘에서 **너희 상이 큼이라** 너희 전에 있던 선지자들을 이같이 핍박하였느니라
> (마태복음 5장 12절)

먼 거리에 있는 가정

소망이 되시고 빛이 되시는 하나님 아버지,

오늘도 저희들의 발걸음을 힘있게 하셔서 대심방에 참여할 수 있는 축복을 주심을 감사드립니다. 오늘 하루의 심방 일정을 주님이 주장하시고 오직 주님께만 영광 돌리는 심방이 되게 하여 주옵소서. 오늘은 특별히 먼 거리에서 출석하고 있는 ○○○ 성도(직분)님의 가정으로 인도하여 주셔서 심방감사의 예배를 드릴 수 있게 하시니 감사합니다. 교회와의 거리는 멀지라도 주님과의 거리는 전혀 없게 하신 것을 믿습니다.

사랑하는 ○○○ 성도(직분)님의 믿음을 항상 붙드셔서 샘솟는 신앙생활이 될 수 있도록 이끌어 주옵소서. 때때로 힘겨움을 느낄 때 주님의 십자가를 바라볼 수 있게 하시고, 한계를 뛰어넘는 믿음의 자리로 나아갈 수 있도록 새 힘을 더하여 주옵소서.

우리 주님이 운전대도 친히 잡아주셔서 모든 위험으로부터 막아주시고 지켜주시는 주님의 손길을 느낄 수 있게 하옵소서.

주님, 이 가정의 생업을 붙드시기를 원합니다. 물질로도 헌신할 수 있도록 물질의 복을 더하여 주옵소서. 주님이 이 가정에 기업으로 주신 자녀들도 기억하시고 주님의 말씀을 먹으며 성장하고 있사오니 주님의 성품을 닮는 아이가 되게 하실 것을 믿습니다.

오늘 이 가정에 축복의 말씀을 들려주시는 목사님을 기억하시고 피곤하신 가운데서도 양떼를 향한 사랑을 쏟고 계시오니, 이 가정에 목사님을 통하여 주님의 말씀이 선포될 때에 ○○○ 성도(직분)님은 물론 저희 모두가 큰 은혜를 받는 말씀이 되게 하옵소서. 성령님의 인도하심을 믿사옵고 예수 그리스도의 이름으로 기도합니다. 아멘

약속의 말씀

너희 믿음의 시련이 불로 연단하여도 없어질 금보다 더 귀하여 예수 그리스도의 나타나실 때에 칭찬과 영광과 존귀를 얻게 하려 함이라 (베드로전서 1장 7절)

연로한 교우 가정

지극히 높으신 하나님 아버지,
　주님의 은혜와 사랑을 감사합니다. 사랑하는 ○○○ 성도(직분)님이 노구에도 불구하고 한결같은 믿음으로 주님의 몸된 교회를 섬길 수 있게 하여 주시고, 변함없는 신앙생활을 할 수 있도록 이끄심을 감사드립니다. 일평생 주님의 몸된 교회를 위하여 쏟아 붓는 삶을 사셨사오니 노년에 주님의 위로가 넘치는 삶이 되게 하여 주시고, 항상 그 마음에 주님이 채우시는 평안이 있게 하여 주옵소서. ○○○ 성도(직분)님의 신앙 생활은 교회의 역사나 마찬가지입니다. 교회와 함께 달려오신 신앙 생활입니다.
　○○○ 성도(직분)님의 수고와 헌신이 있으셨기에 오늘날 주님의 몸된 교회가 든든히 서가는 틀을 마련하게 된 줄 믿습니다. 이제 앞으로도 ○○○ 성도(직분)님과 같은 믿음을 가진 자를 통해서 주님의 몸된 교회를 세우시고 주님 나라의 지경을 확장시키시옵소서. 노년에 정신이 흐려질까 염려 되오니 항상 맑은 정신을 허락하여 주셔서 신앙의 젊음을 유지할 수 있도록 이끌어 주옵소서.
　○○○ 성도(직분)님의 슬하의 자녀들도 기억하시고 부모의 신앙이 그대로 유전되어 자녀들의 신앙 속에서도 ○○○ 성도(직분)님의 신앙색깔이 발견되게 하옵소서. 자녀들이 하고 있는 모든 일들을 기억하셔서 항상 부모님에게 기쁨을 안겨드릴 수 있는 일들이 되게 하옵소서.
　오늘도 이 가정에 축복의 말씀을 들려주시는 목사님을 기억하시고 늘 듣던 말씀이라 할지라도 새롭게 ○○○ 성도(직분)님의 마음을 파고드는 말씀이 되게 하여 주옵소서.
　언제나 주님 주시는 위로와 평안이 가득 넘치는 가정으로 이끄실 것을 믿사옵고 예수 그리스도의 이름으로 기도합니다. 아멘

약속의 말씀
　　주 여호와여 주는 나의 소망이시요 나의 어릴 때부터 의지시라　　(시편 71편 5절)

초신자 가정

택하신 백성을 늘 품어 주시는 주님,

오늘 이 가정에서 사랑하는 목사님을 모시고 대심방 예배를 드리게 하시니 감사합니다. 예배하는 저희들 가운데 주의 성령께서 함께 하고 계심을 믿습니다. 심방의 횟수가 더하여질 때마다 영혼에 깃드는 주님의 은혜를 체험케 하옵소서. 우리 주님이 이 가정의 믿음의 기초를 든든히 세우고 계심을 믿습니다. 주님을 믿은 지 얼마 되지 않지만 교회를 찾는 그의 열심을 볼 때에 주님을 얼마나 사랑하고 사모하는지를 읽습니다.

주님을 향한 처음 사랑이 끝까지 변치 않게 하여 주시고, 횟수와 연수를 거듭할수록 놀라운 믿음으로 성장할 수 있도록 은총을 더하여 주옵소서. 교회에서 주관하는 모임과 행사에도 잘 참석하여서 주님께 봉사하는 법을 잘 익힐 수 있게 하여 주시고, 아름다운 주님의 사람으로 쓰임 받을 수 있게 하여 주옵소서. 우리 주님께서 이 가정을 믿음의 터 위에 세우셨사오니 믿음의 역사가 일어나는 가정이 되게 하시고, 행하는 모든 일들 속에 주님의 역사가 나타나게 하여 주옵소서.

사랑하는 자녀들도 기억하시고 믿음으로 잘 성장할 수 있도록 도우시고 주님께 귀하게 쓰임 받는 그릇들이 되게 하여 주옵소서. 목사님이 이 가정을 위하여 축복의 말씀을 준비하셨사오니 이 말씀이 이 가정에 기준이 되게 하시고 주님의 은혜와 사랑을 더욱 깊숙이 체험하는 말씀이 되게 하옵소서. 감사하오며 저희의 심방을 돕고 계시는 예수 그리스도의 이름으로 기도합니다. 아멘

약속의 말씀

영접하는 자 곧 그 이름을 믿는 자들에게는 하나님의 자녀가 되는 권세를 주셨으니
(요한복음 1장 12절)

생활이 바쁜 가정

사랑의 하나님,

오늘 ○○○ 성도(직분)님이 심방을 받을 수 있도록 인도하심을 감사드립니다. 심방을 받기 위하여 바쁜 일들을 뒤로하고 특별히 시간을 마련하였습니다. 하나님께서 그 중심을 보시고 준비한 믿음의 그릇에 넘치는 은혜를 더하여 주실 것을 믿습니다.

주님, ○○○ 성도(직분)님은 하는 일이 많아 항상 바쁩니다. 일에 쫓기다 하나님의 은혜를 잃는 일이 없도록 주의 성령께서 그 마음을 붙들어 주시옵소서. 시간이 없는 관계로 성수주일을 하지 못할 때도 있습니다. 주님은 먼저 하나님의 나라와 의를 구하라고 하셨사오니 육신의 유익과 재물만을 생각하지 않게 하여 주시고, 영원한 생명과 언제나 마르지 않는 주님의 양식을 사모할 수 있는 ○○○ 성도(직분)님이 되게 하여 주옵소서. ○○○ 성도(직분)님이 하나님께 받은 은혜가 참으로 많습니다. 그 은혜에 보답하는 삶이 되게 하여 주시고, 범사에 주님을 인정하는 삶이 되게 하여 주옵소서. 하나님께서 집을 세우지 아니하시면 세우는 자의 수고가 헛되다고 했습니다. 하나님을 철저히 의지하는 ○○○ 성도(직분)님이 되게 하여 주시고, 어떤 길은 사람의 보기에 바르나 필경은 사망의 길이라고 했습니다. 주님을 철저히 의뢰하는 ○○○ 성도(직분)님이 되게 하여 주옵소서.

우리 주님께서 피로 값주고 사신 가정, 믿음으로 잘 세워질 수 있기를 원합니다. 주님의 나라가 임하는 가정이 되게 하여 주시고, 신령한 것으로 부요해지는 가정이 되게 하여 주옵소서. 가족들과 자녀들의 건강도 지켜 주셔서 주님을 잘 섬길 수 있게 하여 주옵소서. 축복의 말씀을 준비하신 목사님을 기억하시고 이 가정에 꼭 필요한 생명의 말씀이 되게 하옵소서. 예수 그리스도의 이름으로 기도합니다. 아멘

약속의 말씀
예수께서 우리를 위하여 죽으사 우리로 하여금 깨든지 자든지 자기와 함께 살게 하려 하셨느니라 (데살로니가전서 5장 10절)

환자의 가정

전지전능하심 하나님,

오늘 사랑하는 목사님을 모시고 ○○○ 성도(직분)님의 가정에서 대심방 감사 예배를 드릴 수 있게 하시니 감사합니다.

안타깝게도 사랑하는 ○○○ 성도(직분)님이 병환 중에 신음하고 있습니다. 저희가 이렇게 심방하여 그 아픔을 나누며 함께 기도하오니 불쌍히 여기시고 긍휼을 베풀어 주옵소서. 어서 속히 병석에서 일어나서 치료하시는 여호와 하나님을 찬양하며 주님의 성소로 달려 나올 수 있게 하여 주옵소서. 우리 주님은 못하실 일이 없사오니 사랑하는 ○○○ 성도(직분)님의 질병을 물리쳐 주시고 새 힘을 얻게 하여 주실 것을 믿습니다. 전과 같이 주님의 몸된 교회에 봉사하며 주께 충성할 수 있도록 이끄실 것을 믿습니다.

이 병석에 누워 계시는 동안 주님과 깊은 사귐이 있게 하시고, 상한 갈대를 꺾지 아니하시고 꺼져가는 심지를 끄지 아니하시는 주님의 사랑을 영혼 깊숙이 체험할 수 있게 하여 주옵소서. 간호하는 가족들에게도 함께 하여 주시고, 그 마음에 상함이 없도록 평안을 더하여 주실 것을 믿습니다.

○○○ 성도(직분)님을 생명의 주님을 찬양할 수 있는 자리로 어서 속히 이끌어 주옵소서. 이 가정을 우리 주님이 강하신 팔로 붙들고 계신 것을 믿습니다. 오늘 목사님이 이 가정에 꼭 필요한 축복의 말씀을 준비하셨습니다. 말씀이 선포되어 질 때에 병마가 물러가는 주님의 능력을 강력하게 체험할 수 있게 하여 주옵소서. 우리 주님의 능력이 심방의 순서순서마다 깃들게 하실 것을 믿사옵고 예수 그리스도의 이름으로 기도합니다. 아멘

 약속의 말씀
예수께서 들으시고 가라사대 이 병은 죽을 병이 아니라 하나님의 영광을 위함이요
(요한복음 11장 4절)

중직자 가정

전능하시고 자비로우신 하나님 아버지,
오늘 일찍이 주님의 백성으로 불러주신 ○○○ 성도(직분)님의 가정으로 불러 주셔서 심방 예배를 드릴 수 있게 하시니 감사합니다. 이 예배를 통하여 오직 우리 주님의 영광만 나타나게 하시고, 저희들이 이 복된 자리에서 주님의 은총을 받고 있음을 인하여 찬양과 감사를 드릴 수 있는 저희 모두가 되게 하여 주옵소서.
주님, 사랑하는 ○○○ 성도(직분)님은 주님의 몸된 교회를 위하여 큰일을 감당하고 계십니다. 개인적인 일 보다도 항상 주님의 몸된 교회의 일을 삶의 최우선에 두고 사는 이 가정을 기억하시고 주님의 한량없는 은혜로 이 가정을 채우시옵소서. 주님께 쓰임 받는 것을 기뻐하는 가정입니다. 주님을 위하여 충성하고 헌신하는 것을 최고의 축복으로 삼는 가정입니다. 주님을 위하여 물질을 깨뜨리는 것을 전혀 아까워하지 않고 더욱 힘써서 드리기를 소원하는 가정입니다. 그 생각과 그 마음을 기억하여 주셔서 언제나 주님이 보시기에 보배롭고 존귀한 일꾼이 되게 하시고, 주님이 두고 보시고 또 보시기에도 아깝고 사랑스러운 주의 사람이 되게 하여 주시옵소서. 그가 하는 모든 일들을 통하여 우리 주님이 더욱 높임을 받기를 원합니다. 주님의 영광이 더 크게 나타나기를 원합니다. 주님의 뜻을 더 크게 이루어 드릴 수 있는 ○○○ 성도(직분)님이 되게 하여 주시고, 많은 사람의 신앙의 본이 되는 ○○○ 성도(직분)님이 되게 하여 주옵소서.
우리 주님이 그가 하는 사업을 주장하여 주셔서 주님을 위하여 쏟아 붓는 삶이 멈추지 않게 하여 주옵소서. 자녀들도 축복하셔서 부모의 신앙이 자녀들의 신앙 속에 그대로 스며있게 하시고 그 믿음을 계승하여 주님께 영광 돌리는 축복의 자녀들이 되게 하여 주옵소서. 감사하오며 예수 그리스도의 이름으로 기도합니다. 아멘

 약속의 말씀
부지런하여 게으르지 말고 열심을 품고 주를 섬기라   (로마서 12장 11절)

젊은 부부 가정

사랑의 하나님,

오늘 이 가정에서 심방 예배로 하나님께 영광을 돌리게 하여 주시니 감사합니다. 사랑하는 ○○○ 성도(직분)님의 가정을 사랑하셔서 젊을 때부터 창조주 하나님을 기억하는 삶을 살게 하여 주시고, 주님의 몸된 교회를 위하여 왕성한 봉사를 할 수 있게 하시니 얼마나 감사한지요. 이 가정을 통하여 주님의 뜻하신 일을 이루시고 그 하는 모든 일들을 통하여 우리 주님이 영광을 받으시옵소서. 지금 ○○○ 성도(직분)님이 하고 있는 일을 기억하시기를 원합니다. 주님의 뜻을 담아낼 수 있는 일이 되게 하시고, 주님이 섭리하시고 간섭하시는 일이 되게 하여 주옵소서. 축복의 열매를 많이 거둘 수 있게 하시고, 거둔 만큼 헤아릴 줄도 아는 복된 손길이 되게 하여 주옵소서. 그의 생각과 마음의 묵상이 항상 하나님이 쓰시는 도구가 되기를 원합니다. 그러기 위하여 늘 기도에 힘쓰는 생활을 잊지 않게 하여 주시고, 주님의 몸된 교회와 멀어지는 삶이 되지 않도록 그 삶을 온전히 주장하여 주옵소서. 이 가정에 선물로 주신 귀한 자녀들을 기억하시고, 자녀들은 부모의 뒷모습을 보고 배운다는 말이 있사오니 좋은 믿음의 모습을 자녀에게 보여줄 수 있는 ○○○ 성도(직분)님이 되게 하여 주옵소서. 믿음 안에서 맺혀지는 결실이 자녀들에게도 그대로 나타날 수 있기를 축복합니다. 오늘 이 가정을 위하여 축복의 말씀을 준비하신 목사님을 기억하시고, 전하실 때에 저희 모두가 이 가정에 임하시는 하나님의 임재하심을 경험할 수 있게 하옵소서. 또한 소망의 말씀, 새 힘과 용기를 얻는 말씀이 되게 하옵소서. 이 가정의 믿음과 순결한 신앙을 받으시는 예수 그리스도의 이름으로 기도합니다. 아멘

약속의 말씀

좋은 일에 대하여 열심으로 사모함을 받음은 내가 너희를 대하였을 때뿐 아니라 언제든지 좋으니라 (갈라디아서 4장 18절)

중년 부부 가정

　모든 것의 주님이 되시며 만물을 섭리하시는 하나님 아버지,
　오늘 이 가정에서 심방 예배로 하나님께 영광을 돌리게 하여 주시니 감사합니다. 믿음이 견고하고 은혜가 충만한 이 가정에서 예배를 드리니 저희가 큰 은혜를 받습니다. 집안 곳곳에서 배어나오는 경건의 흔적은 하루이틀에 만들어진 분위기가 아닌 것을 느끼게 합니다. 우리 주님이 언제나 이 가정을 통하여 큰 영광을 받으시옵소서. 주님의 몸된 교회를 위해서도 열심히 봉사하고 계시오니 그 수고와 땀이 헛되지 않게 하실 것을 믿습니다. 하고 계신 일들 속에도 함께하여 주셔서 아름다운 열매가 있게 하시고, 많은 사람을 부요케 할 수 있도록 이끌어 주옵소서. 혈육 중에 주님을 모르는 형제들이 있습니까? 구원의 문이 열려지게 하셔서 믿음의 가문을 세울 수 있게 하옵소서. 사랑하는 자녀들을 기억하시옵소서. 성년이 되어 주님의 몸된 교회를 위해서도 열심히 봉사하고 있사오니 그 앞길을 지도하시고 이끌어 주옵소서. 좋은 직장 좋은 배필을 만날 수 있게 하시고, 부모의 믿음을 그대로 계승하여 믿음의 가문을 만들어 갈 수 있는 자녀들이 되게 하여 주옵소서. 질병이 많은 세상입니다. 이 가정을 질병에서 막아 주셔서 육체가 약함으로 주님께 충성치 못하는 일이 없게 하여 주옵소서. 오늘 목사님이 축복의 말씀을 준비하셨습니다. 아멘으로 받게 하시고 만 가지 주의 은혜를 느끼는 시간이 되게 하여 주옵소서. 피곤할 수도 있는 목사님과 심방대원들에게 함께 하셔서 끝까지 대심방을 잘 마칠 수 있도록 새 힘을 공급하여 주옵소서. 이 가정과 함께 하시고 저희의 영혼을 날마다 새롭게 하시는 예수 그리스도의 이름으로 기도합니다. 아멘

약속의 말씀
네가 나의 하나님 여호와를 온전히 좇았은즉 네 발로 밟는 땅은 영영히 너와 네 자손의 기업이 되리라 하였나이다　　　　　　　　　　　　　(여호수아 14장 9절)

문제와 아픔이 있는 가정

선한 목자이신 하나님 아버지,

오늘 사랑하는 ○○○ 성도(직분)님의 가정을 심방하여 하나님께 영광을 돌릴 수 있게 하시니 감사합니다. 어렵고 힘든 가운데서도 영적인 일을 놓치지 않는 이 가정을 기억하시고 크신 은총으로 함께하여 주옵소서.

주님, 이 가정이 당한 문제와 그로인한 아픔이 있습니다. 주님이 택하신 은총을 입은 가정이오니 그 아픔을 만져주셔서 오직 소망은 주께 있음을 깨닫고 감사할 수 있게 하옵소서. "환난 날에 나를 부르라 내가 너를 건지리니 네가 나를 영화롭게 하리라"(시50:15) 약속하셨사오니 이 가정이 안고 있는 고통의 신음을 놓치지 마시고 부르짖을 때에 속히 응답하여 주옵소서. 또한 지금 이 가정이 당한 아픔을 통하여 신앙과 믿음이 성장하는 기회로 선용할 수 있게 하시며 그동안 들을 수 없었던 주님의 음성을 더욱 선명하게 들을 수 있는 축복의 계기가 되게 하여 주옵소서.

저희가 믿는 하나님은 합력하여 선을 이루시는 하나님이심을 믿습니다. 도우시고 건지시는 하나님이심을 믿습니다. 일으키시고 세우시는 하나님이심을 믿습니다. 그 하나님을 의지하여 살아계신 하나님을 만날 수 있게 하시고 믿음으로 끝내 승리할 수 있게 하옵소서.

오늘 목사님이 이 가정을 위하여 축복의 말씀을 준비하셨습니다. 마음을 담아 전하시는 말씀을 아멘으로 받게 하시고, 용기와 소망을 얻게 하옵소서. 이 가정을 더욱 굳게 잡아주시고 한 식구도 실족당하지 않도록 성령의 줄로 굳게 매주실 것을 믿사옵고 예수 그리스도의 이름으로 기도합니다. 아멘

약속의 말씀

믿음의 주요 또 온전케 하시는 이인 예수를 바라보자   (히브리서 12장 2절)

쉬운 짐을 진 것을 다행스럽게 생각하는 것이 아니라
어려운 짐을 진 것을
영광스럽게 생각할 수 있는 삶이 되게 하옵소서.

가정예식
대표기도문
Family Ceremony

6부

결혼(약혼)

사랑이 무궁하시며 극진하신 하나님 아버지,
영원하신 하나님께 감사와 찬송을 올립니다.
거룩한 뜻을 헤아릴 수 있도록 저희에게 믿음을 주셨사오며, 그 뜻을 받들어 사는 길만이 은혜의 길이요, 사랑의 길이요, 축복의 길인 줄을 알고서 결혼(약혼)예식을 거행하게 하시오니 감사합니다.

주님,
이 예식을 통하여 하나님께서 영광을 받으시오며, 여기 부족한 한쌍의 남녀와 양가 위에 홍복을 내려 주옵소서.
이 예식을 주관하는 목사님께 신령한 권세를 더하셔서 예식을 갖는 두 남녀가 평생에 간직할 말씀을 전하실 수 있게 하여 주옵소서.
예식의 모든 절차마다 주님의 은혜와 축복이 넘치게 하실 것을 믿사옵고 예수 그리스도의 이름으로 기도합니다. 아멘

• 가정예식 대표기도문 •

약속의 말씀
여호와 하나님이 가라사대 사람의 독처하는 것이 좋지 못하니 그를 위하여 돕는 배필을 지으리라 하시니라
(창세기 2장 18절)

생일(돌)

사랑과 자비가 풍성하신 하나님,
오늘 이 가정에 선물로 주신 생명이 주님의 은총 안에서 무럭무럭 자라게 하심을 감사합니다. 어린 생명의 생일을 맞이하여 감사하는 마음을 모아 주님께 예배하오니 계신 곳 하늘에서 기쁘게 받아주시옵소서.
이 가정에 기업을 잇게 하신 귀한 생 생명, 주님의 사랑과 은총 속에서 건강하게 자라게 하시고, 선한 인격과 아름다운 마음을 가지게 하옵소서. 장성해서도 늘 주님의 마음을 좇는 삶을 살게 하시고, 주님의 뜻을 높이는 일을 하게 하시고, 하나님의 영광을 생의 최고 가치로 여기며 살 수 있는 삶이 되게 하옵소서. 이 가정이 이 아이를 위하여 여러 가지 미래의 계획을 세우고 있는 줄 압니다. 무엇보다도 하나님을 경외하는 신실한 자녀로 양육하기에 정성을 쏟을 수 있게 하시고, 주님의 몸된 교회를 가까이 하면서 자랄 수 있도록 양육하게 하옵소서. 주님께 찬양을 잊지 않는 아이, 기도를 잊지 않는 아이, 주님께 영광 돌리는 것을 잊지 않는 아이로 성장할 수 있게 하여 주옵소서. 장성하여서도 주님을 떠나는 일이 없게 하여 주시고, 주의 교양과 훈계를 멀리하지 않는 아이가 되게 하여 주옵소서. 우리 주님이 보시기에 내 마음에 합한 자로 인정되게 하옵소서. 아이는 부모의 말보다는 부모의 뒷모습을 보고 닮아간다고 하였사오니 아이에게 아이의 인성과 신앙을 헤치는 행동을 보이지 않는 부모가 되게 하여 주옵소서. 어린 자녀 앞에서 부부싸움을 하는 일이 없게 하시고, 남을 비방하는 일이 없게 하여 주옵소서.
오늘 첫 생일을 맞은 아이와 가정에 축복의 말씀을 들려주실 목사님을 기억하시고, 아이와 이 가정에 꼭 필요한 말씀을 증거 하실 수 있게 하여 주옵소서. 첫 생일을 맞은 아이를 다시 한번 축하하오며 예수 그리스도의 이름으로 기도합니다. 아멘

> **약속의 말씀**
> 아이가 자라매 젖을 떼고 이삭의 젖을 떼는 날에 아브라함이 대연을 배설하였더라
> (창세기 21장 8절)

생일(어른)

인생을 주관하시는 하나님 아버지,

오늘 ○○○ 성도님의 생일을 맞이하여 지금까지 지켜주신 하나님의 은혜를 찬양하면서, 예배드리게 된 것을 감사합니다. 하루 동안에도 무슨 일이 일어날지 모르는 현실 속에서 지나간 ○○년의 세월을 불꽃과 같은 눈동자로 지켜주신 것을 생각할 때 하나님께 감사를 드립니다.

앞으로의 남은 생애도 "여호와께서 내게 주신 은혜를 무엇으로 보답할꼬"(시116:12)라고 했던 시편기자와도 같이 그 동안 하나님께서 주신 은혜와 복을 생각하면서 항상 감사와 찬양의 생활이 넘치는 ○○○ 성도님이 되게 하여 주옵소서. 하늘과 땅의 권세를 가지신 주님의 권세를 받아 누릴 수 있는 삶이 되게 하시고, 주님의 교회와 믿음의 권속들을 위하여도 더 많이 충성하고 봉사할 수 있는 삶이 되게 하여 주옵소서. 주님이 특별히 사랑하시는 이 가정도 성도님을 통하여 더욱 큰 복을 받게 하시고, 온 가족이 영육 간에 윤택하여지는 은혜를 입게 하시며, 기타 모든 일에도 축복이 넘쳐나게 하여 주옵소서. 먼 훗날 주님 앞에 가서도 귀한 상급과 칭찬을 받는 종이 되게 하시고, 이 영광된 일을 위하여 이 땅에서 살아가는 동안 주님이 기뻐하시는 열매를 풍성히 맺을 수 있게 하옵소서. 주님의 전에 나와서 겸손히 주님을 의뢰할 때마다 그 영혼을 만지시는 주님의 손길을 체험할 수 있게 하시고, 정직한 자의 기도를 들으시는 주님의 사랑을 피부 깊숙이 경험하는 삶이 되게 하여 주옵소서. 사랑하는 자녀들을 기억하시고, 부모의 신앙을 이어받아 하나님을 기쁘시게 하는 신앙 생활을 할 수 있게 하시고, 먹든지 마시든지 무엇을 하든지 하나님의 영광을 위해서 살 수 있게 하여 주옵소서.(고전10:31) 이제껏 동행하신 주님의 사랑을 다시 한번 깨닫게 하시고, 험악한 삶을 살아왔다면 말씀의 위로가 있게 하여 주옵소서. 예수 그리스도의 이름으로 기도합니다. 아멘

약속의 말씀
여호와께서 내 음성과 내 간구를 들으시므로 내가 저를 사랑하는도다 (시편 116편 1절)

수연(회갑)

만복의 근원이 되시며 인간의 생사화복을 주장하시는 하나님,
오늘 사랑하는 ○○○ 성도(직분)님의 수연을 당하여 감사와 영광을 돌립니다. 거룩하신 하나님의 뜻 가운데서 사랑하는 아들(딸)을 이 땅에 보내시고, 은총을 베푸사 예수 그리스도를 믿어 구원을 얻게 하시고, 영원한 소망과 주님의 사랑 안에서 복된 삶을 누리게 하셨사오니 감사합니다. 특별히 질고와 죽음이 많은 이 땅에서 하나님의 보호와 축복으로 60년 동안 영육 간에 건강하게 지냈음을 감사하옵니다. 그리고 주 안에서 결혼하여 행복한 성도의 가정을 이루게 하시고, 기업의 복을 주셔서 그들의 신앙과 지극한 효행으로 오늘 수연 축하 예배를 드리게 됨을 감사합니다.
　간구 하옵기는 사랑하는 ○○○ 성도(직분)님을 더욱 축복하사 영육간에 건강하게 하시고, 앞으로의 생애가 더욱 행복하고 하나님께 큰 영광을 돌리며 소망 중에 승리하는 생활이 되게 하여 주옵소서. 기도의 영역을 칠배로 더하사 가정과 자손과 교회와 국가를 위하여 기도하게 하시고, 바라는 소원이 생전에 모두 성취되는 복을 누릴 수 있게 하옵소서. 특히 자녀들에게 믿음의 유산을 남겨줄 수 있는 영적인 부모가 되게 하시고, 교회에서도 모두가 본받고 싶은 신앙의 사람이 되게 하여 주옵소서.
　오늘 ○○○ 성도(직분)님의 회갑을 맞이하여 목사님이 축복의 말씀을 준비하셨습니다. 그 말씀을 듣는 가운데 주님의 사랑이 가슴 속으로 스며들게 하시고, 남은 생애 주님을 위하여 더욱 충성할 수 있는 위로의 말씀이 되게 하옵소서. ○○○ 성도(직분)님으로 하여금 많은 믿음의 간증을 남기는 삶이 되게 하실 것을 믿사옵고 예수 그리스도의 이름으로 기도합니다. 아멘

> **약속의 말씀**
> 백발은 영화의 면류관이라 의로운 길에서 얻으리라 　　(잠언 16장 31절)

고희(칠순)

백발은 영화의 면류관이라고 하신 하나님,
 특별히 하나님께서 ○○○ 성도(직분)님에게 장수의 복을 주시고, 자손의 자손을 볼 수 있는 은혜를 주시니 감사합니다. 오늘 고희를 맞아 이제껏 인도하여 주신 하나님의 은혜와 사랑을 감사하며 영광을 돌리는 것이 얼마나 큰 축복입니까? 그동안 인생의 여러 굴곡 가운데서도 하나님을 경외하는 중심이 흔들리지 않게 하시고, 모든 역경과 시련을 믿음으로 잘 이겨낼 수 있도록 함께하심을 감사드립니다. 앞으로의 남은 여생도 험난한 세상에서 어떠한 일을 만나든지 늘 주님을 의지하고 바라보며 믿음의 길을 걸어가는 복된 삶이 되게 하여 주옵소서. 또한 주님의 사랑과 크신 지혜와 측량할 길이 없는 은혜를 늘 체험하는 삶이 되게 하시고, 하늘과 땅의 권세를 가지신 주님의 권세를 늘 받아 누리는 삶이 되게 하옵소서. 지금까지도 주님의 뜻을 따라 주님의 몸된 교회에 충성하며 헌신하는 삶을 살아오셨겠지만 육체의 남은 때를 끝까지 주님의 말씀에 순종할 수 있게 하여 주옵소서. 현재의 신앙 생활에서 만족하지 않게 하시고, 갈렙과 같이 청년의 기상을 가지고 부름의 상을 위하여 좇아가는 여생이 되게 하옵소서. 특별히 디모데의 모친과도 같이 물질보다는 믿음의 유산을 물려줄 수 있는 영적인 부모가 되게 하여 주옵소서. 의인은 종려나무 같이 번성하며 레바논의 백향목 같이 발육한다고 했는데(시92:12) 자손의 복은 물론이요, 물질의 복과 영적인 복까지 항상 넘쳐나는 가정이 되게 하시고, 주님께 늘 감사와 찬양을 드릴 수 있게 하여 주옵소서.
 목사님이 축복의 말씀을 드려주실 때에 위로가 넘치게 하시고 평안의 복을 얻게 하옵소서. 예수 그리스도의 이름으로 기도합니다. 아멘

약속의 말씀
의인은 종려나무 같이 번성하며 레바논의 백향목 같이 발육하리로다 (시편 92편 12절)

임종의 자리에서(1)

　인간의 생사화복을 주관하시는 하나님 아버지,
　이 시간 저희들은 ○○○ 성도(직분)님의 임종 예배로 함께하고 있습니다. 주님, 저희는 너무도 유한한 인생임을 고백합니다. 그럼에도 영원히 살 것처럼 행동합니다. 고인이 이렇게 쉽게 저희 곁을 떠날 줄은 몰랐습니다. 저희로 하여금 인생이 안개와 같은 것임을 깨닫게 하옵소서.
　이 시간 성령님께서 오셔서 저희에게 새 힘을 주시고, 고인을 잃은 슬픔 가운데 있는 유족들을 위로하옵소서. ○○○ 성도(직분)님을 잃은 슬픔도 크지만 하나님 품에 안기셨음을 믿고 가족들이 위로받게 하시고, 고인의 신앙을 본받아 믿는 자로서 동일한 소망을 품고 사는 저들이 되도록 은혜를 내려 주옵소서.
　뿐만 아니라 천국에 대한 확실한 소망을 가지고 믿음 안에서 그리스도의 사랑을 실천할 수 있도록 다짐하는 기회가 되게 하시고, 고인의 교훈을 따라 살면서 실천하도록 다짐하는 기회가 되게 하옵소서.
　저희 모두가 이 땅에서의 삶을 허송세월하지 않게 하사 주님을 모시고 섬기며 살아갈 수 있는 지혜로운 자녀가 되도록 인도하여 주옵소서.
　오늘 목사님의 전하시는 말씀에서 큰 위로를 받고 천국의 소망을 갖기를 원합니다. 예수님의 이름으로 기도합니다. 아멘

　약속의 말씀
　예수 그리스도의 죽은 자 가운데서 부활하심으로 말미암아 우리를 거듭나게 하사 산 소망이 있게 하시며 (베드로전서 1장 3절)

임종의 자리에서(2)

　선악을 따라 심판주가 되시는 하나님 아버지,
　유한한 인생을 살아가던 고인이 주님의 부름을 받고 이 세상을 떠났습니다. 이제 저희도 인생의 무상함과 유한성을 깨닫고 영원을 준비하는 삶을 살아갈 수 있도록 은혜를 베풀어 주옵소서. 죄 많은 이 세상을 살아갈 때 세상의 죄악을 따라 살지 아니하고, 나를 위해 십자가를 지신 예수 그리스도의 사랑을 다시 한번 깨닫고 주님의 십자가를 붙들고 남은 생을 살아가며 영생을 준비할 수 있게 하옵소서.

　긍휼이 풍성하신 주님,
　고인을 떠나보낸 사랑하는 유족들의 슬픔을 기억하시기를 원합니다. 결코 쉽지 않은 이별이었기에 아픔도 클 것임을 기억합니다. 주님의 너르신 품으로 감싸 안아 주시고 하늘의 넘치는 위로로 채워주시옵소서. 저희들도 비록 이 땅에 살더라도 영원한 하늘 나라의 소망을 가지고 믿음으로 살아가게 하여 주옵소서. 저희에게 있는 살고자 하는 욕망, 붙잡아 두고자 하는 욕망보다는 그리스도 안에 감추어진 비밀을 발견할 수 있게 하여 주옵소서. ○○○성도(직분)님의 믿음을 본받아 저희에게 남겨진 이 시간을 성도로서 믿음 안에서 살게 인도하여 주옵소서.
　남은 모든 장례 절차 위에도 주님께서 함께 하셔서 홀로 주관하시며 홀로 영광 받아주시옵소서. 위로와 소망의 말씀을 전하시는 목사님을 기억하시고, 피곤치 않도록 붙들어 주옵소서. 예수 그리스도의 이름으로 기도합니다. 아멘

약속의 말씀
너희는 마음에 근심하지 말라 하나님을 믿으니 또 나를 믿으라　　(요한복음 14장 1절)

위로예배(어린이)

긍휼이 풍성하신 하나님,

저희는 지금 참으로 힘들고 어려운 자리에서 주님께 예배드립니다. 사랑하는 ○○○군이 그 생을 다하지 못하고 주님 품에 안겼습니다. ○○○군이 장래에 주님을 위하여 좋은 일꾼이 되리라 확신했는데 갑작스런 죽음 앞에 놀란 가슴이 진정되지 않나이다.

주님, 저희는 주님의 그 크신 뜻을 다 알 수 없사오니 깨닫는 은혜를 허락하여 주옵소서. 참으로 사랑을 듬뿍 받던 아이입니다. 주님 품에 안긴 ○○○군을 우리 주님이 큰 사랑으로 품어주실 것을 믿습니다. 충격을 받은 부모를 기억하시고 넘치는 위로로 함께하시기를 원합니다. 이 일로 말미암아 실족하거나 주님을 원망하는 자리에 이르지 않게 하시고, 믿음으로 잘 극복할 수 있도록 도와주시옵소서.

이보다 더한 슬픔은 영혼을 잃어버리는 것임을 깨닫습니다. 믿음을 잃지 않도록 강하신 팔로 붙들어 주시옵소서. 화가 변하여 복이 되게 하시고, 슬픔이 변하여 기쁨이 되게 하실 것을 믿습니다. 오늘 무거운 마음으로 말씀을 전하시는 목사님을 기억하시고 아이를 잃은 부모에게 용기와 소망이 되는 말씀이 되게 하옵소서.

이 슬픔의 현장을 결코 외면치 아니하시고 함께 참여하고 계시는 예수 그리스도의 이름으로 기도합니다. 아멘

· 가정예식 대표기도문 ·

약속의 말씀
너희 중에 고난당하는 자가 있느냐 저는 기도할 것이요 (야고보서 5장 13절)

위로예배(어른)

생명을 주관하시는 하나님 아버지,
 이 땅 위에서 주님이 주신 연수를 다 마치고 주님 품에 안기신 고 ○○○ 성도(직분)님을 기억하옵소서.
 우리 주님이 부활하셨기에 저희들은 침울함 대신 소망이 넘칩니다. 약속의 새 나라를 바라보고 광명을 경험합니다.
 고 ○○○ 성도(직분)님은 이 땅의 삶을 마감하였지만 주님과 함께 영화된 몸으로 부활의 은총에 참여한 것을 믿고 감사드립니다. 그러나 육정을 가진 사람은 육으로 떠난 섭섭함이 없을 수 없나이다.
 사랑의 하나님,
 하나님 보좌 앞에서 다시 만날 것을 믿고 용기를 얻게 하옵소서. 상주가 되시는 ○○○ 성도(직분)님을 비롯해서 유족들과 친족들 위에 부활의 주님의 위로가 함께하시고 남은 모든 일들도 주님의 축복으로 마치게 하옵소서.
 오늘 말씀을 전하실 목사님을 성령의 능력으로 붙드셔서 슬픔에 잠긴 이 자리에 위로와 소망이 넘치는 말씀을 전하실 수 있게 하여 주옵소서. 장례의 모든 절차를 주님께 맡기오며 부활이요 생명이신 예수 그리스도의 이름으로 기도합니다. 아멘

· 가정예식 대표기도문 ·

약속의 말씀
환난 날에 나를 부르라 내가 너를 건지리니 네가 나를 영화롭게 하리라
(시편 50편 15절)

위로예배(기타)

죽은 자의 부활이 되시고 영원한 생명이 되시는 하나님 아버지, 오늘 슬픈 일을 당한 이 가정을 위로하여 주옵소서.

이미 세상을 떠난 고인의 영혼은 지금 영원한 나라인 천국에서 안주하고 있는 줄 믿습니다. 이 사실을 생각하고 오늘 이 가정의 모든 식구들은 큰 위로를 받게 하시고, 장차 하나님 나라에 가서 반가이 만나 볼 소망을 갖게 하옵소서.

이제부터 고인의 시신을 장례하는 여러 가지 일들을 하나님이 보살펴 주시고 형통한 길로 인도하옵소서. 집례하시는 목사님을 피곤치 않도록 붙드시기를 원합니다.

장례의 모든 절차가 끝나는 순간까지 주의 성령께서 동행하여 주셔서 육신의 피곤함에 얽매이지 않도록 도우실 것을 믿습니다.

저희들도 고인을 마지막 보내는 이 자리에 성의껏 임할 수 있게 하여 주시고, 슬픔을 당한 유족들과 아픔을 함께 나누며 풍성한 위로를 더할 수 있게 하옵소서.

부활이요 생명이신 예수 그리스도의 이름으로 기도합니다. 아멘

약속의 말씀
마음의 즐거움은 양약이라도 심령의 근심은 뼈로 마르게 하느니라 (잠언 17장 22절)

입관식(1)

영원하신 하나님 아버지,

그 귀중한 생명이 떠났기에 저희는 애태우며 슬픔 마음으로 입관 예배를 드립니다. 그 생명은 이미 부름을 받아 주님 품에 안기우고 여기에는 그 몸만이 남아 있습니다. 고인의 몸을 관 속에 고이 모시며 슬퍼하는 유족들과 저희들에게도 위로하여 주옵소서.

육신의 장막 집을 쓰고 사는 동안 갖가지의 고통을 당했으나 지금은 주님과 함께 편히 살게 된 것을 믿고 위로를 받습니다. 저희는 죄의 용서와 부활과 영원한 삶을 믿으면서 형제의 몸을 고이 모십니다.

영원한 인도하시는 하나님 아버지,

다시 간구하옵기는 고 ○○○ 성도(직분)님의 모든 죄를 사하시고 슬픔이 없고 눈물이 없는 영원한 하늘나라에 들어가게 하옵소서. 영원한 하늘나라에서 주님이 주시는 위로와 안식을 얻게 하시고, 영생복락을 누리며 면류관을 씌워주시옵소서.

특별히 유족들에게 큰 위로를 주시고 마음의 흔들림이 없도록 성령께서 붙드시옵소서. 천국의 소망을 가지고 부활하여 다시 만나는 그날을 사모하며 믿음의 생활을 잘 할 수 있도록 도와주시옵소서.

오늘 고인의 장례식을 집례하시는 목사님을 기억하시고 피곤치 않도록 성령의 능력으로 붙드시옵소서. 생명의 주가 되시는 예수 그리스도의 이름으로 기도합니다. 아멘

약속의 말씀

나의 영혼아 잠잠히 하나님만 바라라 대저 나의 소망이 저로 좇아 나는도다

(시편 62편 5절)

입관식(2)

우리의 영혼을 창조하신 전능하신 하나님,
우리의 몸은 사람들에 의해 제어될 수 있지만
우리의 영혼은 하나님의 은총 안에서 자유함을 누립니다.

믿음의 경주가 험난할지라도
피난처 되신 주님이 우리의 목자가 되시기에
세상을 향해 나아갑니다.

고인이 달려갔던 믿음의 선한 경주가
우리 앞에 놓여 있음을 바라봅니다.

우리의 영혼을 주님께 맡기고
믿음으로 할 일을 향해 달려갈 수 있는
축복된 시간이 되게 하여 주옵소서.

예수 그리스도의 이름으로 기도합니다.
아멘

약속의 말씀
누가 우리를 그리스도의 사랑에서 끊으리요 환난이나 곤고나 핍박이나 기근이나 적신이나 위험이나 칼이랴 (로마서 8장 35절)

발인식

(1)   **인간**의 생명은 안개와 같은 것이라고 하신 하나님, 오늘 고 ○○○ 성도의 발인식에 함께 하셔서 슬퍼하는 자리를 위로하시고, 고인의 죽음을 보고 인생의 허무를 느끼는 자들에게는 삶의 의미를 깨닫는 시간이 되게 하옵소서. 고인의 죽음을 애도하기 위하여 모인 저희 모두의 인생도 종말이 언제인지 알지 못하오니 매일의 생활에 충실할 수 있는 심령들이 되게 하여 주옵소서. 인생은 그 날이 풀과 같으며 그 영화가 들의 꽃과 같다고 하신 주님, 사람이 한번 죽는 것은 주님이 정하신 것이요 그 후에는 심판이 있다는 사실도 확실히 믿는 저희들이 되게 하여 주옵소서. 주님, 오늘 저희는 고 ○○○ 성도(직분)님을 환송합니다. 고 ○○○ 성도(직분)님을 천국에서 다시 만나는 날까지 이 땅 위에서 믿음 생활을 잘 할 수 있게 하여 주시고, 주님의 심판을 철저히 준비하는 삶이 되게 하여 주옵소서. 고인의 장례예식을 집례하시는 목사님을 성령의 능력으로 붙드셔서 피곤치 않도록 이끄시고 은혜의 말씀을 증거하시므로 예식에 참예하는 자 모두가 산 자에게 들려주시는 주님의 음성을 듣게 하옵소서. 남은 모든 순서 위에도 주님이 주장하실 것을 믿사옵고 예수 그리스도의 이름으로 기도합니다. 아멘

(2)   **전능**하신 하나님 아버지,
  여관 같은 세상에 나그네처럼 다녀가는 인생 중에서 고 ○○○ 성도(직분)님의 영혼을 부르시니 ○○ 세를 일기로 질병도 슬픔도 없는 천국에서 영접 받으신 것을 믿습니다. 인간의 말로는 위로도, 격려도, 권면도 할 수 없사오니 부활하신 예수님의 영광의 얼굴 빛을 우리의 마음에 비추어 주시고, 사랑하는 유복들의 가슴 속에 비추어 주셔서 위로와 소망을 안겨 주옵소서. 그리하여 영원한 나라를 준비하며 살아가게 하옵소서. 예수 그리스도의 이름으로 기도합니다. 아멘

> **약속의 말씀**
> 가서 너희를 위하여 처소를 예비하면 내가 다시 와서 너희를 내게로 영접하여 나 있는 곳에 너희도 있게 하리라   (요한복음 14장 3절)

하관식(1)

전능하신 하나님 아버지,

저희는 지금 고 ○○○ 성도(직분)님을 안장하려고 모였나이다. 흙으로 된 인생, 땅에서 왔으니 땅으로 돌아가고 호흡은 하나님께로부터 받은 것이기에 이미 하나님께로 들어갔나이다.

이제 이곳에 썩을 몸이 묻히지만 썩지 않을 몸으로 다시 살아날 것을 믿습니다. 천한 몸이 묻히지만 영광스러운 것으로 다시 살아날 것을 믿습니다. 약한 자가 묻히지만 강한 자로 다시 살아나며 육체적 몸이 묻히지만 영적인 몸으로 부활할 것을 믿고 여기에 안장하나이다.

세상의 모든 짐을 벗겨주신 주께서 고인에게 영원한 안식을 허락하여 주시옵소서. 주님께서 호령과 천사장의 나팔소리로 강림하실 때에 다시 살아 영화로운 몸으로 다시 살 것을 믿습니다.

눈물짓는 유족들과 저희 모두의 눈에서 눈물을 씻어주시며 부활의 소망을 가지고 주님이 계신 저 천국을 바라보게 하옵소서. 고인을 다시 만날 소망 가운데 남은 생을 서로 믿고, 서로 위로하며, 믿음의 격려를 하게 하시고, 항상 주님의 일에 더욱 힘쓰는 자들이 되게 하여 주옵소서.

장례 예식을 집례하시는 목사님에게도 피곤치 않도록 성령의 능력으로 붙드실 것을 믿습니다. 부활이요 생명이신 예수 그리스도의 이름으로 기도합니다. 아멘

약속의 말씀
무덤들이 열리며 자던 성도의 몸이 많이 일어나되 　　　(마태복음 27장 52절)

하관식(2)

사랑이 많으신 하나님 아버지,
은혜와 사랑을 진실로 감사를 드립니다.
오늘 이 시간 저희와 함께 신앙 생활 하시던 ○○○ 성도(직분)님을 하관 했습니다. 유족들과 성도들의 마음 속에 성령께서 임재하셔서 참된 위로와 소망을 허락하여 주옵소서.
이제는 결코 밤이 없고 눈물이 없는, 그리스도께서 영원토록 왕이 되시는 그 나라를 사모하며 살게 하옵소서.
뿐만 아니라 부활의 소망을 가지고 살게 하시며 부활하여 다시 만날 그 날을 사모하며 저희의 남은 때에 믿음 생활을 잘하게 하옵소서.
특별히 간구하옵기는 아직도 믿음 위에 서지 못한 자녀들이 ○○○ 성도(직분)님의 믿음을 본받아 그리스도 안에서 그리고 ○○○ 성도(직분)님이 계신 천국에서 다시 만날 소망을 가지고 살게 하옵소서.
부활의 소망을 주신 예수 그리스도의 이름으로 기도합니다. 아멘

약속의 말씀
예수의 부활 후에 저희가 무덤에서 나와서 거룩한 성에 들어가 많은 사람에게 보이니라
(마태복음 27장 53절)

화장

성도의 죽은 것을 귀중히 보시는 하나님 아버지,

고 ○○○ 성도(직분)님의 시신을 화장하기 전에 모든 유가족들과 성도들이 한자리에 모여 하나님께 예배를 드립니다. 이제 고 ○○○ 성도(직분)님의 육신은 한줌의 재로 돌아가오나 영혼은 능히 불사르지 못하기에 영광의 나라로 옮기신 것을 믿습니다.

저희가 불에 던져지는 것을 두려워할 것이 아니라 불같은 믿음이 없음을 두려워할 줄 알게 하시고, 부끄러운 구원을 받지 않기 위하여 이 땅위에 사는 동안 믿음의 길을 잘 달려갈 수 있게 하옵소서.

남은 유족들, 서로가 헤어져야 하는 아픔이 있지만 고인은 이미 주 안에서 행복한 삶을 누리고 있다는 확신을 주시고 이제 장차 주님의 나라에서 다시 만날 것을 기대하면서 소망 중에 살게 하옵소서.

그리고 고인이 뿌려놓은 신앙의 유산을 잘 이어받아 더욱 풍성한 열매를 맺는 유족들이 되게 하시고, 고인이 섬기던 교회를 잘 받들어 섬길 수 있는 유족들이 되게 하옵소서. 주 안에서의 죽음은 죽음이 아닌 것을 깨닫습니다. 주님이 영광 중에 다시 오시는 그날, 한 줌의 재로 돌아가는 고인을 다시 일으키셔서 믿는 자의 부활에 참예케 하실 것을 믿습니다.

말씀을 전하시는 목사님을 기억하시고 이 자리에 있는 모든 자에게 큰 위로와 소망을 품는 말씀이 되게 하여 주옵소서. 예수 그리스도의 이름으로 기도합니다. 아멘

> **약속의 말씀**
> 이미 그의 안식에 들어간 자는 하나님이 자기 일을 쉬심과 같이 자기 일을 쉬느니라
> (히브리서 4장 10절)

추도식(1)

주 안에서 죽은 자는 복되다고 하신 하나님,

오늘 이 시간 ○○ 년 전에 주님의 품으로 불려갔던 고 ○○○ 성도(직분)님의 추모일을 맞이하여 주님께 예배를 드립니다. 하나님께서 고인을 눈물과 슬픔뿐인 이 세상에서 기쁨의 나라로, 흑암의 세상에서 영광의 나라로 옮기신 것으로 믿고 감사를 드립니다. 또한 지금까지 고인의 유족과, 고인과 정들었던 모든 분들을 믿음 안에서 붙들어 주시고 인도해 주신 것을 감사드립니다.

소망의 주님,

여기에 있는 저희들, 산자와 죽은 자 모두에게 하늘의 영원한 은총을 베풀어 주셔서 주님의 영광을 찬양하게 하옵소서. 주님이 저희의 곁에 계심을 믿음으로 확인하고 새 소망으로 넘치게 하시며 실의에 빠진 이에게는 눈을 들어 새 하늘과 새 땅을 바라보게 하옵소서.

땅 위의 것을 보고 실망하지 않게 하시고 바로 지금 눈을 들어 부활의 주를 바라보게 하옵소서.

말씀을 전하시는 목사님을 기억하시고 저희 모두가 다시 한번 주님의 심판과 부활을 확신하며 소망을 굳게 할 수 있는 말씀이 되게 하여 주옵소서. 이 예배를 받으실 것을 믿사옵고 예수님의 이름으로 기도합니다. 아멘

약속의 말씀
저희가 이제는 더 나은 본향을 사모하니 곧 하늘에 있는 것이라 (히브리서 11장 16절)

추도식(2)

　영원부터 영원까지 살아계셔서 인간의 생사화복을 주관하시는 하나님 아버지, 오늘은 고 ○○○ 성도(직분)님을 주님 나라로 불러 가신 날이므로 우리가 이 날을 기념하기 위하여 이곳에 모였사오니 저희를 긍휼히 여기사 주님의 위로와 하늘의 평강으로 채워주시기를 간구합니다.

　자비하신 하나님, 연약한 저희들이 하나님과 사람 앞에 부족했던 모든 허물을 용서하여 주옵소서. 저희들이 하나님 앞에서뿐 아니라 육신의 부모님에게도 잘못한 것이 많이 있었던 것을 통회하오니 저희를 사하여 주시고 더욱 굳센 신앙으로 채워주셔서 자손 만대로 하나님의 축복을 누리게 하옵소서. 저희들로 하여금 땅만 내려다보고 슬퍼하지 않게 하시고 영원한 소망을 가지게 하여 주옵소서. 이 시간 모든 절차를 주님께서 친히 인도하여 주셔서 하나님께 영광이 되게 하시고 새로운 은혜와 축복이 되게 하여주옵소서. 예수 그리스도의 이름으로 기도합니다. 아멘

약속의 말씀

모든 무거운 것과 얽매이기 쉬운 죄를 벗어 버리고 인내로써 우리 앞에 당한 경주를 경주하며
(히브리서 12장 1절)

추도식(3)

사랑이 많으신 하나님 아버지,

저희가 지금 고 ○○○ 성도(직분)님의 과거를 추모하면서 가족들과 친지와 교우들이 한자리에 모였습니다.

그가 과거에 살아있었을 때 행한 모든 일들을 다시 한번 생각하게 하여 주시고, 그가 하고자 하였으나 하지 못한 것을 자손들로 하여금 성취하게 하여 주옵소서.

사람의 일생은 하루 아침에 있다가 없어지는 안개와 같습니다. 모든 육체는 풀과 같고 그 모든 영광이 풀의 꽃과 같다고 하였습니다.

세상의 부귀 영화가 풀의 꽃이 아니고 무엇입니까? 꽃은 떨어지고 풀은 마릅니다. 육체는 죽습니다. 육체의 영광도 꽃처럼 떨어집니다. 그러나 하나님을 믿는 성도에게는 부활과 영생이 있음을 믿습니다.

이 믿음으로 굳건히 살아 주님 나라에 먼저 가신 고인을 부끄럼없이 만날 수 있도록 고인의 모범적인 신앙을 배우고 계승하게 하여 주시고 온 가족들 위에 한없는 위로와 축복을 내려 주옵소서.

예수님의 이름으로 기도합니다. 아멘

― 가정예식 대표기도문 ―

약속의 말씀
저는 그 앞에 있는 즐거움을 위하여 십자가를 참으사 부끄러움을 개의치 아니하시더니 하나님 보좌 우편에 앉으셨느니라 (히브리서 12장 2절)

추도식(4) - 새해, 설

전능하신 하나님 아버지,
이 새날 새아침에 모든 것을 새롭게 하시고 저희를 지금까지 보호하여 주신 은혜를 감사합니다. 금년에도 저희 가족과 함께 하시옵소서.
주님, 저희의 소망을 예수 그리스도 안에 두게 하시며, 세상을 이기는 소망을 주셔서 더욱 든든한 생활의 터를 닦게 하옵소서.
그리고 형제와 이웃을 사랑함으로써 주님을 기쁘게 해드리는 삶을 살게 하옵소서. 저희 가족들은 피차에 겸손과 용서하는 마음으로 서로 존경하며 어려움을 함께 나눌 수 있게 하옵소서.
저희 가정에 찬송과 기도와 성경 읽는 소리가 끊이지 않게 하시며 신앙의 가정으로 이웃에 본이 되게 하옵소서.
오늘 모든 새로운 각오와 설계가 금년이 다 가기 전에 이루어지게 하여 주옵소서.
저희를 축복해 주시고 함께하여 주심으로 언제나 건강하고 항상 기쁘고 보람있게 살 수 있도록 도와주시옵소서.
예수 그리스도의 이름으로 기도합니다. 아멘

약속의 말씀
이것들을 증거하신 이가 가라사대 내가 진실로 속히 오리라 하거늘
(요한계시록 22장 20절)

추도식(5) - 추석

사랑과 은혜가 풍성하신 하나님 아버지,
은혜를 감사드립니다. 지금 이 시간까지 주님의 그 크신 사랑 안에 저희를 품어 주시고 괴롭고 힘든 일이 있을 때 주 안에서 이기게 하시며 즐거운 일에는 주님이 함께하여 주셨음을 감사합니다.
오늘은 저희 선조들이 예부터 지켜오는 추석 명절입니다. 온 가족들이 즐거움으로 만나게 하심을 감사하오며 이 자리에 참석하지 못한 가족들에게도 크신 은총으로 함께하여 주시기를 원합니다.
사랑의 하나님,
저희들은 이 절기를 맞이하여 생전에 부모님께 잘못한 것을 회개하오니, 살아계신 부모님께 효성을 다하게 하옵소서. 저희들의 생활이 날로 은혜스럽게 하시며, 하나님의 뜻에 합당한 삶을 누리게 하옵소서. 또한 선조들이 물려준 아름다운 유훈과 업적과 얼을 계승하여 더욱 의미 있고 축복된 생을 살게 하옵소서. 저희의 생명을 주관하시는 예수 그리스도의 이름으로 기도합니다. 아멘

약속의 말씀
사랑하는 자여 네 영혼이 잘 됨같이 네가 범사에 잘 되고 강건하기를 내가 간구하노라
(요한3서 2절)

심방설교
Sermon

7부

등록한 성도
축복받은 오벧에돔 가정

성경: 대상 13:6 ~ 14

성도(직분)님 가정을 저희 ○○ 교회에 등록하게 하셔서 함께 축복의 길을 가게 하신 하나님께 감사드립니다. 이 지역에 여러 교회들이 있지마는 다른 교회로 인도하시지 않고 ○○ 교회로 인도하셔서 함께 하나님을 섬길 수 있게 된 것은 굉장한 인연입니다. 저는 이 인연을 아주 소중하게 간직할 것입니다. 두 분도 우리와 함께 신앙 생활하면서 하나님이 예비하신 놀라운 은혜를 받으면서 풍성한 축복을 받는 생활이 꼭 되실 수 있기를 바랍니다. 오늘 본문 말씀에는 하나님이 복 주신 가정이 소개되고 있는데 그 가정은 오벧에돔의 가정입니다. 그러면 오벧에돔의 가정은 어떻게 해서 하나님의 축복을 받은 가정이 될 수 있었을까요? 두 분의 가정이 오벧에돔의 가정처럼 하나님이 복 주시는 가정이 되기를 다시 한번 소원하면서 이에 대해 말씀을 증거 하고자 합니다.

먼저, 하나님을 모셨기 때문입니다.
하나님이 오벧에돔의 가정에 복을 내려주신 이유는 오벧에돔의 가정이 하나님의 언약궤를 모셨기 때문입니다. 하나님의 언약궤는 하나님의 임재의 상징으로 성전의 모든 기구들 중에 가장 신성한 성물입니다. 따라서 하나님의 언약궤를 모시는 것은 하나님을 모시는 것과 같습니다. 그런데 하나님의 언약궤가 오벧에돔의 집에 있었던 기간은 3개월에 불과합니다. 그럼에도 하나님이 오벧에돔의 집과 그의 모든 소유에 복을 주셨다면 하나님을 평생 모신 가정은 얼마나 많은 축복을 받을 수 있겠습니까? 하나님을 가정에 모신다는 것은 온 가족이 오직 하나님만 주인으로 섬기며 그 분의 말씀대로 행하는 것을 말합니다. 하나님은 이 같은 가정에 복을 내리시고 형통케 하십니다. 지금까지 그렇게 사시려고 힘써 오셨겠지만 계속 그와 같은 삶을 사심으로 가정과 하시는 사업에 형통케 하시는 하나님의 축복이 늘 함께하시기를 축원합니다.

둘째, 하나님을 위해 내드렸기 때문입니다.

다윗은 원래 하나님의 언약궤를 아비나답의 집에서 다윗성으로 옮겨오려고 했습니다. 그러나 언약궤를 옮기는 과정에서 웃사가 하나님의 궤를 붙들다가 죽임을 당하는 일이 발생했습니다. 그래서 다윗은 물론이고 그 누구도 언약궤를 선뜻 자기 집에 모시려고 하지를 않았습니다. 괜히 모셨다가 웃사처럼 화를 당할까 두려웠기 때문입니다.

그러나 오벧에돔은 하나님의 언약궤를 위해 자신의 집을 선뜻 내드렸습니다. 당시 그 지방에는 많은 집들이 있었지만 오벧에돔만이 자신의 집을 하나님의 언약궤가 머무를 처소로 제공했다는 것입니다. 오벧에돔처럼 하나님이 쓰시기를 원하시는 것을 기꺼이 내드리는 것이 믿음이라고 할 수 있습니다. 오벧에돔의 가정이 복을 받은 것도 하나님이 원하시는 것을 기꺼이 내드렸기 때문입니다.

말씀을 정리합니다. 본문 말씀에 나오는 오벧에돔의 가정이 하나님의 축복을 받게 된 것은 하나님을 모셨기 때문이요, 하나님이 쓰시기 원하시는 것을 선뜻 내드렸기 때문입니다. 두 분의 가정도 오벧에돔의 가정처럼 하나님이 복 주시는 행복한 가정, 모든 행사에 형통함을 주시는 복된 가정에 되시기를 주님의 이름으로 다시 한번 축복합니다.

새가족(지병있는 성도)

욥의 인생체험

성경: 욥 14:1~10

성도(직분)님 가정을 ○○교회에 등록하게 하셔서 함께 축복의 길을 가게하신 하나님께 감사드립니다.

성도(직분)님 가정에 어떤 말씀이 필요할까 기도하는 중에 오늘 본문의 말씀을 택하여 보았습니다. 긴긴 세월 육신의 질병 때문에 고난을 동무삼아 살아온 우리 집사님 아닙니까? 집사님뿐만 아니라 가족 식구 전체가 원하든, 원치 않든 고난의 현장에 함께 동참할 수밖에 없는 환경에서 살아오셨습니다.

따라서 오늘 본문의 욥이 고난을 통해서 깨달은 은혜를 살펴보면서 위로와 용기를 얻으시기를 간절히 소원합니다.

그러면 욥이 고난을 통하여 깨달은 은혜가 무엇일까요?

첫째, 인생은 참으로 짧고 유한하다는 것입니다.

본문 1절에 욥은 "여인에게서 난 사람은 사는 날이 적고 괴로움이 가득하다"고 했습니다. 욥이 왜 이런 고백을 했을까요?

우리 인생이 짧은 만큼 고난도 역시 일순간에 불과하다는 것입니다. 욥은 고난 속에서 이것을 깨달았습니다. 그렇습니다. 우리 인생은 참으로 짧습니다. 길어야 백수도 누리지 못하는 것이 우리 인생이요, 그 전에 여러 가지 사고와 질병으로 인하여 일찍 세상을 떠나는 사람도 참으로 많습니다. 이것이 인생입니다.

그래서 인생도 짧은 만큼 고난 역시 짧기에 욥은 고난 속에서 낙담하지 아니하고 욥은 영원한 것을 주시는 하나님을 간절히 열망했습니다. 참으로 힘들겠지만 본문에 욥이 깨달은 은혜가 성도(직분)님에게도 동일하게 있기를 원합니다.

둘째로, 하나님은 회복시켜 주시는 하나님이십니다.
아시다시피 욥은 모든 재산과 자녀와 건강을 잃은 극한 고통을 당했지만 하나님을 만나고 체험한 후에는 잃은 것을 모두 회복했습니다. 하나님이 욥에게 회복을 주신 것입니다. 그런데 우리가 한 가지 명심해야 할 것은 욥에게 임한 회복은 회개한 후에 이루어졌다는 것입니다. 하나님이 욥이 스스로를 의롭게 여길 때는 그의 고난을 그대로 내버려 두셨습니다. 그러나 욥이 티끌과 재 가운데서 회개하자 비로소 그의 잃은 것을 회복시켜 주셨습니다. 하나님도 인정하실 만큼 순전하고 정직한 사람이었던 욥도 회개했다면 성도(직분)님이나 우리 모두가 회개할 일이 얼마나 많겠습니까? 저도 늘 무릎 꿇고 기도할 때마다 회개합니다. 성도가 가장 아름다울 때가 언제인줄 아십니까? 눈물 흘리며 회개할 때입니다. 왜냐하면 주님보시기에는 심령이 깨끗한 자가 아름답게 보이기 때문입니다. 성도(직분)님도 회개하는 마음으로 주님을 늘 대면하실 수 있기를 바랍니다. 고난이 길어지다 보면 낙심하거나 원망하기 쉽습니다. 그렇게 될 수밖에 없습니다. 그만큼 연약한 것이 인간이기 때문입니다. 그러나 성도(직분)님은 이런 마음을 가져보세요. "나의 고난이 끝나지 않고 있는 것은 아직도 내가 주님 앞에 흘려야 할 눈물이 남아있는가보구나."
평생 가도 눈물 한번 흘려보지 못한 신앙인이 있습니다. 그에 반하여 눈물 흘릴 기회가 많은 것은 큰 복입니다. 육체는 괴롭고 힘들지라도 성도(직분)님의 영혼은 주님이 날마다 새롭게 하실 것입니다.

욥이 체험한 하나님을 성도(직분)님도 만나고 성도(직분)님 뿐만 아니라 온 가정 식구가 하나님의 회복의 은혜를 체험하실 수 있기를 주님의 이름으로 축복합니다.

새로 등록한 가정

내가 너를 택하였다

성경: 요15:16

성도(직분)님을 저희 교회에 등록하게 하셔서 함께 축복의 길을 가게 하신 하나님께 감사드립니다. 이 지역에 많은 교회들이 있지만 다른 교회로 인도하시지 않고 이 교회로 인도하셔서 함께 하나님을 섬길 수 있게 된 것은 굉장한 인연입니다. 저는 이 인연을 아주 소중하게 간직할 것입니다. 성도(직분)님도 우리와 함께 신앙 생활하면서 하나님의 예비하신 놀라운 은혜를 받으면서 풍성한 축복을 받는 생활이 되시기를 바랍니다.

오늘 말씀을 보면, 너희가 나를 택한 것이 아니요 내가 너희를 택하여 세웠다고 말씀하고 있습니다.

성도(직분)님이 하나님을 택한 것이 아니고 하나님이 성도(직분)님을 택하셔서 예수를 믿게 하신 것입니다. 이 선택의 축복을 잘 누리실 수 있기를 바랍니다. 부모를 잘 만난 것도 축복이고, 배우자를 잘 만난 것도 축복이지만 가장 큰 축복은 하나님을 만난 것입니다.

왜인고하니 인간의 만남은 불완전하기 때문입니다. 사랑하는 것도 불완전합니다. 있을 때, 건강할 때, 예쁠 때, 사랑스러울 때는 잘해주지만 그렇지 못할 때는 마음이 변하고 사랑이 변하는 것이 인간의 모습입니다. 그러나 하나님은 결코 변함이 없습니다. 로마서 11장 29절은 "하나님의 은사와 부르심에는 후회하심이 없느니라"고 하였습니다. 하나님이 선택하셨기에 끝까지 책임지시는 것입니다. 또 하나는, 인간은 힘이 없는 부족한 존재이기 때문입니다. 아무리 내가 잘해 줄려고 해도 내가 능력이 없어서 못해줄 때가 많습니다. 그러나 하나님은 전지전능하십니다. 그 하나님은 어떤 일도 하실 수 있습니다. 이 하나님을 다시 만나게 되셨으니 교회에 잘 다니시고, 하나님을 잘 섬기셔서 행복한 삶을 살아가실 수 있기를 바랍니다. 하나님은 잘 되게 하시는 하나님이십니다. 축복을 더하시는 하나님이십니다. 풍성한 삶이 되게 하시는 분이십니다. 앞으로 이 하나님만을 굳게 붙드실 수 있기를 바랍니다.

초신자 가정

말씀으로 산다

성경: 벧전 2:2

사랑하는 성도님, 신앙 생활을 하게 되신 것 참으로 축하드립니다. 사람들은 흔히 생각하기를 돈만 있으면 잘 살 것 같지만 돈 때문에 불행해지는 사람들이 얼마나 많습니까? 물질과 돈을 잘 선용하면 복이 되지만 잘못 사용하면 일만 악의 뿌리가 되는 것이 돈이요 물질입니다. 따라서 돈이 우리의 인생을 행복하게 해줄 수는 없는 것입니다. 흔히 "잘산다 못산다"의 기준을 돈으로 삼는 경우가 있습니다. 돈이 많으면 잘산다고 하고, 돈 없으면 못산다고 그럽니다. 그러나 돈이 잘살고 못사는 가치 기준이 아니라 돈은 내가 먹고 살기에 불편하지 않을 만큼 있으면 되는 것입니다. 그러면 잘사는 것입니다. 돈이 많으면 못살게 됩니다. 돈 많은 사람 치고 잘사는 사람을 못 봤습니다. 대표적인 예로 대우 그룹 김우중 전 회장을 보세요. 그게 어디 잘사는 것입니까? 잘못사는 것입니다.

그런데 오늘 본문의 말씀을 보면 사람은 돈만 가지고 사는 존재가 아님을 말씀하고 있습니다. 사람이 떡으로만 사는 존재가 아니라는 것입니다. 떡으로만 사는 존재라면 우리가 짐승과 다를 바가 무엇이 있겠습니까? 떡과 함께 사람에게 필요란 것이 있는데 그것이 하나님의 말씀이라는 것입니다. 사람은 영혼이 있는 존재가 아닙니까? 그래서 하나님의 말씀을 들어야 합니다. 그래야 육신은 물론 영혼도 삽니다. 우리 성도님이 주일날 한 번도 빠지지 않으시는 것을 볼 때 오래 믿은 권사님 집사님 보다 더 낫다는 생각이 들 때가 있습니다. 그러나 주일 아침에만 나오시는 것도 감사하지만 성도님의 영혼의 유익과 건강을 위하여 예배의 횟수를 조금 더 늘리셨으면 합니다. 오전뿐만이 아니라 오후에도, 더 나아가 새벽에도 예배의 폭을 넓혀 나가시면 내가 하나님 앞에서 얼마나 가치 있는 인생인지를 깨닫게 될 것이고, 육적으로 영적으로 건강한 삶을 사실 수 있습니다. 이 삶을 꼭 누리실 수 있는 성도님이 되시기를 주님의 이름으로 축복합니다.

기도가 필요한 항존직 가정

기도의 분향

성경: 시 141:1-2

성경에 보면 기도에 관한 내용이 참으로 많이 기록되어 있습니다. 그만큼 주의 백성들은 기도 없이는 살 수 없다는 말씀입니다. 기도는 영적인 호흡이라고 하지 않습니까? 사람이 육신의 생명을 유지하기 위하여 호흡을 멈추지 말아야 하듯 영적인 생명을 유지하기 위해서는 기도생활을 한시도 멈춰서는 안 됩니다. 특별히 장로(집사)님은 교회의 평신도 대표자이면서 목사를 가장 가까이서 보필하는 사람입니다. 따라서 형편과 처지를 초월하여 늘 기도에 힘써야 할 책임과 의무가 있는 사람임을 잊지 말아야 하겠습니다.

오늘 본문에 다윗은 자신의 기도에 대하여 분향이라는 말을 쓰고 있습니다. 분향은 사르는 것을 뜻합니다. 구약시대에 제사장은 성전에 있는 분향단에서 매일 아침과 저녁에 향을 살랐습니다. 다윗은 자신의 기도가 이같이 되게 해달라고 간구하고 있습니다. 다윗의 생애를 돌아보면 결코 편치 않은 삶이었습니다. 젊었을 때는 사울의 칼날을 피하여 도망 다녀야 했고, 왕이 되어서도 자식들 때문에 눈물이 떠나지 않는 삶을 살았습니다. 그런데도 그는 매일 쉬지 않는 기도를 하나님 앞에 드리기를 소원했습니다. 장로(집사)님도 바쁘고 힘들겠지만 오늘 본문의 다윗의 이 기도제목을 장로(집사)님의 기도제목으로 삼으셨으면 합니다. 그래서 교우들이나 하나님이 장로(집사)님을 보실 때 늘 엎드리는 사람으로 기억될 수 있기를 바랍니다. 자녀들에게도 마찬가지입니다. 늘 주님 앞에 엎드리는 아버지로 기억될 수 있기를 바랍니다. 그러면 훗날에 장로(집사)님이 노년이 되어서 지난날을 돌아보며 회상할 때 분명히 다윗과 같은 고백이 장로(집사)님의 입에서 흘러나오게 될 것입니다.

"여호와는 나의 목자시니 내게 부족함이 없으리로다… 나의 평생에 선하심과 인자하심이 정녕 나를 따르리니 내가 여호와의 집에 영원히 거하리로다."

기도생활을 하지 않는 권사

하늘 문을 여는 기도

성경: 왕상 18:41-46

　오늘 본문의 말씀을 보면 엘리야가 기도할 때 3년 6개월 동안 닫혔던 하늘이 열려서 은혜의 비를 쏟아 부어 주신 사건을 다루고 있는 말씀입니다. 저도 엘리야와 같은 능력의 선지자는 못되지만 기도할 때 이런 역사를 체험했으면 하는 마음 간절합니다. 비단 저 뿐이겠습니까? 권사님을 비롯해서 모든 성도들의 마음 또한 동일할 것입니다. 하늘 문을 닫기도 하고 열기도 하는 기도 얼마나 멋있는 기도입니까?

　이 은혜의 비로 인하여 죽어가던 산천초목이 소생하고 가뭄으로 죽어가던 이스라엘 백성들이 다시 살아나는 생명의 역사가 있었습니다. 그런데 이 놀라운 기도의 특권과 역사를 받은 능력에 상관없이 믿음으로 하나님을 간절히 찾는 자들에게 동일하게 역사하신다는 것입니다. 생각해 보세요. 나의 간절한 기도가 죽어가던 생명도 살릴 수 있습니다. 은혜의 빗줄기 복된 비를 부어주시는 동력이 될 수 있습니다. 이 보다 더 큰 축복이 어디에 있겠습니까?

　기도 생활을 중단하면 가장 먼저 찾아오는 것이 내 영혼의 가뭄입니다. 따라서 영혼의 가뭄을 막기 위해서라도 기도 생활은 쉬지 말아야 합니다. 특히 권사님은 교회의 중요한 직책을 맡고 있는 사람입니다. 교우들의 어머니 역할을 하는 사람입니다. 그러하기에 어머니의 심정을 가지고 하나님 앞에 늘 엎드리셔야 합니다. 생활이 버겁고 힘들지라도 바윗덩어리가 짓누르는 고통이 있다 할지라도 자녀들에게 부모된 의무와 도리를 비켜갈 수 없듯이 똑 같습니다. 모쪼록 주님의 교회에 기도의 향을 꺼뜨리지 않고 늘 피우시는 권사님이 되심으로 하나님의 쏟아 부어 주시는 은혜의 통로가 되셔서 교회와 가정, 생업에 은혜의 빗줄기가 끊어지지 않게 하시는 권사님이 되시기를 주님의 이름으로 축복합니다.

삶의 무게가 버거운 성도

눈물의 기도

성경: 시 84:6

성도(직분)님, 그 동안 눈물 많이 흘려 보셨죠? 우리 성도(직분)님을 만나서 대화를 나누다 보면 어느 새 성도(직분)님의 두 눈에 눈물이 고이는 것을 보게 됩니다. "우리 성도(직분)님은 어찌 그리 눈물이 많을까? 참 울기도 잘하시는 분이로구나"라는 생각을 늘 합니다. 그러나 처음부터 성도(직분)님이 그처럼 눈물을 잘 흘렸겠습니까? 이제껏 살아온 삶의 무게가 무겁다보니 마음의 한이 눈물이 되어 흐르는 것이겠지요. 자식들 때문에 시름 많고 한 많은 삶, 다른 가정들은 자랑하느라고 침이 마르는 줄도 모르지만 그것 또한 주눅 든 인생을 살아오신 성도(직분)님, 이제껏 성도(직분)님이 살아오신 삶의 여정을 볼 때 시도 때도 없이 눈물 나는 것이 당연하지요. 이제 우리 성도(직분)님께 부탁드리고 싶은 것은 속상한 감정의 눈물, 원망의 눈물은 더 이상 흘리지 않으셨으면 합니다. 그 눈물을 하나님 앞에 드리는 관제로 사용하셨으면 합니다. 저도 성도(직분)님의 눈물에 약하지만 하나님도 참으로 눈물에 약하신 분이십니다. 속상해서 흘리는 눈물은 이내 마르지만 하나님 앞에서 흘리는 눈물은 오늘 본문의 말씀처럼 눈물의 골짜기로 통행할 때에 그 곳으로 샘이 되게 하십니다. 왕하 20장 5절에 히스기야를 살려주실 때도 "내가 네 기도를 들었고 네 눈물을 보았노라"고 했습니다. 아브라함에게 버림을 받은 하갈과 이스마엘도 그 신음을 들으시고 구원해 주신 하나님이십니다. 사랑하는 성도(직분)님, 이제 성도(직분)님의 눈물을 하나님의 자비와 긍휼의 풍성하신 은혜를 끌어내리는 도구로 이용하실 수 있기를 바랍니다. 하나님 앞에서 눈물을 보이면 하나님이 은혜를 부어주십니다. 세상의 시름을 씻겨주시는 하나님이십니다. 결정적인 어려움에서 건져주시는 하나님이십니다. 속아 살아온 인생 앞에서 원망의 눈물만 흘리지 마시고 부르짖는 자의 원한을 외면치 아니하시고 풀어주시는 하나님께 소망을 두시고 사시는 성도(직분)님이 되시기를 주님의 이름으로 간절히 부탁을 드립니다.

신앙생활이 규칙적이지 못한 성도

전투적인 신앙생활

성경: 엡 6:11-17

사랑하는 성도(직분)님을 보면 '참 성실하다'는 인상을 늘 갖습니다. 요행이나 행운을 바라기 보다는 성실히 일한 만큼 얻은 것을 감사하며 사는 모습이 얼마나 아름답습니까? 풍족한 것만이 좋은 환경은 아닙니다. 아무리 풍족해도 만족을 모르면 그것이 가난한 것입니다.

그런데 성도(직분)님이 신앙 생활에도 성실함이 묻어 있으면 얼마나 좋을까를 생각해 보았습니다. 하나님께 더 큰 축복을 받는 방법을 놓치고 있는 것은 아닐까하는 생각이 늘 마음의 부담으로 남아 있었습니다.

사랑하는 성도(직분)님 신앙 생활에 결핍 현상이 나타나서는 안 됩니다. 왜냐하면 신앙 생활의 결핍은 곧 영적인 사망으로 이어질 수 있기 때문입니다. 오늘 본문에 언급하고 있듯이 신앙 생활은 사탄과의 치열한 영적 전쟁입니다. 사탄은 어떻게든 우리를 믿음의 자리에서 떨어지게 하기 위해 틈을 엿보는 존재입니다. 그래서 사탄에게 이틈을 보이지 않게 하려면 영적인 튼튼함을 유지해야만 되지 않겠어요. 영적인 튼튼함은 규칙적인 신앙 생활이 뒷받침되어야만 합니다. 안타깝게도 성도(직분)님은 직장 관계로 이 규칙적인 신앙 생활에 틈이 벌어지고 있는 상태입니다. 잦은 매에 장사 없다는 말이 있습니다. 처음에는 아무렇지도 않은 것 같아도 결국 무너진다는 것입니다. 따라서 규칙적인 신앙 생활에 힘쓰실 수 있기를 바랍니다. 비록 음식이 맛이 없고 영양가가 없을지라도 규칙적인 식생활만으로도 육신의 몸이 건강을 유지할 수 있듯이 영적 건강도 마찬가지입니다. 교회에 특별한 성격을 띤 집회는 없을지라도 꾸준히 참석하는 것이 영적 건강을 유지하는 비결입니다.

경제 사정 때문에 어쩔 수 없는 상황이라고 하지만 사탄이 흔들어 놓는 믿음이 되지 않기 위하여 주님의 전에 눈물의 씨를 뿌릴 수 있는 성도(직분)님이 되시기를 주님의 이름으로 부탁드립니다.

질병을 앓고 있는 성도

소망

성경: 시 62:5

시편 146편 5절의 말씀을 보면 "야곱의 하나님으로 자기 도움을 삼으며 여호와 자기 하나님에게 그 소망을 두는 자는 복이 있도다."고 했습니다. 오늘 본문 말씀에도 소망이 하나님으로부터 좇아 난다고 시편 기자가 고백하고 있습니다. 우리 성도(직분)님도 육체적으로 어렵고 힘들지라도 성경에 기록 된 믿음의 사람들처럼 소망을 늘 하나님께 두고 사실 수 있기를 바랍니다. 하나님께 소망을 두고 살 때 성경에 하나님이 약속하신 것이 있습니다.

첫째로, 오늘 본문의 말씀대로 견고한 삶을 약속합니다.

6절 말씀을 보면 "오직 저만 나의 반석이시오 나의 산성이시니 내가 요동치 아니하리로다"고했습니다. 하나님께 소망을 두면 어떠한 환경에 처하더라도 견고한 삶을 살아갈 수 있다는 시편기자의 고백입니다. 성도(직분)님도 이 시편기자의 고백을 자신의 고백으로 삼으실 수 있기를 바랍니다. 환경의 지배를 받아 요동하는 삶을 살기 쉽지만 하나님께 소망을 두고 있으므로, "하나님이 나의 구원자 이시요, 산성이 되시므로 나는 요동치 않는다" 이런 고백을 주님 앞에 늘 드리심으로 주님이 세우시는 견고한 삶을 맛보시기를 주님의 이름으로 축원합니다.

둘째는 성령의 능력으로 기쁨과 평강을 약속합니다.

로마서 15장 13절에 보면"소망의 하나님이 모든 기쁨과 평강을 믿음 안에서 너희에게 충만케 하사 성령의 능력으로 소망이 넘치게 하시기를 원하노라"고 했습니다.

하나님은 당신께 소망을 둔 자에게 기쁨과 평강을 약속하셨습니다. 그런데 그냥 기쁨과 평강을 누릴 수 있는 것이 아니라

성령의 능력으로 기쁨과 평강을 누릴 수 있다고 하였습니다. 바울을 보세요. 세상적인 기준으로 볼 때 그가 만족할 수 있었습니까? 오히려 억울했지요. 그 좋은 가문도, 박학다식한 지식도, 율법을 가르치는 선생의 위치도 모두 잃은 사람입니다. 거기다가 질병까지 있었습니다.

그러나 그는 원망하지 아니하고 오히려 "항상기뻐하라, 범사에 감사하라"고 데살로니가 교인들에게 편지하고 있지 않습니까? 이게 어떻게 가능한 일입니까? 하나님께서 성령의 능력을 부어 주셨기 때문입니다. 따라서 성령의 능력 안에서 또 다른 소망을 본 것입니다.

우리 성도(직분)님도 이와 같은 은혜를 누리실 수 있기를 바랍니다. 성령의 능력으로 사는 삶을 사셔서 어떤 상황에서도 기쁨과 평강을 잃지 않고 감사하는 성도(직분)님이 되시기를 바랍니다. 예수 믿는 사람들은 역설적인 삶을 삽니다. 이 삶이 성도(직분)님에게도 넘치시기를 다시 한번 간절히 부탁을 드립니다.

신앙의 회복이 필요한 성도

뜨거운 신앙

성경: 요 21:15-17

　성도(직분)님, ○○ 교회에 등록하여 신앙 생활 하신지 몇 년 되셨는지 생각해 보셨습니까? 제가 알기로는 참으로 오래되신 것 같은데 맞는지요. 그동안 크고 작은 흔들림도 있었겠지만 꾸준히 한 교회를 섬기며 교회 생활 잘 하신 것에 대하여 먼저 격려와 칭찬의 말씀을 드리고 싶습니다. 오늘 본문의 베드로 같이 주님을 뜨겁게 사랑하실 수 있기를 바랍니다. 주님을 뜨겁게 사랑해야 합니다. 그래야 성도(직분)님이 중직자가 되어서도 흔들리지 않고 믿음의 권속을 돌보며 주님의 몸인 교회를 잘 잘 섬길 수 있습니다. 또한 주님을 뜨겁게 사랑해야 주님의 희생과 섬김의 정신을 본받아 내게 돌을 던지는 자를 위해서도 기도할 수 있습니다. 요즘은 판단하는 교인은 많되 섬기는 교인은 찾아보기 어려운 시대입니다. 십자가의 희생 보다는 십자가의 영광만 얻으려고 하는 시대입니다. 이러한 때에 성도(직분)님은 무엇보다 주님의 몸된 교회를 위하여 영광 보다 희생의 욕구를 충족시키는 믿음의 사람이 되실 수 있기를 바랍니다. 교회는 희생이 있어야 성장합니다. 부모의 희생이 없이는 건강한 자녀로 성장할 수 없듯이 교회 또한 교우들의 희생이 있어야 건강한 교회로 성장할 수 있습니다. 틈만 있으면 교회 오셔서 기도해야 합니다. 목회자와 교우를 위해서 기도해야 합니다. 항상 먼저 본을 보이는 신앙 생활을 해야만 합니다. 그것을 위해서 성도(직분)님은 교회의 지체로 세움을 받은 것입니다. 주님이 언제라도 집사님께 찾아오셔서 "아무개야! 네가 나를 사랑하느냐?"고 사랑을 확인하실 때 주저 없이 "예, 제가 주님을 사랑합니다"라고 대답하실 수 있어야 합니다. 주님에 대한 사랑이 늘 뜨거우면 성도(직분)님의 생활 또한 우리 주님께서 뜨겁게 만져주시고 날마다 회복의 은혜로 함께 하실 것입니다. "내가 주님을 사랑합니다" 베드로가 대답한 이 고백이 성도(직분)님에게도 확신 가운데 늘 고백되기를 주님의 이름으로 부탁을 드립니다.

먼 거리에서 출석하는 연로한 성도

예배

성경: 창 22:2-4

　성도(직분)님이 ○○교회에 출석하신지도 오랜 세월이 흘렀군요. 다른 교우들에 비하면 다소 교회와의 거리가 먼 곳에 있다고 볼 수 있는데 그래도 꾸준히 노구(老軀)를 개의치 않고 주일을 지키시는 성도(직분)님의 모습을 보면 같은 교회를 섬기고 있는 제게도 큰 힘이 되고 도전이 됩니다. 우리 성도(직분)님, 천국 가는 그 날 까지 교회를 위해서, 권속들을 위해서 기도 많이 해주시기를 바랍니다.
　오늘 본문을 보면 아브라함이 이삭을 바치라는 하나님의 명령을 받들어 사흘 길이나 걸리는 모리아 산에 가서 하나님 앞에 제사 드리는 말씀이 기록 되어 있습니다. 아브라함은 언제든지 하나님의 말씀에 순종 잘하고 제사를 잘 드리는 사람이었습니다. 아브라함이 하나님의 명령을 따라 지역을 옮기면 가장 먼저 한 일이 제사입니다. 그만큼 아브라함은 하나님께 제사드리 일 즉 하나님께 영광 돌리는 일을 소홀히 하지 않았습니다. 오늘 본문에도 하나님의 명령이 떨어지니까 사흘 길이 걸려도 지체 없이 노구의 몸을 이끌고 제사하기 위하여 모리아산으로 향하지 않습니까? 이 같은 아브라함의 열심과 오직 하나님께 순종하려는 마음이 있었기에 하나님이 늘 아브라함을 높여 주셨습니다. 항상 준비된 삶을 살게 해 주셨고 해를 당하지 않는 삶을 살게 해 주셨습니다. 이처럼 아브라함에게 함께하신 하나님이 우리 성도(직분)님과 늘 함께 하실 줄 믿습니다. 동네에 있는 교회라 노구의 몸을 이끌고 그렇게 쉽고 오실 수 있는 거리가 아닙니다. 그럼에도 불구하고 꾸준히 주일을 지키시고 계시니 얼마나 하나님 보시기에 기쁨이 되겠습니까? 그 믿음으로 늘 하나님을 기쁘시게 해 드리고, 하나님의 위로를 받는 삶이되시기를 주님의 이름으로 부탁을 드립니다.

예배생활이 미흡한 성도
여호와를 만날 자

성경: 잠 8:17

인간은 평생 첫째 부모, 둘째 친구, 셋째 선생, 넷째 배우자를 잘 만나야 한다고 합니다. 그러나 가장 중요한 만남은 바로 하나님과의 만남입니다. 하나님은 인간과의 만남을 기뻐하시며 끊임없이 약속으로 만남을 축복하여 주셨습니다. 그러면 하나님은 어떤 자를 만나 주시며, 또한 하나님을 만날 자는 어떠한 자인가에 대하여 잠깐 말씀을 살펴보겠습니다.

첫째, 간절한 마음으로 하나님을 찾는 자가 만날 수 있습니다.

잠언8장 17절 말씀에 "나를 사랑하는 자들이 나의 사랑을 입으며 나를 간절히 찾는 자가 나를 만날 것이니라"고 하였습니다. 이 말씀대로 하나님을 사랑하고 하나님을 간절히 찾는 자가 하나님을 만날 수 있습니다. 따라서 우리 성도(직분)님도 하나님을 사랑하고 하나님을 간절히 찾는 믿음이 있게 해 달라고 기도하시기를 바랍니다. 하나님을 진정으로 만나야 진정한 변화를 체험할 수 있습니다.

둘째로, 신령과 진정으로 예배하는 자가 만날 수 있습니다.

예배는 하나님의 최대 관심입니다. 그래서 주님은 요한복음 4장 23절에도 하나님은 신령과 진정으로 예배하는 자를 찾으신다고 하셨습니다. 성도(직분)님께 참된 예배를 드릴 수 있는 환경적 조건이 뒷받침 되지 않는다 할지라도 예배하는 일에 힘쓸 수 있기를 바랍니다. 예배를 통해서 하나님은 우리에게 회복을 주십니다.

셋째, 은혜를 구하는 자가 하나님을 만납니다. 스가랴 8장 22절에 보면 "만군의 여호와를 찾고 은혜를 구하자"고 했습니다. 가장 불행한 사람은 하나님의 은혜를 알지 못하고 그 은혜를 구하지 못하는 자들입니다. 반면 가장 행복한 사람은 하나님의 은혜를 입은 사람입니다. 성도(직분)님도 이 중에 한 사람이 되실 수 있기를 바랍니다. 오늘의 말씀대로 하나님을 찾으심으로 하나님의 은혜를 입는 믿음의 사람으로 사실 수 있기를 주님의 이름으로 축복합니다.

암으로 투병 중인 성도
생존하시는 하나님
성경: 시 42:1-5

성도(직분)님이 질병 가운데 놓여 있기 때문에 치료에 관한 말씀을 준비하려다 그동안 귀가 따갑도록 들어오셨을 것이라 생각되어 다른 말씀을 준비했습니다. 이 말씀이 성도(직분)님께 큰 위로와 용기가 되실 수 있기를 바랍니다. 성도(직분)님은 생존하시는 하나님을 믿으시죠? 오늘 말씀의 주제가 생존하시는 하나님을 믿는 자입니다. 하나님의 살아계심을 믿는 것이 참으로 중요합니다. 왜냐하면 생존하시는 하나님을 믿을때,

첫째로 낙심치 않기 때문입니다.

오늘 본문에 시편 기자는 "내 영혼아 네가 어찌하여 낙망하느냐"고 했습니다. 우리가 세상을 살아가다 보면 낙망하는 일들이 얼마나 많습니까? 질병, 생활고, 배신 등 이루 말할 수 없습니다. 우리 인간은 질그릇 같이 연약한 존재이기 때문에 이 낙망 앞에 속수무책일 때가 많습니다. 그러나 자기를 믿으면 낙망하기 쉬워도 생존하시는 하나님을 믿으면 낙망하지 않습니다. 부모를 의지하는 아이들이 낙망하는 것 봤습니까? 의지할 대상이 있는 것은 그만큼 행복한 삶인 것입니다. 성도(직분)님도 깨지기 쉽고 부서지기 쉬운 질그릇 같은 존재일지라도 늘 하나님을 의지하시므로 낙망치 않는 믿음으로 사실 수 있기를 바랍니다.

둘째는, 하나님을 찬송하게 됩니다.

오늘 본문의 시편 기자는 "낙망의 때에도 낙망하지 않고 불안의 때에도 불안하지 않고 하나님을 바라고 그 얼굴의 도우심을 인하여 오히려 찬송하리로다"고 했습니다. 찬송은 평안하고 기쁠 때만 하는 것이 아닙니다. 불안하고 실패할 때도, 질병 가운데 있을 때에도 부르는 것이 찬송입니다. 왜냐하면 하나님은 언제나 살아계신 하나님이시기 때문입니다. 따라서 하나님이 듣고 계실 것을 생각하며 찬송하실 수 있기를 바랍니다. 그러므로 생존하시는 하나님을 증거 하실 수 있는 성도(직분)님이 되시기를 주님의 이름으로 축복합니다.

이사한 가정
아브라함의 장막

성경: 창 12:5-9

우리는 살면서 여러 번 이사를 하는데 이사를 잘 하는 것이 매우 중요합니다. 롯은 가서는 안 될 소돔성으로 이사를 잘못해서 결국 아내와 모든 재산을 다 잃고 두 딸과 함께 겨우 목숨만 건지는 비극을 맛보게 됩니다. 그러나 아브라함은 하란에서 가나안 땅으로 이사를 잘 해서 하나님의 큰 복을 받았습니다. 오늘 이곳으로 이사를 온 사랑하는 성도(직분)님의 가정도 이사를 잘 해서 큰 복을 받을 수 있기를 바랍니다. 이사를 잘 한 아브라함의 생애를 흔히들 장막의 생애라고 합니다. 아브라함은 어디를 가든지 먼저 하나님을 예배하는 생활을 하였고 장막 생활을 하였습니다.

장막은 텐트를 말하는데 아브라함은 왜 장막을 짓고 살았을까요?

첫째, 즉각적인 순종을 위해서입니다. 하나님이 언제 어디로 가라고 하시든지 즉각적인 순종을 하기 위해서입니다. 그가 집을 짓고 살면 쉽게 즉각 순종하기가 어려웠을 것입니다. 그러므로 그는 장막을 짓고 살았습니다. 하나님의 말씀에 즉각 순종하기 위해서 말이죠. 이 같은 순종의 삶이 아브라함에게 있었기에 그는 하나님의 축복을 받았습니다.

둘째, 아브라함의 장막은 소망을 보여주고 있는 것입니다. 장막은 영원히 머무를 곳이 못됩니다. 쉽게 무너질 수도 있습니다. 바람 한번 불면 날아갈 수도 있습니다. 그러하기에 그는 하나님 나라를 소망하면서 살았다는 것입니다. 그래서 히브리서 기자는 아브라함이 장막에 거한 이유를 "이는 그가 하나님이 계획하시고 지으실 터가 있는 성을 바랐음이라"고 말씀하고 있습니다.(히11:10) 오늘 이곳으로 이사 오신 성도(직분)님, 오늘 주시는 말씀을 소중히 간직할 수 있기를 바랍니다. 아브라함의 장막을 생각하면서 하나님의 말씀 앞에 잘 순종하는 생활이 될 수 있기를 바랍니다. 그리고 이 장막보다 훨씬 더 멋있는 하늘의 저택이 있음을 기억하면서 그 나라를 소망하면서 사시는 삶이 되시기를 주님의 이름으로 부탁을 드립니다.

불행하다고 느끼는 성도
행복한 신앙생활

성경: 신 10:13

오늘 이 말씀은 모세를 통하여 이스라엘 백성들에게 주시는 하나님의 말씀입니다.
"내가 오늘날 네 행복을 위하여 네게 명하는 여호와의 명령과 규례를 지킬 것이 아니냐"
이 말씀에서 우리는 하나님의 마음을 읽을 수 있습니다. 그것은 우리들이 행복하게 살기를 원하신다고 하는 것입니다.
"내가 오늘날 네 행복을 위하여"라고 하셨습니다. 이 말씀대로 하나님은 우리들의 행복을 원하십니다. 우리들이 행복하게 사는 것을 진심으로 원하고 계십니다. 절대로 불행하게 되거나 잘못되기를 바라지 않으십니다. 그래서 행복에 이르는 길을 일어주고 계십니다. 여호와의 명령과 규례를 지키라는 것입니다. 그러면 행복할 것이라고 말씀하십니다.
사람들은 행복을 위해서 이런 저런 많은 이야기를 합니다. '돈이 있어야 한다, 건강해야 한다, 사회적 지위가 있어야 한다, 잘 살아야 한다.' 그런데 하나님은 그것으로 행복할 수 없고 내 명령과 규례를 지키면 행복하다고 말씀하십니다. 즉 믿음으로 살면 행복하게 된다는 말씀입니다. 예수 잘 믿고, 예배생활 잘 하고, 하나님의 말씀을 잘 듣고 그대로 행하면 행복하게 된다는 말씀입니다.
우리 ○○○ 성도(직분)님, 자신의 삶이 불행하다고만 비관만 하지 마시고 예수 잘 믿어 보기시기 바랍니다. 그러면 하나님이 반드시 성도(직분)님을 행복하게 하실 것입니다. 모쪼록 하나님이 주시는 행복을 맛보실 수 있는 행복자가 되시기를 주님의 이름으로 부탁을 드립니다.

주일을 지키지 못하는 가정
신령한 젖을 사모하라

성경: 벧전 2:2

갓난아이들은 하루에 자기 몸무게의 25% 정도를 먹는다고 합니다. 우리가 아무리 "돼지, 돼지" 해도 갓난아이들만큼 돼지가 없습니다.
몸무게 60Kg 되는 사람이 하루에 15Kg로 정도의 음식을 먹는다면 그게 인간입니까? 그런데 아기는 그렇게 먹습니다. 4Kg쯤 되는 아이가 1Kg 정도를 먹어치웁니다. 이러니까 아기가 하루가 다르게 쑥쑥 자라는 것입니다. 사랑하는 ○○○ 성도(직분)님, 종사하고 있는 직업 때문에 주일마저 지키기가 매우 어려운 것을 보게 됩니다. 하지만 성도(직분)님의 영혼이 잘 자라고 잘 되기 위해서는 영적인 양식을 잘 먹어야만 합니다. 일주일에 한 끼 먹고 자랄 수 있습니까? 살 수 있습니까? 도무지 불가능한 일입니다. 영혼의 양식도 마찬가지입니다. 영혼이 잘 자라고 성장하려면 마구 먹어야 하고 수시로 먹어야 합니다. 성도(직분)님의 환경을 볼 때 참으로 안타깝습니다. 그러나 환경의 지배를 받지 않고 초월할 수 있는 것이 인간이 가지고 있는 또 하나의 위대함 아니겠습니까? 특히 성도(직분)님은 지혜의 우월성을 가지고 있습니다. 마음만 먹으면 얼마든지 잘 해낼 수 있습니다. 믿음을 회복하셔야 합니다. 경험과 기술과 능력과 방법만 가지고 살 수 없는 사회입니다. 영성을 갖추어야만 합니다. 자녀분들도 주일학교에 나오지 못하는 것이 참으로 안타깝습니다. 어린아이 때 신앙교육을 잘 받으면 그 신앙이 평생을 지배합니다. 당부드리건대 믿음의 회복과 영적 성장을 위하여, 그리고 가정에 믿음의 전통을 세우는 일을 위하여 마음을 쏟으셨으면 합니다. 젊을 때 잘 믿어야 합니다. 젊을 때 신앙의 기초를 바로 세워야 합니다. 그래야 평생 하나님의 은혜의 지배를 받는 복된 삶을 살 수 있습니다. 경영하는 사업을 일으키기 위하여 마음을 쏟고 계시는데, 믿음의 가문을 일으키기 위하여도 마음을 쏟으실 수 있기를 바랍니다. 그리하여 주님을 위하여도 젊을 때 화려하게 쓰임 받을 수 있는 가정이 되실 수 있기를 주님의 이름으로 부탁을 드립니다.

교회를 멀리하고 있는 성도

신앙의 심지를 견고케 하려면
성경: 사 26:3

교회는 신자의 어머니라는 말이 있습니다. 이 말은 교회를 통하여 신자의 신앙이 성장 할 수 있다는 말씀입니다. 따라서 교회 생활을 잘 해야 신앙이 성장합니다. 그러기 위해선 신앙의 뿌리를 깊이 내리는 것이 중요합니다. 달리 말하면 신앙의 심지를 견고케 하는 것입니다. 심지가 견고하면 신앙 생활을 할 때 다가오는 어떤 어려움도 잘 극복할 수 있습니다.

그러면 신앙이 심지를 견고케 하려면 어떻게 해야 하겠습니까?

먼저 하나님을 의뢰해야만 합니다. 오늘 본문 말씀에 "주께서 심지가 견고한 자를 평강에 평강으로 지키시리니 이는 그가 주를 의뢰함이니이다"라고 했습니다. 즉 심지가 견고한 자의 특성은 하나님을 의뢰한다는 것입니다. 의뢰한다는 것은 의지하는 것, 믿고 맡기는 것을 의미합니다. 하나님을 믿고 의지하며 그분에게 모든 것을 맡기는 것, 이것이 바로 신앙의 본질이기도 합니다. 하나님을 의뢰하는 자는 하나님의 은혜와 도움을 체험하기 때문에 그 신앙이 견고해지지 않을 수 없습니다. 사랑하는 ○○○ 성도(직분)님은 하나님을 의뢰하실 수 있기를 바랍니다.

그리고 심지가 견고한 신앙생활을 하려면 하나님의 은혜가 없이는 불가능합니다. 따라서 하나님의 은혜를 사모해야 합니다. 사슴이 시냇물을 찾기에 갈급함 같이 하나님의 은혜를 간절한 마음으로 사모하면 하나님께서 시편기자의 고백처럼 저가 사모하는 영혼을 만족케 하시며, 주린 영혼에게 좋은 것으로 채워주시는(시107:9) 은혜를 경험하게 됩니다.

이 같은 은혜를 누리기 위해선 열심히 교회를 찾아야 하고, 예배생활을 게을리 해서는 안 됩니다. 모쪼록 성도(직분)님이 신앙의 심지가 견고한 신앙을 가꾸실 수 있기를 바랍니다. 하나님을 의뢰하시고 하나님의 은혜를 사모하실 수 있기를 부탁드립니다.

위기를 겪고 있는 가정
하나님이 필요로 하는 사람
성경: 행 27: 9 -11

사도바울이 가이사에게 재판을 받기 위해 '알렉산드리아호'를 타고 로마로 가는 도중 '유라굴로'라는 광풍을 만나 배가 파선하게 될 위기에 몰렸습니다. 그러나 그 배에는 하나님이 필요로 하는 사람 바울이 있었기 때문에 배에 탄 276명 전원이 무사히 멜기데 섬에 상륙하게 되었습니다.

우리는 현재 위기의 시대를 살아가고 있습니다. 이 시대에 성도(직분)님과 성도(직분)님의 가정이, 하나님이 꼭 필요로 하는 사람이 되어서 어려움을 잘 극복하는 가정이 되기를 바랍니다.

하나님이 필요로 하는 사람은 기도하는 사람입니다. 276명이 탄 배가 파선하여 모두 죽을 위기 상황에서 다 살아날 수 있었던 것은 금식하며 기도한 사람이 있었기 때문입니다. 따라서 위기 상황일수록 기도가 얼마나 중요한지를 깨닫습니다. 참으로 감사한 일은 성도(직분)님 가정에 여러 가지 어려움이 있지만 성도(직분)님이 기도를 포기하지 않았다는 것입니다. 그것은 위기를 잘 극복할 수 있다는 말입니다. 정말 가장 큰 위기는 위기의 때에 기도하지 않는 것입니다.

인생사는 언제나 위기입니다. 위기를 안고 살고 있는 것이 우리 인생이라는 말씀입니다. 따라서 우리 인생에 위기는 없어지지 않습니다. 그러나 위기의 순간에 무릎 꿇을 수만 있다면 절대 넘어지지 않습니다. 그래서 기도가 중요한 것입니다.

사랑하는 ○○○ 성도(직분)님, 내 인생에 언제나 도사리고 있는 위기를 기도로 잘 이겨내실 수 있기를 바랍니다. 그리고 가정에서는 기도의 아버지(어머니)로, 교회에서는 기도의 일꾼으로 쓰임을 받아, 많은 사람들에게 위로를 줄 수 있는 사람이 되기를 바랍니다. 주님은 오늘도 기도의 사람을 찾고 계십니다. 인간적으로 부족한 것이 많을지라도 기도의 자리만큼은 부족하지 않게 하는 성도(직분)님이 되시기를 주님의 이름으로 부탁을 드립니다.

사명자의 가정
한 알의 밀알처럼

성경: 요 12:20-26

오늘 본문 말씀은 신앙인이라면 거의 다 알고 있을 정도로 귀에 익은 말씀입니다. "한 알의 밀이 땅에 떨어져 죽지 아니하면 한 알 그대로 있고 죽으면 많은 열매를 맺게 된다"는 말씀입니다.

한마디로 희생해야만 많은 열매를 보게 된다는 것이죠. 바꾸어 말씀드리면 어떤 사람의 인생이 풍요로워 질 수 있다는 것입니까? 희생하는 인생이 풍요로워 진다는 것입니다. 저나 성도(직분)님의 가정이나 희생을 하나님이 주신 은사로 알고 희생의 욕구를 충족시키며 살아야 할 가정입니다. 내가 얼마나 많이 희생하느냐에 따라서 주님의 몸된 교회가 열매 맺는 교회가 될 수 있고, 가정도 열매 맺는 가정이 될 수 있습니다. 가려서는 아무 열매도 맺을 수 없습니다. 사도 바울이 고백했듯이 날마다 죽어야 하고, 그 죽음을 통해서 교회가 풍요로워지고, 성도의 가정이 풍요로워지는 것을 보는 것이 사명자의 길을 걷는 자의 기쁨입니다. 말을 앞세워서도 안 되고, 마음을 앞세워서도 안 됩니다. 그냥 죽어야 합니다. 내가 죽으면 하나님이 열매를 주십니다.

사랑하는 성도(직분)님, 잘 죽으실 수 있기를 바랍니다. 내가 죽음으로 교회의 영광을 보실 수 있기를 바랍니다. 내가 죽음으로 성도의 행복을 보실 수 있기를 바랍니다. 그리고 그것을 감사로 제목으로 삼고, 기쁨의 제목으로 삼으실 수 있기를 주님의 이름으로 부탁을 드립니다.

불치병으로 생을 포기한 자
하나님만 바라라

성경: 시 42:1 ~ 5

본문 말씀을 기록한 시편 기자는 깊은 낙망에 빠졌다가 그 낙망을 극복할 수 있는 방법을 찾아 본문 5절에서 이렇게 고백하고 있습니다.

"내 영혼아, 네가 어찌하여 낙망하며 어찌하여 내 속에서 불안하여 하는고 너는 하나님을 바라라. 그 얼굴의 도우심을 인하여 내가 오히려 찬송하리로다."

여기에서 '하나님을 바라라' 는 말은 '하나님께 소망을 두라' 는 뜻입니다. 하나님은 당신께 소망을 두는 자들에게 불안과 낙망을 극복하는 새 힘을 주십니다. 불안하고 절망한 영혼이 위로를 받고 새 힘을 얻을 수 있는 비결은 바로 하나님께 소망을 두는 것입니다.

그러면 우리가 바라보는 하나님은 어떤 분이십니까?

살아계신 분입니다. 오늘 본문에도 시편기자는 '내 영혼이 하나님 곧, 생존하시는 하나님을 갈망한다' 고 고백하고 있습니다. 우리가 하나님을 바라볼 때 낙망을 극복하고 새 힘을 얻을 수 있는 이유는 하나님은 살아계신 분이시기 때문입니다. 성도(직분)님도 이 하나님을 끝까지 신뢰하실 수 있기를 바랍니다. 그리고 하나님은 반석이신 분입니다. 본문 9절의 말씀을 보면 시편기자는 하나님을 일컬어 "내 반석이신 하나님"이라고 말했습니다. 하나님은 든든한 반석이 되시기 때문에 하나님을 바라보는 사람은 어떤 상황 속에서도 흔들리지 않고 견고하게 설 수 있습니다. 그리고 하나님은 도우시는 하나님이십니다. 본문 5절에 시편 기자는 "그 얼굴의 도우심을 인하여 내가 오히려 찬송하리로다"고 고백하고 있습니다. 따라서 낙망 속에 있을 때 우리를 도우시는 하나님을 바라보아야만 합니다. 지금 성도(직분)님은 많이 침체되어 있는 것 같습니다. 제가 무슨 말로 권면을 하고 위로를 해도 그것이 성도(직분)님께는 가슴에 와 닿지 않을 것입니다.

그럼에도 불구하고 권면해야 하고, 믿음으로 이끌어 줘야만 하는 것이 제 사명인 것 같습니다.

성도(직분)님, 지금의 성도(직분)님의 모습을 보면 죽을 날만 기다리고 있는 것 같습니다. 오늘 살다가 내일 죽는 한이 있다 하더라도 끝까지 최선을 다해야만 하지 않겠습니까? 최선을 다하는 인생이 아름다운 것이요, 최선을 다하는 인생이 후회가 없는 것입니다. 주위 사람이 다 외면하고, 심지어 가족들도 외면한다 할지라도 주님은 성도(직분)님을 외면하지 않는다는 이 믿음을 끝까지 붙드셔야 합니다. 저나 성도(직분)님이나 언젠가는 주님의 심판대 앞에 설 것입니다. 그날을 생각하며 오늘의 현실 앞에 주저앉아 있지 마시고 하나님이 내게 주신 삶의 분량이 다하는 그날까지 소망을 접지 마시기 바랍니다. 그리고 믿음을 회복하실 수 있기를 주님의 이름으로 축원합니다.

아픔이 있는 성도

복 있는 사람

성경: 시 16:2

오늘 본문에 다윗이 하나님께 기도하기를 "내가 여호와께 아뢰되 주는 나의 주시오니 주밖에는 나의 복이 없다 하였나이다."(시16:2)라고 하였습니다. 맞습니다. 복의 근원은 오직 하나님 한분 뿐이십니다. 성도(직분)님도 복의 근원이 하나님이시라는 사실을 굳게 믿으시죠? 성도(직분)님도 다윗과 같은 이 고백이 늘 삶 속에서 있기를 바랍니다.

"내가 여호와께 아뢰되 주는 나의 주시오니 주밖에는 나의 복이 없다 하였나이다."

다윗이 얼마나 힘들고 고달픈 삶을 살았습니까? 인생에 아픔이 많았던 사람이 다윗입니다. 잘 나가는가 싶었는데 갑자기 도망자의 신세가 된 적도 있었고, 목숨을 연명하기 위하여 침을 질질 흘리며 미친 사람 흉내를 내야만 하는 수치스런 때도 있었고, 자식의 반란으로 인하여 신발도 제대로 신지 못한 채 황급히 망명길에 오른 적도 있었던 사람입니다. 어찌 보면 참으로 지긋지긋할 정도로 그에게는 시련이 친한 벗처럼 붙어 다녔습니다. 그런 인생을 살면서 다윗인들 왜 하나님을 원망한 적이 없었겠습니까? 왜 자신의 처지를 비관한 적이 없었겠어요. 어떤 때는 죽고 싶은 마음이 간절했을 것입니다. 그러나 그가 자신의 인생에 감당할 수 없는 아픔이 많았기에 그는 누구보다 하나님께서 자기와 함께 하심을 강하게 체험한 사람입니다. 그가 남긴 시편의 주옥같은 시들을 보세요. 그의 시들은 거의 대부분이 자신이 당했던 절체절명의 위기 속에서 구원하시는 하나님을 노래하고 있습니다. 생명의 위험에서도 건지시는 하나님, 피난처가 되어주시고 반석이 되어주시는 하나님, 목자가 되어주시는 하나님, 요새가 되어주시는 하나님, 피할 바위가 되어주시는 하나님,

그는 인생의 아픔을 통해서 하나님께서 어떻게 함께하시는지 다양하게 함께하시는 하나님을 만난 것입니다. 그러했기에 그는 하나님이 복의 근원이시라는 것을 새삼 깨닫게 된 것입니다. 인생에 아픔이 없고 질고가 없다면 나에게 함께하시는 하나님이 어떤 하나님인지를 모르고 삽니다. 하나님이 어떻게 함께하시는지를 모릅니다. 그러니 아픔이 있고 질고가 있다는 것은 불행이 아니라 내 인생 가운데 하나님이 일하시는 장소요, 살아계신 하나님을 피부 깊숙이 체험하는 축복의 현장인 것입니다. 성도(직분)님도 인생에 아픔이 있죠? 그 불안으로부터 그 안타까움으로부터 자유하고 싶은 마음이 얼마나 간절합니까? 하지만 내게 향하신 하나님의 손길이 선하심을 끝까지 믿고 다윗처럼 아픔을 통해서 하나님을 경험하는 삶을 사실 수 있기를 바랍니다. 그리하여 다윗이 자신의 인생으로 시를 썼듯이, 성도(직분)님도 자신의 인생을 통해서 하나님을 찬양하는 시가 고백되어 질 수 있기를 주님의 이름으로 부탁을 드립니다.

"내가 여호와께 아뢰되 주는 나의 주시오니 주밖에는 나의 복이 없다 하였나이다."

열악한 환경에 속에 있는 성도
소망을 가집시다

성경: 행 16:19~34

사람들이 처한 환경이 같을지라도 그들이 갖는 태도는 3가지로 나타납니다. 절망적으로 생각하는 사람이 있고, 운명이니까 체념하는 경우도 있으며, 끝까지 소망을 갖고 걷는 자가 있습니다. 오늘 본문에 나오는 바울과 실라 두 사도는 극한 상황 속에서도 낙심하거나 체념하지 않고 절망의 상황 속에서도 소망을 가졌습니다.

그러면 그들은 절망의 상황 속에서도 어떤 소망의 모습을 보였습니까? 먼저, 열심히 기도했습니다. 발에 채워진 착고나 손에 채워진 수갑에 개의치 않고 열심히 기도드렸습니다. 채찍에 맞아 화끈거리는 등의 상처에도 불구하고 감옥이라 할지라도 "이곳보다 더 좋은 기도처가 어디 있으랴!" 생각하며 열심히 기도하고 찬송을 불렀습니다.

오늘 말씀에 보면 그 시간이 한밤중이었다고 했습니다. 일반인들도 한밤중이면 몸이 가장 무겁게 내려앉는 시간이 아닙니까? 특히 죄수들에게 있어서 그 시간은 더 깊은 절망으로 가슴을 묵직하게 내려 덮는 시간입니다. 그런데 바울과 실라는 이 시간 큰 소리로 기도하고 큰 소리로 찬송을 부른 것입니다.

오늘 우리도 인생에 답답한 일이 있고 절망과 한계를 경험하는 일이 있을 때 어떻게 해야 하는지를 바울과 실라를 통해서 배우게 됩니다. 더 열심히 기도하고 더 열심히 찬송하는 것입니다.

C.S 루이스라는 사람은 "고난은 하나님의 확성기이다"라는 말을 했습니다. 힘든 때일수록 기도하고 찬송하면 좋으신 하나님께서 반드시 하나님의 음성을 듣는 길로 인도하실 것이고 찬송이 떠나지 않는 길로 인도해 주실 것입니다.

그리고 절망 중에서도 깨어 기도했습니다. 바울과 실라는 한밤중에 깨어 기도하고 찬송했는데 이것은 밤중에 잠들어서는 안 된다는 사실을 알고 깨어 기도한 것입니다.

이 말씀은 오늘 우리에게 시대적인 밤, 영적인 밤, 역사의 밤에 도취하지 말고 깨어 기도하는 길이 살길임을 교훈해 주고 있습니다. 그리고 절망 중에도 소망을 주는 찬송을 불렀습니다. 바울과 실라가 한 밤중에 깨어 기도하고 찬송한 것은 그들 자신만을 위한 것이 아니었습니다. 절망에 빠져 잠든 자들을 깨우기 위한 것이기도 합니다. 그들에게 희망을 불어넣어 준 것이기도 합니다. 기도하는 사람은 절망적인 사람들에게 희망을 불어넣어줍니다.

그러므로 바울과 실라와 같이 극한 상황 속에서도 희망을 주고 동터오는 새벽을 예언하는 것이 믿는 자의 사명임을 알고 처해진 환경에 마음을 빼앗기지 마시고 더욱 기도하고 더욱 찬송하심으로 어두운 밤을 깨우는 성도(직분)님이 되시기를 주님의 이름으로 부탁을 드립니다.

역경의 극복이 필요한 가정

역경의 극복

성경: 시 7:3 ~ 5

역경을 극복할 수 있는 신앙의 비결은 고난을 당했을 때 자신의 장점을 바라볼 줄 아는 것입니다. 오늘 본문의 말씀이 이를 보여주고 있습니다. 오늘 본문의 말씀을 보면 시편 기자가 너무 교만한 것 아닌가 하는 생각을 갖기 쉬운데 이 말씀은 "원수에 비해서 내가 하나님 앞에 정당하다" "나는 하나님께만 매달린다"는 뜻입니다. "나는 하나님의 자녀이다. 그러니 쉽게 무너질 존재가 아니다" 이런 말입니다.

사랑하는 ○○○ 성도(직분)님, 나는 하나님의 자녀, 하나님의 고귀한 종이란 것을 잊지 마시기 바랍니다. 세상 사람들은 어떻게 생각할지 몰라도 예수님의 피로 다시 거듭난 우리는 하나님 앞에 귀중한 종들입니다. 썩 괜찮은 종입니다.

따라서 우리는 주님 앞에서 우리가 얼마나 강력한 존재인지를 확인해야만 하지 않겠습니까? 여호수아와 갈렙을 보십시오. 다른 사람은 정탐을 하고 와서 벌벌 떨었지만 두 사람만큼은 "하나님이 우리와 함께 하시면 저들은 우리의 밥이다"라고 말했습니다.

왜 그렇습니까? 우리는 하나님이 함께 하시기 때문에 강한 존재이기 때문입니다. 강력한 존재이기 때문입니다. 따라서 인생에 어려움이 올 때에 "내가 얼마나 강력한 존재인가?" 이것을 보여 주실 수 있는 성도(직분)님이 되시기를 바랍니다. 인생에 어려움이 있을 때마다 우리가 꺼내들어야 할 카드는 "나는 강한 사람이다 나는 강력한 사람이다" 이것입니다. 다른 카드는 필요 없습니다. 왜 그렇습니까? 이것이 하나님이 주신 카드이기 때문입니다. 따라서 이 카드만을 사용하셔서 내가 하나님의 사람으로 얼마나 강력한 존재인지를 보여주실 수 있는 성도(직분)님의 삶이되시기를 주님의 이름으로 부탁을 드립니다.

충성된 가정

주님의 마음을 시원케 해드리는 사람

성경: 고전 16:15~18

오늘 말씀에 보면 스데바나라는 사람이 나오는데 그 사람에 대한 사도 바울의 평가가 아주 인상적입니다. 18절을 보면 "저희가 나와 너희 마음을 시원케 하였으니"라고 기록하고 있습니다. 이것이 스데바나라는 인물에 대해서 사도 바울이 갖고 있는 인상입니다.

스데바나는 마음을 시원케 하는 사람이라는 것입니다. 그 당시 주님을 위해서 자신의 삶을 완전히 내던진 사도 바울의 눈에 스데바나는 그렇게 비쳤습니다. 성도들 중에도 두 부류의 사람이 있습니다. 목양을 하는 목회자에게 아픔을 더해주는 사람이 있는가하면 목회자의 마음을 시원케 해주는 사람이 있습니다. 마음을 시원케 하는 사람은 목회자뿐만 아니라 모든 사람에게 사랑을 받습니다. 칭찬을 듣습니다. 그리고 주님께도 인정을 받습니다. 주님의 12제자 가운데 주님의 마음을 시원케 해드렸던 인물을 한사람 꼽으라면 저는 주저할 것 없이 베드로를 꼽고 싶습니다. 그 당시 예수님이 어떤 분이냐에 대해서 소문이 무성할 때 베드로는 주저 없이 "주는 그리스도시요 살아계신 하나님의 아들이시니이다"(마 16:16)라고 고백해서 주님의 마음을 시원케 해 드렸습니다. 주님께서 얼마나 마음이 흐뭇하고 시원하셨던지 "바요나 시몬아 네가 복이 있도다 이를 네게 알게 한이는 혈육이 아니요 하늘에 계신 내 아버지시니라…내가 이 반석 위에 교회를 세우리니 음부의 권세가 이기지 못하리라"(마 16:17-18)고 축복하셨습니다. 사랑하는 성도(직분)님, 지금까지 잘하고 있지만 앞으로도 더욱더 주님의 마음을 시원케 해드리고, 목회자의 마음을 시원케 해주고, 사람의 마음을 시원케 하는 사람으로 쓰임받기를 바랍니다. 잠언서 25장 13절의 말씀을 보면 "충성된 사자는 그를 보낸 이에게 마치 추수하는 날에 얼음냉수 같아서 능히 그 주인의 마음을 시원케 하느니라"고 했습니다. 사랑하는 성도(직분)님이 주님의 몸된 교회를 위하여 더욱 충성스러운 종이 되실 수 있기를 주님의 이름으로 부탁을 드립니다.

믿음이 견고한 성도

이 산지를 내게 주소서

성경: 수 14:10 ~ 12

여호수아 14장의 말씀은 이스라엘이 요단강 서편을 정복하고 나서 땅을 분배하는 말씀이 기록되어 있습니다. 좋은 땅을 가진 지파는 군말이 없겠지만 나쁜 땅을 분배받은 지파는 얼마나 말이 많겠습니까? 따라서 여호수아는 "나쁜 땅을 어느 지파에게 주어야만 할 것인가?" 이것이 상당히 골치 아픈 문제로 자리 잡고 있었을 것입니다.

그런데 이 문제를 갈렙이 단번에 해결하는 장면이 오늘 본문 말씀입니다. 갈렙이 달라고 하는 헤브론 땅은 험한 지형의 산지로 이루어져 있습니다. 그곳에는 예전에 이스라엘을 절망케 했던 아낙 자손이 살고 있었습니다. 그리고 성읍들 역시 크고 견고했습니다. 이런 연유로 각 지파가 제1순위로 기피하는 곳입니다. 괜히 사서 고생할 필요 없다는 것이죠.

그런데 그 산지를 갈렙은 자신에게 달라는 것입니다. 여호수아가 깜짝 놀랐을 것입니다. 왜냐하면 그의 나이가 팔십 오세의 고령이 아닙니까? 그 나이에 젊은 사람도 기피하는 그 땅을 자신에게 달라니 있을 수 없는 일이죠. 그런데 이 말씀에서 우리가 주목해야 할 것은 지도자가 난처한 입장에 처할 때마다 갈렙은 그 지도자의 마음을 살필 줄 아는 사람이었다는 사실입니다. 이것은 광야의 여정 중 그가 모세의 지도를 받고 있었을 때에도 나타납니다.

모세가 12정탐꾼을 가나안 땅을 탐지하고 돌아온 12정탐꾼의 보고를 받을 때 10명의 정탐꾼은 절망의 보고를 하였습니다. 이때 모세의 입장이 얼마나 난처했겠습니까? 모든 백성들이 지켜보고 있는데 말이죠. 그런데 이때 갈렙이 한마디 하지 않습니까?

"여호와께서 우리를 기뻐하시면 우리를 그 땅으로 인도하여 들이시고 그 땅을 우리에게 주시리라 이는 과연 젖과 꿀이 흐르는 땅이라 그 땅 백성을 두려워하지 말라 그들은 우리의 밥이라 여호와는 우리와 함께 하시느니라"(민14:8,9).

그는 지도자가 난처한 입장에 처해 있을 때마다 그 마음을 살필 줄 아는 사람이었습니다. 그리고 그 십자가를 자기가 대신 짊어지려고 했습니다. 이러한 그였기에 그는 이방인의 신분을 가진 사람이었으면서도 약속의 땅을 받아 누리는 하나님의 축복의 사람이 될 수 있었던 것입니다.

"네 발로 밟는 땅은 영원히 너와 네 자손의 기업이 되리라"(9절)

갈렙의 이 위대한 신앙이 오늘 성도(직분)님께 있기를 원합니다. 자신의 처한 현실을 초월하여 지도자를 먼저 생각하고, 공동체를 먼저 생각했던 사람, 그리고 그 짐을 자신이 지기를 원했던 사람, 성도(직분)님이 이런 사람이 되기를 원합니다. 이런 그였기에 그가 죽은 후에도 무덤 속에서도 이스라엘을 움직이는 영적인 버팀목이 되었습니다. 모쪼록 갈렙의 위대한 신앙이 이 가정에도 그대로 계승되기를 주님의 이름으로 축복합니다.

노년의 성도
노년이 아름다운 성도

성경: 창 24:1

사람이 늙는다는 것처럼 허무하고 힘들고 고통스러운 것은 없습니다. 그런데 사람은 누구나 늙기 마련입니다. 늙지 않는 사람은 하나도 없습니다. 그렇기 때문에 정말 복이 있다는 것은 늙지 않는다는 것이 아니고 곱게 늙고 아름답게 늙는 것입니다.

오늘 본문을 보면 믿음의 조상으로 일컫는 아브라함이 나이가 많아 늙었다고 말씀하고 있습니다. 그런데 참으로 감사한 것은 늙은 아브라함에게 하나님은 범사에 복을 주셨다고 말씀하고 있습니다. 늙어서도 복을 받는 아브라함의 이 모습을 보면서 노년의 복 또한 얼마나 중요한지를 다시 한 번 깨닫지 않을 수 없습니다.

그러면 노년에 아브라함이 받은 복이 무엇입니까?

1) 아들 이삭이 결혼할 나이까지 잘 성장하였다는 것이 노년에 아브라함이 받은 복입니다.

노년에 가장 힘든 것이 무엇이겠습니까? 자식이 속을 썩이는 것이 가장 힘든 것이 아니겠는가 싶습니다. 성도(직분)님 가정에 자녀분들이 정해진 위치에 따라서 주님의 몸된 교회를 잘 섬기고 있다는 것은 그만큼 자녀들이 믿음으로 잘 성장하였다는 것입니다. 이것이 하나님께서 두 분에게 노년에 누릴 수 있는 복을 주신 것입니다.

2) 아브라함의 노년의 복은 좋은 신앙의 영향을 끼치고 있다는 것입니다.

아브라함의 늙은 종이 자신에게 맡겨준 일을 하면서 항상 기도하는 것을 보면 아브라함이 얼마나 신앙의 좋은 영향을 끼쳤는지를 알 수 있습니다. 다메섹 사람인 엘리에셀이 어떻게 하나님을 경외하며 기도하며 찬송하는 것을 배웠겠습니까? 다 믿음의 주인인 아브라함을 통해서 배운 것이지요. 아브라함은 다른 사람에게 믿음의 좋은 영향을 끼친 사람입니다.

그러하기에 그의 노년이 아름다운 것입니다. 성도(직분)님도 노년이지만 많은 사람들에게 좋은 믿음의 영향을 끼칠 수 있는 삶이 되실 수 있기를 바랍니다. 이것이 노년에 누릴 수 있는 복입니다.

3) 아브라함은 항상 언약을 기억하고 있었습니다.
"이 땅을 네 씨에게 주리라"는 하나님의 언약의 말씀을 기억하고 그 언약을 굳게 붙들고 살았습니다. 그러니 아브라함의 노년이 아름다울 수밖에 없는 것입니다. 인생의 황혼기를 맞이하면 우리가 굳게 붙들고 놓지 말아야 할 것이 있습니다. 하나님의 약속을 붙잡는 것입니다. 영원한 나라, 하나님 나라를 주시겠다고 약속하신 그 약속을 붙잡고 살아가는 것입니다. 약속을 붙잡고 살아가는 노년이 복된 것입니다.

모쪼록 하나님께서 아브라함에게 함께하셨던 노년의 복이 성도(직분)님과 가정에도 넘쳐나시기를 주님의 이름으로 축복합니다.

이름 없이 봉사하는 성도
소박한 충성

성경: 삿 3:31

오늘 본문의 말씀은 사사 삼갈에 관한 기록입니다. 사사 중에 가장 짧게 기록되어 있는 인물이 삼갈이 아닌가 싶습니다. 그러나 오늘 본문의 말씀을 통해서 우리는 귀중한 교훈을 깨닫게 됩니다.

하나님께서는 화려한 충성만 받으시는 분이 아니라, 소박한 충성도 받으시는 하나님이시라는 것입니다. 누구나 저마다 화려하게 쓰임받기를 원합니다. 튀는 존재가 되기를 원합니다. 크게 쓰임받기를 원합니다. 그러나 오늘 본문의 말씀은 작게 쓰임 받는 것, 소박하게 쓰임 받는 것도 하나님께서 기억하고 계신다는 것을 보여주고 있습니다. 남이 보기에 공적은 미미할지 몰라도, 어떻게 보면 표시나지 않는 것이라 할지라도 하나님은 작은 일에 충성하는 마음도 인정해 주시고 귀하게 보십니다. 아브라함 링컨은 이렇게 말했습니다. "하나님은 평범한 사람들을 제일 사랑하신다. 왜냐하면 평범한 사람들을 제일 많이 만드셨기 때문이다." 사실 영웅이나 스타는 몇 명 안 됩니다. 물론 그들이 모델이 될 수는 있지만 우리가 다 그렇게 될 수는 없습니다. 따라서 소박하게 하나님 앞에 충성하는 사람도 소중한 것입니다.

이름 없이 식당 봉사하는 성도, 예배실 구석구석 청소기 돌려가며 청소하는 성도, 물걸레 꼭꼭 짜가며 꼼꼼이 때 묻은 예배실 바닥을 닦아내는 성도, 화장실 청소하는 성도, 계단 청소하는 성도, 성도들 드시라고 생수 떠오는 성도, 남이 알아주건 알아주지 않건 새벽기도를 한 번도 빠지지 않는 성도, 성가대 솔로를 한 번도 해보지 못했어도 10년이 넘도록 성가대에 빠지지 않는 성도들 이들이 바로 이 시대의 삼갈입니다.

교회가 든든히 서가는 것은 이름 없이 빛도 없이 소박하게 충성하는 자들이 있기 때문입니다. 이들의 소박한 충성이 있기 때문에 교회가 아름다운 것입니다. 이 소박한 충성이 성도(직분)님의 손길을 통해서 나타나기를 주님의 이름으로 축복합니다.

하나님을 멀리하고 있는 성도
하나님을 가까이 함

성경: 시 73:28

하나님께 가까이 나가면 복을 받습니다. 하나님의 음성을 가까이 하면 하나님의 음성을 듣습니다. 바로 오늘 본문에 아삽이 드린 찬양이 그것입니다. "하나님께 가까이 함이 내게 복이라 내가 주 여호와를 나의 피난처로 삼아 주의 모든 행사를 전파하리이다" 제 개인적으로도 이 말씀을 참으로 좋아합니다. 그리고 새벽기도 시간에 입술로 읊조릴 때가 많습니다. 그런데 사람들은 하나님을 가까이 하지 않습니다. 왜 그렇습니까? 하나님께서 주시는 축복을 모르기 때문입니다. 또 하나님을 가까이 하는 것이 어렵습니다. 멀리하는 것은 쉽습니다. 하나님을 멀리하는 것은 노력하지 않아도 됩니다. 훈련하지 않아도 됩니다. 그러나 하나님을 가까이 하기 위해서는 노력이 필요하고 훈련이 필요합니다. 그런데 보세요. 쉬운 것이 값집니까? 어려운 것이 값집니까? 어려운 것이 더 값지죠? 기도가 그렇습니다. 값진 것이기 때문에 어려운 것입니다. 하나님을 가까이 하고, 하나님과 친밀해 지기 위해서는 많은 훈련이 필요합니다. 사람들과의 관계도 마찬가지 아니겠어요? 정말 누군가를 친밀하게 사랑하고 교제하려면 지식과 훈련과 기술이 있어야만 합니다. 그렇게 얻은 친밀함은 정말 축복된 열매를 낳습니다. 성경에 많은 축복이 있지만 하나님을 가까이 하는 축복만큼 큰 축복이 없습니다. 우리는 무엇을 아느냐보다 누구를 아느냐가 더 중요합니다. 누구를 가까이 하느냐가 더욱 중요합니다.

하나님을 가까이 하면 하나님이 붙들어 주십니다. "내가 항상 주와 함께 하니 주께서 내 오른손을 붙드셨나이다"(시73:23).

우리 성도(직분)님은 하나님이 붙드시는 강력한 손길이 더욱 필요한 사람입니다. 환경을 너무 의식하지 마시고 하나님을 가까이 하실 수 있는 지혜를 구하실 수 있기를 바랍니다. 하나님을 가까이 하심으로 고달픈 인생길에 하나님을 피난처로 삼으시고, 하나님의 선하심을 맛보아 아는 복된 삶이 되시기를 주님의 이름으로 축복합니다.

직분을 감당하다 실족한 성도

헌신

성경: 빌 2:17

요한복음 12장에 보면 마리아가 지극히 비싼 향유를 예수님의 발에 붓는 이야기가 기록되어 있습니다. 비싼 향유를 예수님의 발에 붓는 것을 본 제자 중 가룟 유다가 "이 향유를 어찌하여 삼백데나리온에 팔아 가난한 자들에게 주지 아니하였느냐"고 비난을 합니다. 그러나 마리아의 이 같은 행동에 우리에게 귀중한 은혜를 주는 교훈이 있습니다.

헌신이란 것이 무엇이냐는 것이죠. 헌신이 무엇입니까? 자기 희생이 헌신입니다. 주님을 사랑한다면 그분을 위해서 내 몸을 돌보지 않고 던질 수 있는 것 이것이 헌신입니다. 주님의 얼굴을 쳐다보면서 향유를 붓듯 자신의 몸을 주님을 위해서 쏟아 붓는 것이 헌신입니다.

오늘 본문에도 사도바울은 자신의 희생, 자신의 헌신을 말하고 있습니다. "만일 너희 믿음이 제물과 봉사 위에 내가 나를 관제로 드릴지라도 나는 기뻐하고 너희 무리와 함께 기뻐하리니" 이 말은 주님을 위해서 자신을 쏟아 붓는 것을 인하여 기뻐하겠다는 사도바울의 고백입니다. 오늘 우리가 하나님의 종들로서 주님을 위하여 내 몸을 쏟아 붓는 삶을 살 수만 있다면 이것 보다 더 큰 축복이 어디에 있겠습니까?

요한계시록 2장 10절을 보면 "네가 죽도록 충성하라 그리하면 생명의 면류관을 네게 주리라"고 말씀하셨습니다. 요한 계시록을 보면 아주 영광스러운 장면이 나옵니다. 주님이 떠받드는 사람이 있는데 바로 순교자입니다. 천국에 가면 누구 앞에서 제일 기가 죽겠어요? 순교자가 나타나면 기가 죽겠지요.

우리는 보통 병원에서 링거 꽂고 지내다가 죽는데 "저 사람은 순교 했어요"하면 얼마나 부럽습니까? 천국에 가면 제일 원망스러운 것이 무엇이겠습니까? "하나님 왜 나에게 순교할 기회를 안주셨나요?" 이것 아니겠습니까? 천국 가면 무엇이 복이겠습니까? 죽을 상황일수록 그것이 복입니다. 희생하고 쏟아 부어야만 할 상황일수록 그것이 복입니다.

우리가 이것을 안다면 이 땅에서 어떻게 살아야 하는 것이 진정으로 복된 삶인지를 알 수 있을 것입니다.
 이 땅에서의 사명자의 길은 외롭습니다. 억울한 일도 많습니다. 터놓고 대화할 벗도 없습니다. 잘해도 욕을 먹고, 쏟아 붓는 삶을 살아도 어느 누가 알아주지 않습니다. 실수라도하면 따가운 비난을 받습니다. 어느 장단에 춤을 춰야할지 종잡을 수 없습니다. 정말 죽을 맛입니다. 그래서 사명자에게는 그것이 복입니다. 죽을 상황일수록 복이라는 말씀입니다. 왜냐하면 천국에서 천국의 면류관이 우리를 기다리고 있기 때문입니다. 주님을 위해서 죽을 상황이 되었던 이 땅의 삶 천국에 가면 주님이 떠받들어 주실 것입니다. 그날을 보며 묵묵히 주어진 사명 잘 감당하실 수 있는 성도(직분)님 가정이 되시기를 주님의 이름으로 축복합니다.

약함에 사로잡혀 있는 성도

진정한 자랑

성경:고후 11:29 ~ 30

"내가 부득불 자랑할진대 나의 약한 것을 자랑하리라"

바울의 위대함은 강한데 있었던 것이 아니라 약한데 있었다는 것을 있었다는 것을 알 수 있습니다. 말하자면 그는 강함의 철학을 가지고 산 사람이 아니라 약함의 철학을 가지고 산 사람입니다.

어찌 보면 파라독스(Paradox) 즉, 역설적인 삶을 살았던 인물이 사도 바울입니다. 그가 예수님을 만나기 전에는 어떤 철학을 가지고 살았습니까? 강함의 철학을 가지고 살았죠? "많이 배워야 한다. 좋은 가문을 가지고 있어야 한다. 좋은 지위를 가지고 있어야 한다. 완벽해야 한다." 이것이 예수님을 만나기 전에 그가 가지고 있었던 삶의 철학이었음을 성경을 통해서 보게 됩니다. 그러나 예수님을 만난 후 그는 이 강함의 철학을 배설물로 여겼습니다. 그리고 평생을 약함의 철학을 붙들고 산 인물이 사도 바울입니다. 그러면 우리 신앙인들에게 왜 약함의 철학을 붙들고 사는 것이 중요한 것일까요? 그것은 우리가 약할 때 하나님을 더 간절히 의지하기 때문입니다. 그리고 우리가 약해야 우리를 통하여 하나님의 강함이 잘 드러날 수 있기 때문입니다.

성경에 하나님께 쓰임 받은 인물들을 보면 하나같이 약한 존재들이었습니다. 그러나 그들이 약했기에 하나님의 영광이 그들을 통해서 잘 드러나게 된 것입니다.

사랑하는 성도(직분)님도 강한 것을 부러워하지 마시고 약함의 철학을 가지고 사실 수 있기를 바랍니다. 육신의 질고로 인하여 주눅 든 인생이 되지 않기를 원합니다. 나의 이 약함을 통하여 하나님의 영광을 잘 드러낼 수 있는 영광의 도구가 되실 수 있기를 바랍니다. 하나님은 강한 자에게는 당신의 능력을 숨기십니다. 잘난 체 하는 사람에게는 당신의 영광을 나타내시지 않습니다. "나는 약합니다. 주만이 나의 힘입니다" 외치는 자에게 하나님이 은혜를 부어 주십니다.

강한 자들을 보세요. 주를 의지하는 모습들이 있습니까? 천둥을 치듯이 부르짖는 기도소리가 있습니까? 하나님을 가슴 절절이 찬양하는 노래가 있습니까? 오히려 자기 소리만 요란하게 내지 않나요? 다윗도 사울에게 쫓겨서 광야에서 돌베개 베고 잘 때는 하나님을 향한 찬송의 시가 끊이지 않았지만 왕궁에 있을 때는 한 편의 시도 나오지 않았습니다. 더 이상 찬송이 나오지 않은 것입니다. 그래서 우리는 약함의 철학을 가지고 살아야 합니다.

모쪼록 성도(직분)님에게 있는 약함을 늘 하나님 앞에 드리심으로 하나님의 은혜를 잘 드러낼 수 있는 삶이되시기를 주님의 이름으로 축복합니다.

열심이 식은 성도

상급을 사모하세요

성경: 빌 3:14

우리가 예수님을 믿는 목적은 영혼 구원만이 전부가 아닙니다. 영혼 구원 외에도 우리가 천국에서 받기를 사모해야 하는 것이 있습니다. 그것은 바로 상급입니다. 상급은 하나님이 당신의 말씀과 명령을 행한 이들에게 주시는 보상을 의미합니다. 오늘 본문에 사도바울은 "푯대를 향하여 그리스도 예수 안에서 하나님이 위에서 부르신 부름의 상을 위하여 좇아가노라"고 말했습니다.

말하자면 사도바울도 복음을 전파하기 위해서 그토록 수고를 아끼지 않았던 것도 하늘의 상금을 바라보았기 때문입니다. 그래서 믿음의 형제들에게 "운동장에서 달음질하는 자들이 다 달아날지라도 오직 상 얻는 자는 하나인 줄을 너희가 알지 못하느냐 너희도 얻도록 이와 같이 달음질하라"(고전 9:24)고 권면하고 있습니다.

바울은 자신이 상 받기 위하여 열심히 뛰고 있지만 다른 믿음의 형제들도 하늘의 상급을 받을 수 있기를 간절히 원했던 것입니다. 믿음이 구원을 결정짓는다면 행위는 상급을 결정짓습니다.

이 하늘의 상급을 위하여 우리는 이 땅에 사는 동안 열심히 뛰어야 합니다. 바울처럼 상급을 바라보고 달려가는 자가 되어야 합니다. 상급이 없는 그리스도인이 되는 것보다 구원과 상급을 모두 확실하게 받는 그리스도인이 되는 것이 훨씬 더 좋지 않겠어요?

부디 우리 성도(직분)님, 훗날 천국에서 상급을 많이 받을 수 있는 신앙생활이 되실 수 있기를 바랍니다. 신앙인으로 사는 것이 여러 가지 어려움이 따르지만 잘 견디고 잘 이기시고, 묵묵히 잘 참고 이기셔서 주님이 예비하신 하늘의 큰 상급을 받으실 수 있는 성도(직분)님이 되시기를 주님의 이름으로 축복합니다.

교회생활에 열심인 성도
성전 중심의 신앙생활
성경: 시 84:10

　오늘 본문의 말씀은 성전 중심의 신앙 생활이 얼마나 중요한가를 잘 표현한 말씀입니다. "주의 궁정에서의 한 날이 다른 곳에서의 천 날보다 나은즉 악인의 장막에 사는 것보다 내 하나님의 문지기로 있는 것이 좋사오니"시편 84편은 고라 자손의 시(詩)인데 역대기 26장을 보면 고라자손은 성전에서의 문지기 역할을 맡고 있습니다. 문지기라면 누가 알아주는 것도 아니고, 존경 받을만한 역할도 아닌데 그들은 성전문지기의 역할을 맡고 있는 것에 대하여 깊은 감사를 드렸습니다. 왜냐하면 성전에서의 생활을 할 수 있었기 때문입니다. 그런 경험을 바탕으로 고라 자손은 주의 궁정에서의 한 날이 다른 곳에서의 천 날보다 낫고 악인의 장막에 사는 것보다 내 하나님 문지기로 있는 것이 좋다는 고백을 하고 있는 것입니다.
　대단한 것도 아닌 성전 문지기였지만 성전에서의 생활, 그자체가 기쁨이고 만족이었던 이 고라 자손의 마음이 성도(직분)님 마음이기를 원합니다. 성전에서의 생활을 최소화 하려고 하는 이때에 교회 생활을 강화하는 것이야말로 이 짧은 우리 인생을 값지게 사는 것입니다. 젊을 때부터 새벽기도 할 수 있다는 것, 이것은 믿는 자에게 고문이 아니라 축복입니다. 주님의 전을 위하여 몸으로 봉사할 수 있다는 것, 이런 삶이 다른 곳에서의 천 날보다 나은 삶입니다. 다른 곳에서의 삶은 아무리 노력해도 죄가 묻어나는 삶일 수밖에 없습니다. 그러나 주님이 전에서의 생활만큼은 조금이라도 죄를 절제할 수 있으니 내 영혼을 위하여 얼마나 축복된 삶입니다. 더욱 새벽기도 흐트러짐 없이 잘 드리시고, 봉사 생활하는 것 더욱 힘쓰시기를 바랍니다.
　우리 주 하나님께서 성전에 마음을 둔 그 중심을 보배롭게 보실 것입니다. 복된 삶이 될 수 있도록 인도하실 것입니다. 화가 변하여 복이 되게 하실 것입니다. 물질과 건강을 책임지실 것입니다.
　형통케 하실 것입니다.

은혜를 받지 못한다고 생각하는 성도

보이지 않는 하나님의 은혜

성경: 삼상 26:12

오늘 본문의 말씀은 다윗이 사울 왕을 두 번째 살려주는 이야기입니다. 다윗이 하길라 산에 나타났다는 소식이 사울 왕에게 전해지자 왕은 삼천 명의 군인들을 이끌고 다윗을 잡기 위해 급하게 와서 숙영지를 정하고 쉬고 있는 가운데 다윗이 밤중이 몰래 사울 왕의 진영을 다녀갑니다. 물론 그 때 사울 왕을 죽일 수도 있었지만 하나님의 기름부음을 받은 사람을 죽일 수 없다는 생각으로 왕을 살려두고 대신에 사울 왕에게 가장 가까이 있던 창과 물병을 가지고 돌아옵니다. 이 사실이 알려지면서 사울 왕은 크게 깨닫고 돌아갑니다. 이 사건 속에서 성경은 아주 귀한 말씀을 전해 주고 있습니다. 다윗이 사울 진영에 침투하여 창과 물병을 가지고 무사히 빠져 나갈 수 있었던 것은 하나님이 사울을 깊이 잠들게 하셨기 때문이라는 것입니다. 여기서 우리는 보이지 않는 하나님의 은혜를 생각할 수 있습니다. 사울을 하나님이 깊이 잠들게 하지 않으셨다면 다윗은 사울의 진영을 무사히 다녀오지 못했을 것입니다. 그러나 하나님이 다윗을 사랑하사 다윗이 눈치 채지 못하게 이렇게 작업해 놓으신 것입니다.

이와 같이 우리 신앙 생활에도 이 보이지 않는 하나님의 은혜가 임한다는 사실입니다. 보이게 하시는 하나님의 은혜도 있지만 그것은 특별한 경우이고, 대부분 하나님의 은혜는 보이지 않게 우리 삶에 함께하십니다. 이 사실을 깨닫고 매사에 하나님께 감사를 잃지 않는 성도(직분)님 가정이 되기를 바랍니다. 보이지 않게 역사하시는 하나님의 은혜를 믿고 하나님께 감사하는 것이 신앙입니다. 그리고 어떤 상황에서도 낙심하거나 실망하지 마시기 바랍니다. 몸이 아파도, 마음먹고 하던 일이 잘 안 되어도 낙심하거나 실망할 필요가 없습니다. 보이지 않게 역사하시는 하나님의 은혜가 성도(직분)님과 이 가정에 함께하고 계십니다. 이 믿음을 붙들고 사시는 성도(직분)님 가정이 되시기를 주님의 이름으로 축복합니다.

축복을 사모하는 가정
하나님 마음에 합한 자
성경: 행 13:22

오늘 본문의 말씀은 바울과 바나바가 비시디아 안디옥 회당에서 안식일에 설교한 내용의 일부입니다. 바울은 이스라엘 역사를 이야기 하면서 다윗 왕에 대한 이야기를 짧게 언급하고 있는데 그것이 오늘 본문입니다.

이 말씀을 통하여 우리는 다윗이 왜 그렇게 하나님의 큰 축복을 받았는가를 알 수 있는데 그것은 한마디로 하나님의 마음에 합했기 때문입니다. 다시 말해서 하나님의 마음에 들었기 때문입니다. 오늘 우리 성도들 역시 축복 받는 비결은 동일합니다. 하나님의 마음에 합해야 복을 받을 수 있습니다. 하나님의 마음에 합했다는 것은 하나님의 마음에 쏙 들었다는 말씀입니다. 보면 볼수록 너무 예쁜데 복을 안 줄 수가 있겠습니까? 그러면 다윗의 어떤 모습이 그렇게 하나님의 마음에 예뻐 보였을까요?

먼저, 믿음으로 살았기 때문입니다.
둘째로, 하나님의 마음에 충실한 삶을 살았습니다.
세 번째로, 항상 하나님과 동행하였기 때문입니다.

하나님은 많은 은혜와 복을 우리에게 주시고자 하십니다. 그것이 하나님의 뜻입니다. 그것이 하나님의 뜻입니다. 그런데 문제는 우리에게 복을 받을만한 그릇이 준비되어 있느냐는 것입니다.

믿음과 말씀에 충실한 삶, 그리고 하나님과 동행하는 삶은 곧 하나님께 복 받을 그릇을 준비하는 삶입니다. 간절히 바라기는 우리 ○○○ 성도(직분)님 가정도 하나님 보시기에 그 마음이 예뻐 보일 수밖에 없는 가정이 되시기를 바랍니다. 그리하여서 다윗과 같은 축복을 받을 수 있기를 주님의 이름으로 축복합니다.

신앙의 침체에 빠진 성도
하나님의 이름

성경: 시편 8편

이 땅을 살아가다 보면 부르고 또 불러도 싫증나지 않는 이름이 있습니다. 가령 '어머니'라는 이름이 그런 이름이 아닌가 싶습니다. 고독하거나 힘들 때 '어머니' 하고 부르면 가슴에 와 닿는 것이 있습니다.

요즘 저는 아이들이 자고 있을 때 얼굴을 어루만지며 "아무개야!" 하고 나지막이 이름을 부르면 눈가에 눈물이 맺힐 때가 있습니다. 목회자의 아들이기에 어릴 때부터 제약이 따르고, 배우고 싶은 것이 있어도 경제적인 여건 때문에 참고 인내하는 것부터 익혀야 하는 것이 부모로서 미안하고 안쓰러워 보일 때가 많기 때문입니다.

저는 물질적으로 해줄 수 있는 것이 부족하기에 대신 아이들과 많이 있어주는 편입니다. 그리고 이름을 자주 불러줍니다. 아이들의 이름을 부르면 불러도, 불러도 싫증이 나지 않고 지겹지 않습니다.

오늘 본문의 다윗도 그러했나봅니다. 다윗은 여호와 하나님의 이름을 부르면서 체온을 느끼고 있습니다. 이렇게 읊조리면서 말이죠. "여호와 우리 주여 이름이 어찌 그리 아름다운지요." 그러면서 그는 가슴 속에 하나님의 체온을 느끼고 있는 것입니다.

우리 성도(직분)님도 하나님의 이름을 부를 때마다 하나님의 체온을 가슴 깊이 느끼고 계시는지요? 하나님께서는 그분의 이름을 부르면서 체온을 느끼는 사람을 통해서 일하십니다.

똑똑한 사람, 많이 배운 사람, 지식 있는 사람, 능력 있는 사람을 통해서 일하는 것이 아닙니다.

당신의 체온을 느끼는 사람을 통해서 일하십니다.

2절의 말씀을 보세요. 어린아이라 할지라도 하나님의 이름을 부르면 그를 통해서 일하신다는 주님의 약속입니다.

그 대표적인 인물이 다윗이 아닙니까?

그는 어린 나이에 적장 골리앗을 죽였습니다. 그는 무기를 들고 나가지 않았습니다. 하나님의 이름을 들고 나가서 승리를 거둔 사람입니다. 그것을 오늘 본문 2절에 노래하고 있는 것입니다.

사랑하는 성도(직분)님, 주님의 이름을 많이 부르실 수 있기를 바랍니다. 아이들에게도 주님의 이름을 많이 부를 수 있도록 지도해 주실 수 있기를 바랍니다. 그러면 반드시 영광스런 인생이 될 수 있습니다. 하나님의 이름을 부르면서 하나님의 체온을 느낄 수 있는 성도(직분)님과 가정이 되시기를 주님의 이름으로 축복합니다.

맡은 직분이 보잘것없다고 생각하는 성도

옹기장이

성경: 대상 4:23

구약의 역대서를 보면 많은 왕들의 이름이 나와 있습니다. 그런데 그 중간에 보면 왕들이 아닌 아주 평범한 사람의 이름들이 기록되어 있는 것이 성경을 읽는 독자의 눈길을 끌게 만듭니다.

이들의 직업은 다름 아닌 옹기장이입니다. 옹기장이가 뭐 그리 중요한지 성경은 그들의 이름을 놓치지 않고 기록을 해 놓았습니다. 옹기장이는 흙 그릇을 만드는 사람들 아닙니까? 왕에 비하면 아주 낮은 신분의 사람들입니다. 굳이 성경에 기록해 놓지 않아도 누구 하나 이것으로 인하여 트집 잡을만큼 민감하게 반응할 사람들이 아닙니다. 그런데 왜 이들이 성경에 기록되어 있을까요.

그 정답이 바로 오늘 본문의 말씀입니다. 비록 흙을 굽고 서민의 생활을 하지만 그가 왕을 위해 일하는 사람이었기 때문에 귀한 이름이 된 것입니다.

사랑하는 ○○○ 성도(직분)님, 성도(직분)님도 만왕의 왕이신 주님을 위하여 일하는 사람입니다. 그 일이 어떤 일이든 만왕의 왕이신 주님을 위하여 하는 일이라면, 또 주님의 몸된 교회를 위하여 하는 일이라면 주님께서도 두 분의 이름을 결코 놓치지 않을 것입니다. 주님의 몸된 교회와 주님을 위한 일이라면 즐겁고 기쁜 마음으로 더욱더 적극적으로 하셔서 성도(직분)님의 이름이 주님 나라의 생명책에 기록된 것을 보여주실 수 있는 삶이 되시기를 주님의 이름으로 축복합니다.

온 가족이 충성하는 가정
물려주어야 할 유산

성경: 딤후 1:1 ~ 5

유산이란 죽은 이가 남겨 놓은 재산을 의미합니다. 사람은 누구에게나 조상에게서 많은 유산을 물려받고 후손들에게도 많은 유산을 물려주고 싶어합니다. 유산이 많으면 그만큼 부요하고 평안한 삶을 살 수 있기 때문입니다. 그런데 사람들은 유산 하면 눈에 보이는 물질적인 것을 생각합니다. 그러나 유산은 물질적인 것만 있는 것이 아닙니다. 우리 그리스도인들에게는 물질적인 유산보다 훨씬 가치가 있는 소중한 유산이 있습니다. 우리는 이 같은 유산을 후손들에게 물려줄 수 있어야 합니다. 그렇다면 우리 그리스도인들이 후손들에게 물려주어야 할 중요한 유산은 무엇입니까? 짐작하시겠지만 신앙이라는 유산입니다. 신앙이라는 유산이 소중한 이유는 이 속에 하나님의 은혜와 축복이 있기 때문입니다. 하나님은 모세를 통해 십계명을 주시면서 "나를 사랑하고 내 계명을 지키는 자에게는 천대까지 은혜를 베푸느니라"(출20:6)고 말씀하셨습니다. 즉 신앙의 유산을 대대로 계승하는 집안을 크게 축복해 주신다는 말씀입니다. 오늘 본문에 나오는 디모데는 바울이 2절에서 밝히듯이 '믿음의 아들'이라고 칭찬할 만큼 훌륭한 청년 목회자였습니다. 그런데 디모데의 훌륭한 신앙은 바로 외조모와 어머니로부터 물려받은 것이었습니다. 즉, 조상으로부터 물려받은 신앙의 유산 덕분이었다는 것입니다. 신앙의 유산이 얼마나 값진 것인가를 보여주는 대목입니다. 그리고 또 하나는 교회라는 유산입니다. 교회도 우리 그리스도인이 후손들에게 물려주어야 할 소중한 유산입니다. 하나님이 사람들에게 내려 주시는 축복은 교회를 통해서 공급되기 때문입니다. 그래서 교회는 은혜의 통로라고도 하는 것입니다. 이처럼 소중한 교회를 후손들에게 물려주어 후손들로 하여금 교회 중심의 신앙생활을 하게 하는 것은 후손들을 복되게 하는 것입니다. 부디 성도(직분)님 가정은 이 같은 유산을 후손들에게 물려주어 천대까지 하나님의 은혜를 누리는 복된 가문을 이루시기를 주님의 이름으로 축복합니다.

세상과 타협하는 성도

타협하지 않는 신앙

성경: 시 1:1

오늘 우리는 그 어느 시대보다 타협하지 않는 절대 표준의 신앙 자세가 필요합니다. 초기 기독교의 교부 아다나시우스는 이런 절대적 신앙관을 가지고 세상과 타협하지 않았습니다. "온 세상이 나를 반대하는가? 나도 온 세상을 반대한다."

악명 높았던 히틀러도 기독교의 비타협적인 신앙을 이렇게 높이 평가합니다. "기독교의 위대성은 그것과 비슷한 역사상의 철학적인 견해와 타협한 것이 아니라 기독교의 가르침만 철저히 따랐다는 데 있다."

우리가 세상 풍습과 타협하는 그 이면에는 매우 합리적인 변명이 뒷받침하고 있습니다.

"남들도 다 하는데, 나만 유별나게 행동할 필요가 있나, 어쩌다 한두 번 하는 것인데 뭐 별일이야 있겠나."

그런데 한 번이 두 번 되고, 두 번이 세 번 되고 그러다 나중에는 무감각해지고 맙니다. 세계적인 문호 셰익스피어도 그의 책 베니스의 상인에서 이런 말을 했습니다.

"악마도 의젓하게 성경을 인용하면서 자기 목적을 성취할 줄 안다."

다윗이 이런 뼈아픈 시행착오를 했기 때문에 오늘 본문에 바로 이런 말씀을 하고 있는 것입니다.(1:1) 그러므로 타협하지 않는 신앙으로 살아간다면 주님은 놀라운 축복을 약속하십니다. 여호수아 1장 7절에 어떻게 말씀합니까? "오직 너는 마음을 강하게 하고 담대히 하여 나의 종 모세가 네게 명한 율법을 다 지켜 행하고 좌로나 우로나 치우치지 말라 그리하면 어디로 가든지 형통하리니."

절대적인 신앙을 가질수록 절대적으로 안전합니다. 우리가 타협하지 않는 신앙을 가질수록 오히려 더욱 형통케 하시는 하나님의 은혜를 체험할 수 있습니다. 정당화 내지 합법화하는 것일수록 죄로부터 떠나지 못하게 만듭니다. 마음을 강퍅하게 만듭니다.

회개하지 못하게 만들고 신앙생활의 발전이나 개선이 불가능하게 만들고 끊임없이 자기변명에 옹색하게 만들어 버립니다. 그리고 은혜가 소멸되어 갑니다. 그리고 그때가 좋았다는 과거를 기념하는 신앙으로 전락되어 갑니다.

어떠세요, 과거의 신앙 체험과 은혜 체험을 다시 살려야 하지 않겠어요? 우리 성도(직분)님은 기도할 제목이 많고 하나님의 도우심을 바라야만 할 일들이 많이 있습니다. 하나님을 의지하고 바라보던 그 믿음을 추억이 되게 하지 마시고 살아있는 신앙으로 다시 부활시키실 수 있기를 바랍니다. 그리하여 다시 주님의 몸된 교회를 위하여 귀하게 쓰임 받는 성도(직분)님이 되시기를 주님의 이름으로 축복합니다.

난치병을 앓고 있는 성도
가시 같은 아픔

성경: 고후 12:7 ~ 9

　우리 인생에는 저마다 가시 같은 아픔들이 있습니다. 이 땅을 살아가는 사람들 중에 가시 같은 아픔이 없는 사람은 거의 없습니다.
　저 뿐만 아니라 우리 모든 교우들도, 그리고 성도(직분)님도 가시 같은 아픔이 있습니다.
　오늘 보문에 사도 바울도 가시 같은 아픔이 있었습니다. 그 아픔의 강도가 얼마나 컸던지 사도 바울은 그것을 육체의 가시라고도 표현 하고 있고 사단의 사자라고도 표현을 했습니다.
　성경 학자들은 바울이 말한 가시를 그의 육체적인 질병으로 보고 있습니다. 그 질병 때문에 사도 바울은 말할 수 없는 고통을 겪었다는 말씀입니다. 그리고 이 질병을 놓고 얼마나 기도했던지 주님께 세 번 간구했다고 표현하고 있습니다. 여기서 우리는 간구라는 표현이 가슴을 뭉클하게 만들지 않습니까? 그냥 기도한 것이 아니라 통사정을 하다시피 자기의 육체적인 질병을 놓고 하나님께 간구했습니다. 그런데 놀라운 것은 사도 바울이 그 질병을 놓고 하나님께 간구하다가 하나님의 능력을 체험했다는 것입니다. 더욱 믿음이 강화되고, 하나님의 신비, 그리스도의 능력이 자기에게 있음을 깨닫게 되었습니다.
　우리 성도(직분)님도 질병 때문에 늘 고통 받고 계시죠? 사람이 질병 가운데 놓일 때만큼 간절할 때가 또 어디에 있겠습니까? 그런데 그 간절함을 하나님께 내놓아 보세요. 간절히 하나님을 찾으면 치료의 하나님을 만나게 해 주시고, 능력의 하나님을 만나게 해주십니다. 하나님이 나를 얼마나 사랑하시는지를 피부 깊숙이 체험할 수 있습니다. 이 하나님을 꼭 찾으실 수 있는 성도(직분)님 되시기를 주님의 이름으로 간절히 부탁을 드립니다.

물질의 복을 원하는 가정

네 입을 넓게 열라

성경: 시 81:10

하나님의 사람의 미래는 하나님 앞에 드린 기도에 의해 결정됩니다. 크게 구하고 많이 구한 사람은 큰일을 감당할 수가 있습니다. 많은 일을 감당할 수가 있습니다. 하나님은 잘 구하고, 구한 것을 잘 받을 줄 아는 사람을 존귀하게 사용하십니다. 크게 구하고, 간절히 구하는 사람을 존귀하게 사용하십니다. 기도는 하나님의 원리요, 하나님이 만드신 우주의 법칙입니다. 우리는 모든 것을 구함으로써 얻는 것입니다. 구하는 모양과 형태는 다를 수 있습니다. 눈물로 구하든, 말로 구하든, 글로 구하든, 구함을 통해 우리는 얻게 되는 것입니다.

그리고 하나님은 우리가 입을 크게 벌려 구하기를 원합니다. 바로 오늘 본문의 말씀처럼 말입니다. 입을 넓게 여는 것은 기도하는 것을 의미합니다. 우리는 기도해서 먼저 받기를 힘써야 합니다. 받지 않고는 줄 수도 없습니다. 우리는 우리가 소유하지 않은 것을 나누어 줄 수 없습니다. 있어야 줄 수 있습니다.

하나님 나라의 원리는 있는 자는 받아 넉넉하게 되고 없는 자는 있는 것도 빼앗기는 것입니다.(마13:12) 따라서 있기 위해선 기도해야만 합니다. 그리고 받은 것이 있어야 남을 줄 수도 있습니다. 이것이 넉넉하게 되는 것입니다. 예수님의 생애도 보면 먼저 받으신 후에 나누어 주셨습니다. 모쪼록 받기를 힘쓰실 수 있는 성도(직분)님의 가정이 되기를 바랍니다. 받은 것이 많으면 그것을 충분히 나누어 줄 수 있는 인덕을 지닌 성도(직분)님입니다. 많이 받기를 구하시고, 입을 넓게 여셔서 하나님이 채우시는 것을 직접 체험하시고 또 그것을 풍성히 나누어 주시는 복된 가정이 되시기를 주님의 이름으로 축복합니다.

사업을 시작하는 성도
꿈을 품은 기도

성경: 창 30:25-43

사업을 시작하는 사람은 누구나 성공하기를 원하지 실패하기를 원하는 사람은 없을 것입니다. 그런데 사업에 성공하려면 다른 것은 몰라도 한 가지는 분명해야만 합니다. 그것은 아무리 어려움이 있다고 할지라도 성취할 꿈을 꾸어야 한다는 것입니다. 환상의 사람이 되어야만 합니다.

창세기에 나오는 요셉을 생각하면 꿈꾸는 사람으로 알려져 있고, 그의 아버지 야곱은 사기꾼으로 우리들의 말씀의 식탁에 단골메뉴로 오릅니다. 그러나 분명한 것은 그는 꿈꾸는 자였다는 것입니다.

나쁜 의미로든 좋은 의미로든 그는 꿈꾸는 자였습니다. 오늘 본문의 말씀은 야곱이 외삼촌 라반의 집에서 20년이 지나고 난 다음 라반과 갈라지는 사건을 보도하고 있습니다.

32절을 보니 야곱이 독립해야겠다고 말합니다. 그러면서 자기 몫으로 아롱지거나 점 있는 것, 얼룩얼룩한 양들을 달라고 말합니다. 아마 이런 것들은 쉽게 나오지 않았던 모양입니다. 그러니까 라반이 쉽게 가지라고 허락한 것이 아니겠습니까?

그리고 라반도 사기 치는 일이라면 야곱보다 고수입니다. 혹시 얼룩얼룩 한 것들이 나올까봐 얼룩얼룩 한 것들이 서로 교접을 못하도록 야곱이 있는 곳과 멀리 떨어지게 만듭니다. 오늘 본문에 보면 사흘길이라고 했습니다. 그러니 얼룩한 것들이 나올 수 있겠습니까? 속된 말로 임을 봐야 뽕을 딸 것이 아니겠습니까? 그러나 그는 꿈을 가지고 있었습니다.

그의 행동을 보세요. 얼룩박이 양을 만들기 위해서 그것들이 교미하는 장소에서 버드나무, 살구나무, 심풍나무의 껍질을 벗겨서 얼룩얼룩하게 만들어 놓고 그것을 보면서 새끼를 갖도록 만들지 않습니까?

임산부에게 예쁜 것 좋은 것만 보라고 하는 것이 이치적으로 틀린 말은 아닌 것이라는 것을 오늘 본문에서도 발견할 수 있습니다. 그는 이처럼 얼룩 양들을 만들기 위하여 꿈을 꾼 것입니다.

또 보세요. 좋은 양, 실한 양에게만 그것을 보였습니다. 무슨 말입니까? 연구를 했다는 것입니다. 목회나 사업이나 두 가지를 적용해야만 합니다.

첫째는 아무리 어려움이 있다고 할지라도 꿈을 가져야만 합니다. 그러나 꿈만 가지고 있다고 다 되는 것입니까? 두 번째는, 필요한 것을 연구해야만 합니다. 그런데 더 중요한 것이 있습니다. 연구한 것에 성령의 기름을 부어달라고 기도해야만 합니다. 기도가 없으면 열매가 없습니다. 설령 맺힌다할지라도 금방 떨어지고 맙니다. 실한 열매를 맺으려면 반드시 기도가 뒷받침되어야만 합니다. 이제 사업을 새롭게 시작하시는 성도(직분)님은 이 3대 요소를 잘 갖추셔서 하나님의 인도하심을 받아 성공하실 수 있기를 주님의 이름으로 축복합니다.

기도응답을 원하는 성도
야베스의 기도
성경: 대상 4:10

오늘 본문의 말씀은 야베스라는 인물이 하나님께 구하여 응답받은 기도내용입니다. "원컨대 내게 복에 복을 더하사 나의 지경을 넓히시고 주의 손으로 나를 도우사 나로 환난을 벗어나 근심이 없게 하옵소서."

오늘 본문의 말씀을 보면 야베스는 두 가지 내용을 하나님께 간구하여 응답을 받았습니다. 첫째로, 지경의 확장을 위해 복에 복을 달라고 간구합니다. 둘째로, 주의 손으로 나를 도우사 환난을 벗어나 근심이 없게 해 달라고 간구합니다.

이 같은 야베스의 기도내용을 보면 우리의 기도제목과 별반 차이점이 없지 않습니까? 그러하기에 우리에게 야베스의 기도가 매우 친숙하게 느껴 지는가 봅니다. 어떻게 보면 주님의 뜻을 전혀 고려하지 않은 제 욕심만 차리는 이기적인 기도인 것 같지만 문제는 하나님께서 이 기도를 들으셨다는 것입니다.

우리도 지경을 확장해야만 합니다. 육신의 지경은 물론 영적인 지경을 확장해야만 합니다. 지경 확장은 하나님이 기뻐하시는 것입니다. 특히 천국의 지경을 확장하는 것이야 말로 하나님이 최고로 기뻐하시는 것입니다. 우리 성도(직분)님 가정도 지경 확장을 위해서 늘 기도하실 수 있기를 바랍니다. 육신의 지경은 물론 천국의 지경이 확장되게 해 달라고 기도하실 수 있기를 바랍니다.

그리고 근심이 없는 삶을 위하여 주님을 늘 의뢰하실 수 있기를 바랍니다. 우리가 이 땅을 사는 동안 환난과 근심 없이는 살 수 없습니다. 자고 일어나면 가장 먼저 밀려오는 것이 근심입니다.

그러나 우리 주님의 손길이 나와 함께하시면 환난 중에도 찬송할 수 있고, 근심 중에도 기뻐할 수 있습니다. 담대할 수 있습니다.

하나님께서는 이사야 선지자의 입을 통해서도 약속을 주십니다.

"두려워말라 내가 너와 함께 함이니라 놀라지 말라 나는 네 하나님이 됨이니라 내가 너를 굳세게 하리라 참으로 너를 도와주리라 참으로 나의 의로운 오른 손으로 너를 붙들리라."

주님은 당신의 손으로 휘청거리는 우리 인생을 붙들어 주시기를 원하십니다. 환난을 면케 해주시기를 원하십니다. 근심이 없게 하시기를 원하십니다. 이 주님의 손에 늘 붙들린바 된 삶이 되시고, 야베스와 같이 하나님께 구하는 것마다 응답받으실 수 있는 성도님 가정이 되시기를 주님의 이름으로 축원합니다.

오! 주님,
저는 주님 속에 영원히 감추이고
주님만이 저를 통하여 밝히 드러나기를 원합니다.
주님만이 저를 통하여 증거 되기를 원합니다.
주님만이 저를 통하여
영원한 구원자이심을 알게 되기를 원합니다.

가정예식
심방성구와 찬송 가이드

부록

가정예식이란 무엇인가?

　인간 사회의 예의와 질서는 가정으로부터 출발된다. 가정을 이루고 살다보면 희(喜). 로(怒). 애(哀). 락(樂)의 크고 작은 행사가 있기 마련이다. 관(冠). 혼(婚). 상(喪). 제(祭)를 비롯하여 출생, 백일, 생일, 회갑, 진갑, 고희의 여러 예식이 많이 있다.
　이런 대소사 때마다 예식을 치러야 하는데 이 예식을 치루는 행위를 가정예식이라고 한다. 그런데 기독교인들이 가정예식을 잘 몰라서 전통의 례를 따르는 것을 종종 본다.
　우리나라의 전통의례는 불교나 유교에서 전해온 의례이고 무속적인 신앙에서 유래된 것이기 때문에 기독교 예식과 근본적으로 다르다. 가정예식을 잘못 치루면 하나님의 영광을 가리게 되고 죄를 짓는 결과를 낳게 된다. 그러므로 기독교 가정예식은 하나님께 영광을 돌리고 믿음의 가정을 세우는데 결코 간과할 수 없는 중요한 사항임에는 틀림이 없다.
　우선 우리나라의 전통적인 관혼상례(冠婚喪禮)와 성경에 나타난 의미를 짤막하게 살펴보고 기독교적으로 가정예식을 치르는 방법을 소개해보고자 한다.

1. 혼례

　혼례는 한 가정을 이루는 예식이며 약혼과 결혼을 나누어 혼례식이라고 말한다. 혼례의 가장 중요한 사항은 배우자의 선택부터 시작된다.
　옛날에는 배우자를 선택할 때 사주팔자(생,년,월,일을 말함)에 의존하거나 궁합(사주를 오행〈화,수,목,금,토〉)에 맞추어 선택하여 혼례를 올렸는데 아직도 사주, 궁합을 보는 사람이 있기는 하지만 현대는 교육, 연령, 직장, 성격, 신앙 등을 보아 결정을 하는 경우가 많다.

배우자를 선택하는 일은 매우 중요하다. 왜냐하면 사람을 잘 만나야 행복한 가정을 이룰 수 있기 때문이다. 특히 현대에 배우자를 잘못 선택하여 파탄에 이르는 경우가 얼마나 많은가?

따라서 희,비,애,락을 같이 하는 배우자 선택이 선결 문제이다. 그리스도인은 배우자를 선택할 때 최우선에 놓아야 할 것이 신앙이다. 신앙이 맞지 않으면 평생 마음의 고통을 안고 살 수 있고, 화목한 가정은 기대할 수도 없으며 결국은 가정이 금이 갈 수 있기 때문이다.

그러므로 성경에는 "믿지 않는 자와 멍에를 같이 하지 말라"(고후6:14)고 하였다. 신앙도 사랑으로 극복할 수 있다는 오만함을 버려야 한다.

1) 약혼준비
   (1) 양가 합의 하에 약혼날짜를 정할 것
   (2) 약혼식 진행절차를 주례목사님과 양가 부모님과 상의할 것
   (3) 약혼자의 복장을 갖출 것(남자는 양복, 여자는 한복)
   (4) 식장을 준비할 것(호화스러운 식장은 피하는 것이 좋음)
   (5) 좌석배치는 전면을 중심으로 좌측은 남자쪽, 우측은 여자쪽이다.
      (전면에는 양가부모와 약혼 당사자가 앉는다.)

2) 결혼준비
   (1) 양가 합의 하에 날짜를 정할 것
   (2) 예식 장소를 결정할 것(교통이 편리한 곳)
   (3) 주례자를 선정할 것
   (4) 청첩장과 식순을 준비할 것(식순을 주례자와 상의하는 것이 좋음)

약혼식순

1부 -

개식사 / 주례자
이제 예비 신랑 ○○○ 군과 예비 신부 ○○○ 양의 약혼식을 시작하겠습니다. 먼저 예배드리겠습니다.

개회기도 / 주례자

찬송 / 다같이(예: 28장)

기도 / 맡은이

성경봉독 / 주례자

설교 / 맡은이

서약 / 주례자(양가 부모와 약혼 남녀에게)
(1) 양가의 보호자에게: 오른손을 들고 다음의 물음에 대답케 한다.
문 : 양가의 보호자들께서는 ○○○ 군과 ○○○ 양의 약혼을 허락하십니까?
답 : 예
(2) 당사자들에게: 오른 손을 들고 다음의 물음에 함께 대답케 한다.
문 : ○○○ 군과 ○○○ 양은, 이제부터 서로가 약혼자로서 신의를 굳게 지켜 앞으로 하나님의 법에 따라 혼인하기로 하나님과 여러 증인들 앞에서 확실히 서약합니까?
답 : 예

예물교환 / 주례자
주례자는 이렇게 말한다. "약혼식은 혼인식이 아니기 때문에 예물교환은 양가의 보호자를 통하여 당사자들에게 전달하도록 하겠습니다. 먼저 예비 신랑의 어머니께서 예비 신부에게 선물을 주시기 바랍니다."(해당자들은 일어서서 예물을 주고받는다. 모두 박수로 축하의 뜻을 표한다).
이제는 예비 신부의 어머니께서 예비 신랑에게 예물을 주시기 바랍니다.(해당자들은 일어서서 예물을 주고받는다. 모두 박수로 뜻을 표한다).

기도 / 주례자

공포 / 주례자
"이제 ○○○ 군과 ○○○ 양의 약혼식이 성립되었으므로 이들은 각각 예비 신랑이 되고 예비 신부가 된 것을 내가 성부와 성자와 성령의 이름으로 공포하노라. 아멘."

인사 / 양가대표

찬송 / 다같이(예: 559장)

축복 / 주례자

2부-

축가 / 맡은이

친족소개 / 양가대표

축하파티 / 다같이

결혼식순

개식사 / 주례자

"이제부터 신랑 OOO군과 신부 OOO야의 혼인예식을 거행하겠습니다. 먼저 신랑이 입장하고 다음에 신부가 입장하겠습니다. 하객들께서는 축하하는 마음으로 모두 일어서시기 바랍니다."

신랑입장 / 신랑
신부입장 / 신부
개회기도 / 주례자

찬송 / 다같이(例: 602장)
대표기도 / 맡은이
성경봉독 / 주례자
설교 / 주례자

서약 / 주례자(신랑과 신부에게)
성혼기도 / 주례자
공포 / 주례자
축가 / 맡은이

인사, 광고 / 양가대표
찬송 / 다같이
축복 / 주례자
인사 / 신랑, 신부(양가의 부모와 하객들에게)

혼인행진 / 신랑신부

2. 백일과 돌

옛날에는 아기를 낳은 지 백일이 되는 날에 잔치를 차렸다. 그것은 아기를 낳은 것을 널리 알리는 뜻과 떡 돌리기라 하여 백가호(百家戶)에 떡을 돌려야 아기가 수명 장수한다는 풍습에서 유래된 것인데 이 때 사용되는 떡이 수수경단(-瓊團)이다. 수수경단은 아기의 모든 액운을 막는다는 풍습에서 차린다.

돌잔치는 집안의 경사로 일생에 처음으로 큰 상을 받는 잔치다. 백일 잔치에는 음식을 많이 차리지 않으나 돌 잔치에는 아이에게 좋은 옷을 입히고 돌을 맞는 아이 앞에 떡, 과일, 쌀, 돈, 붓, 책, 실 등을 큰 상에 차려 놓고 무엇을 집는가를 보고, 앞날을 예측하면서 즐거워하는 풍습이 있었다. 성경에도 아이가 성장하는 것을 축하하는 잔치가 있었다. 아이의 젖떼는 나이는 경우에 따라 다르다. 오늘도 서방 아시아 쪽에서는 4,5살 때가 되어야 젖을 떼고 특히 사랑하는 아이는 7살이 되어야 젖을 뗀다고 한다. 사무엘은 젖 뗄 해에 성전에서 봉사했고(삼상1:22), 예수님께서 예루살렘에 입성하실 때 어린아이와 젖먹이들이 '호산나' 라고 찬미하였다.(마 21:6)

히브리인들은 열 두 살이 되는 때는 절기에 참석하는 의무가 있는데, 지금도 이스라엘 사람들은 성년식에 큰 예식을 행하면서 청첩장을 보내며 축하잔치를 한다고 한다.

우리 기독교인들도 백일잔치나 돌잔치를 뜻 있고 인상 깊게 하는 것은 참으로 좋은 일이다. 그러나 그리스도인 가정에서는 허례허식을 삼가야 한다. 남이 하는 것을 못하면 무슨 위축감이라도 있는 것같이 생각하는 사고방식은 버려야 한다. 아이가 출생한지 백날이 되거나 돌이 되었을 때 기독교에서는 예배를 드리게 되는데 예배의 주체는 하나님이시다. 가정에 새 생명을 선물로 주신 것과 그 생명을 지켜주신 하나님께 영광을 돌리며 잔치를 마련하여 감사의 예배를 드리는 것이다. 잔치 준비는 세상 사람들처럼 호화롭게 할 필요가 없다. 가정생활 형편에 따라 기쁜 잔치를 베풀면서 하나님께 감사예배를 드리는 것이 하나님께서 기뻐하실 일이다. 남들이 잔치를 하니 우리 아이도 안 할 수 있을까 하는 경쟁심이나 허영심으로 하는 것이 아니라 백일 동안 또는 일 년 동안 하나님께서 아이의 건강을 지켜주신 것을 감사하는 뜻으로 잔치를 하는 것이 그리스도인의 백일, 돌 잔치다.

백일/돌 잔치 식순

개회사 / 사회자

하나님께서 일 년(백날) 전에 한 생명을 이 가정에 보내 주시고 은혜가운데서 양육하셨음을 감사하면서 ○○○ 의 돌(백날)을 맞이하여 축하하는 예배를 드리겠습니다.

찬송 / 다같이
기도 / 맡은이
성경봉독 / 설교자
설교 / 설교자
기도 / 설교자
찬송 / 다같이
축도(주기도) / 설교자

※ 돌 잔칫상 위에 실, 돈, 책, 등을 놓고 아기로 집게 함으로 장래를 예측해보는 것은 옛 풍습을 따르는 것이므로 예배시간에 할 수 없습니다.

3. 생일

사람의 태어난 날을 축하하는 일은 세계 공통적인 행사이다. 해마다 돌아오는 태어난 그 달의 그날, 자축의 의미로 음식을 장만하여 일가친척과 친지들이 한 자리에 모여 음식을 나누며 축하를 한다. 생일 중에서 가장 뜻있고 성대히 하는 것은 돌과 환갑인데 일생동안에 특별한 생일이기도 하다. 그것은 인간 사회에서 어떤 연령이 되면 생의 특권과 책임이 따르게 되기 때문이다.

생일을 축하하며 뜻있는 것으로 여기는 풍습은 중국에서는 당송(唐, 宋)때에 성행하였고, 우리나라에서는 고려 때부터 시작되어 이조(李朝) 이후에 중히 여기게 되었다고 한다. 아랫사람의 난 날을 생일(生日)이라 하고, 어른은 생신(生辰)이라고 한다.

성경에도 예수님이 탄생하셨을 때, 목자들과 동방박사들이 축하하며 하나님께 영광을 돌린 것을 볼 수 있다.(눅 2:14) 욥기서에도 욥이 자녀들의 생일을 축하하며 큰 잔치를 베푼 것을 기록하고 있고 창세기에 나오는 바로는 자신의 생일에 죄인들에게 특사(特赦)를 행한 것을 볼 수 있다.

현대에도 이런 특사가 있다. 사람이 이 세상에 태어났다는 것은 하나님의 은총이며 괴로운 세상을 한 해 살면서 받은 사랑을 생각할 때 태어난 날을 헛되이 보낼 수가 없는 것은 당연한 것이 아니겠는가.

하나님의 은혜를 감사하는 동시에 낳으시고 길러주신 부모님의 은혜를 보답하기 위해 친지와 함께 즐거워할 수 있어야 한다.

그러나 그리스도인의 잔치는 외형적인 화려함보다 실질적으로 뜻 깊게 보낼 수 있어야 한다. 그리스도인은 하나님께 대한 감사의 예배를 잊지 말아야 하고 검소하게 준비하여 경건한 분위기 속에서 치루는 것이 바람직하다.

4. 장수의 축하

인간은 누구나 장수하고 싶은 욕망이 있다. 그러나 누구나 오래 살지 못하기 때문에 장수를 축복으로 생각하고 장수하면 축하하는 모임을 갖는다. 모세는 "우리의 연수가 칠십이요 강건하면 팔십이라도 그 년수의 자랑은 수고와 슬픔 뿐이요 신속히 가니 우리가 날아가나이다"(시 90:10)라고 했다. 동양에도 인생칠십고래희(人生七十古來稀)라고 하여 장수는 희귀한 일로 찬양했다. 성경에는 의인은 복을 누리고 장수하고(신 22:7), 악인은 잘되지 못하며 장수하지 못한다(전 8:13)고 가르쳤다. 성경에는 장수의 비결을 첫째, 탐욕을 미워하는 자는 장수하고(잠 28:16), 둘째, 여호와를 경외하면 장수하고(잠 10:27), 부모를 공경하면 땅에서 장수하고(잠 6:3), 넷째, 백발은 의로운 길에서 얻는다(잠 16:31)고 했다. 장수하다가 무덤에 이르는 것은 축복이므로(욥 5:26), 시인은 저가 생명을 구하매 주께서 주셨으니 곧 영영한 장수라(시21:4)고 노래했다.

1) 환갑의 의미

사람은 장수를 기념하여 축하하는 잔치를 수연(壽宴)이라고 하는데 61세 되는 돌을 가리키는 알을 환갑(還甲), 회갑(回甲), 화갑(華甲), 주갑(周甲)이라고도 한다. 환갑은 우리나라 나이로 61세의 생일, 즉 만으로 60세 되는 것을 의미하는 것이다. 6갑(六甲)의 간지(干支)가 60년 만에 한 바퀴 돌아온다는 뜻에서 온 것이다. 간지란, 10간(干)과 12지(支)의 총칭으로 중국 은(殷)나라 때부터 있었던 것으로 10간과 12지를 짜 맞춘 것이 60간지로 날짜를 세는데 쓰인 것이 그 기원이다. 10간은 갑(甲). 을(乙). 병(丙). 정(丁). 무(戊). 기(己). 경(庚). 신(辛). 임(壬). 계(癸)이고, 12지는 자(子). 축(丑). 인(寅). 묘(卯). 진(辰). 사(巳). 오(午). 미(未). 신(申). 유(酉). 술(戌). 해(亥)이며 이것을 짜 맞춘것이 60간지로, 난해가 60년만에 돌아오게 된다. 간(干)은 나무줄기(기)의 뜻으로 양(陽)이며, 지는 나뭇가지(枝)

의 뜻으로 음(陰)인데, 간(干)은 하늘(天)을, 지(支)는 땅(地)을 나타낸다.

10간은 날을 가리키기 위해서, 그리고 12지(支)는 달(月)을 가리키기 위해서 은(殷)나라 때 만들었고, 12지를 하루 시각(時刻)에 배당하는 것은 전한(前漢)시대 시작했다고 한다.

환갑을 맞으면 자녀들이 부모에 대한 은혜에 감사하며 그 노고를 위로하기 위해 친척과 친지들을 초청하여 잔치를 베풀어 대접하면서 더욱 장수를 바라는 뜻이 있다. 환갑을 맞는 이를 위해 자녀들이 음식상을 차려드리고 절하면서 오래 사시기를 바라는 것을 헌수(獻壽)라고 한다. 환갑되신 분의 부모가 생존해 계실 경우에 부모를 위해 음식을 차려드리고 인사를 한 다음 환갑잔치에 참여하는 것은 자녀의 본분이요 도리이다. 수연에 초대하는 경우에 대개 그 자녀들의 이름으로 초대장을 내는데 공직이나 단체에 관계가 있으면 단체명으로나 뜻있는 사람들이 발기인이 되어 초대장을 보낼 수 있다. 그리스도인들이 잊지 말아야 할 것은 환갑도 주체가 하나님이시라는 것이다. 따라서 축하는 환갑을 맞은 부모가 받아야겠지만 영광은 하나님께서 받으셔야함을 잊지 말아야 할 것이다. 수연을 맞았을 때 먼저 감사예배를 드리는 것은 바로 그 이유에서이다.

2) 진갑의 의미

진갑에 대해서는 지방에 따라 그 계산법이 다르다. 서울과 그 이남 지방에서는 회갑 이듬해 생일을 진갑이라고 하고, 이북 지방에서는 회갑 지난 지 10년만인 70세 생일을 진갑이라고 한다. 만 70세를 7순(七旬)이라고 하는데, 인생칠십고래희(人生七十古來稀)라는 두보(杜甫)의 시를 인용하기도 하지만, 사람이 칠십을 살기가 어렵기 때문에 칠순잔치를 하는 것이다.

칠순잔치는 팔십을 바라보는 잔치라 하여 망팔(望八)이라 부르면서 오래살기를 축원한다. 또는 칠순 잔치는 희귀하다고 하여 희연(稀宴)이라고도 하고, 80세의 장수를 미수(米壽)라고도 한다.

장수를 축하하는 것은 자연스러운 인간의 마음이다. 그리고 자녀로서 부모를 공경하고 봉양하는 것은 인간된 도리이기도 하다. 장수를 축하한다고 허례허식에 치우치는 것보다 부모를 외롭지 않게 모시고 보람을 갖고 마음 편하도록 해 드리면서 부모의 뜻에 어긋남이 없도록 하는 것이 연로하신 부모를 진정으로 축하하는 것이 될 것이다.

성경에 백발은 영화의 면류관(잠16:31)이요, 백발은 늙은 자의 아름다운 것(잠20:29)이라 하였고, 너는 센 머리 앞에 일어서고 노인의 얼굴을 공경하라(레19:32)하였으며, 바울은 늙은이를 꾸짖지 말라(딤전5:1)하였으니 믿는 자의 장수는 하나님의 축복이이요 감사할 일이라고 가르치고 있다. 어떤 이는 회갑을 기독교적이 아니라고 배척하지만 간지(干支)는 동양적인 계산 방법일 뿐이고, 그리스도인들은 인생의 한 시기를 정하고 생명을 주시고 지켜주신 하나님께 영광을 돌리는 것이 지극히 당연한 일이다. 따라서 생일을 맞았을 때 인생의 본분이 무엇인지를 다시 한번 각성해 보고 자녀들에 게 믿음의 유산을 물려주고 있는지를 깊이 반성해 보면서 하나님의 은혜를 기억하는 것은 매우 뜻 깊은 기회가 될 수 있다.

환갑(진갑) 축하 식순

개식사 / 집례자

생명의 근원 되신 하나님께서 지금부터 60(70)년 전에 ○○○ 님을 세상에 보내시고 오늘 까지 그 분을 지키시고 인도해 주신 것을 감사합니다. 이 모든 은혜를 하나님께 감사하면서 ○○○님의 환갑(혹 고희)을 축하하는 예배를 드리겠습니다.

☞ 주악 혹은 묵상(이 사이에 시편 23편을 낭독하면 좋을 것이다.)

찬송 / 다같이
기도 / 맡은이(기도자가 없으면 생략해도 무관함)
성경 / 집례자
설교 / 맡은이
기도 / 맡은이

축가 / 맡은이 혹은 가족합창 혹은 가족
축사 / 맡은이
답사 / 맡은이(자녀중 한사람. 생략해도 무방하다.)

인사 및 광고 / 자녀 중 한사람(장남 또는 장녀)
송영 / 다같이
축도 / 맡은이

※ 주의사항
(1) 축사나 축가가 예배에 합당치 않을 가능성이 있을 때에는 순서를 배후로 돌리는 것이 합당하다.
(2) 예배 분위기에 방해되는 일이 없도록 사전 배려가 있어야 한다.
(3) 예물을 드리거나 그 밖의 축하 순서는 예배와는 별도로 진행하여야 한다.
(4) 예배시간에 시편, 23편, 46편, 95편, 마태복음 5장, 요한복음 15장을 교독문으로 사용하는 것도 뜻 깊은 일이다.

5. 장례식

　사람이 살다가 세상을 떠나는 일은 참으로 안타까운 일이 아닐 수 없다. 죽음은 인생사 가운데 가장 엄숙한 순간이 아닌가. 그러므로 개인의 문제가 아니라 가정의 중대한 일이요, 경우에 따라서는 사회적으로, 국가적으로 다루어야 하는 일들이 뒤따르는 인간사의 중대한 장면이라고 할 수 있다. 장례식은 임종예배, 입관식, 발인(출관)식, 하관식, 위로예배의 다섯 가지 예식이 있다. 그 가운데 입관식, 발인식, 하관식은 매우 중요한 예식이며 우리가 일반적으로 장례식이라고 부르는 것은 바로 발인(출관)을 의미하는 것이다. 그러면 기독교에서는 상례의 절차를 어떤 자세와 태도로 임해야 하고, 진행해야 하는 것인가? 그리스도인이 상례의 절차를 알고 기독교적으로 치르는 것은 매우 중요한 일이다.

1) 임종예배

　임종은 생명을 마지막 거두는 시간이므로 일생 중 가장 심각한 시간이다. 영혼과 육체가 분리되는 시간이며 동시에 음부와 낙원이 결정되는 심각한 순간이기도 하다 세상에서 아무리 성공하고 출세해도 그 영혼이 구원받지 못하고 세상을 떠나면 가장 불행한 자가 되는 것이다. 그러므로 임종 시에 구원의 확신을 주는 일이 가장 중요하다. 가족들은 임종 직전에 슬퍼할 것만이 아니라 임종을 맞은 자가 편안하게 죽음을 맞을 수 있도록 침착함을 잃지 말아야 할 것이다.

　(1) 임종이 가까움을 어떻게 알 수 있는가?
　공통된 증세 몇 가지가 있다.
　가. 눈동자의 초점이 흩어진다. 눈알이 움직이지 않고 멈추어 고정된다.
　나. 손톱, 발톱이 새까매진다. 손과 발이 차가와지면서 굳어진다.

다. 가래가 끓는다. 어떤 경우에는 숨을 모아 쉬기도 한다.
라. 통증이 심하던 사람이 통증이 없어지고 아픈 것을 모른다.
마. 구부러져 있던 팔과 다리가 자연스럽게 펴진다.
바. 체온이 내려가고, 말문이 막힌다.

(2) 임종 시에 가족이 할 일
가. 가족들에게 연락하여 다 모이도록 한다.
나. 좋은 유언을 하도록 돕고, 귀담아 듣는다.(기록 또는 녹음을 할 수 있으면 더욱 좋다.)
다. 예수님만 의지하게 하고 구원의 확신을 주어야 한다.
라. 말을 조심해야 한다.(생활 염려, 장례 절차에 대한 의논을 해서는 안 된다.)
마. 찬송을 부른다.(본인이 평소에 잘 부르던 찬송이나 천국의 소망에 대한 찬송)
바. 성경 말씀을 읽어준다.(例: 시23편; 마28:19; 요3:16,14:1-6; 계시록21:1-7등)
사. 마지막 임종 기도를 한다.(몸에 손을 대고 기도하면 안정감을 준다) 계속 기도와 찬송과 성경읽기를 통하여 소망 중에 운명하도록 한다. 유언하지 못하는 경우 측근자가 환자에게 하나씩 물어 살아 생전에 법적으로 처리하는 것이 좋다. 가장 편안하게 운명하도록 돕는다.

(3) 임종 후에 가족이 할 일

가. 침착하게 장례를 준비한다.
① 장례절차를 목사와 같이 의논한다.(기독교식, 일반 사회식, 기타)
② 장례일과 입관시간, 발인시간, 하관시간을 정한다.(병원 장례식장과 전문장례식장일 경우 담당자와 상의하는 것도 바람직하다.)

③ 매장으로 할 것인지 화장으로 할 것인지를 정한다.
④ 매장일 경우 장지를 정하고, 산역(山役:무덤을 만드는 역사)을 미리 준비케 한다.
⑤ 화장일 경우 화장장에 미리 연락하여 예약을 해야 하고, 납골당도 미리 신청을 해야 한다.(납골당의 경우 사망진단서를 첨부해야 하고 반드시 상주의 명의로 신청해야 함. 신청은 가족이나 지인 아무나 해도 상관없다.)
⑥ 상포를 어떻게 할 것인지를 정한다.(질: 상, 중, 하, 크기: 대, 중, 소)
⑦ 관의 질을 정하는 정도 지방의 장례문화에 따라 탈관하는 곳이 있으므로 참고하여 정하는 것이 바람직하다.
⑧ 조문객을 대접할 음식, 간식, 음료수 등을 의논한다.(장례식장일 경우 담당자와 상의하는 것이 바람직하다.)
⑨ 고인의 사진을 준비한다.(장례식장일 경우 고인의 사진만 주면 즉시 영정(影幀)을 마련해준다.)
⑩ 연락할 곳에 빠짐없이 부고(訃告)를 전한다.(고인의 전화번호 수첩이나, 명함첩을 반드시 참고할 것)
⑪ 일은 분담해서 하도록 하고 빠지거나 미흡한 점이 없는지를 점검 한다.(중요한 것은 담당목사와 상의 하는 것이 바람직하다.)

나. 사망진단서를 뗀다.
자연사일 경우 다니던 병원이나 가까운 병원에서 떼면 된다. 사망진단서와 고인의 주민등록증을 동사무소에 내고 사망신고를 한 후 매장허가서를 받는다. 사망 후 24시간이 경과하면 매장이 가능하다.

다. 시신을 안치한다.(수세를 거두는 방법)
① 임종을 확인한다. 손가락을 코에 대어보면 찬바람이 나온다. 탈지면 또는 얇은 습자지를 코에 대보면 알 수 있다.

② 임종이 확인되면 몸의 반지나 팔찌, 귀걸이 등을 빼낸다.
③ 고인의 눈을 주물러 곱게 감기고, 입이 벌어지지 않도록 턱을 괸다.
④ 시신에 바람이 들어가지 않도록, 코, 귀, 입 등을 탈지면으로 막는다.(대·소변이 묻어 있을 경우 옷을 갈아입히고 깨끗이 닦아준다. 장례식장인 경우 담당자들이 알아서 해준다.)
⑤ 특별히 주의할 점 - 의사의 사망 진단이 없이, 또는 가족의 동의가 없이 시신에 함부로 손을 대면 어떤 경우에는 법적인 문제가 발생할 수 있으므로 특별히 조심해야 한다. 사고사일 경우 경찰서에서 허락을 받아내야 한다.)

라. 위로예배
① 시신을 안치한 다음에 발인 전날까지 하루 2회 정도 위로 예배를 드린다.(교회에서 기관 및 선교회 별로 팀을 짜서 위로 예배를 드리면 좋다. 교인 숫자가 작으면 기본적인 예배만 집례를 해도상관없다.)
② 교회법에 따라야 하고 시신에게 배례(절)나 곡하는 것을 일체 삼가야 한다.
③ 조객에게도 묵도로 예를 갖추도록 안내판을 써서 문상객이 볼 수 있도록 안내하면 좋다(例: 우리는 기독교인입니다. 묵도로 예를 갖추어 주시기 바랍니다.)
④ 조문의 예를 갖추는 것이므로 상주와의 배례는 바람직하다.

2) 입관식(예배)

가. 입관은 보통 24시간이 지난 다음에 한다. 살아날 가능성이 있기 때문이다. 시신을 매장을 하느냐 화장을 하느냐, 또한 매장을 하되 관 채로 매장을 하느냐 탈관을 하느냐에 따라 염하는 방법이 조금 달라진다. 입관 시간은 유족의 요구에 의하여 하되 유족이다 참여할

수 있고, 다른 사람들이 퇴근하여 문상 오기 때문에 전에 하는 것이 좋다. 입관 작업은 입관 예배 한 시간 전에 하는 것이 좋다. 염하는 동안에는 유족 중에 대표 몇사람만 참여하고, 시신의 얼굴을 가리울 때는 온 가족들이 마지막으로 고인의 얼굴을 보도록 하는 것이 좋다. 고인의 얼굴이 깨끗하면 얼굴을 덮지 않고 유족들과 교인들이 함께 참여하여 예배드리는 것이 좋다. 입관하는 과정은 장례식장 담당자들이 알아서 해주므로 입관의 과정에 참여하기만 하면 된다. 기독교 식 입관은 예배를 드리는 것이므로 집례자가 장례식장 담당자들에게 필요한 것을 주문하면 된다. 입관예식이 끝나면 고인의 성경과 찬송가를 상주에게 전해주는 순서를 가지고 고인의 신앙을 계승하고 교회의 빈 자리를 채우도록 권하는 것이 좋으며, 독실한 믿음의 가정일 경우 고인의 성경과 찬송가를 관에 함께 넣어드리는 것이 좋다.

나. 입관 예배 후 확인할 사항
① 발인예배 시간을 확인하고 광고한다.
② 매장 허가서를 받았는지 확인하고, 산역일의 진도를 확인한다.
③ 영구차를 부르는 것을 확인하고 시간에 맞추어 도착하도록 재확인한다.
④ 장지에서 머을 음식물, 음료수, 그릇, 수저 등을 확인한다.
⑤ 장지에 참석할 사람의 수를 확인한다.
⑥ 발인 시 꽃, 사진, 명정, 운구할 사람들을 미리 정하고 분담하여 책임을 진다.
⑦ 산에 갖고 갈 장갑, 수건, 장비, 횡대, 기타 모든 것을 확인한다.
⑧ 고인의 약력을 준비한다.

다. 문상 시 교인이 가질 태도
① 문상에 적합한 옷을 입는다.
② 상주에게 목례하고, 헌화 또는 향을 피우고 시신이나 영정 앞에서 기도한다.
③ 기도 후에 상주에게 정식으로 인사한다.
"할 말이 없습니다.", "나을 줄 알았는데 돌아가셨군요.", "퍽 건강하셨는데 믿어지지 않는군요.", "얼마나 슬프십니까? 하나님의 위로를 받으시기 바랍니다.", "뜻밖의 일입니다. 부활의 소망을 가지시기 바라니다.", "고인은 천국에 가셨습니다. 한없이 슬프시겠지만 위로를 얻으시기 바랍니다.", "이루 말할 수 없이 슬프시겠지만 합력하여 선을 이루시는 주님을 바라보며 절망하지 마시기 바랍니다. 새 힘을 얻도록 기도하겠습니다." 등

입관예배순

묵도 또는 사도신경 / 다같이

☞ 묵도 시 성경 구절 낭독(例: 고후 5:1-3절)

찬송 / 다같이
기도 / 맡은이
성경 / 집례자
설교 / 맡은이
기도 / 설교자
찬송 / 다같이
광고 / 집례자
축도 또는 주기도 / 맡은이

3) 발인식(예배)

가. 장례식은 보통 임종으로부터 3일에 거행한다. 꼭 정해진 것이 아니므로 상황에 따라 변할 수 있다. 영결식이라는 말은 영원히 못본다는 의미이기 때문에 부활을 믿는 우리 기독교인들에게는 적합한 용어가 아니다. 그러므로 장례식, 발인식, 출관식이라는 표현이 좋을 것이다. 주례자는 장지에 갈 음식물, 횡대 등의 준비를 확인한다.(미리 적재할 것) 정해진 시간에 정해진 장소에서 엄숙한 분위기로 발인예배를 드린다. 장례식장일 경우 입관예배를 드렸던 장소에서 발인예배를 드릴 수 있고, 고인의 시신을 영구차에 안치한 후 발인예배를 드릴 수 있다.

나. 기타사항
① 출관 전 조문객 중에 장지로 못갈 분을 위해 문상하는 기회를 준다.
② 예배가 끝나면 운구하여 출관한다. 운구차에 시신을 옮겨 실을 때, 교인들이 좌우로 줄지어 서서 찬송을 부르고 그 사이로 운구하면 더욱 은혜로울 수 있다. 장지로 출발할 때 앞 차에 고인의 사진과 주례자가 타고, 그 위에 영구차, 그 위에 조객 차 순으로 간다. 이 때 직계 상주들은 영구를 모신 관 옆 좌석에 앉아야 한다.

발인예배(장례식) 순

묵도 / 다같이
찬송 / 다같이
교독문 / 다같이
기도 / 맡은이
성경 / 맡은이
조가 / 맡은이
약력소개 / 유족 중에서
설교 / 맡은이
기도 / 설교자
인사 및 광고 / 유족 중에서
찬송 / 다같이
축도 / 맡은이

※ 조사를 할 경우에는 설교 후에 하면 된다. 조사가 끝난 후에 헌화로 조의를 표할 수 있다.

4) 하관식(예배)

가. 영구차가 장지에 도착하면 평평한 자리에 관을 내려놓고 유족들은 관 옆에서 하관식을 기다린다. 산역일이 끝나면 하관식을 하게 된다. 하관할 때 결관 끈을 풀고, 푼 끈으로 관을 달아 지실(地室)에 하관하면서 좌우방향을 바로잡아 관을 반듯하게 놓는다. 관을 넣을 자리에 4면 벽에 창호지를 부쳐 깔고, 그 안에 관을 내려놓고, 창호지로 관을 깨끗이 덮고, 그 위에 명정을 놓는다. 그 명정 위에 횡대를 길이로 임시 덮어 흙이 떨어져도 명정에 안 덮이게 하고는, 관 사면에 회를 섞은 고운 흙으로 메우고 다진 다음에, 횡대를 들어낸다. 그 횡대를 다시 정식으로 가로로 깐다, 세 번째 횡대를 드러내서 옆으로 세워 제쳐놓고 하관예배를 드린다. 취토할 고운 흙과 삽

을 준비하고 하관예배를 드린다. 주례자는 상단에 서고, 교인들은 좌우에 선다.

나. 기타사항
① 점심식사는 하관 예배 전후해서 적당한 시간에 한다.
② 하관예배가 끝나면 바쁜 조객을 위해서 하산을 서둘러야 한다.
③ 교인은 슬픈 상주를 달래고 위로하면서 모시고 함께 내려오는 것이 좋다

하관예배 순

묵도 / 다같이(성경구절 낭독)
찬송 / 다같이
기도 / 맡은이
성경 / 맡은이
설교 / 맡은이
기도 / 선교자
취토(복토)－
 - 맏상주가 내려가서 횡대를 바로 놓는다.
 - 상주가 흙을 관위에 상중하 세 번 던진다.
 - 흙에서 왔다가 흙으로 돌아감을 의미하고, 내 손으로 고인을 묻어드린다는 것을 의미한다. 부활의 약속을 믿는 소망을 기대하는 의미이기도 하다.
찬송 / 다같이
축도 또는 주기도 / 맡은이

5) 위로예배

집에 돌아와 상주와 함께 위로예배를 드리면 장례식은 모두 끝난다. 이 때 이사야 43장 1절, 어린아이인 경루는 사무엘 하 12장 15-23절을 읽어 주는 것이 유익하다.(유족들이 장례식을 치르느라 피곤에 지쳐있을 것이 므로 경우에 따라 위로예배는 생략하는 것도 무관하다.)

6) 사모제

불신자는 장례 3일 만에 삼우제를 드린다. 그러나 기독교인은 조용한 시간에 묘를 찾아가서 위치 확인, 뒷정리를 하고, 추모하고 사모하는 마음으로 간단하게 예배를 드리는 것도 좋은 일이다.(굳이 주례자가 대동할 필요는 없다.)

7) 장례식기간의 주의사항

가. 고인의 육성을 녹음한 테이프가 준비 되면 좋다.

나. 상가에서 주류 사용은 금물이다. 화투를 치는 것도 금해야 한다.

다. 고인의 빈소에는 영정 외에 음식이나 제사상을 차려서는 안 된다.

라. 장례일이 주일과 겹치면 피하여야 한다. 미신적인 선택일은 바람직 하지 않다.

마. 하관할 때 땅이 나쁘다거나, 물이 난다거나 하는 불필요한 말을 삼 가야 한다.

바. 각종 제사 의식, 삼년상, 탈복, 탈상의 절차를 따로 하지 않는다.

사. 장례 후 더 큰 허전함과 슬픔을 갖게 된다. 믿음으로 소망 중에 잘 승화시키는 믿음의 지혜자가 되어야 한다.

자. 장례 후 조용한 시간에 장례를 위해 수고한 분들에게 감사의 인사를 드리는 것이 좋다. 조전 부의금을 보낸 분에게 인사장을 보내야 한다. 교인들에게는 낮 예배 광고할 때에 인사를 한 후 특송을 부르는 것이 바람직하다.

카. 추도예배는 목사님을 초청해서 정식으로 1,2회 정도 드리고 그 후

에는 가족끼리 기일을 기억하며 드리는 것이 좋다.

타. 고인의 유품을 분류해서 정리한다.
　① 가정에서 영구히 보존할 것
　② 고인이 관계했던 기관이나 단체에 기증할 것
　③ 소각하거나 버릴 것

8) 이장 및 이장 예배

가. 매장 기간이 짧고 유탈이 거의 되지 않은 경우
　　관을 준비하여 관에 모시고 물이 흐르지 않도록 비닐로 싸서 운구한다.

나. 뼈와 재만 있을 경우
　　시신의 유골을 머리부터 발끝까지 차례대로 창호지로 싸서 칠성판 위에 순서대로 뼈를 가지런히 놓아 맞춘 다음 멧베를 세로 길이대로 길게 반으로 잘라 위에서부터 ⊥형식으로 돌려 묶는다. 이때 왼팔, 오른팔. 다리 등을 창호지에 글씨로 표시하여 엇갈리지 않게 맞춘다.

다. 이것을 하관하듯 지실(地室)에 내려놓고, 횡대로 덮는다.

라. 예배는 하관식 예배와 동일하다.

9) 상례용어

상례용어는 신앙인으로서 마땅히 버려야 할 말들도 많지만 서로 공유해야 할 말들도 있다.

구(柩) – 시신이 안장된 관(입관이 끝나면 구라 부른다)
기일(忌日) – 사람이 돌아가신 날
기중(忌中) – 초상중이라는 뜻
납골당(納骨堂) – 화장한 유골을 안치하는 장소
명정(銘旌) – 죽은 사람의 계급, 관직, 성씨를 기록한 깃발
봉분(封墳) – 무덤을 둥글게 만들고 높게 만든 흙더미
부고(訃告) – 죽음을 알리는 통지
빈소(殯所) – 발인 때까지 관을 머물러 두는 곳
삼우제(三虞祭) – 장례가 끝나고 삼일 째 되는 날 묘를 찾아가서 드리는 제사(기독교에서는 사모제라고 부르는 것이 적합 하다)
상장(喪章) – 초상의 뜻을 옷, 가슴, 머리에 붙여 나타내는 표
상주(喪主) – 부모, 조부모 상을 당한 사람
수시(收屍) – 시신의 머리 팔다리를 바로잡음
신주(神主) – 죽은 사람의 이름을 적어놓는 나무 패
염습(殮襲) – 죽은 이의 몸을 씻긴 후에 옷을 입히고 홑이불로 싸는 일
운구(運柩) – 영구(靈柩)를 옮기는 것
이장(移葬) – 장례지낸 시신을 다른 곳으로 옮겨가는 것
임종(臨終) – 사람이 죽음에 임하는 것, 또는 그것을 지켜봄
지방(紙榜) – 종이로 만든 신주
칠성판(七星板) – 관 속 바닥에 까는 얇은 널조각
호상(護喪) – 초상을 치르는데 온갖 일을 보살핌. 또는 그 사람
횡대(橫帶) – 관을 묻은 뒤에 그 위에 덮는 조각

10) 상복 착용 방법

① 직계 남자 – 검은색 양복과 검은 넥타이
② 직계 여자 – 한복이나 양장 중 활동과 착용이 편한 옷을 택일

③ 8촌 이내의 친척 – 화려하지 않은 평상복, 상복은 장례식이 끝나는 동시에 벗는 것이 좋겠다.

11) 상장

상장은 하지 않아도 좋으나 대가족인 경우 상주는 폭 15cm정도의 마폭에 폭 2cm 정도의 검은 띠 두 줄, 직계후손은 한줄, 기타 8촌 이내의 친척은 검은 띠가 없는 상장을 왼팔에 두르고 여자의 경우는 나비 모양의 흰 상장을 왼쪽 가슴에 달거나 흰 머리핀을 사용하여 서로 구별하는 것이 좋다.

12) 삼일장과 5일장

옛날에는 장사를 치르려면 운명한 날로부터 제후는 5개월, 큰 벼슬아치(대부)는 3개월, 선비는 1개월이 지나야 했다. 이렇게 넘기는 달을 예월이라 하는데 예월을 넘기지 않고 바로 치르는 장사를 갈장이라고 한다. 이런 의미로 보면 예월의 기간은 부와 권세의 상징으로 볼 수도 있다. 한편 신분계급이 차츰 허물어지면서 장례일은 보통 3, 5, 7등 홀수의 날로 정하는 풍습을 따르고 있다. 그 이유는 혼백이 좋아하는 수가 홀수라는 말이 있기 때문이다. 마치 날수를 따라 여기저기로 다니면서 사람을 방해하는 귀신…손…을 믿는 미신처럼 말이다. 그러므로 기독교는 유교의 잘못된 사후관과 날에 대한 미신적인 사상에 얽매일 필요가 없다. 장례일은 자유롭게 정할 수 있다. 2일이면 어떻고 4일이면 어떻겠는가? 굳이 숫자를 의식할 필요가 없는 것이다. 다만 장례일이 주일과 겹치거나, 매장지의 왕복거리와 친척, 조문객들이 멀리 떨어져 있을 때는 의논하여 정하는 것이 좋을 것이다. 신자는 모든 날과 일을 통하여 하나님께 영광을 돌려야하는 것이 기본 원칙이므로 세상의 초등학문으로 돌아가지 않는 것이 좋으며 다시는 종의 멍에를 메지 말아야 한다.

13) 기타

가. 부고 예문

부 고

○○○의 아버님(어머니) ○○○장로(권사)께서 병환(또는 다른 이유로) 200 년 월 일 시에 자택(○○ 병원)에서 별세하시어 하나님께로 가셨음을 알려드립니다.

발인예배
  일 시 : 200 년 월 일 (○요일) 시
  장 소 :
  장 지 : ○○ 도 ○○ 군 ○○ 면 ○○ 리 선영 (또는 ○○○공원 묘원)
  주 례 : ○○○ 목사
  상 제
    아 들 : ○○○, ○○○, ○○○
    손 자 : ○○○, ○○○
    딸 : ○○○, ○○○
    사 위 : ○○○

200 년 월 일

친족대표 ○○○
교회대표 ○○○
호   상 ○○○

나. 감사 인사 예문

_____귀하

주님의 이름으로 문안드립니다.
　저희 ○○○의 장례 때 보여주신 귀하의 사랑과 정성은 슬픔에 잠긴 저희 가족에게 큰 위로와 힘이 되었습니다.
　　먼저 찾아뵙고 인사드리는 것이 도리인줄 아오나 황망 중이옵기에 찾아뵙지 못하고 우선 서면으로 인사드림을 관용해 주시기 바랍니다. 앞으로도 변함없으신 사랑과 지도를 바랍니다.
　부디 하나님의 은혜가 함께하시기를 바랍니다.

200 년 월 일

상주 ○○○ (또는 유족 ○○○, ○○○)

다. 각종 구비서류
- 일반 자연사 또는 병사일 경우
  ① 사망진단서 3통(보험가입 시 5통) - 의사, 한의사에게 발급의뢰
  ② 가정에서 노환으로 운명할 경우에는 보증인 2인의 인감증명서로 주거관할 동사무소에서 인후 보증서류로 대치가 가능함(단, 선영, 시립묘지, 화장일 경우에는 가능하며, 공원묘지에서 매장하고자하는 경우에는 반드시 사망진단서를 첨부해야 한다.)

- 변사 또는 사고사일 경우
  ① 사체검안서 2통
  ② 사체촬영사진 3 - 5장
  ③ 주민등록등본 또는 주민등록 앞 뒤 사본
  ④ 사고지역 관할 경찰서에 제출
      (a) 교통사고 - 관할 경찰서 교통사고 처리계
      (b) 일반사고 - 관할 경찰서 형사계
  ⑤ 사체부검은 사망원인 자살, 타살의 구분 및 추정 등을 규명하기 위하여 실시하며, 사체 부검이 끝나면 검사 또는 사법 경찰관의지시에 따라 장례절차에 임한다.

- 보험 및 합의 관계
  일반 보험관계 및 가해자와의 합의 관계는 장례 후에 처리한다.

- 매장으로 인한 묘지 이용 시 구비서류 및 주의사항
  ① 공원묘지
      (a) 사망진단서(또는 사체검안서) 1통
      (b) 주민등록등본 1통
      (c) 관리사무소에 제출

② 시립묘지, 시립공원 묘지
    (a) 매장증명서 1통(사망진단서 1통을 주거 관할지역 동사무소에서 매장증명서 1통과 교환하여 발급)
    (b) 관리사무소에 제출(반드시 유가족이 제출하고 요금은 납부하여 야 한다.)
③ 선산, 선영, 공동묘지
    구비서류는 준비할 의무는 없다.

라. 화장 시의 구비서류 및 주의사항
① 관리할 가족이 없을 경우, 본인의 유언 전염병 등의 사정으로 화장할 경우에는 반드시 교역자와 상의 하에 화장한다.
② 서울 근교 화장터는 경기도 벽제, 성남, 수원, 부평에 있다.
③ 화장 후 분골은 묻거나 납골당에 보관하고, 경우에는 산에 뿌려도 무방하다.
④ 구비서류
    (a) 사망진단서 1통(주거 관할 지역 내의 화장장을 이용할 시에는 관할 동사무소에서 화장증명서를 발급받아 첨부한다. 인지대 필요함)
    (b) 주거 관할 외의 지역의 화장장을 이용할 경우에는 사망진단서만첨부(인지대 필요함)

6. 추도예배

1) 추도예배는 왜 드리는가?
  추도예배는 고인을 추모하여 하나님께 드리는 제사의식이다. 고인의 기일을 맞이하여 유족들이 고인을 추모하며 하나님께 드리는 예배가 바로 추도예배이다. 이 추도 예배는 지나간 날에 하나님께서 고인을 이 땅에 세우셨고 여러 면에서 은혜와 축복을 베푸시며 아름다운 생애를 살도록 역사하셨고 또 우리에게 좋은 유훈과 업적과 얼을 추모하며, 고인의 생애를 회상하면서 그가 뜻하고 바라고 소원했던 일을 어떻게 계승하며 그 뜻을 이루어 드릴 것인지를 살피고 결심하는데 그 의미가 있는 것이다. 기독교의 추도예배는 한국의 전통적인 제사의식을 기독교에 맞추어 변형한 제사의식이라고 할 수 있겠다.

   기독교의 추도 예배는 유교의 제사와 근본 내용을 달리한다. 유교 제사 의식은 이미 세상을 떠난 조상들의 영혼을 신성시 여기고 또 신격화하여 제사를 드리지만, 기독교에서는 이미 세상을 떠난 조상의 영혼이 신성시 될 수도 없을 뿐만 아니라 더욱이 신격화하여 제사를 받는 대상이 될 수 없는 것이다. 성경에는 조상에게 제사를 드린 내용이 전혀 없을 뿐만 아니라 죽은 사람의 영혼을 신격화하여 섬기면 결국 우상을 숭배하는 결과 밖에 되지 않음을 말씀하고 있다. 예배는 하나님만이 받으실 수 있는 것이지, 사람 특히 죽은 사람의 영혼이 예배를 받을 수 없는 것이다. 그런 의미에서 기독교인은 유교의 제사를 받아들일 수 없다.

   기독교의 추도예배는 하나님께 드리는 것이지 조상에게 드리는 것이 아니다. 다만 우리에게 생애를 물려주고 좋은 유훈과 업적과 얼을 남겨준 것을 감사하며 추모하는 것이다. 조상을 신격화해서 섬기면 우상숭배요, 하나님을 대적하는 행위요, 십계명(1,2계명)을 어기는 죄를 범하는 행위가 되는 것이다.

   추도예배는 기일을 맞이한 유족들이 함께 모여 하나님의 은혜를 감사하고 또 고인의 생애와 그가 생전에 하셨던 일들을 회상 검토하여 좋은 것은 계승하고, 부탁한 교훈과 유훈을 회상하며 지나간 날에 그 부탁대로 살았는지를 살피고, 앞으로 어떻게 할 것인지를 결심하여 고인의 뜻을 계승하고 이루어 드리고자 하는 마음 자세가 추도예배를 드리는 유족들의 올바른 자세일 것이다.

성경은 우리에게 "부모를 공경하고 효도하라"(출20:12, 딤전6:1-3)고 명하고 있다. 기독교의 효는 부모님 살아생전에 하는 것을 우선으로 하고, 세상을 떠난 후에도 그 생애와 유훈과 업적과 얼을 추모하고 기리는 것이다. 살아생전에 박대하고 세상을 떠난 후에 제사를 드린다면 진정한 효도가 될 수 없다. 살아생전에 잘 보살펴 드리며 봉양하고 그 뜻을 따르며 기쁘게 해 드리고 효도하되, 세상을 떠난 후에도 기일을 맞이하여 추모하며 추도예배를 드리는 것이 자녀로서의 마땅한 도리이다. 추도예배를 드리는 것은 첫째, 하나님의 은혜를 기억하고 감사하는 일이요. 둘째, 고인의 생애와 유훈과 업적과 얼, 뜻을 추모하는 일이요. 셋째, 후손끼리 화목을 도모하고 신앙을 권면하는 기회요. 넷째, 부모를 기리는 우리의 미풍양속이기 때문에 꼭 해야 된다고 본다.

2) 추도예배는 어떻게 드리는가?
 (1) 기일은 고인이 세상을 떠난 날로 하는 것이 바람직하다. 유교제사는 고인의 영혼이 제사를 받는다고 믿기 때문에 고인이 살아계신 때를 생각하고 죽은 전 날을 기일로 정하지만, 기독교인은 그럴 이유가 없다. 세상 떠난 날을 기일로 정하고 그 날을 기억하며 기리는 것이 좋을 것이다.
 (2) 가급적이면 집안을 깨끗이 청소하고 정숙하게 보낸다.
 (3) 고인의 기일 며칠 전에 추도예배 시간을 미리 정하고, 후손과 친척들에게 연락하여 모이게 한다.
 (4) 고인의 사진을 놓고, 좌우에 꽃 몇 송이를 놓은 작은 상을 잘 보이고 사람이 다니지 않는 벽 쪽에 고정시켜 놓는다.
 (5) 고인의 사진 옆에 예배 인도자가 앉고 주위에 가까운 직계 후손부터 차례로 앉으면 된다. 사람이 많을 경우에는 줄을 맞추어 앉아도 무관하다.
 (6) 경건하고 엄숙한 분위기로 예배를 드린다.

⑺ 예배 중 고인의 약력소개 시간에 고인의 유언, 모든 사람들이 함께 나누어야 할 고인의 미담이나 장점을 유족 중 한사람이 소개하고, 고인의 생전에 육성을 담은 테이프가 있으면 듣는다.
⑻ 예배가 끝난 다음에 준비된 음식을 나누면서 고인의 덕과 뜻을 이야기하면서 본받도록 한다. 경제적으로 여유가 있으면 장례 때 수고한 이웃 사람들을 초청하여 함께 식사를 나누면 더욱 보람이있다.
⑼ 제2주기 추도예배 정도는 교역자를 초청하여 예배를 드리는 것이 바람직하다.
⑽ 고인의 영전 앞에는 그 어떤 것도 차려놓지 않으며 절해서도 안 된다.

7. 성묘

성묘는 묘지를 보살피러 가는 것이므로 묘지를 가정 분수에 맞게 간결하고 아담하게 가꾸어야 한다. 성묘할 때 자손들은 묘지에 둘러앉아 부모나 조상의 은공과 교훈을 되새기며 하나님께 예배를 드린다.

추도예배

예식사 / 집례자

오늘은 고 ○○○ 성도(직분)의 기일이므로 이제부터 그의 추도식을 거행하겠습니다.

묵도 / 성경구절 낭송(例: 요 11:25-26,14:1-6; 잠3:1-10)
찬송 / 다같이(例: 491,373,479,480,608장, 고인이 즐겨부르던 찬송)
기도 / 맡은이 또는 집례자
성경 / 맡은이

약력소개 / 가족 중에서

(별세한 이의 약력, 행적, 유훈, 성품 등 인상깊었던 일들을 가족이나 친척 중 한명이 말하게 한다. 고인에 대하여 집례자가 잘 알고 있으면 설교하면서 간단히 소개하는 것도 무관하다.)

설교 또는 위로의 말씀 / 맡은이
기도 / 설교자
찬송 / 다같이

축도 또는 주기도 / 다같이

새해 부모님 추도예배

묵도 / 다같이(시편 1편을 읽는다)
찬송 / 다같이(例: 552장)
기도 / 가족 중에서
성경 / 사회자(例: 벧전2:11-17; 막12:28-34; 요14:1-14)
권고 / 어른 되신 분이 훈계나 권고를 하고 새해의 계획과 설계를 자녀들에게 말한다.
찬송 / 다같이(例: 384장)
추모묵도 / 다같이(돌아가신 부모님을 추모하는 묵도를 잠시 한다.)
주기도 / 다같이

새해 부모님 추도예배

묵도 / 다같이(사회자가 시편 23편을 낭송한다.)
찬송 / 다같이(例: 301, 435장)
기도 / 가족 중에서
성경 / 사회자(例: 살전 5:16-22)
권고 / 어른 되신 분이 가족들에게 보모님의 유혼이나 업적을 소개 하고 권고 혹은 앞으로의 계획을 말한다.
찬송 / 다같이(例: 485장)
추모묵도 / 다 같이
　　　　돌아가신 부모님을 추모하는 묵도를 잠시 한다.
주기도 / 다같이

성묘 추도예문

개식사/
　　사회자 오늘 우리 가족들이 아버지, 어머니(혹은 조상)의 무덤 앞에 모여 잠시 동안 엄숙한 마음으로 하나님께 예배를 드립시다.
찬송 / 다같이(고인이 즐겨 부르던 찬송)
기도 / 맡은이(생략해도 무관하다.)
성경 / 사회자(예: 고전 11:1-2〈묘소 앞에서〉)

　　예: 우리의 OOO의 시신이 묻혀 있는 이 자리에 찾아와보니 고인의 생각이 더 간절해집니다. 이곳에 묻혀있는 고인의 육신은 이미 썩어져 형태도 남지 않았겠지만, 살아생전의 삶의 정기와 신앙 등은 아직도 우리 마음에 남아 있습니다. 혹, 고인 자체에 연연해하는 감정이 우리에게 조금이라도 남아 있다면 다 잊을 수 있도록 하나님의 도우심을 구하는 우리가 되어야 하겠습니다. 다만 본을 보이신 아름다운 신앙의 삶을 기억하며, 우리도 좋은 믿음을 자손에게 유산으로 물려줄 수 있기를 바라는 마음으로 하나님의 말씀을 상고해 봅시다.

① 고인의 좋은 것을 본받아 지켜야 한다.(고전11:1-2)
② 고인의 부탁을 기억하여야 한다.(왕상2:1-4)
③ 믿음의 유산을 가장 귀한 재산으로 여겨야 한다.(딤후1:5)
④ 죽은 조상이 산 자손을 위하여, 예수 믿지 않는 것을 안타까워함을 기억해야 한다.(눅 16:27-31)

찬송 / 다같이(예: 384, 370, 430장)
주기도 / 다같이

※ 예배 후에 가져온 음식과 과일을 나누어 먹으면서 가족 대표가 가정의 뿌리를 알려주는 것이 청소년들에게 도움이 된다.

추모예배

(시신이 없이 장례식을 못하고 드리는 예배, 例: 실종)

개식사 / 집례자
　　　　지금부터 고 ○○○ 성도(직분)님의 추모예배를 드리겠습니다.
묵도 / 집례자(성경구절 낭송,例:사40:6-8)
기원 / 집례자(성령의 위로, 시신을 볼 수 없어도 약속된 부활을 믿는다고 기원)
찬송 / 다같이(例: 485장)
성경 / 집례자(例: 약4:13017; 히10:37-39,11:13-16 등)
설교 / 설교자
찬송 / 다같이(例: 29장)
광고 / 맡은이
축도(주기도 / 다같이

◆ 유족들에게 인사를 드린다.

8. 기타 참고 설교문

(1) 상을 당한 가정
본문: 고후 5:1-4(찬송:239,241,479,480,489,493장)
제목: 영혼이 거하는 집

오늘 본문에 보면 "땅에 있는 장막집" 또는 "하늘에 있는 영원한 집"에 대하여 말씀하고 있습니다. 여기서 말하는 장막집이나 영원한 집은 영혼이 거주하는 집을 가리킵니다. 그러니까 사람의 영혼이 세상에 있는 동안에는 육체의 장막집에 있게 되고, 세상을 떠난 후에는 하늘나라의 영원한 집에 가서 살게 된다는 말씀입니다.

오늘 세상을 떠나신 OOO성도(직분)님의 영혼은 그동안 세상에서 육체의 장막집에 거하며 하나님을 잘 섬겼는데, 이제는 그 장막집이 무너짐으로 하나님이 만드신 하늘나라의 영원한 집으로 이사를 가신 것입니다.

세상에 있는 육체의 장막은 그렇게 좋은 집이 못됩니다. 모진 풍파 속에서 온갖 불행을 겪어야 하는 집이기 때문에 그렇게 좋은 집이 못됩니다. 그러나 하늘나라에 있는 하나님이 만드신 집은 아주 좋습니다. 하나님의 보호와 축복 속에 지은 집이요, 하나님의 영광이 가득한 집이요, 영원토록 기쁨이 솟는 집이기 때문에 매우 훌륭하고 행복한 집입니다.

이제 고인의 영혼은 이렇게 하늘나라의 집에 가셨습니다. 사실상 알고 보면 고인의 죽음은 오히려 그 자신에게 행복을 안겨준 죽음이요, 하늘나라에 이주한 새 생활의 시작이 분명합니다. 이제 우리는 고인의 죽음을 슬퍼하는 대신에 기뻐해야 하겠습니다. 이것은 우리 예수 믿는 성도들만이 갖는 특별한 소망입니다.

(2) 부모가 별세한 가정

본문: 요 14:1-6
제목: 근심하지 말라

예수 그리스도를 구주로 믿는 우리에게는 어떤 경우도 이별이 없습니다. 이 세상에 태어나서 얼마 동안 살다가 생명이 떠나면 그것으로 우리들의 생이 마지막이 되는 것이 결코 아닙니다. 우리가 처하게 될 내세가 있는 것을 확실히 보증하고 있는 것이 기독교 신앙의 내용인 것입니다.

부모님이 세상을 떠나셔서 육정으로 생각하면 슬프고 마음 아픈 일이지만 이 길은 누구나 다 거쳐 가는 길입니다. 살아있는 인간에겐 죽음이 온다는 사실을 우리는 분명히 알고 사는 존재입니다. 부모님은 이 길을 가셨습니다. 죽음과 병과 고통과 이별이 없는 세계에서 지금 편히 계실 것입니다.

이 같은 신앙으로 위로를 받으시기를 바랍니다. 먼저 세상을 떠나신 부모님은 하나님 나라에서 다시 뵙게 될 것입니다. 그러므로 먼저 가신 부모님은 여러분에게 "나를 위해 울지 말라 오히려 너희 자손을 위하여 울라"고 하십니다. 더욱 더 "너희는 마음에 근심하지 말라"고 위로하시는 줄 믿습니다. 부모님을 이별하신 여러분에게 분명히 권하고 싶은 것은 내세에 대한 확신을 가지시기 바랍니다.

우리들이 처할 하나님의 나라에 존재를 믿을진대 두려워할 것이 없습니다. 내세의 소망을 믿는다면 오히려 우리들의 현실에 충실해야 하겠습니다. 자신의 신앙을 더욱 굳게 해야 하겠습니다. 부모님께서 다하지 못한 봉사를 내가 하겠다는 각오와 다짐을 하시기 바랍니다. 그러므로 부모님을 하나님 나라에 먼저 보낸 자의 길은 현실에 충실한 사람이 되는데 있습니다.

(3) 남편이 별세한 가정

본문: 사 54:4-8
제목: 너를 지으신 자

성경에 보면 하나님과 우리 인간과의 관계를 여러 가지로 표현하고 있습니다. 특별히 이사야 54장에 보면 하나님과 이스라엘 백성과의 관계를 아내와 남편의 관계로 표현하고 있습니다. 본문 5절에 보면 "이는 너를 지으신 자는 네 남편이시라"고 하였습니다. 이 말씀에 용기를 얻으시고 새 출발의 결심을 하실 수 있기를 바랍니다.

첫째, 우리가 믿는 하나님은 가정의 목자 되신 하나님이십니다.

이스라엘 백성에게 하나님께서 내가 네 남편이라 하신 뜻은 보호자라는 뜻입니다. 언제나 우리 믿는 사람들은 하나님이 내 인생의 목자요, 보호자라는 이 신앙을 굳게 지켜야 합니다. 하나님이 이 가정을 지키시고 양육해 주시리라는 이 기본자세와 신앙을 굳게 지켜야 합니다. 하나님이 이 가정을 지키시고 양육해 주시리라는 이 기본자세와 신앙을 잃지 않아야 거기에 바른 삶의 자세가 확립되는 것입니다.

둘째, 우리는 하나님께 속한 자입니다. 하나님 자신이 이스라엘 백성에게 남편이 되신다는 것은 구체적으로 분명한 소속을 말하는 것입니다. 우리는 철저하게 하나님께 속한 자들임을 명심해야 합니다. 그러므로 어디에서 무슨 말을 하든지 항상 내가 하나님의 자녀라고 하는 뚜렷한 의식의 바탕에서 남편과 같이 가까운 그런 관계 속에서 살아야 한다는 뜻으로 이해해야 하겠습니다.

셋째, 우리가 믿는 하나님은 소망의 하나님입니다. 하나님께서 내가 네 남편이라 하신 말씀은 우리를 사랑하신다는 구체적인 표현인 것입니다. 한 아내를 사랑하는 남편과 같이 하나님은 우리 한 사람 한 사람을 구체적으로 사랑하고 계십니다. 이제 슬픔을 거두시고 용기를 가지시기를 바랍니다. 하나님께서 이 가정에 늘 계셔서 이 가정의 기도와 찬송과 감사를 받으시고 계시다는 이 확고한 사실을 믿으시기 바랍니다.

(4) 아내가 별세한 가정

본문: 계 21:1-3
제목: 새 하늘과 새 땅

함께 사시던 부인을 먼저 보내게 된 그 슬픔이 크시리라고 봅니다. 사실 믿음을 가진 자들은 신앙 안에서 위로를 받는다고 하지만 역시 인간이기 때문에 어쩔 수 없는 인간의 슬픔을 숨길 수 없습니다. 그러나 우리가 슬퍼하기는 하지만 소망이 없는 사람들과 같이 슬퍼하지는 않습니다. 오늘 본문에 보면 새 하늘과 새 땅에 대하여 소개하고 있습니다. 이곳에 부인되신 고 OOO성도(직분)님은 먼저 가신 것입니다.

첫째, 슬픔이 없는 나라입니다.

그 곳은 슬픔이 없는 곳입니다. 본문에 보면 눈물을 그 눈에서 씻기신다고 하였습니다. 슬픔의 그림자가 사라져 버리는 곳이 하나님의 나라입니다. 사실 이 세상은 슬픔이 구석구석에 자리 잡고 있습니다.

둘째, 죽음이 없는 나라입니다.

그곳은 병과 죽음이 없는 곳입니다. 어떤 사람도 다 두려워하는 것은 죽음과 병입니다. 사람으로 태어난 존재로서 죽음을 두려워하지 않는 자는 없을 것입니다. 이 두려움과 불안이 극복되는 곳이 하나님의 나라입니다. 새 하늘과 새 땅이 전개 되는 곳, 거기가 바로 완전한 하나님의 나라인 것입니다. 그러므로 아내 되신 분은 이제 하나님의 나라에 먼저 가 계십니다.

셋째, 다시 만날 소망이 있습니다.

이제부터 그 곳에서 만나실 수 있도록 믿음으로 무장하시기 바랍니다. 만약 얼굴과 얼굴을 대하게 될 그 때를 기다리신다면 믿음 위에 굳게 서서 인내로써 슬픔을 극복하고 자포자기 하지 않기를 바랍니다. 새로운 용기와 소망을 가지고 새 출발을 하시기 바랍니다. 이 같은 가능성은 깊은 그리스도 신앙에서 가능한 것입니다.

(5) 자녀를 잃어버린 가정

본문: 마 11:28-30

제목: 무거운 짐 진 자는 오라

인간의 사랑을 여러 면에서 생각할 수 있습니다. 특별히 부모와 자식 간의 사랑은 부정할 수 없는 것입니다. 특별히 부모가 자녀를 사랑하는 것은 희생적인 봉사가 따르는 사랑입니다. 그런데 아이를 잃어버리게 되었으니 얼마나 마음이 아프겠습니까?

이제 두 가지만 말씀 드리겠습니다.

첫째, 고난을 주께 맡기십시다.

이 슬픔과 불안을 주께 맡기시기 바랍니다. 사람마다 무거운 짐이 다 있습니다. 어떤 경우는 돈 문제, 또는 건강 문제 등의 형형색색의 문제가 있게 됩니다. 그러나 예수님께서 무거운 짐 진 자는 내게로 오라고 하셨습니다. 그리고는 예수님께서 나의 멍에를 메라고 하셨습니다. 주님과 함께 멍에를 메고 가면 훨씬 수월하실 것입니다. 인간이 살아가면서 겪는 고통을 주님의 고난에 대비시키면 우리들의 고난은 아무것도 아닐 것입니다. 이 가정의 어렵고 초조한 사정을 주님께 맡기시기 바랍니다.

둘째, 자녀를 위하여 기도하시기 바랍니다.

어딘가 그 아이는 있는 것입니다. 그렇다면 그의 건강과 그의 생명의 안전을 위하여 특별히 기도하시기 바랍니다. 뿐만 아니라 부모로서 자녀에 대한 착실한 청지기가 된다는 것이 얼마나 어려운가를 다시 한 번 느끼신 줄 압니다. 아이들은 결코 우리들의 아이가 아닙니다. 하나님께서 이 땅에 보내 주신 선물입니다. 그런 까닭에 아이들을 돌보는 노력과 책임은 중요한 것입니다. 너무 실망하지 마시기 바랍니다. 지금은 당장 아이를 잃어 걱정스러우나 다시 부모의 품으로 돌아올 것을 확신하고 기도하면서 용기를 가지시기 바랍니다. 이 염려를 다 주님께 맡기시고 최선을 다하여 찾도록 노력 하십시다.

(6) 기타

① 제목: 가장 값진 것(눅 16: 19-31)

지금은 아브라함 품에 안겨 평안을 누리고 계실 고인을 생각하며, "부자와 나사로"의 이야기를 상고해 보기로 하자.
  (a) 부자가 가진 것 - 좋은 옷, 좋은 음식, 좋은 집, 돈, 쾌락 등
  (b) 거지 나사로가 가진 것 - 믿음 뿐(하나님)
  (c) 죽음 후 - 부자는 지옥, 거지 나사로는 천국
  (d) 내세의 삶은 이 세상에서 결정된다.
  (e) 세상의 모든 것은 다 잃는다 해도, 하나님(믿음)만은 잃지 않도록 해야 한다.(영혼에 대한 부담을 가져라)

② 제목: 믿음의 유산을 이어가자(딤후 1: 3-5)

고인을 위해서, 고인으로 인해서 우리가 할 수 있는 일이 있다면 무엇이겠는가?
  (a) 거짓이 없는 믿음을 갖자.
  (b) 부모의 좋은 신앙을 본받자.
  (c) 후손에게 신앙의 본을 보여 유산으로 물려주자.

③ 의인을 영원히 기념함(시 112: 1-10)

의로운 삶을 살아가신 고인을 생각하며, 하나님께 인정받는 의인은 어떤 자이며, 그가 받은 복은 어떤 복인가를 상고해 보고자 한다.
  (a) 의인은?
    ⓐ 여호와를 경외하며 그 계명을 즐거워하는 자이다.(1)
    ⓑ 여호와를 의지하는 자이다.(7)
    ⓒ 선을 행하는 자이다.(4-5,9)
  (b) 하나님께 인정받는 의인은?
    ⓐ 영원히 기념하게 된다.(6)
    ⓑ 후대가 복되고 강성해진다.(2)

ⓒ 하나님이 함께 하신다(시편 37:25)

③ 성도의 잠(시 127:2)
이 말씀은 슬픔과 눈물이 흐르는 가운데서도 권면과 위로의 말씀으로 우리를 인도해 주신다.
(a) 어두운 밤이 오고 있다는 사실이다. 즉, 사망의 밤이다.
(b) 준비해야 할 필요성이 있다는 말이다.
(c) 깨어있어야 한다는 말이다. 우리는 영원히 잠을 자지 않을 것이다.
(d) 그날 아침에는 행복한 만남이 있다는 것이다.

심방 성구와 찬송 가이드

ㅣ 축하, 격려, 위로

초신자
성경 ㅣ 요 3:16; 1:12-13, 롬 5:7-8, 계 3:20
찬송 ㅣ 365, 263, 542

회개한 자
성경 ㅣ 전 12:1,13, 요 10:28-28, 롬 13:11-14, 12:1-2, 히 12:1-3, 벧후 3:12-14
찬송 ㅣ 544, 252, 369, 426

개종한 자
성경 ㅣ 막 10:45, 요 2:1-11, 14:6, 행 4:12, 롬 3:10,23, 벧전 2:24
찬송 ㅣ 538

이사한 가정 (교인가정)
성경 ㅣ 요 21:15-15, 롬 12:11-13, 엡 3:14-21, 요삼 2-4
찬송 ㅣ 534, 373

이사한 가정 (타교인등록)
성경 ㅣ 민 6:24-26,, 행 17:7-8, 엡 6:23-24, 살전 1:3-7
찬송 ㅣ 406, 537

출생
성경 ㅣ 삼상 1:9-11, 삼상 1:21, 삼상 1:26-28, 시 127:3-5, 눅 2:28-35, 딤후 1:5
찬송 ㅣ 258, 429

어린이 생일
성경 ㅣ 창 21:8, 삼상 2:26, 막 10:13-16, 눅 2:40, 행 13:22, 엡 6:1-4
찬송 ㅣ 425, 564

청년의 생일
성경 | 시 119:9–11, 잠 3:1–10, 4:1–4, 고전 15:44, 갈 3:7
찬송 | 442

어른의 생일
성경 | 민 6:24–26, 수 14:10–12, 시 116:1–1, 잠 30:8–9, 슥 14:10
찬송 | 90, 83, 436

회갑, 진갑
성경 | 시 23:1–6, 91:14–16, 시 92:12–15, 시 103:1–5, 127:3, 잠 16:31
찬송 | 26, 439, 301, 405

약혼, 결혼
성경 | 창 2:18, 24:10–27, 고전 13:4–7, 엡 5:22–33, 히 13:4
찬송 | 602, 605, 604

신축
성경 | 시 127:1, 마 7:24, 고전 3:10–15
찬송 | 338, 317

입학
성경 | 신 6:4–10, 잠 1:6–8, 7–9, 잠 9:10 약 1:5
찬송 | 340, 338

졸업
성경 | 창 28:10–22, 잠 16:16–25, 롬 12:1–2, 히 3:14
찬송 | 412, 442

취직
성경 | 창 39:4, 전 7:8, 요 9:4, 살후 3:10–15, 딤전 6:17–19
찬송 | 84, 449

개업
성경 | 시 128, 말 3:10-12, 마 13:45-46, 딤전 6:17-19, 약 4:13-17
찬송 | 424, 237, 445

입원환자
성경 | 시 27:1-6, 사 41:10, 43:1-3, 요 11:2-3
찬송 | 382, 383, 415

어린이환자
성경 | 시 23, 사 40:11, 막 10:13-16, 약 5:13
찬송 | 566, 438, 564

청년환자
성경 | 시 50:15, 사 40:27-31, 고후 12:1, 벧전 5:10-11
찬송 | 369, 435

노환
성경 | 시 71:5-9, 시 91:14-16, 시 121
찬송 | 439, 394

장기환자
성경 | 시 61:1-8, 마 15:22-28, 막 5:25-24, 롬 8:35-39, 고후 4:7-11, 빌 4:4 , 약 1:2-4 벧전 1:6-7
찬송 | 364, 539, 406

수술직전
성경 | 시 139:1-12, 사 41:10, 43:1-3
찬송 | 395, 370, 405

불신자 환자
성경 | 마 8:5-13, 11:38, 눅 15:1-10, 요 3:16-17
찬송 | 186, 300

운명 환자
성경 | 시 62:5-8, 사 53:4-6, 요 14:1-6, 롬 8:35-39, 벧전 1:3-9
찬송 | 479, 489, 492

근심
성경 | 시 25:4-5, 잠 17:22, 마 6:25-34, 고후 7:10-11, 벧전 5:7-9
찬송 | 293, 364

가정 불화
성경 | 잠 15:13-19, 16:1-9, 17: 1, 마 6:14-15, 23-24, 고전 13:4-7 , 벧전 3:8-12
찬송 | 315, 365

사업 실패
성경 | 창 28:10-22, 요 23:10-17, 시 46:1-3, 롬 8:28
찬송 | 456, 459, 375

시련
성경 | 고전 10:12-13, 히 12:5-13, 약 1:2-4, 벧전 1:6-9
찬송 | 342, 445, 456, 374

가난
성경 | 잠 6:6-11, 15:16, 마 6:25-34, 빌 4:5-13, 약 2:5
찬송 | 440, 438, 292

핍박
성경 | 사 53:4-9, 마 5:11-12, 고전 7:13-14
찬송 | 435, 364, 356, 375, 350

이별
성경 | 창 28:15, 시 121, 고후 2:14-17, 3:1-5
찬송 | 222, 440

임종
성경 | 요 11:17-27, 14:1-6, 딤후 4:6-9
찬송 | 491, 485, 488

상가
성경 | 요 5:24-29, 고후 4:16, 살전 4:13-18, 계 21:1-8
찬송 | 493, 489, 606

추도
성경 | 왕상 2:1-4, 히 11:13-16, 12:1-2, 히 13:7-8, 요삼 2-4
찬송 | 479, 480

II 권면의 말씀

성수주일을 못하는 자
   출 20:8-11(하나님의 명령)
   출 16:23-36(주일에 얻은 재물은 헛됨)
   사 56:2-7(주일을 지키는 자의 은혜)

출석을 잘 않는 자
   고후 6:1-2(지금은 은혜 받을 때)
   갈 5:7-10 (막는 것을 치우라)
   히 3:14(처음신앙을 간직하라)

세상을 사랑하는 자
   골 3:1-2(하늘의 소망을 가져야 함)
   마 7:21-23(하나님의 뜻을 찾아야 함)
   롬 8:12-15(육신을 위한 생활의 천국)

믿음이 연약한 자
   마 26:41(깨어 있으라)
   롬 8:26-27(성령을 의지하라)
   히 4:16(도움 받으러 나서자)

열심히 없는 자
   롬 12:11(열심을 품고 주를 섬기라)
   갈 4:18(좋은 일에 열심을 내라)
   겔 39:25(거룩한 이름을 위한 열심)

기도생활을 안하는 자
   사 55:6(기도는 하나님의 명령)
   마 7:7-8(주님이 요구한심)
   빌 4:6-7(기도로 모든 것이 해결 됨)

시험당하는 자
    약 1:2-4(부족함이 없게 하려고)
    마 4:1-4(말씀으로 이김)
    고전 10:13(감당할 수 있음)

회개해야 할 자
    눅 15:7(하나님이 기뻐하심)
    행 2:37-39(성령을 받음)
    사 57:15(회개하면 마음이 부흥 됨)

신앙생활을 쉬고 있는 자
    눅 15:18-24(기다리시는 아버지)
    갈 6:6-9(선을 행하되 낙심하지 말 것)
    살전 5:19(부르신 이가 온전케 하심)

타락한 자
    창 19:26(뒤돌아보면 안 됨)
    히 6:4-6(예수를 다시 십자가에)
    잠 3:1-10(자신을 의지하지 말 것)

불효하는 자
    마 5:9(화평케 하는 자)
    마 5:23-26(급히 화평 하라)
    골 3:12-17(용서하라)

교회에 불만이 있는 자
    골 1:24(교회는 그리스도의 몸임)
    엡 5:26-27(거룩하고 영광스러운 교회)
    고전 10:31-33(교회에 거치는 자가 되지 말 것)

이단사설에 미혹 된 자
   신 11:16-17(다른 신을 섬기는 자)
   마 7:15-23(거짓 선지자를 조심)
   약 5:19-20(진리를 떠나지 말 것)

재물을 사랑하는 자
   마 19:23-26(부자와 천국)
   눅 12:15-21(재물보다 영혼이 귀중함)
   마 13:32(신앙이 성장하지 못함)

놀고 있는 자
   잠 10:4-5(부지런한 자의 성공)
   창 3:17-19(수고하고 땀 흘려야 함)
   막 6:3(예수님의 직업은 천한 목수)

외식적인 신자
   삼상 16:7(중심을 보시는 하나님)
   시 51:6(중심에 진실을 갖자)
   행 4:19(하나님 앞에서 살자)

근심을 잘하는 자
   고후 7:10(세상 근심은 사망에 이름)
   벧전 5:7-9(염려를 주께 맡겨야 함)
   잠 17:22(마음의 근심은 몸이 쇠약해짐)

헌금에 시험 든 자
   빌 4:17-19(하나님의 마음을 읽으라)
   신 16:15-17(힘이 닿는 대로 해야 함)
   말 3:10(복 받는 비결), 마 21:3(주님이 쓰실 것은 무엇이든 드려야 함)
   막 12:41-44(과부의 두렙돈)
   고후 9:7(즐겨내는 자를 사랑하심)

인간관계에서 온 시험
  약 1:13(연단으로 인내를 얻음)
  롬 15:2(선을 이루고 덕을 세워야 함)
  롬 12:18-19(할 수만 있으면 평화)
  빌 2:1-2(한마음을 품을 것)

교회문제로 온 시험
  고전 10:31-33(본질을 우선해야 함)
  갈 5:10(요동케 하는 자가 누구인가?)
  골 2:23(믿음의 터 위에 굳게 설 것)
  사 55:22(의인의 동요를 허락지 않음)

자녀교육 문제
  사 54:13(하나님의 교훈으로)
  딤전 5:4(효를 행하라)
  출 20:12(부모공경)
  엡 6:1-4(주의 교양과 훈계로)
  요삼 1:2(영혼이 잘되어야 함)
  롬 8:26-27(성령의 도우심과 간구하심)

다시 교회에 출석하는 자
  엡 4:22-24(옛사람을 완전히 버릴 것)
  요 16:13(성령의 인도하심을 받을 것)
  마 3:8(회개의 열매를 맺을 것)
  행 3:19(유쾌하게 되는 날)

구원의 확신이 필요한 자
  시 27:39(구원은 여호와께), 시 62:2(오직 하나님만이)
  사 12:2(구원의 하나님), 사 45:21-22(하나님 밖에는 없다)
  요 3:16(영생을 얻게 하려 하심), 벧후 3:9(회개할 것)
  고전 1:21(전도로 구원하심)

믿음이 약한 자
  롬 5:6-8(연약한 자를 사랑하심)
  마 26:41(육신은 연약함)
  롬 8:26(성령이 연약함을 도우심)
  고전 15:43(강한 신앙으로 발전할 것)

부모를 모시는 자
  창 26:3-5(자손 축복), 룻 1:16-17(효부가 된 룻)
  엡 6:1-3(효도는 장수의 비결)
  딤전 2:2(고요하고 평안한 생활을함)

부모와의 불화한 자
  딤전 3:4-5(믿는 자의 가정)
  잠 15:18(분노는 다툼을 일으킴)
  잠 16:32(마음을 잘 다스려야함)
  약 1:19-20(말하기를 더디해야 함)
  벧전3:7(기도가 막힘)

회사원
  빌 2:15-16(흠 없는 자녀)
  요 16:33(세상을 이기신 주님)
  요일 5:4-5(세상을 이김)
  롬 12:2(이 세대를 본받지 말아야 함)
  마 5:13(세상의 소금)
  마 5:16(본을 보여야 함)

교육자, 교사
  마 7:29(끈기 있게 가르치는 선생)
  마 11:29(예수에게 와서 배울 것)
  요 3:2(하나님께로부터 오신 선생)
  딤전 2:7(어린아이의 선생)

자영업자
- 레19:35-36(공평의 저울과 추)
- 신 25:13-16(정당히 할 것)
- 마 13:45-46(귀한 것을 놓치지 말 것)
- 마 25:13-16(신자는 영적 사냥꾼)

농민
- 마 9:37-38(추수할 것이 많은 농장)]
- 고전 3:6-8(하나님이 자라게 하심)
- 갈 6:7(심은 대로 추수함)
- 딤후 2:6(수고한 자가 곡식을 먼저 받음)
- 시 1:1-6(시절을 좇아 과실을 맺음)
- 마 3:10(선한 열매를 맺을 것)

어민
- 눅 5:1-6(어부 예수님)
- 마 8:23-27(파도를 잔잔케 하심)

목축업
- 창 49:24(반석이신 목자)
- 시 23:1(우리의 목자이신 하나님)
- 사 40:11(양을 잘 먹이는 목자)

언론, 출판
- 잠 23:15-16(지혜와 정직)
- 잠 6:2(말조심)
- 잠 10:8-14(입이 미련하면 패망함)]
- 잠 10:9(입술의 제어가 지혜)
- 잠 15:23(맞는 말이 아름다움)
- 요일 3:18(행함과 진심함이 중요함)

정치인
　창 41:40-41(정치가 요셉)
　롬 13:1-3(권세의 근원)
　고전 4:2(맡은 자의 본분은 충성)
　갈 5:1(정치 기본원리는 자유)

의료인
　마 4:23-24(치료자이신 예수님)
　마 8:17(병을 짊어지신 예수님)
　마 9:12(병자에게 필요한 사람)

법조인
　잠 6:23(빛인 법)
　요 8:1-11(재판하시는 예수님)
　딤전 1:8(법은 선한 것임)

경제인
　잠 8:18(부귀와 재물의 주인)
　잠 11:4(재물과 의리), 마 6:21(재물과 마음)
　눅 10:35(재물의 선용)
　히 13:5(돈은 사랑의 대상이 아님)
　약 5:1-6(재물로 범죄 하지 말아야 함)

공무원
　눅 3:14(받은 요를 족한 줄 알 것)
　요 12:42(잘 믿는 관원들도 많음)
　고전 2:8(관원의 지혜)
　빌 2:5-11(백성들의 종으로 여김)
　벧전 5:3(본이 되어야 함)
　계 6:15(범죄한 집권자들의 최후)
　눅 3:12-13(정한 세금 외에는 늑징치 말 것)

군인
    눅 3:14(강포하지 말것)
    롬 8:31(누가 우리를 대적할 까?)
    딤후 2:1-4(모집한 자를 기쁘게 함)
    딤후 4:7(선한 싸움을 싸울 것)

체육인
    히 12:1-2(예수님을 바라봄)
    전 9:11(빠른 경주라고 선착하는 것이 아님)
    빌 3:14(푯대를 향해 달음질 함)
    딤후 2:5(법대로 싸울 것)